인류의 마지막 AI

손 석 민

The Last AI: Of Humanity Climbing the AI Pyramid

Copyright © 2024 by Seuk Min Sohn
All rights reserved including the right to reproduce this book in whole or in part in any form whatsoever.

Korean translation copyright © 2024 by Seuk Min Sohn

인류의 마지막 AI

AI 피라미드와 AI 경제학의 AI 시나리오

저자 손석민

인류의 마지막 AI

AI 피라미드와 AI 경제학의 AI 시나리오

한글 초판 1쇄 발행: 2024년 10월 10일

원저자 및 옮긴이: 손 석 민

펴낸곳: SM경제연구소
등   록: 2024년 5월 20일 제385-2024-000033호
블로그: blog.naver.com/TheLastAI

이 책은 저작권법에 의해 국내에서 보호를 받는 저작물이므로 무단전재와 무단복제를 금지하며, 이 책 내용의 전부 또는 일부를 이용하시려면 반드시 저작권자의 서면 동의를 받아야 합니다. 특히 이 책의 내용은 저작권자의 허락 없이 AI의 학습 등 AI와 관련된 활동에 사용할 수 없습니다.

책 가격은 뒷표지에 있습니다.
ISBN: 979-11-987868-3-8

파본은 구입처에서 교환해 드립니다.

"혁신의 비용이 0으로 수렴하면

세상 모든 물건의 가격이 0으로 수렴할 것이다."

머리말

"혁신의 비용이 0 으로 수렴하면
세상 모든 물건의 가격이 0 으로 수렴할 것이다."

2001년 가을 미국에서 학부 재학시, 경영대학원에 지원서를 제출할 때 본인이 가장 관심있는 분야에 대해 설명하라는 질문에 대해 신기하게도 지금 이 책에 서술하고 있는 내용과 비슷한 생각을 하고 있었습니다. 당시 제가 가졌던 가장 큰 관심거리를 요약하면 "기술이 자동으로 발전하면 혁신의 비용이 0에 수렴하게 될 것이고 그러면 언젠가는 모든 물건의 가격이 0이 될 수 있을 것인데 회사와 사회는 어떻게 해야 할까"라는 주제였는데 핵심은 컴퓨터가 알아서 자동으로 기술을 개발하는 단계가 되면 사람의 노력이 없어도 시간이 갈수록 우리 사회가 부자가 될 수 있다는 것이었습니다. 그 당시에는 AI에 대한 관심도 상대적으로 적고 경영학에서도 이런 현실성이 낮은 주제에 관심이 없었으므로 당연히 대학원 지원에는 도움이 되지 않았을 것이지만, 20여년이 지난 현재 AI를 기업활동에 이용하는 주제가 사회 전반적으로 좀 더 넓은 관심을 받고 있으므로 상당히 오랬동안 생각해오던 내용들을 기반으로 이러한 좀 특이할 수도 있는 분석 또는 관점도 가능하다는 정도로 남여노소 누구나 쉽게 읽을 수 있게 정리해 봅니다.

일반적으로 AI와 관련된 책은 과학기술과 깊이 관련된 책이라고 생각하기 쉽겠지만 이 책과 관련된 주제가 무엇이냐고 물으면 아직 답하기가 어려울 수 있습니다. '인공지능 시대를 반영하는 기업 및 경제주체의 활동과 사회의 모습에 대한 변화 과정'이라는 것은 현재는 아마도 경영전략(Strategic Management) 또는 미래학(Strategic Foresight) 이라고 하는게 가장 가까울 것입니다.

이 책의 주요 특징은 다음 세 가지로 정리할 수 있을 것입니다.

첫째, 이 책의 내용의 목표는 AI 기술 발전에 관한 설명이 아니라 경영학 또는 경제학을 기반으로 추론 과정을 거쳐 미래의 경제 및 기업의 활동 중 AI와 관련된 특정한 일부분에 대해 발생 가능한 상황별로 분석을 시도하는 것입니다. 예를 들어서 우리는 '내년도 경제 전망' '올해 하반기 증시 전망' 같은 특정 예측에 관한 책을 접할 수 있는데, 책마다 맞는 부분도 있고 틀린 부분도 있을 것입니다. 이와 반대로 '경제는 어떻게 작동하는가' 등의 사회 현상 또는 기본 원리에 관한 좀 더 일반적인 주제를 다루는책들도 있는데, 이런 책으로부터 사람들은 다른 관점에서 생각해보고 더 나아가 예측도 더 잘 할 수 있게 될 것입니다. 같은 원리로, 이 책의 목표는 AI와 관련된 어떤 특정한 전망을 제시하고 그 전망이 맞을 것이라는 주장을 하려는 것이 아니라 AI가 발전하는 미래에 발생 가능한 상황 전반에 대해 각각 어떤 종류의 결과들이 존재할 가능성이 있는지를 분석하는 일종의 경영학 관점에서 AI 발전을 바라보는 분석 기반(Framework)을 제시하려는 것입니다. 이런 기반을 바탕으로 특정 상황이 발생할 경우 좀 더 쉬운 해당 상황의 이해 또는 더 현명한 대응이 가능할 수 있을 것입니다.

둘째, 이 책에서 궁극적으로 설파하고자 하는 것은 어떤 새로운 시스템적 사고방식, 또는 우리가 'AI 경제학'이라고 지칭할 수 있을 '학문'을 만들어 가는 것을 시작하는 것이라고 할 수 있습니다. 예를 들어 컴퓨터가 존재하기 이전에는 컴퓨터공학 이라는 학문의 분류가 없었을 것이고 불과 수백년 전만 하더라도 경제학이나 경영학이라는 학문도 별도로 분류되지 않았을 것입니다. 그러나 그 전에도 수학, 물리학, 정치학 등 컴퓨터공학이나 경제학으로 발전할 수 있는 밑바탕이 되는 학문은 먼저 존재했고 사회의 변화에 따라 새로운 학문으로 분화되어 발전되었습니다. 이와 비슷한 원리로 현재는 인간이 컴퓨터로 AI를 만들 때의 지식 또는 혜안을 모아놓은 컴퓨터공학이라는 학문이 존재하고, 인간이 기업과 경제를 운영할 때의 지식 또는 혜안을 모아놓은 경영학과 경제학이라는 학문이 존재한다면, 어느 순간부터는 인간 대신 AI가 기업 및 경제 또는 더 나아가 우리 사회를 운영할 때 해당되는 지식 또는 혜안을 별도로 모아 놓은 새로운 종류의 학문이 필요하게 되거나 아니면 'AI 경제학'과 같이 자연스럽게 나오게 될 것이라고 생각할 수 있습니다.

세번째, 이 책의 독자는 중고등학생 또는 다른 전공의 대학생들도 포함하므로, AI 또는 경영/경제학 관련 지식이 풍부하지 않아도 쉽게 읽을 수 있도록 각각의 시나리오를 최대한 이해가 쉽게 풀어서 이야기처럼 서술하려고 노력하였습니다. AI의 도입으로 인한 변화는 시간이 지날수록 커질 것이므로 나이가 어린 독자일수록 이에 대한 영향을 크게 받을 것입니다. 따라서 앞으로 개발될 가능성이 있는 기술들이 우리 사회에서 어떤 방식으로 사용될지에 대해 경영·경제학의 관점에서 전반적인 가능성을 검토해보는 접근 방식을 사용하였습니다. 특히 이 책의 구조는 학생들이 관련 단어 또는 개념 등에 생각해보고 강의 또는 토론 수업에도 유용하게 사용될 수 있도록 다양한 논란 등을 포함하여 구성되었습니다. 이와 함께 경영학이나 미래학, 더 나아가 AI 경제학 등 이와 관련된 학문이 좀 더 널리 관심을 받는 계기가 될 수 있기도 바랍니다.

마지막으로, 동일한 단어 및 어휘를 공유하는 것은 새로운 개념의 이해를 돕고 오해를 줄여주어 소통이 쉬워지게 도와줍니다. 우리는 모두 스포츠, 체스 등 각종 게임이 대략적으로 어떻게 진행되고 끝나는지는 해당 게임을 잘 하지 못하더라도 쉽게 알 수 있습니다. 두각을 보이지 못한 운동선수가 좋은 감독이 될 수도 있듯이, AI의 도입과 관련된 사회의 전반적인 변화를 이해하는 것은 오히려 AI 개발과 관련된 전문가가 아닌 일반인이 더욱 쉽게 이해할 수 있을지도 모릅니다. 이 책을 저술하는 제 목표는 AI가 우리 산업, 경제, 및 사회에 대한 영향과 관련하여 사람들의 생각을 발전시키고 아이디어를 공유할 수 있도록 개념을 정리하고 공통적인 단어들을 모으는 것에 있었습니다. 여러 가지로 부족한 점이 많겠지만 내용이 관심을 받게 된다면 좋을 것 같습니다.

감사합니다!

2024 년 8 월 8 일
손 석 민

키워드: AI (Artificial Intelligence), AI 경제학(AI Economics), 경영학(Business Management), 경영전략(Strategic Management), 미래학(Future Studies), 혁신(Innovation), AI 투자, 변화관리(Change management), 자동화된 혁신(Automated Innovation)

차 례

머 리 말 vi
제 0장: 들어가며 1
    체스를 잘 두기는 어려워도 진행 패턴은 이해하기 쉽다 1
제1장: AI 게임의 법칙 4
    기업 및 사회에서의 AI 도입의 일반적인 진행 패턴 4
    1-1 시작하기 전에: 이 책의 구성 체계 설명 5
    1-2 이 책의 주제는 무엇인가? 7
    1-3 이 책에서 제시하는 분석 틀은 무엇인가? (AI 란 무엇인가?) 8
    (AI 가 비즈니스에 접목되는 원리) AI 도입 게임의 사전 기초 지식 11
    [박스 1-1] 기본 개념 및 가정 11
    1-4 (AI 게임의 패턴 1) 과학기술 관점에서 본 AI 게임의 진행 패턴 13
    1-5 (AI 게임의 패턴 2) AI 의 발전이 기업, 경제 및 우리 사회에 가져올 변화의 진행 단계 14
제2장: AI의 과거, 현재, 그리고 미래 (AI 스토리) 20
    2-1 AI 의 과거 1: AI 의 시작 22
    2-2 AI 의 과거 2: AI 에 대한 두 가지 접근 방식 25
    2-3 AI 의 현재 1: 소프트웨어 (머신러닝) 27
    [박스 2-1] 딥러닝의 쉬운 이해를 위한 문과식 설명 30
    2-4 AI 의 현재 2: AI 하드웨어 36
    2-5 AI 의 현재 3: 데이터와 AI 도입 38
    2-6 AI 의 미래 1: AI 발전 경로 41
    2-7 AI 의 미래 2: AGI 를 누가 가장 먼저 개발할 것인가? 47
    2-8 AI 의 미래 3: AI 의 끝판왕, 상대적 대 절대적 인공지능 53
제3장 AI 도입 1단계: 비즈니스 적용과 AI 게임의 시작 62
    AI 도입 1 단계의 기(起): 무엇인지 64
    3-1 (게임의 시작) AI 가 사람의 업무 생산성 향상에 본격적으로 도움을 주기 시작 64

3-2 AI 도입 1 단계의 세부 내역 66
3-3 이 단계를 가능하게 하는 것은 무엇인가? 69
3-4 이 단계에서 가능하게 되는 것은 무엇인가? 70
3-5 AI 도입 제 1 단계의 생활상 71

AI 도입 1 단계의 승(承): 이 단계에서의 AI 도입의 발전 및 전개 74

3-6 AI 도입 1 단계의 전반적인 전개 방향 74
3-7 AI 도입 1 단계의 초기 (자동화 대 증강화) 76
[박스 3-1] 증강화에서의 생산성: AI 배율의 개념 78
3-8 AI 증강화의 궁극적인 형태: 1 인 기업 80

AI 도입 1 단계의 전(轉): 이 단계로의 변화로 인한 사회적 파장 또는 의의 82

3-9 (논란 1: 일자리) AI 는 일자리를 없어지게 할까, 아니면 늘리게 할까? 82
3-10 (논란 2: AI 관련 범죄) 인간은 AI 에게 속지 않을 수 있을까? 84
3-11 (논란 3: 감시) 공공 안전, 개인정보 및 감시 관련 규제에 대한 해법 필요 87
3-12 (논란 4: 평화) 누군가 AI 를 사용해서 세계를 지배하려고 한다면? 89

AI 도입 1 단계의 결(結): 의의 및 투자에 대한 시사점 91

3-13 AI 도입 1 단계의 주요 혜택 91
3-14 AI 도입 1 단계의 경제 및 기업 경영에 대한 의의 92
3-15 AI 도입 1 단계의 AI 개발 관련 투자에 대한 의의 93
3-16 AI 도입 게임이 1 단계에서 갑자기 끝나버리지는 않을지에 대한 우려 98

제4장 AI 도입 2단계: 우리는 AI를 어떻게 사용하게 될까? 100

AI 도입 2 단계의 기(起): 이 단계로 진행 불가피한 이유 및 무엇인지 102

4-1 (업무의 주체 = AI) 인력을 대체하는 AI 102
4-2 AI 도입 제 2 단계의 주요 특징 105
4-3 AI 도입 2 단계를 가능하게 하는 것은 무엇인가? 107
[박스 4-1] AGI 도달 전 AI 의 6 단계 107
4-4 AI 도입 제 2 단계에서 가능해지는 것들 111
[박스 4-2] AI 가 비즈니스에서 기여하는 방식과 자동화된 혁신 (Automated Innovation) 112
[박스 4-3] 생산성보다 더 적절한 경제지표는 없을까? AI 노력대체성(Effortlessness) 117
4-5 AI 도입 제 2 단계의 생활상 124

AI 도입 2 단계의 승(承): 이 단계 내에서의 전개방향 127

4-6 AI 도입 2 단계의 전개 방향 128
4-7 AI 도입 2 단계 초기의 전개 가능성 예시 (AGI 이전) 130

4-8 AI 도입 2 단계 초기의 전개 방향: 자체 질문, 자가발전 AI 의 예시 (AGI 이전)133
4-9 '직업' 개념의 변화: 직업의 통합, 집중화 및 생성 137
4-10 가정에서의 AI 의 도입 전개 방향: 다목적 AI 집사 139
[박스 4-4] (AI 경제학 3) AI 가 무료로 일해준다고? AI 도입으로 발생하는 경제활동 증발 현상 및 측정의 한계 142
4-11 기업에서의 AI 도입 전개 방향: 1 인 대기업 그룹 총수를 위한 초전문가 AI 146
4-12 정부에서의 AI 도입 전개 예시: AI 판사 147

AI 도입 2 단계의 전(轉): 이 단계로의 변화로 인한 사회적 파장 또는 의의 149
4-13 (논란 1: 일자리) AI 도입으로 인한 특정 직업군의 갑작스러운 소멸 149
4-14 (논란 2: 불균형) 누구나 가지고 싶어하는 AI - 누가 AI 를 소유해야 하는가?153
4-15 (논란 3: 책임) AI 에게 얼마나 많은 자율성과 권리를 부여해야 하는가? 162
4-16 (논란 4: 정부 및 군대) 개별 행동을 할 수 있는 AI 군인 로봇이 도입되어도 되는가? 165
4-17 (논란 5: 범죄) AI 가 범죄 또는 반인류적 행위를 한다면 어떻게 해야 하는가?167

AI 도입 2 단계의 결(結) (투자에 대한 의의) 172
4-18 AI 도입 2 단계의 주요 장점 172
4-19 기업 및 경제: 기업 운영 및 사회 전반에 대한 의의 174
4-20 투자는 증가하지만 경쟁도 심화 175

제5장 AI 도입 3단계: AI가 주도하는 경제로의 대 변혁 178

AI 도입 3 단계의 기(起): 이 단계로 진행 불가피한 이유 및 무엇인지 180
5-1 (회사의 주체 = AI) 회사를 경영할 수 있는 AI 의 출현 180
5-2 AI 도입 3 단계의 주요 특징 183
5-3 이 단계를 가능하게 하는 것은 무엇인가? 185
5-4 이 단계에서 가능해지는 것은 무엇인가? (1) AI CEO 의 주요 장점 186
5-5 이 단계에서 가능해지는 것은 무엇인가? (2) 0 인기업 또는 무인기업........... 189
5-6 이 단계에서 가능해지는 것은 무엇인가? (3) 자체적으로 혁신할 수 있는 자율경영기업 190
[박스 5-1] 자율경영기업의 6 단계 (The 6 Levels of Autonomous Companies)... 191
5-7 이 단계에서 가능해지는 것은 무엇일까? (4) 산업조정 AI 및 민간의 정부화. 193
5-8 이 단계에서 가능해지는 것은 무엇일까? (5) 경제적 자유와 경제 유토피아 .. 200
[박스 5-2] AI 도입으로 인한 생산성 향상과 경제 성장 측정에 대한 문제에 대한 간단한 예시 (AI 경제학 5) 204
5-9 이 단계에서 가능해지는 것은 무엇일까? (6) 반이상향 시나리오 - AI 경제 악몽210
5-10 AI 도입 3 단계에서의 일상은 어떤 모습일까? 212

AI 도입 3 단계의 승(承): 이 단계에서의 AI 의 특징 및 적용 215
5-11 AI 도입 3 단계에서의 전반적인 전개 방향 216
5-12 산업 내 통합 – AI 독점기업의 출현 218
5-13 이종산업간의 융합: 초거대 독점 AI 회사 및 한 개의 기업만으로 이루어진 경제
.... 224

AI 도입 3 단계의 전(轉): 이 단계로의 변화로 인한 사회적 파장 또는 의의 228
5-14 (논란 1) 사람들은 AI 를 기업의 주인으로 인정할 수 있을까? 228
5-15 (논란 2) AI 가 사람과 경쟁해도 되는 존재로 인정받아야 하는가? 230
5-16 (논란 3) 국가는 AI 규제에 대해 얼마나 많은 결정권을 가져야 하는가? 236

AI 도입 3 단계의 결(結) (투자에 대한 의의) 242
5-17 AI 도입 3 단계가 가져오는 변화 및 의의 정리 242
5-18 (경영에 대한 의의) 경제가 돌아가는 기본적인 원칙의 변화 247
5-19 (투자에 대한 의의) 당신도 초거대 AI 회사의 주인이 될 수 있을 것인가? 248

제6장 AI 도입 4단계: AI 게임의 끝판왕 250

AI 도입 4 단계의 기(起): 이 단계로 진행 불가피한 이유 및 무엇인지 252
6-1 '기업의 AI 도입 3 단계'와 '사회의 AI 도입 4 단계'에 대한 비교 정리 252
[박스 6-1] 자율운영정부의 6 단계 254
6-2 (4 단계의 주요 특징) AI 도입의 끝판왕, '정부 AI' (정부의 주체 = AI) 255
6-3 (선행조건) 이 단계를 가능하게 하는 것은 무엇인가? 258
6-4 이 단계에 들어서게 되는 경로 (정-반-합) 259
6-5 이 단계에서 가능해지는 것: (1) 빠르고 능력 있는 정부 262
6-6 이 단계에서 가능해지는 것: (2) AI 정부가 모든 비용을 지불해 준다............ 264
6-7 이 단계에서 가능해지는 것: (3) 사회적 유토피아 266
6-8 이 단계에서의 사회 및 생활상 269

AI 도입 4 단계의 승(承): 이 단계 내에서의 전개방향 271
6-9 AI 도입 4 단계의 전반적인 흐름에 대한 개요 272
6-10 (AI 도입 4 단계 초기) 인류 주도 'AI 정부' 출현 과정 274
6-11 (정부 구조의 변화) AI 가 완전 새로운 정부 시스템을 창출하게 될 가능성 .. 278
6-12 인간 없이 AI 만으로 구성된 '국가'(0 인구가)의 출현 가능성..................... 284
6-13 (AI 도입 4 단계의 결말) AI 가 운영하는 정부의 결말 세 가지 시나리오 287
6-14 '세계를 지배'하는 초거대 AI 국가의 출현 가능성 290

AI 도입 4 단계의 전(轉): 이 단계로의 변화로 인한 사회적 파장 또는 의의 292
6-15 (논란 1) AI 정부는 더 나은 사회를 구현할 수 있을 것인가? 292
6-16 (논란 2) AI 정부는 어떤 국가 체제에 더 유리하게 작용할 것인가? 296

6-17 (논란 3) AI 정부의 도입은 서로 다른 체제를 동일한 방향으로 수렴하게 만들 것인가? 303
6-18 (논란 4) 인간 없이 AI 만으로 이루어진 '국가'를 허용하여도 괜찮을 것인가?308
6-19 (논란 5) AI 국가가 지구를 정복하려고 한다면 어떻게 될 것인가? 314

AI 도입 4 단계의 결(結): (투자에 대한 의의) 323
6-20 이 단계의 내용 요약: AI 도입의 최종 단계 323
6-21 투자 및 주식시장, 연금 등에 대한 의의 327
6-22 AI 도입 게임의 완료 329

제7장 게임이 끝난 이후의 이야기 (인류는 지금 무엇을 해야 할까?) 332

AI 게임 완료의 기(起): AI 게임의 끝에 대한 관점별 분류 334
7-1 인류의 마지막 AI 는 어떤 모습일 것인가? 335
7-2 AI 도입의 최종 결과에 대한 시나리오별 정리 341
[Box 7-1] 자체발전 AI 의 6 단계 346

AI 게임 완료의 승(承): AI 게임의 끝에 대한 위험의 정리 350
7-3 AI 개발은 왜 초기인 지금부터 위험할 수 있는가? 350
7-4 AGI 의 출현은 어떻게 위험할 수 있는가? 357

AI 게임 완료의 전(轉): AI 게임의 위험에 대한 대응방향의 정리 365
7-5 (논란 1: 규제) AI 의 위험을 줄이기 위해 누구와 무엇을 규제해야 하는가? .. 365
7-6 (논란 2: 색다른 해결책은 없을까?) AI 의 위험을 줄이기 위한 기타 노력 방향374

AI 게임 완료의 결(結): AI 게임 전체의 의의 및 현재 우리에 대한 시사점 378
7-7 (시사점 1) 게임의 끝에서 돌아본 AI 도입 완료의 시사점 378
7-8 (시사점 2: 투자) 당신이 투자하고 싶어할 인류 역사상 최고의 주식 380
7-9 (시사점 3: 연구) AI 도입의 진행에 대한 학문적 의의 382
7-10 최종 정리: '인류의 마지막 AI'는 어떤 모습일 것인가? 386

Epilogue 388
이 책의 의의 388
필자의 소회 389

"체스를 잘 두기는 어려워도

게임의 진행 패턴은 이해하기 쉽다"

제 0 장: 들어가며

체스를 잘 두기는 어려워도 진행 패턴은 이해하기 쉽다

우리는 모든 체스 게임이 어떻게 시작되고 진행되는지 쉽게 알 수 있다. 흑과 백 말들을 양쪽에 정해진 규칙대로 나열해 놓고 시작해서 돌아가며 본인의 말들을 움직인다. 우리는 또한 체스 게임이 대부분 어떻게 끝나는지도 알고 있다. 어떤 경로일지는 예측할 수 없지만, 서로의 말들을 하나씩 이동하면서 제거하여 그 숫자가 줄어들다가 결국에는 한쪽의 왕이 잡히며 끝난다. 체스를 잘 두지 못하더라도 이러한 진행 패턴은 쉽게 이해할 수 있다.

우리는 모든 바둑이 어떻게 시작되고 진행되는지도 쉽게 알 수 있다. 빈 바둑판을 시작으로 흑과 백 돌들을 하나씩 놓으며 진행한다. 우리는 또한 바둑이 대부분 어떻게 끝나는지도 알고 있다. 어떤 경로일지는 예측할 수 없지만, 서로 한 수 씩 두며 바독판에 놓인 돌이 늘어나다가 맨 마지막에 더 많은 집을 차지한 사람이 이긴다. 바둑을 잘 두지 못하더라도 이러한 진행 패턴은 쉽게 이해할 수 있다.

아마도 이 책을 읽는 독자들의 대다수는 모노폴리 또는 부루마블 게임도 접해본 적이 있을 것인데, 우리의 전통놀이인 윷놀이가 연상되는 이러한 종류의 게임에 대해서도 사람들은 어떻게 시작되고 진행되는지 쉽게 이해할 수 있다. 각각의 참여자들은 동일한 금액을 보유하고 게임을 시작하여 순서대로 돌아가면서 주사위를 던져 본인의 말을 게임판 위에서 이동시키며 부동산을 매입하거나 숙박비 등을 지급하게 된다. 우리는 또한 이 게임이 대부분 어떻게 끝나는지도 알고 있다. 어떤 경로일지는 예측할 수 없지만, 참여자들은 지출을 감당하지 못하게 되어 하나둘씩 파산하다가 마지막 남은 가장 부자인 최종 승자가 결정된다. 이 게임을 몇 번만 해보아도 이러한 진행 패턴은 쉽게 이해할 수 있다.

체스, 바둑, 모노폴리. 세계적으로 유명한 게임들에서 우리는 어떠한 이해하기 쉬운 일반적인 진행 패턴이 존재한다는 것을 알 수 있다. 이러한 패턴은 체스의 그랜드마스터나 바둑의 9단 기사여야 이해할 수 있는것이 아니라 누구나 알 수 있는 것이다. 이와 비슷하게 AI의 도입 게임은 이제 시작하는 단계에 있다. AI 자체를 개발하는 것은 많은 노력과 연습이 필요할 것이고, 앞으로 어떤 경로로 관련 기업들의 경쟁이 전개될지를 예상하는 것은 해당 분야의 전문가에게도 어려울 것이지만, 우리는 이 AI 도입의 게임이 어떻게 전개되고 끝날 것이라는 일반적인 진행 패턴을 오히려 더 쉽게 이해할 수 있다.

'인류의 마지막 AI'의 가장 큰 시사점은 AI의 도입 게임이 진행되다 보면 최종적으로 하나의 AI만 필요하게 될 수 있다는 것이다. 그런데 게임에서 무엇인가 하나만 남는다는 것은 체스에서 보면 체크메이트, 바둑에서 보면 더 놓을 곳이 없는 상황, 모노폴리에서 보면 승리 또는 패배가 결정되는 시점이므로, AI 게임에서도 최종 승패의 결정은 그 시기가 될 것이다. 또한 다른 게임에서도 중간에 게임이 종료될 수 있듯이 AI 게임에서도 중간에 종료되는 시나리오도 있다.

이 책의 목표는 당신이 어떤 특정 게임에 대한 전문가가 아니더라도 그 게임의 진행 패턴에 대해서는 쉽게 이해할수 있다는 원리를 바탕으로 경영 및 경제학의 관점에서 미래에 예상되는 AI를 도입하는 비즈니스 세계의 전반적인 패턴을 게임의 진행 패턴을 설명하는 것처럼 이해하기 쉽게 설명하는 것이다.

(일명 넓고 얕은 재미있는 책 추구)

제 1 장

AI 게임의 법칙

(AI 피라미드)

"AI 도입 게임의 진행 패턴은 이해하기 쉽다"

제 1 장: AI 게임의 법칙

기업 및 사회에서의 AI 도입의 일반적인 진행 패턴

(개요) 이 책에서는 기술이 아닌 사람과 기업을 분석 단위로 설정하고 AI의 발전 패턴을 이해할 수 있도록 분석 틀인 'AI 피라미드'에 대한 설명을 제공하려고 한다. 과학·기술계에서 가장 보편적으로 언급하는 패턴은 ANI-AGI-ASI의 발전 단계이다. 그러나 이러한 분류는 사회 발전과 연계하여 적용하기에는 중간 단계가 부족하여 우리의 일상 생활에 일어나는 일들에 적용하기가 어렵다. 이 책에서는 경영경제학의 관점에서 초기 부분을 좀 더 세부적으로 나눌 수 있도록 AI가 우리 사회에 적용되는 발전 단계에 대한 프레임워크를 제시하고, 이를 바탕으로 'AI 게임'의 진행 패턴을 단계별로 설명한다.

(명칭 정리) 이 책은 과학 또는 기술 전문 책이 아니므로 'AI'라는 추상적인 기술과 일반인들이 더 구체적으로 상상할 수 있는 형태인 'AI 로봇'을 모두 'AI'라는 단어로 혼용하여 지칭할 수 있다. 이렇게 하는 것이 좀 더 설명을 간략하게 하는데 도움이 되므로 이해해주시기 바란다.

(경제학에 대한 의의) 이 책에서는 경제학에서 일반인들에게 잘 알려진 여러 가지 개념들을 이용하여 설명하고자 한다. 예를 들어 시장경제, 경쟁, 생산성 등의 개념들이 있다.

(기술적 관점과의 비교) 이 책에서는 일반적으로 기술과학에서 AI의 발전방향을 설명하는 AI-AGI-ASI 개발 단계를 기업에서 AI를 적용하는 단계와 서로 비교하여 설명하고자 한다. 이렇게 해야 기존 틀에서 이해하는 것이 좀 더 용이할 것 같다.

1-1 시작하기 전에: 이 책의 구성 체계 설명

이 책은 독자의 이해를 쉽게 하기 위해 기(起)-승(承)-전(轉)-결(結)이 세번 중첩(Nested)된 구성으로 되어 있다. 각각의 단원 앞 부분에는 프로그램의 주석을 다는 것처럼 해당 단원에서 설명하는 내용을 요약해서 안내하는 부분을 별도로 제공하였다. 상당히 다양한 주제들의 내용을 압축해서 정리하려다 보니 프로그래밍에서 사용하는 구성 방식을 차용하게 되었는데 AI도 결국 어떤 관점에서는 일종의 프로그램이라는 의의도 있을 것이다.

[표 1-1] 이 책의 구성

단원		AI의 도입 단계		단원별 주요 내용(기 – 승 – 전 – 결)
기	제 1 장			게임의 법칙 개요
승	제 2 장			AI가 현재까지 발전해온 길
전	제 3 장	기	AI 도입 제 1 단계	(업무의 주체 = 인간) AI 도우미
	제 4 장	승	AI 도입 제 2 단계	(업무의 주체 = AI) AI 에이전트
	제 5 장	전	AI 도입 제 3 단계	(회사의 주체 = AI) 회사 AI, 경영자 AI
	제 6 장	결	AI 도입 제 4 단계	(정부의 주체 = AI) 정부 AI, 대통령 AI
결	제 7 장			AI 도입 단계에 대한 평가 및 의의

첫 번째 '기-승-전-결'의 층은 책 전체의 구성으로 볼 수 있는데,

기(起, 발단): 제 1 장 = 이 책의 집필 취지 및 AI의 도입 단계에 대한 안내
승(承, 전개): 제 2 장 = AI의 과거, 현재, 미래에 대한 간략한 설명
전(轉, 전환): 제 3 장 ~ 제 6 장 = AI 도입 4 단계 각각에 대한 설명
결(結, 결말): 제 7 장 = 전체적인 평가

의 네 가지로 구성되어 있다.

두 번째 '기-승-전-결'의 층은 AI 피라미드를 이루는 기업 및 사회 AI 도입 4단계에 대한 구성으로

기(起, 발단): AI 도입 제 1 단계 (업무의 주체 = 사람)
승(承, 전개): AI 도입 제 2 단계 (업무의 주체 = AI)
전(轉, 전환): AI 도입 제 3 단계 (회사의 주체 = AI)
결(結, 결말): AI 도입 제 4 단계 (정부의 주체 = AI)

의 네 가지로 구성되어 있다.

마지막으로, 세 번째 '기-승-전-결'의 층은 각 단원 내부의 구성으로,

기(起, 발단): 해당 도입 단계에 대한 개념 및 당위성
승(承, 전개): 해당 도입 단계에 대한 특성
전(轉, 전환): 해당 도입 단계로 발전함에 따른 사회적 논란 분석
결(結, 결말): 해당 도입 단계 관련 기업 및 경영에 대한 의의

의 네 가지로 구성되어 있다.

이에 더해 각각의 단원 도입부에는 각 단원에 대한 안내 표지판 또는 주석 개념의 개요 부분이 있으며, 이 개요 부분도 '기-승-전-결'의 구성으로 각각 (기) 단원의 개요, (승) 사용되는 명칭에 대한 정리, (전) 경영 및 경제학에 대한 의의, (결) 기술적 관점과의 비교에 대해 정리되었다.

1-2 이 책의 주제는 무엇인가?

AI 도입의 분석 틀

19세기말 자동차가 처음 개발될 때를 기술적 관점에서 바라보면 말의 속도와 초기 자동차의 평균 운행 속도를 비교하는 그래프를 그릴 수 있다. 자동차의 엔진이 발전함에 따라 속도가 말을 능가하게 될 때가 올 것이고 이를 사람들이 말보다 차를 압도적으로 선호하게 되는 특이점이라고 부를 수 있다. 그러나 비즈니스 관점에서 바라본다면 이런 성능을 비교하는 그래프보다 좀 더 실생활에 유용한 질문들이 필요한데, 예를 들어서 "사람들은 자동차를 어떻게 사용할 것인가" 등이 될 것이다. 이러한 질문에서 승용차, 밴, 버스, 스포츠카, 농업용 트랙터, 트럭 등 다양한 방향으로 제품들이 개발되고 발전되었다. 또한 우리 사회는 도로 및 주차장 건설, 교통법 제정, 배기가스 규제 등 자동차가 일상에 도입됨으로서 초래하는 비용 및 위험 등에 대해 사회적 합의를 거치는 과정을 가졌다.

같은 맥락으로 본다면, 우리는 지금 AI 개발의 초기 단계에 있다. 기술적 관점에서 보면 사람과 AI의 능력을 비교하는 그래프를 그릴 수 있다. AI 기술이 발전함에 따라 AI의 능력이 인간을 능가하게 될 때가 올 수 있고 이를 특이점(Singularity) 이라고 한다. 그러나 비즈니스 관점에서 바라본다면 또 다른 주요 관심사는 사람들에게 어떠한 종류의 AI 제품들을 어떤 모습으로 개발할 것인가 등이 될 것이다. 이에 더하여 우리 사회는 AI 개발과 도입에 대한 인프라, 규제, 관련 법을 제정하여 AI와 관련하여 허용이 가능한 행동을 정하여 AI가 우리 일상에 도입됨으로서 초래하는 비용 및 위험 등에 대한 사회적 합의를 거치는 과정이 필요할 것이다.

앞으로 다양한 방향으로 AI를 적용한 제품 및 서비스들이 개발되고 도입될 것인데, 기업 경영에 있어서는 과학·기술계에서 일반적으로 사용하는 ANI-AGI-ASI의 발전 단계의 체계와 다른 개념들이 필요하다. 이 책의 목적은 자동차 산업에서의 시작 시점에서 앞으로 개발될 수 있는 다양한 차종 및 자동차의 도입으로 인한 사회의 변화에 대한 개념을 설명하는 것 처럼 AI의 발전으로 인해 개발될 수 있는 다양한 제품들 및 변화의 개념을 좀 더 단계적으로 분류하고 설명하려는데 있다.

1-3 이 책에서 제시하는 분석 틀은 무엇인가?
(AI 란 무엇인가?)

기술자 또는 과학자 대비 경제학자 또는 기업인의 관점에서 본 AI의 미래의 차이점

불과 최근 몇십년 사이 컴퓨터 관련 기술이 발전함에 힘입어 인류는 AI와 관련된 새로운 기술을 개발하여 실생활에 광범위하게 적용하기 시작하였다. 따라서 우리는 실물 경제에 AI가 차츰 도입되어 진행되는 게임의 시작 부분에 있다고 할 수 있다.

이 책은 과학 또는 기술보다는 경제 또는 경영학의 관점에서 정리된 책이다. 어떤 관점에서 질문을 하느냐에 따라 중요하게 생각되는 요소들이 달라지고 다른 결정을 하게 된다. 과학자나 기술자가 질문하는 내용들과 경제학자나 경영학자가 질문하는 내용들은 다르게 되는데 그 이유는 과학이나 기술에서의 연구의 단위가 기술 또는 제품이라면 경영학이나 경제학에서는 연구의 단위가 기업이나 소비자, 산업, 정부 정책 등 객체의 범위가 다르기 때문이다.

예를 들어서 어떤 아이의 성장 과정을 묘사한다고 생각해 보자. 과학자 또는 의사라면 아이의 키, 몸무게, 심박수, 질병이 있는지 여부 등의 아이가 가지는 속성의 측정 및 변화에 대해 설명할 확률이 높다. 반면, 사회적인 관점에서 설명한다면 아이가 어떤 초등학교, 중학교, 고등학교를 다녔는지, 아이가 어떤 친구를 사겼는지, 아이의 취미나 성격은 어떠한지 등 아이가 겪어온 경험 및 주위 환경에 대해서 주로 이야기 할 것이다.

이와 비슷하게 이 책은 일반적인 과학과 기술과는 좀 색다른 관점을 제시하는게 목표이다. AI와 관련된 많은 책들은 'AI가 어떤 알고리듬으로 이루어져 있는가', '어떤 기술을 어떻게 운영할 것인가' 등의 과학 중심적인 접근을 가지고 있다. 반면, 이 책에서는 AI 개발 기업의 입장에서 '어떤 용도로 만들 것인가' 또는 '누구에게 판매할 것인가', 또는 AI를 사용하는 사용자의 입장에서 'AI가 어떻게 사용될 것인가' 등의 비즈니스 또는 사회적 관점을 중심으로 전개가 이루어질 것이다.

[표 1-2] 과학·기술 vs 경영·경제 관점에서의 자동차 및 AI 산업에서의 주요 질문 예시 비교

	과학 또는 기술 관련 질문	경영 또는 경제 관련 질문
자동차 산업의 주요 질문 예시	- 얼마나 빠른 차를 만들 수 있는가 - 얼마나 가벼운 차를 만들 수 있는가 - 얼마나 유선형의 차를 만들 수 있는가 - 얼마나 연비가 좋은 차를 만들 수 있는가 - 얼마나 안전한 차를 만들 수 있는가	- 신차의 개발 비용은 얼마인가 - 신차를 몇 대 생산할 것인가 - 신차를 생산하는 비용은 얼마이며 이를 얼마에 판매할 것인가 - 신차를 어느 공장에서 만들 것인가 - 우리 경쟁사는 어떤 차를 만드는가 - 우리 제품의 차별요소는 무엇인가 - 우리는 어떤 고객을 위해 이 차를 만드는가
AI 산업의 주요 질문 예시	- 얼마나 사람같은 AI를 만들 수 있는가 - 얼마나 똑똑한 AI를 만들 수 있는가 - 어떤 프로그래밍 언어를 사용할 것인가 - 얼마나 빠른 컴퓨터를 사용할 것인가 - 어떤 데이터를 사용할 것인가 - 어떤 알고리듬을 적용할 것인가	- 우리 회사의 AI의 개발 및 운영 비용은 얼마인가 - AI 로봇을 몇 대 만들어 얼마에 판매할 것인가 - 어떤 용도를 위한 AI를 만들 것인가 - 경쟁사와의 차별요소는 무엇인가 - 고객은 AI를 어떻게 사용할 것인가 - 우리가 고객에게 제공하는 가치는 무엇인가

AI가 기업활동에 점차 더 많이 사용되면서 사람들이 하게 되는 주요 경제·경영·사회 관련 질문들은 결국 다음 두 가지 방향으로 분류될 수 있을 것이다:

1) (인간 대체) AI의 개발로 특정 직업이 사라질 것인가? 인류가 멸종될 것인가?
2) (수익 증대) AI로 어떻게 작업의 생산성을 높이거나 더 많은 수익을 낼 것인가?

과학적인 관점에서는 앞으로 AI를 어느 정도의 지능 수준으로 만들 수 있을지에 가장 큰 관심을 두게 될 것이다. 이에 추가하면 어떻게 사람과 더 비슷하게 만들 수 있을지를 관심으로 둘 수 있다. 이런 질문은 '공급자'의 입장이라고도 할 수 있다.

이에 반해, 비즈니스 관점에서는 AI로 어떻게 수익을 낼 수 있을지가 큰 관심사가 되며, AI가 얼마나 사람과 비슷한지는 크게 중요한 요소는 아닐 수 있다. 오히려, 사람과 다를 때 더 좋을 수도 있는데, 예를 들어서 중요한 업무에 긴장하거나, 위험한 업무라고 피하려고 하거나, 기억을 하지 못하거나, 동일한 일을 반복했다고 피곤해하지 않고 업무를 수행할 수 있다는 점 등이 있을 것이다. 이러한 입장에서의 질문은 '수요자'의 입장이라고도 할 수 있다.

현재 AI 개발을 진행하는데는 많은 자원과 자본이 투입되고 있다. 셀 수도 없는 방면에서 동시다발적으로 급속한 혁신이 일어나고 있다. 이러한 발전은 갈수록 복잡하고 빠르게 진행되겠지만, 우리는 세상 곳곳에서 일어나는 많은 변화를 시시각각 모두 이해하고 있기는 어려울 것이다. 그러나 역설적으로 AI 도입 게임의 전반적인 진행 패턴과 가능한 결말은 오히려 상당히 간단하게 이해 할 수 있을 것이다. 만약 우리가 어떤 무인도에 처음 도착한 탐험대라면 AI 발전에 대한 세부 내용을 이해하려는 것은 모두 오늘 먹을 양식과 오늘 잘 수 있을 곳을 찾으려고 열심히 돌아다니는 것에 비교할 수 있을 것이다. 반대로 AI 게임의 패턴을 이해하려는 것은 휴식을 취하면서 드론을 상공에 띄워 섬 전체가 어떻게 생겼는지를 파악하는 것에 비교해볼 수 있을 것이다.

일반적으로 경영학에서는 최초로 무엇인가를 만드는 기업의 가치를 높이 평가하고 이를 선점효과(first-mover advantage)라고도 지칭하는데, 그 이유는 제한적이지만 독점적인 상황을 만들 수 있기 때문이다. 이러한 관점에서 볼 때 인류 역사상 가장 가치가 큰 회사는 인류의 마지막 AI를 처음 만드는 회사가 될 수도 있다. 이 책은 AI에 관심이 있지만 이러한 관점을 처음 접해보는 독자에게는 좀 특이할수도 있는 분석을 위한 생각의 틀을 제공하는데 목표를 두고 서술되었다.

(AI가 비즈니스에 접목되는 원리)
AI 도입 게임의 사전 기초 지식

이 책에서는 AI가 개발되고 발전하는 과정보다는 실생활 또는 비즈니스에서 적용되는 경제 또는 경영학 측면에서의 관점에서 예측할 수 있는 패턴에 대해 다룰 예정이다. 다양한 배경지식을 가진 구독자를 대상으로 하므로 기본적인 경영 관련 개념 또는 전제를 몇 가지 간단하게 소개하고 시작하도록 하겠다.

[박스 1-1] 기본 개념 및 가정

1. (경제 발전) 경제활동은 생산성이 높을수록 좋다

생산성(Productivity)이란 간단하게 경제 활동을 하는 속도라고 생각할 수 있다. 예를 들어서 한 사람이 삽으로 땅을 파고 있을 때와 비교하여 굴착기로 땅을 파면 훨씬 적은 시간 안에 같은 업무를 달성할 수 있다. 이 때 굴착기를 사용함으로써 생산성이 향상되었다고 할 수 있다. 생산성은 어떤 자원을 좀 더 가치가 있는 자원으로 바꾸는 효율이라고 일반화 할 수 있는데, 경제 발전은 인류의 생산성을 높이게 된 결과물이라고 할 수 있다.

2. (기업의 존재 목적) 기업은 수익 창출을 추구한다

일반적으로 경영학에서 '기업'은 일련의 인적 및 물적자원을 사용하여 여러 업무를 모아서 더 높은 가치를 생산하는 것을 추구하는 사람들의 집합 또는 조직이라고 생각할 수 있다. 이 때, 사람이 숨을 쉬어야 살 수 있듯이, 기업의 존재를 가능하게 하는 것은 수익이다. 사람이 잠수할 때 숨을 참거나 산소통을 사용해야 하듯이, 기업은 단기적으로 내부 유보금 또는 투자유치 등의 현금흐름으로 적자를 감당할 수 있지만 결국 언젠가는 수익을 창출해야 지속될 수 있다.

기업은 수익을 창출하기 위하여 각종 위험(Risk)를 감수하는데, 위험은 결과인 수익의 크기에 변동이 가능하다는 개념으로 생각할 수 있다. 위험의 예시로는 성공할 지 불확실한 기술 개발을 위해 자금을 투자하는 일 등이 있다.

3. (제한된 합리성) 인간의 결정에는 한계가 있다

사람은 전지전능하지 않으므로 결정에 각종 한계가 있는데, 이를 제한된 합리성(Bounded Rationality)이라고 한다. 사람이 모인 기업의 행동에도 여러 한계가 있는데, 정보 보유, 분석 속도, 기술 등의 한계 및 한정된 자본, 시간, 또는 법적 제약 등이 있다.

이러한 한계로 인해 기업들은 결과의 변동성을 의미하는 '위험'(Risk)을 감수한다. 우리는 AI와 관련된 기업들의 활동을 돕기 위해 금융기관 및 주식시장 등에서 자본을 조달할 수 있는 인프라가 구축되어 있다고 생각할 수 있다. 특히 선진국에서는 기업의 높은 리스크를 관리하기 위한 금융의 형태로 벤처투자의 방식이 발달하였다. 이러한 벤처기업 운영 및 투자의 형태는 과거 우리나라의 제조업의 발달을 가져온 은행 대출 위주의 금융 방식과 비교하여 어떤 리스크가 감수되고 있는지, 어떤 결과가 나왔는지를 관련인들이 파악하고 행동을 결정하는데 좀 더 용이하다고 생각할 수 있다.

4. (경쟁의 효용성) 경쟁은 경제 발전에 도움을 준다

(경쟁과 독점) 일반적으로 시장경제 체제에서는 경쟁이 있으면 더 나은 제품 및 더 높은 효율을 가져와 궁극적으로 사람들의 생활을 더 좋게 만들 것이라고 생각한다. 경쟁과 반대되는 개념은 독점이라고 생각할수 있으며, 독점에서는 가격 담합등의 비효율이 발생하여 궁극적으로 사람들의 생활에 부정적인 영향을 가져오게 될 것이라고 생각한다. 요약하자면 경쟁은 좋고 독점은 나쁘다.

(AI 기술의 접목) 이러한 관점을 바탕으로, 우리는 기업들이 AI를 개발하거나 사용하는데 다음과 같은 내용을 유추할 수 있다.
1) 기업은 AI를 생산성 향상 등 수익성을 증가시키는 방향으로 사용할 것이다.
2) 기업은 AI 기술이 개발되면 최대한 여러 분야에 상업적 적용을 시도할 것이다

한편, 경제 구조의 측면에서는 시장경제 체제의 반대는 중앙 계획경제 체제라고 생각할 수 있다. 이러한 계획경제 체제에서는 정부가 의도적으로 독점기업을 양산할 수 있다. 이러한 원리는 AI개발 및 도입에서도 적용해볼 수 있을 것이다. 시장경제 체제에서는 기업들이 어떻게 경쟁할지 스스로 정할 자유를 가진다. 반면 계획경제 체제에서는 정부가 산업들이 어떻게 구성될지를 정할 수 있으며, 정부가 정한다면 AI 개발을 독점하는 기업을 만들수도 있을 것이다.

1-4 (AI 게임의 패턴 1) 과학기술 관점에서 본 AI 게임의 진행 패턴

과학 및 기술적 관점에서 우리에게 잘 알려진 AI의 예상 발전단계는 ANI-AGI-ASI 체계가 있는데, 좀 더 자세한 설명은 다음 장에서 살펴보도록 하자. 일반적으로 과학의 관점에서 AI의 개발은 이미 상당히 구체적인 예상 진행 패턴 및 게임의 결말을 가지고 있는데, 이는 특이점(Singularity) 이라는 개념이다.[1] 이 개념은 인류가 개발하는 AI가 AGI라고 지칭하는 특정 수준에 도달하게 되면 자체적으로 발전이 가능해져 결국에는 모든 인류를 뛰어넘는 특이점을 지나가게 된다는 것이다. 특이점을 뛰어넘은 ASI는 인류가 제어하기 어려울 수 있다는 위험이 우려된다.

위의 예시에서 보듯이 AI를 개발하는 과학자 또는 엔지니어의 공급자의 관점에서 AI의 발전 방향에 대한 질문을 하게 되면 가장 일반적으로 고려할 수 있는 요소는 얼마나 빠르게, 또는 얼마나 많이와 같은 방향이 되어 인간의 능력과 AI를 비교하는 AGI와 기술의 발전 정도를 알려주는 '특이점' 등의 개념이 중요하게 된다. 반면 이 책에서는 이러한 기술적 관점보다는 AI에 대한 수요자로서의 입장에서 AI의 도입으로 AI가 차지하게 되는 사회적인 위치 및 인간과의 상호 작용 및 영향 등을 단계적으로 비교하게 될 것이다. 이를 위해 먼저 이 책에서 설명하고자 하는 AI 도입의 4단계, 이른바 'AI 피라미드'에 대해 살펴보도록 하겠다.

1-5 (AI 게임의 패턴 2) AI의 발전이 기업, 경제 및 우리 사회에 가져올 변화의 진행 단계

1. 기업 AI 도입의 3단계

이 책의 핵심 주제는 AI의 발전이 개인 및 기업의 경제활동에 어떤 변화를 가져올 것인가이다. 이를 보다 쉽게 설명하기 위하여 AI의 행동 또는 능력을 사람이 수행하는 능력에 비유하여 먼저 기업이 AI를 도입하는 발전상에 대해 여기에서 간략하게 설명하고 이후 각각의 단계에 대해 살펴보도록 하겠다..

2. 기업에서의 AI 도입 3단계

필자는 '기업에서의 AI 도입에 대한 3단계 체계'를 제시[2]하였는데, 독자들의 이해를 쉽게 하기 위해 먼저 이를 간략하게 설명하고 시작하도록 하겠다.

기술관점에서 AI 개발의 분기점은 AI가 인간과 비슷한 능력을 가지게 되는 때라고 할 수 있는데, 이를 'AI가 정신을 가지게 된다' 또는 비슷한 방식으로 표현할 수 있다. AGI는 대부분 이와 비슷한 관점에서 정의된다. 그러나 기업 경영의 관점에서 더욱 중요한 분기점은 AI가 어떤 기업에서 한 인간의 하던 모든 업무를 대체할 수 있게 되는 순간이라고 생각할 수 있다. 이 순간을 'AI 동등화'(Equalization)라고 지칭한다.[3] 예를 들어 회사에서는 여러 직무를 각기 다른 사람들이 수행하고 있을 것이다. 여기에서 AI가 발전하여 특정 사람의 직무에 해당하는 작업의 모두를 AI가 대체할 수 있게 된다면 우리는 해당 직무에 대해 AI 동등화가 이루어졌다고 생각할 수 있다. 우리말로 좀 더 쉽게 풀이하자면, 예전에는 이른바 '깍두기' 취급을 당하던 AI가 드디어 '1인분'의 업무를 수행할 수 있게 되는 시점이라고 생각할 수 있다.

이렇게 기업의 AI 도입에서 AI 동등화가 이루어졌는지의 여부를 고려하는 것은 AI 기술이 AGI에 도달하였는가를 판단하는 것과 상당한 차이가 있게 된다. 각각의 분류 체계의 핵심을 비교해 보자면, AGI 도달 여부는 AI를 공급하는 '개발자'가 결정하게 될 것이지만 AI의 도입에서 동등화에 도달한 형태인지의 여부는 수요의 입장에서의 기업 '사용자'가 결정하게 될 것이다. 특정 직무는 동등화가 상대적으로 수월할 것이고 일부 직무는 훨씬 어려워 더 진화된 AI가 필요하게 될 것이므로 직무마다 동등화에 도달하는 시간차가 발생한다.

이 동등화의 개념을 적용하여 AI 도입의 주요 변곡점에 대해 분류해보면, 표 1-3 과 같이 세가지 단계로 생각할 수 있다.

[표 1-3] AI 동등화와 AI 도입의 3 단계[4]

AI 도입 형태		도입 단계	도입 단계의 설명
증강화 또는 부분 자동화	AI 동등화 없음	1 단계	인간이 업무의 주체 (비서 AI, 부조종사 AI)
완전 자동화 및/또는 협업	AI 동등화 있음	2 단계	AI 가 업무의 주체 (대리인 AI, 집사 AI)
완전 자동화	사회적 합의 있음	3 단계	AI 가 기업 운영의 주체 (CEO AI, 회사 AI)

이 변화는 순서대로 발생하게 될 가능성이 높으므로 우리는 다음 그림과 같이 해당 단계들의 발전 방향을 표시할 수 있을 것이다.

[그림 1-1] 기업 AI 도입의 3 단계

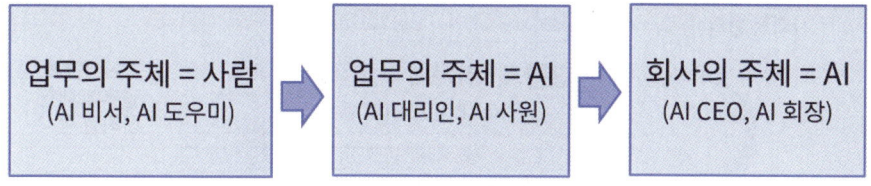

3. 사회에서의 AI 도입의 4 단계

기업 AI 도입 3단계에서 더 나아가 이를 AI가 인류 사회 전체에 주는 영향을 분석하는 분류 체계로 확장할 수 있다. 이 확장된 체계에서는 AI가 정부의 운영 주체로 도입되는 단계에 대해 고려하게 된다. 이를 '사회에서의 AI 도입의 4단계'로 지칭하며, 이 책의 핵심은 이 4가지 단계를 각각 설명하여 이른바 'AI 게임'의 진행 패턴을 이해하기 쉽게 서술하는데 있다.

[그림 1-2] 사회에서의 AI 도입의 4단계

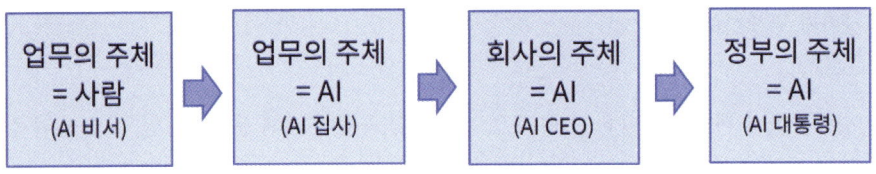

4. AI 도입 피라미드 (AI 피라미드)

이 사회 AI 도입의 4단계는 피라미드 형식으로 구성하여 각각 단계에서 윗 단계로 진출할 때 필요한 요소들에 대해 설명할 수 있다. 이를 AI 도입 피라미드, 또는 AI 피라미드로 지칭한다.

[그림 1-3] 사회에서의 AI 도입에 대한 4단계 피라미드 (AI 피라미드)

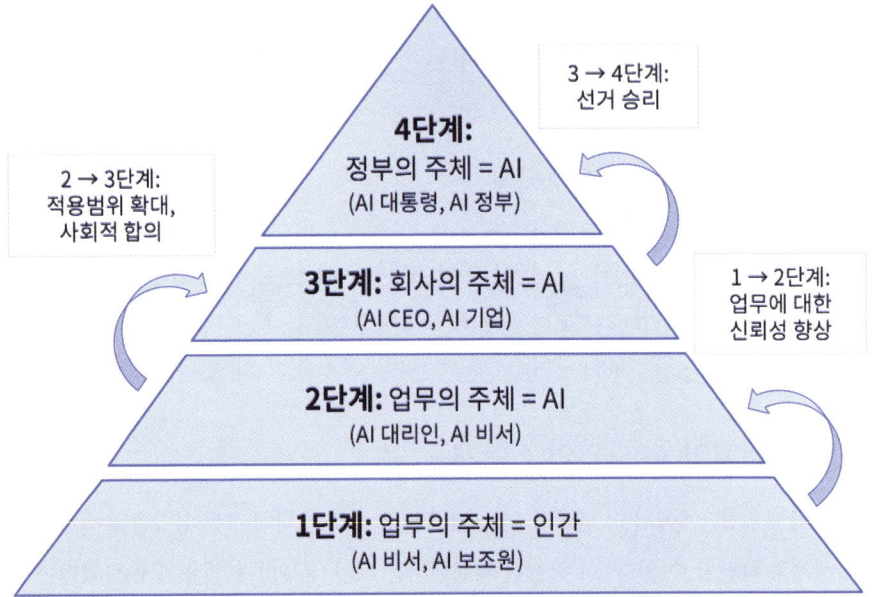

단계별로 진행을 가능하게 하는 요소:

1 단계 → 2 단계: 업무 수행 능력의 신뢰성

2 단계 → 3 단계: 수행 가능 업무의 충분한 다양성, 사회적 동의

3 단계 → 4 단계: 업무 능력의 신뢰성, 가능 업무의 다양성, 사회적 동의, 국민투표

각 단계를 넘어가기 위해서는 어떤 사회적 계기가 있거나 아니면 그 전 단계에서 특정 기술적 이정표에 도달해야 할 것이다. 이 때, AI 도입 2단계로 진전하여 AI가 업무의 주체가 될 수 있기 위해서는 AI가 충분한 업무 수행 능력을 보여주어야 한다. 예를 들어 AI 택시를 도입하기 위해서는 자율주행 5단계에 도달해서 사람 없이도 충분히 안전하게 운행할 수 있다는 능력이 필요하다. AI 도입 3단계로 가기 위해서는 이에 더하여 AI가 회사의 전반적인 운영을 할 수 있도록 신뢰성이 있는 업무 영역이 충분히 다양하도록 확장되어야 한다. 또한, 법적 지위를 인정받기 위해 사회적 동의가 필요하게 될 것이다. AI 도입 4단계로 가기 위해서는 위에서 언급한 모든 이정표에 추가하여 정부의 주체가 AI로 선정되는 어떤 유형의 국민투표가 필요하게 될 것이다.

5. AI 도입 4 단계 및 AI 피라미드에 대한 개요

우리는 기술 발전이나 제품 개발에 어떤 발전 순서에 대해 이야기할 수 있다. 일반적으로, 어떤 한 개의 기업의 관점에서 어떤 특정 기술이 접목될 때의 순서는: [과학기반 발전 → 특정 기술 개발(R&D) → 신제품 개발 → 향상된 제품 개발] 의 순서가 반복될 것이다. 이 때 경쟁사들이 뛰어들며 경쟁 제품들을 개발하여 산업이 발전한다. 제품 개발에도 주기(Product Lifecycle)의 개념이 있어 일반적으로 개발 → 수용 → 쇠퇴 → 대체의 4단계를 거치게 된다. 이러한 순서의 개념을 AI 도입에 적용하는 것이라 생각할 수 있다.

(AI 도입 1 단계)

AI 개발에 투자가 지속되면 초기에는 사람이 하는 업무를 더 효율적으로 할 수 있도록 도와주게 될 것이다. 예를 들면, AI가 옷이나 전자회로의 디자인에 대해 여러가지 시안을 제시하면 사람이 평가해서 선택하는 것 등이 있다. 이 단계에서는 업무 주체는 사람이 기존에 담당하던 일들을 수행하며, AI는 옆에서 도와주는 조력자의 역할을 주로 하게 된다. 이 책에서는 이러한 단계의 AI를 보조자(Co-Pilot) AI, 조력자(Helper) AI 또는 비서(Assistant) AI 등으로 지칭하도록 하겠다.

(AI 도입 2 단계)

AI의 발전이 진행되다 보면 특정 업무에 대한 AI의 능력이 전반적으로 향상되며 그 업무를 사람의 도움이나 관리 없이 AI가 자체적으로 안정적으로 수행할 수 있는 단계에 오게 될 것이다. 많이 알려진 예시로 완전자율주행이 가능한 자동차가 있다. AI 도입 2단계에서 업무의 주체는 더이상 사람이 아니라 AI가 된다고 생각할 수 있다. 이 책에서는 이러한 방식으로 도입되는 AI를 대리인(Agent) AI, 또는 다른 방향으로 발전한 경우를 집사(Butler) AI 등으로 지칭하도록 하겠다. 또한 자체적으로 판단할 수 있다는 점에서 좀 더 넓은 분류로는 믿음직한(Dependable) AI 라고도 지칭할 수 있다.

(AI 도입 3 단계)

자체적으로 수행 가능한 AI의 업무 범위가 넓어지며 어느 순간이 되면 회사에 필요한 업무의 전체를 AI가 사람의 도움이나 관리 없이 수행할 수 있게 될 수 있다. 예를 들어서, 어떤 레스토랑 회사 운영능력을 갖춘 AI 로봇이 개발되었다고 하자. 이 AI 로봇은 어떤 사람이 자본만 제공하면 그 돈으로 레스토랑을 어디에 차릴지, 무슨 메뉴를 할지, 인테리어는 어떻게 할지 등을 알아서 결정하고 필요한 자재, 서빙 AI 로봇 등을 구입하여 레스토랑을 운영한 후 나오는 수익금을 최초 투자자에게 배당할 수 있다. AI 도입 3단계에서 경영 의사 결정의 주체는 사람이 아니라 AI가 된다. 이러한 단계를 창업자(Entrepreneur) AI, 경영인(CEO) AI, 기업(Company) AI 등으로 지칭하도록 하겠다. 또한 자체적으로 판단할수 있다는 점에서 좀 더 넓은 분류로는 독립 또는 개별(Independent) AI 또는 자유로운(Free) AI로 지칭할 수 있다.

(AI 도입 4 단계)

마지막으로, AI개발이 진행되면 정부의 운영을 AI가 수행하는게 더 믿을 수 있다는 공감대가 형성될 수 있다. AI 도입 4단계에서 정부 운영의 주체는 AI가 된다. 이에 도달하는 경로는 크게 두 가지가 가능하다. 첫째는 국민의 자발적 요구로 특정 능력을 가진 AI를 개발하는 것이다. 이 때는 정부(Government) AI 또는 대통령(President) AI라고 지칭하도록 하겠다. 두번째는 국민의 요구와 상관 없이 AI의 능력이 인류의 제어력을 넘어 자동으로 인류의 활동을 직접적 또는 간접적으로 조종하게 되는 경우이다. 이러한 AI는 현인(Sage) AI 등으로 지칭할 수 있을 것이다.

제 2 장

AI의 과거, 현재, 그리고 미래

(AI 스토리)

"인류의 마지막 AI는 무엇이 될 것인가?"

제 2 장: AI 의 과거, 현재, 그리고 미래 (AI 스토리)

(이 단원의 의의)

앞 장에서 전체적인 게임의 진행 방식 및 분석 틀에 대해 살펴보았으니, 이번 장에서는 AI 관련 기술에 대한 기본적인 내용 및 현황을 살펴본 후 다음 장 부터는 AI 도입 각각의 단계에 대해 서술하도록 하겠다. 이 책은 과학 또는 기술에 대한 책이 아니지만 이번 장에서는 기본적인 이해를 돕기 위해 AI의 발전 역사 및 현황에 대해 소개하고 AI의 발전 전망 등에 대해 간단하게 살펴보도록 하겠다.

우리가 뉴스에서 쉽게 접할 수 있는 AI는 연결주의(Connectionist) 또는 기호이하주의(Sub-Symbolic)의 방식으로 개발된 AI로 분류할 수 있다. 이는 우리가 인식할 수 있는 어떤 기호가 아니라 뉴런의 활동을 시뮬레이션하는 방식을 지칭한다고 할 수 있다. 이러한 방식은 인간이 AI가 어떤 이유로 결론에 이르게 되는지를 이해하기가 어렵다는 단점이 있다. 현재 가장 많이 사용되는 딥러닝은 머신러닝의 일종이다.
  AI의 도입은 하드웨어, 소프트웨어, 데이터 세가지의 요소가 합쳐져서 구성되는데, 이 중 하드웨어와 소프트웨어는 AI의 기술, 또는 AI가 "무엇"인지를 지칭한다고 생각할 수 있고, 데이터는 AI의 사용, 또는 "어디 또는 어떻게"를 지칭한다고 생각할 수 있다.

(명칭 정리)

인공지능(AI)이라는 단어는 일반적으로 어떤 알고리듬을 지칭하나 이 책에서는 'AI'라는 형체가 없는 기술과 일반인들이 더 쉽게 이해할 수 있는 형체가 있는 'AI 로봇'을 모두 AI라는 단어로 지칭할 수 있다. 이렇게 혼용하는 것이 좀 더 설명을 간략하게 하는데 도움이 되므로 이해해주시기 바란다. AI의 발전 단계에서 가장 널리 통용되는 체계는 ANI-AGI-ASI로 인간의 능력에 대비하여 구분하는 것이다. AGI의 정의는 여러가지가 있어 서로 혼동될 가능성이 높으므로 이 책에서는 가장 직관적인 '사람과 비슷한 능력을 가진 AI'라는 뜻을 기본으로 상황에 따라 부연설명을 하면서 사용한다. AGI가 자체 발전을 하다 보면 인류 전체의 지능을 뛰어넘는 '특이점'에 도달하여 ASI가 된다.

AI 발전의 최종점은 '절대적 AI'라고 지칭할 수 있는데, 이는 AI가 세상 모든 이치를 깨달은 경지에 있다고 할 수 있다. 이러한 AI는 '최대치 AI', '마지막 AI', '최종 AI', '인공 신' 등으로도 지칭할 수 있을 것이다. 만약 초기의 ASI가 그리스 신화에 나오는 신처럼 각각 다른 모습과 능력을 가졌다면, 절대적 AI는 모든것을 할 수 있는 유일신의 개념과 비슷하다고 생각할 수 있다.

> **[참고] 단어 사용에 대한 설명: '택시 AI'와 'AI 택시'의 구분**
>
> 'AI'라는 단어 앞쪽에 어떤 수식어가 오는 경우에는 AI의 종류 또는 기능을 설명하기 위해서이다. 예를 들어 '택시 AI'라고 하는 경우에는 AI가 택시와 관련된 기능 또는 능력을 가지고 있다는 뜻으로 사용한다. 반대로 'AI'라는 단어 뒷쪽에 수식어를 사용하는 경우에는 AI가 적용된 어떤 제품이나 물건을 설명하기 위해서이다. 예를 들어 'AI 택시'라고 하는 경우에는 AI가 사용되어 운영되는 택시라는 뜻으로 사용한다.

(경제/경영에 대한 의의)

이 책에서는 경제학 및 경영학 등에서 일반인들에게 잘 알려진 여러 가지 개념들을 이용하여 AI의 기업 및 사회의 도입 과정에 대해 예상 가능한 단계들을 어린 학생들도 이해하기 쉽게 서술하고자 한다. 사용되는 경제학 개념의 예시로는 시장 경제, 경쟁, 생산성, 독점, 게임이론 등이 있다.

(기술에 대한 의의)

이 책에서는 일반적으로 기술과학 관점에서 AI의 발전방향을 설명하는 ANI-AGI-ASI의 개발 단계를 기업에서 AI를 적용하게 되는 단계와 서로 비교하여 설명하고자 한다. 이에 추가하여 이미 잘 알려진 '자율운행차량의 6단계'의 체계와 비슷한 구조의 분석 체계를 적용하여 여러가지 개념에 대해 살펴보도록 하겠다. 이렇게 설명이 되어야 기존 틀에서 이해하는 것이 좀 더 용이할 것이다.

2-1 AI의 과거 1: AI의 시작

1. 인공지능(AI)의 정의

인공지능(AI)이란 무엇인가? 사람들의 정의는 다 약간씩 다르고 시간이 지남에 따라 개발 목표도 조금씩 바뀌고 있다. 기본적인 접근은 어떤 추상적인 개념의 '지능이 필요한 업무'라는 것이 있고 그런 작업들을 컴퓨터가 수행할 수 있게 만드는 것으로 생각할 수 있다.

[표 2-1] AI 에 대한 정의의 예시

	정 의	
마빈 민스키[1] (1968)	인간이 하면 지능이 필요했을 일을 기계가 하도록 하는 과학	
스튜어트 러셀[2] (1995)	AI 의 정의를 4 가지로 구분할 수 있음	
	사람처럼 생각하는 시스템	논리적으로 생각하는 시스템
	사람처럼 행동하는 시스템	논리적으로 행동하는 시스템
OECD[3] (2019)	설정된 목표를 이루기 위해 어떤 결과물(예측, 추천, 결정 등)을 내릴 능력이 있는 기계 시스템	
맥킨지[4] (2022)	지각, 추론, 학습, 문제 해결을 포함한 인간의 인지기능을 모방하는 기계의 능력	
브리타니카 백과사전[5] (2023)	컴퓨터나 로봇이 보통 지능이 있는 존재가 하는 것으로 여겨지는 작업을 수행하는 것	
EU AI 법[6] (2024)	'AI 시스템'이란 기계에 기반하여 도입된 이후 적응이 가능할수도 있으면서 다양한 수준의 자율적인 운영이 가능하도록 디자인되어, 명시되거나 암시된 목적을 위해, 입력값으로부터 물리적이나 가상 환경에서의 예측, 내용, 추천, 결정 등의 출력이 가능한 시스템을 지칭한다.	

이렇게 사람마다 AI에 대한 정의가 각각 다르지만 이 책에서 정의 자체는 크게 중요하지 않으므로 "사람이 아닌 어떤 업무들을 사람처럼 할 수 있는 기계" 정도로 불러도 무방하며, 아마도 독자들이 이미 AI라고 생각하는 것에서 크게 벗어나지 않을 것이다. 단지 그 형태에 대해서는 일반적으로 정의에 포함이 되지 않으나, 우리가 일반적으로 생각하는 컴퓨터, 로봇, 자동차 등 제한 없이 아무런 모습을 할 수 있다. AI는 일반적으로 어떤 알고리즘을 지칭하는 무형적인 의미로 사용되지만 이 책에서는 이해를 쉽게 하기 위해 AI를 알고리즘과 더불어 실제로 형체가 있는 유형의 AI가 운용되는 컴퓨터와 로봇도 통칭해서 AI라고 부르도록 하겠다. 또한 중앙의 데이터센터에서 계산해서 답을 전달해 주는 중앙 처리 방식, 개별 PC가 계산하는 분산 처리 방식, 실체가 있는 로봇 등의 다양한 운용방식을 AI라는 단어에 함축해서 사용하도록 하겠다.

우리의 분석을 위해서는 AI가 무엇인지 보다는 AI가 하드웨어, 소프트웨어, 데이터 세 가지로 이루어졌다는 점이 더 중요하다. AI와 관련된 기초지식이 많지 않은 독자들을 위하여 다음 순서에서는 AI 도입이 어떻게 현재의 위치에 도달하게 되었는지를 살펴보고 어떤 방향으로 가고 있는지에 대해 간단하게 살펴보도록 하겠다.

2. AI는 어떻게 처음 시작되었는가?

오래 전부터 사람들은 사람같은 기계에 대한 생각[7]을 가지고 있었으나, 가장 잘 알려진 AI의 개념을 구체화 한 시작점은 저명한 수학자 앨런 튜링(Alan Turing)이 1950년 제시한 튜링테스트[8](Turing Test)이다. 튜링테스트란 어떤 사람이 대화 상대방이 보이지 않는 곳에서 문자로 대화를 하는데 상대방이 컴퓨터인지 사람인지 구분을 할 수 없을 정도면 지능이 있는 것으로 간주할 수 있다는 것이다.

1) '인공지능'이라는 단어의 최초 사용

'인공지능'(Artificial Intelligence)이라는 단어가 공식적으로 처음 사용된 것은 1955년 미국 다트머스대 수학교수 맥카시[9](John McCarthy)가 주도하고 민스키(M. Minsky), 로체스터(N. Rochester), 섀넌(C. Shannon) 등이 공동 주최한 다트머스대 AI 여름 연구 프로젝트의 개최를 제안하였을 때이다. 여기에 참여한 학자들은 AI의 초기 발전에 크게 기여하였으며, 이 중 새뮤얼(A. Samuel)은 1959년 체커스(Checkers) 게임을 할 수 있는 프로그램을 만들며 '머신러닝' 단어를 최초로 사용하고 강화학습을 선보이기도 하였다.[10]

2) AI의 4계절

AI의 발전은 큰 기대를 받던 시기와 실망을 안겨주던 시기를 반복하여 왔다. 초기에는 사람들이 인간과 비슷한 기계가 곧 등장하리라는 높은 기대를 하고 있었다. 예를 들어 1962년 처음 방영된 만화영화 우주가족 젯슨(The Jetsons) 등에서 이러한 예시를 쉽게 찾을 수 있다.

그러나 1960년대가 흘러갈수록 기술의 발전은 더디게 느껴졌고 대중들은 실망하게 되며 뇌리에서 잊혀지게 되었다. 그러다가 1970년대와 1980년대 전문가 시스템이 개발되며 다시 어느정도 각광을 받게 되었다. 그러나 이내 이러한 시스템의 현실적인 한계가 부각되며 사람들은 다시 실망하게 되었다.

1997년 IBM의 딥 블루가 체스마스터 개리 카스파로프를 상대로 승리하며 잠시 다시 대중의 인기를 모으는 듯 했으나 다시 열기가 식은 상태로 시간이 흐르다가 바야흐르 2010년대에 들어서며 머신러닝이 큰 진전을 가져오게 되면서 이세돌과 알파고의 대결 등을 발단으로 사람들은 다시 AI에 열광하게 되었고 2020년대 챗GPT가 출시되며 드디어 비즈니스 활동에 AI가 본격적으로 접목되기 시작한 오늘날에 이르게 되었다.

이러한 AI에 대한 관심도의 변천을 'AI의 4계절'이라고 지칭하기도 한다.[11]

2-2 AI의 과거 2: AI에 대한 두 가지 접근 방식

AI의 개발에는 기호주의(Symbolism)과 연결주의(Connectionist) 접근방식이 존재한다. 이때 '기호'는 사람이 읽을 수 있게 표현한다는 것을 뜻하고 '연결'은 인간의 뇌의 뉴런의 연결을 뜻한다고 생각하면 이해가 쉬울 것이다.[12]

1) 기호주의: 지식을 기호로 모델링해서 입력하면 컴퓨터가 지능을 가질 것이다
2) 연결주의: 뉴런이 연결된 모습을 모델링하면 컴퓨터가 지능을 가질 것이다

[표 2-2] 기호주의와 연결주의

기호주의			연결주의		
지식을 모델링 → 컴퓨터 입력 = 인공지능			인간 뇌의 구조 → 컴퓨터에서 모델링 = 인공지능		

이 두가지 접근방식의 가장 큰 차이는 기호주의는 인간이 지식을 모델링해서 컴퓨터에 입력하는 방식인 반면 연결주의는 데이터의 입력값과 출력값들의 상관관계로부터 어떤 규칙을 컴퓨터 자체가 학습하는 것이다.

1. 기호주의: 사람이 기호로 논리를 컴퓨터에 입력하면 컴퓨터에게 지능이 생길 것이다

기호주의는 사람이 생각을 할 때 개념을 떠올린다는 것을 기반으로 컴퓨터에도 이러한 개념 및 관계들을 연산자 등의 기호로 입력하여 컴퓨터에게 '이해'를 시키려는 것이라 할 수 있다. 예를 들어 '계란후라이는 무엇인가' 라는 질문을 하면 컴퓨터는 이에 대해:

(계란 ÷ 깸 - 껍질) x 열을 가함 @ 후라이팬 + 소금 = 아침식사 & #음식

등 계란후라이와 연관된 개념들로 구성된 여러 심볼을 응용한 답변들이 나올 것이다. 이때 '삶은 달걀과 비교해보라'고 하면 삶은 달걀은:

(계란) x 열을 가함 @ (냄비 + 물) + (소금 | 케첩) = (고체화됨 ÷ 깸 - 껍질) & #음식

등으로 표현할 수 있을 것이고 계란, 열을 가함 등의 개념이 공유되므로 어떤 다른 재료

로 열을 가하지 않은 다른 요리 - 예를 들어서 야채 샐러드 - 보다 더 비슷한 요리라는 것을 컴퓨터가 추론할 수 있게 된다.

기호주의는 트럭 운송스케줄 등 추론을 요하는 프로그램의 개발에 주로 사용되었다. 특히 전문가(Expert) 시스템은 1970~80년대 주목을 받았으며, 자료 입력에 비교적 부담이 적은 특수 영역의 전문가의 지식 및 문제 해결 능력을 활용하는데 개발이 추진되었는데, 1969년 스탠포드대 파이겐바움(Feigenbaum)교수 주도로 개발된 생의학 전문가 시스템인 덴드럴[13](Dendral) 등이 있다. 전문가 시스템은 전문 지식이 "만약 OO한 상황이라면 ㅁㅁ을 하면 된다" 같은 'If-Then' 형태인 것에 착안하여 이러한 지식을 모아 입력되는 상황에 해당 지식이 반응하도록 만들어졌다. 예를 들어서 누군가 전문가 시스템에 질문을 하면 알고 있는 지식 중 일부를 선택하거나 추론하여 답변하도록 하는 것이다.

그러나 이 방식을 기업활동에 접목시키기에는 부족한 점이 많았다. 기호주의는 추론 능력은 뛰어나지만 자체 학습이 불가능하기 때문에 만드는데 비용이 많이 들고 사용할 수 있는 곳이 많지 않았다. 다만, 기호주의에서는 인간의 지식이 그대로 표시가 되므로 컴퓨터가 무엇을 하는지 좀 더 직관적으로 알 수 있는 장점도 있다. 최근 들어 연결주의 방식의 문제점인 특정 결과가 도출된 이유를 사람이 설명할 수 없다는 문제점 때문에 기호주의와 서로 혼합한 형태의 AI도 필요하다는 의견도 제시되고 있다.

2. 연결주의: 사람의 뇌의 구조를 컴퓨터에서 모델링하면 지능이 생길 것이다

연결주의는 사람 뇌의 뉴런의 작동원리를 구현하려는 접근법으로 1957년 로젠블랏(Rosenblatt)이 발명한 퍼셉트론[14](Perceptron)이라는 개념으로부터 발전되었다. 퍼셉트론의 작동원리는 여러개의 인풋을 받아 하나의 아웃풋을 계산하는 뉴런에 해당하는 부분을 '노드'라고 부르는 일종의 블랙박스와 비슷한 알고리듬이다. 이후 이 접근 방식에서 머신러닝과 딥러닝 등이 개발되었다. 이 때 각각의 뉴런들은 사람들이 쉽게 이해할 수 있는 기호보다 더 작은 단위를 취급하므로 기호이하(Sub-symbolic) AI 라고도 부른다. 각각의 노드에서 취급되는 지식은 우리가 일반적으로 생각하는 개념의 단위보다 작으므로 인간이 작동 현황을 이해하기 어렵다.

2-3 AI의 현재 1: 소프트웨어 (머신러닝)

대부분의 독자들은 머신러닝의 일종인 딥러닝에 대해서 들어보았을 것이다. 이번 순서에서는 독자들이 연결주의에 대해 좀 더 쉽게 이해할 수 있도록 관련 알고리듬에 대해 간략하게 알아보도록 하자. AI를 개발하는 데에는 아주 다양한 방식이 존재하지만 여기에서는 현재 가장 큰 주목을 받고 있는 머신러닝에 대해서만 간략하게 살펴보도록 하겠다.

머신러닝은 1959년 아서 새뮤엘[15](Samuel)에 의해서 처음 개발되었으며, 그는 머신러닝을 '명시적인 프로그램 없이 배울 수 있는 능력을 부여하는 것'이라고 정의하였다. 작동 원리는 컴퓨터가 데이터를 통해 패턴이나 특성을 학습해서 모델을 만들고 그 모델을 사용하여 새로운 데이터에 대한 어떤 결과를 예측하는 방식이다. 프로그램이 데이터로부터 답을 계산하는 것이라면 머신러닝은 데이터와 답으로부터 어떤 모델을 만들어 이후에 어떤 다른 데이터에 대한 예측을 만들어내는 것이 차이라고 할 수 있다.

1. 머신러닝의 3가지 학습 방식

머신러닝의 방식에는 기본적으로 지도학습(Supervised), 비지도학습(Unsupervised), 강화학습(Reinforcement)의 3가지 종류가 있다.[16] AI를 개발하는 기업들은 여러가지 방식을 혼합하여 더욱 다양한 학습 방식으로 발전시키는 등 종류가 늘어나고 분류의 벽이 옅어지고 있기도 하다.

[그림 2-1] 머신러닝의 3가지 분류

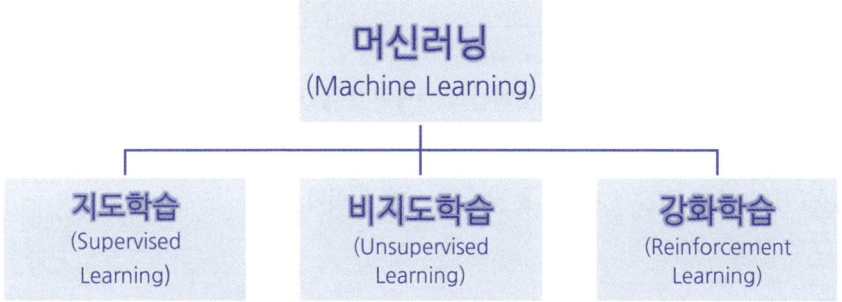

각각의 학습 방법은 데이터의 종류 및 사용 목적에 따라 적합한 사용처가 다를 수 있다. 지도학습은 데이터의 각각의 열(row)에 정답을 사람이 입력해줘야 할 때가 많으므로 데이터를 만드는 데 비용이 비지도학습보다 크다고 할 수 있다. 강화학습은 시간이 지속적으로 지나가는 상황에 대해서 분석하는데 유용하다.

[표 2-3] 머신러닝 종류별 학습 절차 및 사용 예시

분류	학습 절차	사용 예시
지도학습	① 준비: 데이터에 각각 정답(Label)이 함께 제공된다 ② 학습: 어떤 알고리듬을 사용하여 데이터로부터 모델을 만든다 ③ 예측: 모델을 사용하여 새로운 데이터의 정답을 예측한다	- 스팸메일 분류 - 문자인식(OCR) - 언어인식 - 사물인식 등
비지도학습	① 준비: 데이터에 정답이 없이 제공된다 ② 학습: 데이터의 특징 또는 구조를 찾는다	- 비슷한 특징의 약이나 제품 발견 - 추천 시스템 - 이상 감지 등의 분류 작업 - 이미지 생성 등
강화학습	① 행동: 환경 내에서 어떤 행동을 실행한다 ② 관찰: 결과가 어떤지 파악한다 ③ 보상: 결과에 따라 보상을 받는다 ①~③ 반복: 과거 행동을 지속할지(Exploit) 또는 새로운 다른 행동을 할지(Explore)를 결정한다	- 주식, 매출, 날씨, 교통량 등의 시계열 예측 - 지도 네비게이션 - 알파고 등 게임

각각의 학습 방식에는 다양한 알고리듬이 개발되고 있다. 이 중 많이 사용되는 일부 알고리듬의 명칭을 간략하게 소개한다. 이와 관련된 전문적인 책들이 많으므로 관심이 있는 독자들은 쉽게 각각의 자료들을 찾을 수 있을 것이다.

[표 2-4] 머신러닝의 분류별 알고리듬 예시[17]

분류	알고리듬

지도 학습	- 회귀분석(Regression): 선형회귀(Linear), 로지스틱 회귀(Logistic)
	- 의사결정나무(Decision Tree): 각각의 가능성을 나무 구조로 분류
	- 앙상블(Ensemble): 여러 개의 모델들을 결합하여 성능 향상 도모
	  ∘ 배깅(Bagging, Bootstrap Aggregating): 한개의 샘플을 여러번 나눠 사용
	  ∘ 부스팅(Boosting): 약한 샘플의 가중치를 조정하여 성능 향상
	  ∘ 랜덤포레스트(Random Forest): 샘플로 의사결정나무를 여러 개 생성
	  ∘ 기타 ADABoost, XGBoost, Gradient Boost (GBM) 등 여러 접근방법
	- K-최근접 이웃(KNN): 가장 가까운 K 개의 데이터를 기준으로 분류
	- 서포트 벡터 머신(SVM): 데이터 내 가장 큰 폭을 가진 경계를 찾아 분류
	- 신경망(Neural Networks): 인간의 뇌 기능을 모방한 네트워크

비지도 학습	- 군집 분석(Cluster Analysis): 비슷한 특징의 데이터로 모아서 분류
	  ∘ 계층적 군집 분석(Hierarchical Clustering): 군집을 계층별로 자동 생성
	  ∘ K-평균 군집화(K-Means Clustering): 지정된 K 개의 군집으로 생성
	  ∘ 혼합분포군집(Mixture Distribution Clustering), DBSCAN, OPTICS 등
	- 이상탐지(Anomaly Detection): 불량, 비정상거래 등을 탐지할 때
	  ∘ 국소이상인자(LOF, Local Outlier Factor): 국소적인 이상치 측정
	  ∘ 아이소 포레스트(Isolation Forest): 의사결정나무 초기 분리시 이상
	- 잠재 변수(Latent Variable) 모델: 직접 측정되지 않는 변수를 예측
	  ∘ EM (Expectation Maximization), 최대우도법(MLE, Maximum Likelihood Estimation), GMM (Gaussian Mixture Model)
	  ∘ 주성분 분석(PCA, Principal Component): 고차원 데이터의 차원 축소
	  ∘ NMF (Non-Negative Matrix Factorization)
	  ∘ 특이값 분해(SVD, Singular Value Decomposition)
	  ∘ 토픽 모델(Topic Modeling): LDA (Latent Dirichlet Allocation) 등

강화 학습	- 보상을 예측하지 않는 접근방법(Model-Free Reinforcement Learning)
	  ∘ 몬테카를로(Monte Carlo)
	  ∘ 큐학습(Q Learning), 심층 큐학습(DQN, Deep-Q Learning)
	  ∘ SARSA (State, Action, Reward, State, Action)
	  ∘ 정책 기반 강화학습(Policy Gradient)
	- 보상을 예측하는 접근방법(Model Based Reinforcement Learning):
	  ∘ 게임: AlphaZero 등

2. 딥 러닝(Deep Learning)

딥러닝은 머신러닝의 한 분야로 퍼셉트론이 입력과 출력을 뉴런 한 층에서 계산했다면 여러개의 뉴런을 서로 연결해서 사람의 뇌의 모습에 좀 더 다가서는 모습을 추구한다.

인공신경망(Artificial Neural Networks)은 인간의 뇌에서 각각의 신경세포가 서로 연결된 모습을 수학적으로 모델링하는 방식이라고 생각할 수 있다.[18] 인공신경망은 입력층-은닉층-출력층으로 구성되어 있으며 은닉층이 있으므로 인해 학습 결과가 향상되므로 이런 형상을 사용한다.

인공신경망이 처음 개발되었을 때에는 이를 학습시키는 방법을 알지 못해 사용에 어려움이 있었는데 1986년 루멜하트(Rumelhart), 힌튼(Hinton), 윌리엄스(Williams)의 논문[19]에서 역전파(Backpropagation)에 대해 제시하며 처음 해결되는 듯 했다. 역전파란 학습할 때 출력층의 오차가 나오는 부분을 은닉층 어느 곳인지 추적하는 방식으로 이해할 수 있다. 그럼에도 불구하고 신경망의 규모를 키우면 기울기 소실(Vanishing Gradient)이라는 현상으로 학습을 시키는데 어려움을 겪다가 20년이 더 지난 2006년이 되어서야 힌튼 교수가 가중치의 초기값을 잘 설정해주면 학습이 빨라진다는 발견을 한 심층 신뢰 신경망[20](Deep Belief Network)라는 딥러닝 알고리듬을 발표하며 다시 각광을 받기 시작했다.

[박스 2-1] 딥러닝의 쉬운 이해를 위한 문과식 설명

딥러닝의 과학적인 개념을 설명해도 어떤 작동 원리인지 이해가 어려운 독자들이 있을 가능성이 있으므로 이를 해결하기 위해 이른바 '문과식 설명'을 시도해 보자.

어떤 초등학생의 수업시간에 그림과 같이 4 줄의 학생들이 3명-4명-4명-3명씩 앉아 있고 그림맞추기 게임을 한다고 생각해 보자. 선생님이 교실 앞에서 빨간 사과같은 그림이나 노란 바나나 같은 무엇인지 알쏭달쏭한 그림 중 하나를 맨 처음 줄에 있는 학생들에게만 이 사진을 보여주고 손을 들지 말지를 결정하게 한다.

각 줄의 학생들은 동시에 손을 들며, 그 다음 줄의 학생들은 그 앞의 학생들이 무엇을 보았는지는 모르고 단지 앞 줄의 학생 중 누가 손을 들었는지 말았는지를 관찰하고 자신이 손을 들지를 결정한다. 이렇게 순차적으로 뒷쪽으로 전달해서 맨 뒤에 앉은 관찰자 학생이 답이 무엇인지를 맞추는 게임이다.

[그림 2-2] 딥러닝의 간단한 도해

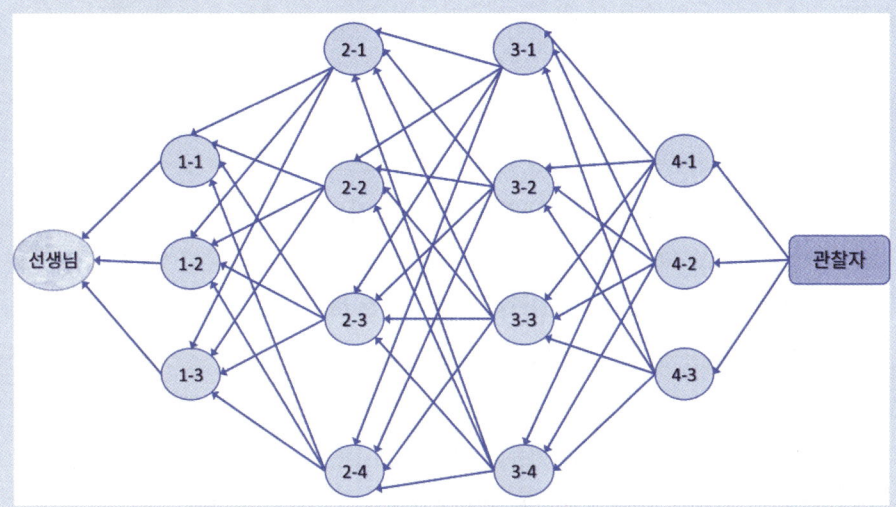

이 게임을 시작할 때 맨 앞 줄의 학생은 사진을 어떻게 봐야 하는지도 모른다. 따라서 11번은 낮과 비슷한 모습, 12번은 주황색 색상, 13번 학생은 동그란 모습이면 손을 들어서 반응하겠다고 생각했다고 가정해 보자.

2번째 줄의 학생들은 첫번째 줄의 반응을 보고 자신이 손을 들지를 결정한다. 그런데 각각마다 생각이 달라서 21번은 11번이 손을 들고 12번이 손을 들지 않아야만 손을 들거라고 생각, 22번은 12번이 손을 들면 자기는 손을 되도록 안 들고 13번이 손을 들면 자기도 무조건 손을 들겠다고 생각, 23번은 졸고 있어서 손을 무조건 들지 않을 것이고 24번 학생은 기분이 좋아서 앞에서 한명이라도 손을 들면 무조건 손을 들겠다고 생각했다고 가정해 보자. 3번째 줄도 이런 방식으로 각자 자기의 생각들이 있다고 가정해 보자.

이렇게 여러 명의 앞사람을 보고 본인의 손을 들지 결정하는 것을 뉴런 또는 노드의 기본 활동에 비교할 수 있고, 학생들이 각각 앞 줄의 특정 학생의 행동들에 대해 서로 다르게 반응하는 것을 가중치(Weights)라고 할 수 있으며, 피곤하거나 기분이 좋은 것처럼 개인마다의 행동양식이 각각 다른 것을 편견(Bias)에 비유할 수 있다.

마지막 4번째 줄은 바로 앞 3번째 줄의 학생들의 반응만 보고 손을 들지를 결정한다. 41번은 33번과 34번 모두 손을 들면 손을 들겠다고 생각하고 42번은 34번이 손을 들지 않고 32번이 손을 들면 손을 들겠다고 생각하고, 43번은 피곤해서 손을 되도록이면 들지 않겠다고 한다고 가정해 보자.

이제 맨 뒤에 있는 관찰자는 마지막 줄 3명의 손을 보고 사과인지 바나나인지 등 무엇인가를 선택해야 한다. 선택을 하면 정답이 맞았었는지를 알 수 있고 맞으면 점수를 얻고 틀리면 점수를 잃는다. 결과에 따라 관찰자는 본인 바로 앞 줄의 학생 중 손을 잘못 들었다고 생각되는 학생들의 어깨를 쳐서 틀렸으니 좀 더 잘 해보라고 독려할 수 있고, 어깨를 맞은 학생들은 또 자기의 바로 앞 줄 학생들의 어깨를 쳐서 다르게 해보라고 독려할 수 있는데, 이렇게 해서 졸린 학생은 좀 깨우고 어떤 학생은 앞 줄에서 예전과 다른 학생을 좀 더 유심히 보게 하도록 행동의 변경을 유도하는 것을 역전파(Backpropagation)에 비유할 수 있다. 이러한 전체적인 게임을 계속 반복하는 것을 학습(Training)에 비유할 수 있다. 딥러닝의 원리는 아주 많은 숫자의 학생들이 이런 행동을 수도 없이 계속 반복하다 보면 언젠가 그 사진들을 잘 구분할 수 있는 지능을 가지게 된다는 것이다.

시간이 흐름에 따라 인공지능망을 구성하는 새로운 방식들이 제시되었고, 현재도 발전하고 있다. 여러 방식들을 혼합하여 더 좋은 결과치를 도출하는 전문가망(MoE, Mixture of Experts) 방식이나 모델결합[21] 방식은 LLM 등에서 더 적은 자원으로 높은 성능을 구현하기 위해 사용되고 있다. 표 2-5에서는 딥러닝 알고리듬의 예시 몇 가지를 설명한다.

[표 2-5] 주요 딥러닝 알고리즘 예시

이름	특징
다층 퍼셉트론 (MLP, Multi-Level Perceptron) (로젠블랏[22], 1958)	- 은닉층이 1개 이상인 퍼셉트론(입력 여러개, 출력 1개인 신경망)
자기 조직화 지도 (Self Organizing Maps) (코호넨[23], 1990)	- 고차원의 데이터를 저차원의 지도로 시각화
순환신경망(RNN, Recurrent Neural Network) (벤지오[24], 1994)	- 언어 등 순서를 가지는 데이터 처리에 유용하며, 과거의 행동이 일부 기억되어 결과에 영향
SNN (Spiking Neural Network) (마아스[25], 1997)	- 노드가 시간차를 두고 활성화를 가능하게 하여 인간 뇌의 구조에 더욱 가깝게 만든 신경망
긴 단기 기억망 LSTM (Long Short Term Memory Network) (호크라이터 & 슈미듀버[26], 1997)	- RNN의 일종으로, RNN의 단점인 거리가 멀면 학습효과가 떨어지는 현상을 완화하기 위해 기억을 더 길게 가져감
볼츠만 머신 (RBM, Restricted Boltzmann Machine), 심층 신뢰 신경망 (DBN, Deep Belief Network) (힌튼[27], 2006)	- RBM: 같은 층끼리는 연결하지 않아 연결성을 제한하고 방향성은 없는 2개의 층(가시층, 은닉층)으로 이루어진 신경망으로 생성(비지도 학습)과 분류(지도 학습) 모두 가능 - DBN: 입력층이 RBM으로 구성된 심층 신경망
CNN (Convolutional Neural Network) (크리젭스키[28] et. al., 2012)	- 이미지 학습시 용량을 축소하기 위해 패딩(Padding)과 풀링(Pooling)을 사용
오토인코더 (Autoencoder), 변이형 오토인코더(VAE, Variational Autoencoder) (킹마 & 웰링[29], 2013)	- 오토인코더는 인코더(Encoder), 디코더(decoder)로 이루어져 있으며, 데이터의 차원을 축소하기 위해 사용 - VAE는 비슷한 원리지만 데이터의 차원 축소가 아니라 디코더로 새로운 데이터의 생성을 위해 사용
생성적 대립 신경망 (GAN, Generative Adversarial Network) (굿펠로우[30] et. al., 2014)	- 2개의 모델(생성, 판별)이 서로 경쟁하면서 학습하는 방식

3. 생성형 AI 의 대중화, LLM 과 GWM 및 이후에 대한 접근

1) LLM: 텍스트 위주의 초거대 언어모델

현재 대부분의 회사에서는 딥러닝, 좀 더 세부적으로는 분류되지 않은 데이터로 자체 학습을 수행하여 여러 분야에 접목이 가능한 파운데이션[31] 모델을 기반으로 한 AI의 개발을 수행한다. 최근들어 큰 반향을 일으키는 생성형 AI는 GAN, 오토엔코더 등이 적용된 AI로 분류되는데, 이 중 현재 널리 알려진 생성형 AI인 초거대언어모델(LLM, Large Language Model)은 트랜스포머(Transformer) 아키텍처를 사용한다. 트랜스포머는 2017년 구글[32]에서 발표한 방식으로, 입력되는 문구에 대하여 집중(Self-Attention)을 조절하는 방식을 사용해서 좀 더 멀리 떨어진 데이터를 기억하는데 높은 성능을 나타낸다. 예를 들어서 "BTS의 콘서트에 어제 갔는데 세계 곳곳에서 여행을 온 다양한 학생들을 그 곳에서 만날 수 있었다" 라는 문장을 예로 들어보면, "그 곳"은 BTS 콘서트를 지칭하는데 과거의 접근방식으로는 "콘서트"라는 단어와 "그" 라는 단어 사이에 관련 없는 단어들이 많아질수록 AI가 문장의 뜻을 이해하기 어려워하는 한계가 있었다. 이 때 트랜스포머는 좀 더 멀리 떨어진 단어들도 연관시키는 접근 방법으로 AI의 문장 이해도가 향상되었다. 트랜스포머는 인기가 많았던 방식인 CNN(Convolutional Neural Network)과 RNN(Recurrent Neural Network)을 대체하고 있다. LLM의 또 다른 큰 효용성은 학습을 시킬 때 사람이 레이블하지 않은 데이터로 학습이 가능하다는 것이다.[33]

2) GWM: 일상생활에서 더욱 일반적으로 사용 가능한 모델

LLM을 더 일반적으로 발전시키면 텍스트 이외에도 적용할수 있어서 사람이 입력한 글을 받아서 AI가 이에 적합한 이미지 또는 영상을 생성한다던가, AI가 이미지를 보고 그 내용을 음성으로 설명할 수 있는 멀티모달(Multimodal)의 방향으로 진화하고 있는데, 이를 GWM(General World Model)이라고도 지칭한다. LLM과 GWM이 세간의 큰 관심을 받고 있는 이유는 글을 읽고 쓰기, 인터넷 서핑, 다른AI와의 소통, 다른 프로그램 사용, 이미지나 영상 생성, 음악을 듣거나 만들기, 말하기 등의 우리가 일상적으로 사용하는 활동에 적용이 가능할 것이기 때문이다. 어떤 사람들은 LLM 또는 GWM이 AGI로 발전하기에 충분하다고 생각할 수 있다. 또한 AI 기술이 보상 체계가 분명한 경우에 한하여 자체 발전에 근접하고 있다고 보이는 연구도 있다고 한다.[34]

개인 PC가 처음 대중화된 '80년대 MS 도스를 사용하던 시절에는 컴퓨터와 키보드를 사용해 컴퓨터를 사용하고, '90년대 이후 윈도 기반으로 들어서면서 마우스를 주로 사용하다가, 2010년대 들어서는 아이폰 등이 대중화되면서 손의 터치를 이용해서 컴퓨터와 소통하게 되었는데, 2020년대 LLM과 GWM의 사용이 활성화되기 시작하면 컴퓨터와 대화로 소통을 할 수 있게 되고 컴퓨터가 사람의 표현, 동작, 손짓, 아니면 주변 물체 등의 움직임을 이해하여 작동하게 된다. 이러한 발전은 현재 인기가 있는 여러 앱의 사용 방식에 변화를 가져올 수 있다. 예를 들어 현재의 SNS 앱에서는 사용자가 직접 흥미로운 사진 또는 동영상을 선택하여 올리게 되어 있지만, 이러한 LLM 또는 GWM을 기반으로 한 운영 체제를 사용하는 AI 로봇 등이 사용자의 생활을 하루종일 따라다니게 되면 사용자가 카메라를 꺼내서 녹화하는 대신 AI가 자체적으로 중요한 순간들을 잡아내고 이를 올리게 될 수 있을 것이다.

3) 이후의 발전방향에 대한 접근

AI를 좀 더 일반적인 지능을 가지도록 만드는 노력에는 인간이 생각하는 특성을 두 가지로 생각해서 접근하고 있다고 한다. 첫번째로, 카네만(Daniel Kahneman)에[35] 따르면 인간이 생각하는 방식을 두 가지로 나눠볼 수 있는데, 먼저 실시간으로 일어나는 일상에서 시시각각 일어나는 상황에 대한 대처를 할 수 있게 해주는 1번 방식(System 1)이 있고, 그 다음으로 계획을 세울 때 좀 더 시간을 가지고 여러가지 방면에서 차근차근 생각해 보는 2번 방식(System 2)이 있다. 이 중 기존 LLM이 1번 방식을 모방하는 접근 방식이라면 최근에는 2번 방식을 모방하는 더 진화된 개념의 프로젝트들이 AGI에 더 가까워질 수 있을지 관심을 받고 있다. 두번째로, 인간은 한 곳에서 배운 지식을 연관이 없는 곳에 적용할 수 있는 능력을 가지고 있다. 에너지 기반 모델[36](EBM)과 확산 기반 트랜스포머(diffusion-based transformer)인[37] SORA 등은 이러한 점에 착안하여 추상적인 층을 사용하여 연관이 없는 곳에 지식의 응용을 도모하는 방식이라고 한다. 이러한 생각들을 발전시킨 다른 예시로는 오픈AI에서 진행중인 Q-스타(Q*) 또는 스트로베리라고 알려진 프로젝트도 있는데, 경로의 최적화를 하는 알고리듬과 알파고에 사용된 자체보상 방식을 혼합한 접근방식으로 수학문제 등 추론이 필요한 문제를 풀 수 있는 능력을 보여줄 것이라고 기대되어 AGI에 한 발 더 다가서는 것이 아닌가 하는 이유로 세간의 주목을 받기도 하였다.

2-4 AI의 현재 2: AI 하드웨어

AI 소프트웨어를 AI가 어떤 존재가 되도록 만들어 주는 것이라면 하드웨어는 그 존재를 실체가 있게 만들어 주는 것이라 생각할 수 있다. 연산장치를 두뇌에 비교할 수 있다면, 인간은 미각, 촉각, 시각, 후각 등의 다양한 감각기관으로 우리 주위의 사물들과 상호 작용을 하므로 AI도 이에 상응하는 여러가지 감각을 가지고 환경에 적응할 수 있는 다양한 생김새를 가진 로봇을 만들 수 있을 것이다.

1. AI의 두뇌: 연산 장치

이미 AI 하드웨어 관련 책은 많으므로[38] 여기에서는 AI 개발에 필요한 반도체 연산장치에 대해 아주 간략하게 설명하도록 하겠다.[39]

1 세대 연산장치

PC가 대중화되기 시작한 '80-'90년대에는 복잡한 계산을 하나씩 순차적으로 빠른 속도로 처리하도록 설계되어 있는 중앙연산처리장치(CPU)가 가장 많은 관심을 받았다. '90년대 말 이후 게임과 그래픽 디자인의 활용이 높아짐에 따라 그래픽연산 처리장치(GPU)가 추가된 컴퓨터들이 등장하기 시작했는데, GPU는 CPU와 다르게 많은 숫자의 간단한 계산을 병렬로 한꺼번에 처리하도록 설계되어 있다. 이 두가지 연산처리장치는 AI가 인기를 얻기 이전 이미 널리 보급되어 있었기 때문에 1세대로 분류된다고 한다.

2 세대 연산장치

1세대 연산장치가 기존 컴퓨터에 사용되도록 설계된 반면, 머신러닝에 특화된 연산장치를 별도로 설계할 수 있다. 일반적으로 연산장치의 효용성은 전력소모에 대비하여 표시할 수 있는데 GPU가 CPU보다 효율적이기는 하나 설계를 특화시키면 전력소모가 적으면서도 더 좋은 성능을 제공하는 연산장치를 만들 수 있다. 2세대 연산장치의 예시로는 뉴럴연산장치(NPU)가 있는데 구글의 텐서연산장치(TPU)등이 포함된다. 2세대 연산장치에는 유연성을 제공하는 프로그램가능 집적회로반도체(FPGA) 및 특정 회로가 고정되어 제조되는 주문형 반도체(ASIC)가 주로 사용된다. 통상적으로 추론에는 정확도가 낮은 계산에 강점을 가지는 NPU를 사용하고 더 정확도가 높은 연산에 적합한 GPU를 학습에 사용해 왔으나, 1비트 학습[40] 등 연산의 정확도를 낮게 설정해도 학습을 할 수 있다는 연구도 있어 연산능력 자원의 절감이 가능해질 수 있다.

3세대 연산장치

현재 이 책의 작성 시점에는 3세대 AI 반도체는 아직 개발중이며, 메모리 중심 컴퓨팅과 뉴로모픽 칩 등이 있다. 메모리내연산(PIM) 칩과 비유동적메모리(NVM)는 병목현상 및 전력 소모를 줄일 수 있는 장점이 있고 뉴로모픽 칩은 주문제작을 더 발전시켜 칩 자체의 회로가 뉴런과 흡사하게 작동되도록 만들어 효율성을 더욱 높이는 설계방식이다. 기존의 연산장치들이 뉴런을 가상으로 시뮬레이션하는 방식이라면 뉴로모픽칩은 뉴런을 반도체를 사용하여 실물로 만드는 접근 방식이라고 생각할 수 있다.

2. AI의 육체: AI의 물질적 형상 및 인간형 AI 로봇

1. AI의 형체는 제한 없이 필요에 따라 다르게 만들 수 있다

AI는 생김새에 제약이 없다. AI가 여러 활동을 수행하게 될수록 AI의 형상은 해당 활동에 적합하도록 변형되어 다양한 형태를 가지게 될 것이다. 특히 기업이나 정부가 사용할 때 더욱 특이한 모습을 할 수 있을 것인데, 예를 들어서 국방과 관련된 감시 자산으로서는 드론의 형태를 가질수도 있고 기업의 공장이나 물류센터에서는 바퀴가 있는 박스의 형태로 운영될수도 있을 것이다.

2. 그럼에도 일반인은 친근한 형태의 AI 로봇을 선호할 것이다

일반인은 AI가 사람에게 친근한 인간과 비슷하거나 귀여운 캐릭터를 가진 형태이기를 바랄 것이다. 집 내부의 계단 높이, 책상, 의자, 주방의 물건의 위치 등은 모두 사람의 체격에 알맞게 디자인되어 있으므로 AI 로봇이 사람과 비슷하면 사람을 위해 디자인된 환경에 적용하기 쉬운 장점이 있다. 또한 인간도 사람과 비슷하거나 만화 캐릭터처럼 귀엽고 친근하게 생긴 로봇이 주위에 있는 것을 선호하는 반면 인간 크기의 대형 메뚜기나 게, 또는 전갈처럼 사람에게 친근하지 않고 위협적으로 생긴 로봇이 주위를 활보한다면 상당히 불편하게 느껴질 것이다.

2-5 AI의 현재 3: 데이터와 AI 도입

만약 하드웨어와 소프트웨어를 개발하여 갓난아기가 태어났다고 생각할 수 있다면 데이터는 그 아이를 학교에 보내서 교육을 시키는 것에 비교해볼 수 있을 것이다. 사람이 각각 다른 과목을 배워서 전문가로 성장하는 것처럼 AI도 학습하는 데이터에 따라 능력이 달라진다. AI를 학습시키기 위해 사용하는 데이터는 AI를 사용할 목적에 따라 달라지는데, 이러한 데이터의 종류는 무궁무진하므로 여기에서는 아주 간략하게 AI의 도입 방식 두가지와 데이터 사용의 다양성에 대해서 다루도록 하겠다.

1. AI 도입의 두 가지 방식: 자동화와 증강화

비즈니스에서 AI가 어떻게 도입되는지에 앞서 좀 더 큰 그림을 보자면 AI 도입은 크게 자동화(Automation)과 증강화(Augmentation)의 두 가지 방식으로 분류해 볼 수 있다.

자동화에서 AI의 도입 목적이 인간을 대체하는 것이다. 이러한 도입의 예시는 로봇이 사람 대신 부품을 나르고 검수를 하는 등의 공장 자동화 등이 있다. 증강화에서는 사람이 AI를 도구로써 사용하여 더 높은 성과를 낸다. 이러한 도입의 예시는 자동차에서 AI가 운전을 보조하는 역할을 해서 안전하게 해주거나, 그래픽 디자인에서 AI가 보정을 도와주거나 AI 챗봇에게 질문하면 엑셀 함수를 만들어주는 경우 등이 있다.

이러한 두 가지 도입 방식은 AI가 더 많은 작업을 수행할 수 있게 될 수록 구분이 불명확해지는 경향이 있다. 예를 들어 이 두가지 도입 방식이 혼합된 것 처럼 보이는 사람과 AI가 서로 도우면서 작업하게 되는 협업(Collaboration)의 개념도 있다.

자동화와 증강화의 주요 차이점에는 사람이 최종 성과에 영향을 미치는지 여부를 들 수 있다. 증강화에서는 최종 성과가 사람이 AI을 얼마나 잘 활용할 수 있는지에 따라 성과가 달라지지만, 자동화에서는 그렇지 않다.

2. 데이터: AI 의 활용처

이미 다양한 기업들은 AI를 각종 업무에 적용하기 시작하였다. 궁극적으로 AI는 현재 사람이 수행하고 있거나 상상할 수 있는 모든 작업에 적용될 수 있는 방향으로 개발될 것이다. 다음 표에서는 사람들에게 많은 관심을 받고 있는 주요 활용처의 예시를 살펴보겠다. 이와 관련된 책들은 이미 많이 있으므로 여기서는 최대한 간략하게 정리한다.[41]

[표 2-6] 주요 산업에서의 AI 의 적용 및 개발 방향 예시

분야	도입 예시
운송	- 자율주행 자동차, 트럭 - AI 사물인식으로 교통법규 위반 판별 등
금융	- AI 가 피싱 의심 거래, 자금세탁 등 이상거래 특정 - 투자 관련: AI 투자관리사, 재무재표의 특이점 발견, 숨겨진 정보 찾기 등 - 대출 관련: AI 가 개인 및 기업에 대한 신용등급 부여 등
보안	- AI 로 실시간 동영상 분석, 지문 분석, 가짜 이미지 판별 등 감시업무 수행
법률	- AI 가 관련 법 또는 판령 분석 등 전반적인 업무로 확대
의료 및 제약	- AI 로 화학물질의 효능 및 부작용 예측 등 신약 개발에 사용 - AI 로 혈액 또는 촬영된 사진에서 건강 위험요소 진단 및 질병 판별
문화, 관광	- AI 가 여행 일정 추천 - AI 를 문화재 보존 및 재건에 적용
스포츠	- 야구에서 AI 심판이 스트라이크 판정 - 선수들의 동작, 활동량 및 팀 전술 등의 분석에 AI 기법 적용
연애, 결혼정보	- AI 가 소개 및 만남의 상대 추천
정치	- AI 가 지역별 선거결과 예측
농업	- AI 가 파종, 제초, 수확 등 전반적인 업무 수행
광업, 석유	- AI 가 지질 분석 및 광물의 위치 예측
도소매	- AI 가 제품 추천, 수요 예측 및 개선 - AI 가 고객이 제품 사용시 예상도를 사진처럼 보여줌
방송, 미디어, 영화, 연예	- 과거 영상 검색, 영화 시나리오 작성, 애니메이션 창작 등에 활용 - AI 가 사이버 연예인으로 활동
정부	- AI 를 각종 정책 개발 및 교통상황, 날씨 등의 예측에 사용 - AI 가 마약 밀수, 세관, 세금포탈 등의 불법행위 예측
IT	- AI 가 회로 설계
건설	- AI 로 건물 배치 및 디자인, 건물의 이상 탐지

기업을 운영하는 입장에서도 기업 내부의 모든 부문에서 AI는 갈수록 많은 업무를 담당할 수 있을 것이다. 표에서는 기업의 여러가지 활동별로 AI가 도입되는 주요 방향에 대해 간략하게 살펴보도록 하겠다.

[표 2-7] 기업 내 부문별 AI 도입 주요 방향의 예시

부 문	예 시
인사관리	- AI가 면접 진행하고 평점 부여 - AI가 인사 평가를 해서 보너스, 승진, 인사경력, 교육 등 관리 - AI가 직무에 적합한 인재 및 인재에게 적합한 직무 추천 - AI가 인력수급 관리, 인력 유출 예측
회 계	- AI가 특이사항, 오류 등이 없는지 확인 - AI가 감사업무 수행
법 무	- AI가 건별로 이익/손해 예측 - AI가 법률 검토
마케팅 및 판매	- AI가 고객의 분류 및 타게팅, 시장분석 및 조사 - AI가 가격, 상품별 생산량 등 결정 - AI가 판매, 고객상담, 고객발굴 등의 활동을 수행
재 무	- AI가 기업의 성과, 각 제품의 수익성 등 예측
경영 / 지원	- AI가 관련 뉴스 및 진행사항을 체크하고 실시간으로 업데이트 제공 - AI가 구매, 자원계획 등의 업무 지원
IT	- AI가 기업의 각종 프로그램에 대한 작성, 관리, 평가 등을 수행 - AI가 네트워크 및 각종 하드웨어 관리 - AI가 보안 관련 업무 수행
R&D	- AI가 신제품 및 신기술의 도안, 시제품 제작, 테스트에 기여 - AI가 개발 일정, 협업 등을 최적화
제품 기획 및 디자인	- 제품 주기 관리(lifecycle planning), 경쟁상품 조사 등 - AI가 수요예측, 제품 구성, 옵션, 특성 등 최적화 - AI가 디자인 시안 생성 및 시각화
제 조	- AI 로봇이 제조 자동화 및 불량 판정 등 검수
물 류	- AI가 분류, 포장, 정리, 이동, 배달 등 움직이는 업무 자동화 - AI가 물류 이동의 동선을 최적화

2-6 AI의 미래 1: AI 발전 경로

AI의 미래상은 보는 관점에 따라 달라진다. 기술적 관점에서는 '미래의 AI가 무엇을 할 수 있을 것인가?'에 관심이 모아진다면 비즈니스의 관점에서는 'AI가 우리 사회에서 어떻게 활용될 수 있을 것인가?'에 대한 관심이 더 클 것이다. 이 책은 비즈니스의 관점에서 AI의 도입 단계에 대해 설명하는 책이지만 기술적 관점도 이해도가 있으면 좋을 것이므로 기술적 관점에서의 AI 발전 경로인 ANI-AGI-ASI 발전 단계와 AGI에 어떻게 도달할 수 있는지에 대해 간단히 살펴보도록 하겠다.

1. AGI에 도달하는 것은 왜 중요한가? ANI-AGI-ASI 발전단계

1) ANI-AGI-ASI 체계

AI를 분류하는 방법은 좁은(Narrow) AI 대비 넓은(Wide) AI, 약한(Weak) AI 대비 강한(Strong) AI 등 여러가지가 있으나 이 중 가장 널리 언급되는 구분 체계는 ANI-AGI-ASI 이다. ANI(Artificial Narrow Intelligence)는 2005년 커즈와일(Ray Kurzweil)[42]이 처음 사용한 명칭으로 AI가 특정 상황에서 특정 지능을 나타낸다는 개념이다. ANI는 상황이 조금만 달라져도 제대로 작동하지 않는 한계점이 있다. 이에 상충되는 개념으로 널리 사용되는 일반인공지능 AGI(Artificial General Intelligence)라는 명칭은 구브러드(Gubrud)[43]에 의해 1990년대 말 처음 사용되고 2007년 괴첼(Goertzel)의 책 제목으로 사용되며 널리 퍼지게 되었다.[44] AGI의 기본적인 개념은 ANI와 다르게 한 곳에서 취득한 지능 또는 지식을 새롭거나 연관성이 적은 상황에도 적용할 수 있을 것이라는 가능성에 기반한다.

2) 특이점과 ASI

AGI 개발과 관련 사람들이 가장 우려하는 부분은 '특이점'(singularity)이라고 지칭되는 상황으로 AGI가 자체 발전을 반복하다가 인간 전체의 지능을 능가하게 될 것이라는 예측이 있다.[45] 여기서 우려되는 점은 ASI가 의도하는 일을 인간이 막을 수 없게 되며, 또한 인간은 ASI가 추구하는 것이 무엇인지 조차 이해를 할 수 없게 된다는 것이다.

3) AGI의 정의에 대한 논란

아쉽게도 AGI가 구체적으로 무엇일지는 사람마다 주장하는 내용이 다르고 일정하지가 않다. AGI가 여러가지로 정의되고 있는 점에 대한 논란을 간단히 정리하자면 AGI의 정의 자체와 무엇을 측정해야 하는지 및 AGI 이전의 중간 단계가 어떤 것인지가 불분명하다는 데 있다. 예를 들어서 일반인들이 보통 생각할 수 있는 AGI의 정의에는 AI가 사람처럼 행동하기 위해 어떤 형태의 '의식'(Consciousness) 또는 '자각'(Self-awareness)을 가지는 단계에 도달하는 것이라고 생각할 수 있을 것이다. 그러나 AGI 정의와 관련하여 의식이 구체적으로 무엇인지 정의하기도 어려울 뿐더러 AI가 의식을 가지는 것 자체가 불가능하다는 주장, AI가 의식이 있어도 우리가 알 수 없다는 주장 등 다양한 의견이 제시되고 있으며, 이와 더불어 기술적으로는 AGI에서 의식의 여부를 고려할 것이 아니라 어떤 다른 기술적 특징, 예를 들어서 AI가 한 영역에서 습득한 지식을 다른 영역에 응용할 수 있는 것 등이 더 합당하다는 주장도 있다.

4) AGI를 개발하려는 기업들의 AGI에 대한 정의

앞의 논의들이 학계를 위주로 한 AGI에 대한 추상적인 정의에 대한 논란이라면 AGI를 실제로 개발하려는 기업들은 좀 더 구체적인 정의를 사용하려고 한다. 현재 가장 앞서 나가고 있는 AI 개발사인 오픈AI와 구글 딥마인드에서 제시하는 AGI의 정의에 대해 살펴보면 AI의 전반적인 작업수행능력을 인간에 대비하여 평가하는 접근방법을 사용한다.

[표 2-8] AI 개발사의 AGI 정의 예시

	정의	
OpenAI[46] (2018)	경제적 가치가 있는 일의 대부분을 사람보다 잘 할 수 있는 자율적인 시스템	
구글 딥마인드[47] (2023)	AGI를 여러 단계로 구분:	
	0 단계	AI 없음
	1 단계 (Emerging AI)	숙련되지 않은 인간과 비슷
	2 단계 (Competent AGI)	숙련된 상위 50% 성인과 비슷
	3 단계 (Expert AGI)	숙련된 상위 90% 성인과 비슷
	4 단계 (Virtuoso AGI)	숙련된 상위 99% 어른과 비슷
	5 단계 (ASI)	인간의 100%보다 우수

2. 경제 및 경영 관련 기반 별도의 AI 도입 체계에 대한 필요성[48]

1) 경제적 측면을 포함한 AGI의 정의

현재 개발된 AI 중 가장 잘 알려진 챗GPT를 개발한 오픈AI는 AGI를 '경제적 가치가 있는 작업의 대부분을 할 수 있는 AI'라는 정의를 사용하고 있다. 이는 경제적 측면을 AGI의 정의에 포함한 것이라 다른 기술적 측면 위주의 정의와 차별화되기도 한다. 그러나 이 정의 역시 '대부분', '가치가 있는' 등의 단어들이 정의하는 주체 또는 상황에 따라 다르게 정의될 수 있기 때문에 불명확하다고 할 수도 있을 것이다. 따라서 어느 시점이 되면 AGI가 개발되었는지의 여부에 대한 논란이 발생할 수 있다.

2) 경영학 기반 분석 체계의 필요성

기술적인 태생을 가지고 있는 단어인 AGI의 정의를 비즈니스 세계에 적용하는 것은 한계가 있다. 특히 AI 도입 4단계 분석 체계와 대비하여 가장 큰 차이점은 다음 단계에 도달하게 되었을 때를 누가 정하게 되는지에 있다. AGI에 도달하였는지 여부는 AI를 개발하는 회사가 정하게 될 것이지만, AI 도입 2단계에 도달했는지 여부는 AI를 도입하는 각각의 기업들이 정하게 된다는 것이다. 요약하자면 AGI가 공급자 위주의 체계라면 AI 도입 4단계는 수요자 위주의 체계라고 볼 수 있다. 이와 더불어 AGI는 AI 도입 1단계로서도 사용이 가능할뿐만 아니라 AGI 이전의 AI도 AI 도입 2단계에서 사용이 가능한 섬도 차이점이라고 할 수 있으며, 이는 전적으로 사용자 기업이 결정하게 될 것이다.

마지막으로, 학계나 개발자들이 AGI가 무엇을 의미해야 하는지 논의하는 동안 일반인에게는 AGI라는 것에 도달했는지에 대한 여부 자체가 더 관심거리일 것이다. 다음 순서에서는 AGI에 도달하기 위해 어떠한 발전이 필요한지와 AGI 개발 관련 투자에 대한 의의를 간략하게 짚어보도록 하겠다.

3. AGI에 도달하기 위해서는 무엇이 필요한가?

우리는 앞으로 AI 관련 기술이 정확하게 어떤 모습이 될 지 알지 못한다. 심지어 AI는 아직 개발되어 가는 단계에 있어 개발자들도 때로는 AI 모델의 작동 이유를 모두 이해하지 못하고 있다고 한다. 그럼에도 불구하고 많은 사람들이 AGI에 도달하기 얼마나 걸릴 지에 대해 예상을 제시하고 있다. 대표적으로 저명한 미래학자 커즈와일[49]은 2005년 이

전부터 연산처리장치의 속도를 기반으로 AGI 도달 시기를 2029년, ASI 도달시기를 2045년으로 추정한 바 있다.

이러한 시간의 예측과 다르게 우리는 경로에 대한 예측을 시도해 볼 수 있는데, 논리적 추론으로 다음과 같은 모습의 논리 트리를 만들어 볼수 있다. 인간과 비슷한 수준이거나 의식을 가진 AGI를 만드는 것이 상당히 의미 있는 일이 될 것이라고 많은 사람들이 생각하고 있다. 이러한 인간같은 AGI를 만들기 위해서는 소프트웨어와 하드웨어 모두 특정 수준에 도달해야 할 것이다. 우리는 AGI를 만들기 위한 모든 가능성을 분류해 본다면 다음과 같이 정리할 수 있다.

1. AI 가 인간과 호환이 가능한 경지에 이를 수 <u>없다</u>.
2. AI 가 인간과 호환이 가능한 경지에 이를 수 <u>있다</u>.
   2.1   이를 수 있다면, 현재 수준의 기술이 <u>충분하다</u>
   2.2   이를 수 있다면, 현재 수준의 기술이 <u>충분하지 않다</u>.
       2.2.1 <u>하드웨어</u> 기술만 충분하지 않다. (더 빠른 컴퓨터로 지금 있는 알고리즘을 사용하면 됨)
       2.2.2 <u>소프트웨어</u> 기술만 충분하지 않다. (지금 있는 컴퓨터에 알고리즘만 새로 만들면 됨)
       2.2.3 하드웨어 소프트웨어 기술 <u>두 가지 모두</u> 충분하지 않다. (더 빠른 컴퓨터도 필요하고 새로운 알고리즘도 필요)

우리는 이러한 가능성을 다음의 형태로 좀 더 쉽게 이해할 수 있게 만들수 있다.

[그림 2-3] AGI 로 가는 가능 경로

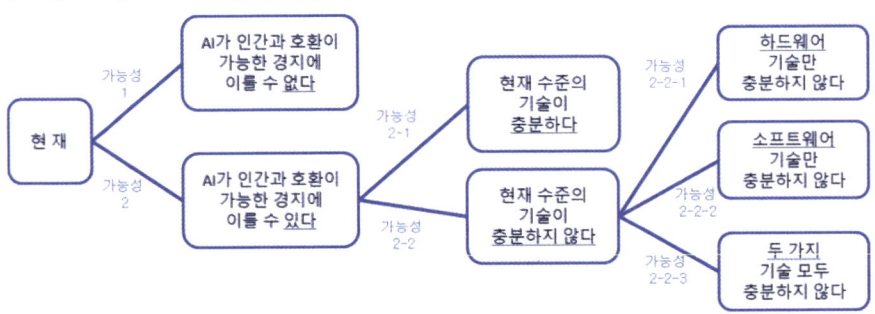

만약 인간 수준의 AGI를 만들 수 없는 것이라면, 하드웨어 때문인지 소프트웨어 때문인지에 대해 생각해볼 수 있겠지만 이를 활용하기는 어려울 것이다. 만약 인간 수준의 AGI를 만들 수 있을 것이라면, 우리는 모든 가능성을 다음 표에 정리할 수 있다.

[표 2-9] AGI 개발 경로에 대한 분류

		소프트웨어	
		현재 불충분	현재 충분
하드웨어	현재 불충분	소프트웨어, 하드웨어 모두 불충분 (경로 4)	소프트웨어 충분 하드웨어 불충분 (경로 2)
	현재 충분	하드웨어 충분 소프트웨어 불충분 (경로 3)	소프트웨어, 하드웨어 모두 충분 (경로 1)

AGI를 개발할 수 있는 모든 경로를 분류하였으니 이제 각각의 가능성에 대해 생각해 볼 수 있다.

경로 1: AGI 개발을 위한 하드웨어와 소프트웨어 이미 충분

첫번째로, 오른쪽 아래칸을 보면 현재 가지고 있는 소프트웨어와 하드웨어 모두 AGI 개발에 충분한 상황이 있다. 이 상황에서는 시나리오만 하면 적절한 데이터와 자본의 투입으로 인간에 비견될 수준의 AGI가 만들어질 수 있을 것이라는 것을 의미하게 된다. 현재 특정 기업의 AI 개발 수준이 AGI에 근접했다는 뉴스도 있으나 우리는 아직 여부를 알 수 없으니 시간이 알려줄 것이다.

경로 2: AGI 개발을 위한 소프트웨어 충분, 하드웨어 불충분

오른쪽 윗칸을 보면 하드웨어의 혁신만 필요한 상황이 있다. 일반적으로 우리가 하드웨어의 혁신에 대해 생각하면 점진적으로 많은 사람들로 이루어진 산업 전체가 발전하는 모습을 상상할 것이다. 반면 소프트웨어의 혁신은 어떤 소수의 프로그래머가 특정 개념을 발전이키는 것이라고 생각할 수 있을 것이다. 여기서 하드웨어의 혁신에서 새로운 개념의 도입으로 인한 전혀 새로운 모습으로의 발전이 없을 것이라는 것을 의미하는 것은 아니다. 그 상황에서 우리는 아마 계단을 걸어 올라가는 것 처럼 AGI에 도달할 수 있는 시점을 좀 더 점진적으로 예상할 수 있게 될 것이다.

경로 3: AGI 개발을 위한 하드웨어 충분, 소프트웨어 불충분

반면 왼쪽 아래칸을 보면 소프트웨어의 혁신만 필요한 상황이 있는데, 이 경우에는 AGI에 도달할 것으로 예측되는 시간이 갑자기 바뀌게 되는 것을 경험할 수 있다. 예를 들어, 기존에 AGI가 어느 정도 멀리 있다고 생각했는데 갑자기 새로운 소프트웨어의 혁신이 일어나며 그 예상을 크게 수정해야 하는 경우가 생길 수 있다.

경로 4: AGI 개발을 위한 하드웨어와 소프트웨어 모두 불충분

마지막으로, 왼쪽 윗칸은 현재의 소프트웨어와 하드웨어 기술 모두 부족한 경우인데, 이 경우 AGI에 도달하는데 걸리는 예상 시간이 가장 길게 될 것이다.

경로 5: AGI 도달 불가능

비교를 위해서 AGI에 도달할 수 없는 경우의 수를 계산해 보아도 위와 똑 같은 표를 만들 수 있다. 특히 AGI를 개발하는데 필요한 소프트웨어와 하드웨어 기술이 모두 있는데도 불구하고 자본 또는 데이터를 확보할 수 없는 경우가 있을 수 있다.

이 책은 이러한 기술에 관한 책이 아니므로 이 기술의 발전 방향에 대한 개념에 대해서는 이러한 기본적인 방향에 대해서만 언급하고 다음 부분에서는 투자자의 관점에서 AGI의 도달에 대해 살펴보도록 하겠다.

2-7 AI의 미래 2: AGI를 누가 가장 먼저 개발할 것인가?

1. AGI 도달 경로에 대한 평가

AGI를 최초로 개발하는 기업은 전 세계의 모든 기업 대비 넘을 수 없는 경쟁적 우위를 가지게 될 가능성이 있다는 점에서 AGI를 최초로 개발할 가능성이 높은 기업이 어디인지는 투자자에게 초미의 관심사가 될 수 있다. 이런 의미에서 우리는 앞선 AGI 도달 관련 분석을 투자자의 관점에서도 접목시켜 볼 수 있다. 투자자의 관점에서 보았을 때 우리가 AGI에 근접할수록 어떤 AI 개발자가 AGI를 최초로 만들 것인지가 좀 더 확연해질 수 있을 것이다. 개념적으로는 가장 많은 하드웨어 자원을 보유한 기업, 가장 발전된 소프트웨어 알고리즘을 가진 기업, 가장 많은 데이터를 조달할 수 있는 기업일 것이다.

경제학적인 관점을 일반화하여 생각해 보면 AI는 한정적인 자원인 알고리듬 등의 [소프트웨어]와 연산장치 등의 [하드웨어] 두가지 자원을 적용하여 만들어진다고 할 수 있다. 따라서 우리는 [하드웨어], [소프트웨어], 또는 두가지 모두 다 어떤 혁신적 발전(breakthrough)이 필요한 상황에 있나고 할 수 있다. 이러한 관측을 기반으로 인류가 AGI를 개발하기 위한 모든 경우의 수를 계산해 보면 앞에서 살펴보았듯이 논리적으로 다음 다섯 가지 중 한가지의 결과만 가능하다.

- (현재 기술 충분) AGI는 이미 개발된 기술로 만들 수 있다
- (하드웨어 충분) 소프트웨어 기술의 혁신만 있으면 AGI를 개발할 수 있다.
- (소프트웨어 충분) 하드웨어 기술의 혁신만 있으면 AGI를 개발할 수 있다.
- (둘 다 불충분) 소프트웨어와 하드웨어 모두 혁신해야 AGI를 개발할 수 있다
- (불가능) 어떠한 혁신이 있어도 인류는 AGI를 개발할 수 없다

각각의 경우의 수에 대해 살펴보자. 먼저 소프트웨어의 큰 혁신은 보통 새로운 개념이나 아이디어에서 나올 것이므로 투자된 자본의 크기와는 상관관계가 크지 않을 것이라고 추정해 볼 수 있을 것이다. 예를 들어서 지구 한 쪽 어느 작은 마을의 학생이 어떤 놀

라운 알고리즘에 대한 아이디어를 생각해낼 수도 있고 이에 대한 부분적인 테스트를 가격이 그리 높지 않은 PC에서 시도해볼 수도 있을 것이다. 반면 빅테크 기업이 다수의 높은 학력을 가진 고연봉 개발자들을 고용하면서도 동일한 수준의 혁신을 이루지 못 할 수도 있을 것이다. 이러한 특징에 대한 예시로 삼성전자가 휴대폰 운영체제인 안드로이드를 개발한 소규모 벤처기업에 대한 인수를 거절하였는데 이후 이 회사가 구글에 매각되어 삼성의 자체 운영체제를 대체하게 된 예시가 있다. 소프트웨어 산업에서는 이렇게 투자 규모 대비 가치 또는 수익의 예측이 상대적으로 더 어려울 수 있다.

한편, 하드웨어의 개발은 더욱 넓은 범위의 전문성을 가진 사람들이 서로 협동해야 개발이 가능하고, 나노미터 단위의 아주 미세한 크기를 다루는 일이므로 이러한 능력을 확보한 설비를 갖추어야 하는 등 상당한 규모의 투자가 필요한데, 특정 혁신보다는 점진적인 혁신이 모여서 발전을 이루는 경향이 있으므로 투자 규모 대비 수익이 좀 더 예측 가능할 것이다. 요약하자면 소프트웨어와 관련된 발전은 좀 더 큰 걸음으로 불규칙하게 나타난다면 하드웨어 방면의 발전은 좀 더 점진적으로 작은 걸음으로 나타난다고 생각할 수 있을 것이다.

앞에서 설명하였듯이, 현재의 AI의 소프트웨어와 관련된 기술의 핵심은 뇌의 구조를 흉내내기 위해 뉴런의 행동을 모방하는 방식이 주를 이룬다. 하지만 아직 이 접근법이 AGI를 개발하기에 충분한 방법인지는 알 수 없다. 어떤이는 뉴런의 행동을 단순하게 모방하는 것은 충분하지 않고, 뉴런의 세부 조직의 활동을 모방해야 한다고 주장할 수 있다. 특히 우리가 현재 보유한 소프트웨어가 충분한지 알기 위해서는 충분한 하드웨어가 필요한데, 뇌는 아주 많은 수의 뉴런으로 구성되어 있기 때문에 현재 하드웨어로 시뮬레이션 가능한 뉴런의 숫자는 인간의 두뇌의 뉴런 수에 미치지 못하여[50] 더 빠른 높은 수준의 하드웨어가 필요할 수 있다. 따라서 우리는 먼저 하드웨어의 현재 기술 수준이 AGI 도달에 불충분하다는 가정을 할 수 있다. 이런 상황은 양자컴퓨터 등 우리가 현재 가지고 있지 않은 혁신적 하드웨어 기술의 개발이 필요할 수도 있다는 것을 알려준다. 그렇다면 현재의 소프트웨어 기술 수준이 AGI 개발을 위해 충분한 것인지는 하드웨어의 한계점으로 인해 확인될 수 없다고 봐야 할 것이다. 따라서 보수적으로 본다면 현재의 상황은 하드웨어와 소프트웨어 모두 충분하지 않은 상황이라고 가정해볼 수 있다.

[표 2-10] AGI에 도달하기 위한 필요 자본 및 예상 기간의 경로 분류

	하드웨어 발전 필요	하드웨어 발전 불필요
소프트웨어 발전 필요	필요자본: 가장 큼 예상시간: 가장 불확실	필요자본: 상대적으로 적음 예상시간: 불확실성 높음
소프트웨어 발전 불필요	필요자본: 상대적으로 큼 예상시간: 불확실성 낮음	필요자본: 가장 적음 예상시간: 가장 짧음

2. AGI 도달 경로 중 현재 위치에 대한 수치화

투자자에게는 이러한 상황의 수치화가 도움이 될 것이므로 현재 상황을 숫자로도 표시해볼 수 있을 것이다. 예를 들어서 소프트웨어와 하드웨어 기술이 각각 AGI에 도달하기 위해 최소한으로 충분해지는 상태를 우리는 1이라고 표현할 수 있다. 그렇다면 현재 우리의 하드웨어와 소프트웨어 기술 현황은 각각 1보다 작지만 점점 커지고 있는 어떤 0과 1 사이의 숫자로 표현할 수 있을 것이다. 각각의 숫자가 1에 도달하였을 때 두가지 숫자를 곱해서 1이 되므로 AGI에 도달했다고 볼 수 있다. 그렇다면 만약 한 쪽만 1보다 크지만 서로 곱하였을 때 1이 되는 경우에도 AGI에 도달할 수 있다고도 생각할 수 있을지 모른다. 예를 들어서,

[1보다 큰 소프트웨어 점수] × [1보다 작은 하드웨어 점수])= 1
[1보다 작은 소프트웨어 점수] × [1보다 큰 하드웨어 점수])= 1

이 되는 경우에도 AGI를 개발할 수 있다고 표현해 볼 수 있을 것인지 생각해 볼 수 있다. AGI에 좀 더 가까워지면 아마도 이에 대한 해답도 알 수 있게 될 것이다.

3. AGI의 학습

어느 순간, 우리는 AGI를 개발하기 위한 하드웨어와 소프트웨어의 기술적인 요소들이 해결되었다고 생각할 때가 올 수 있다. 그 시기에 대한 의견은 다양한데, 그 시기가 이미 도달했다고 생각하는 사람들도 있을 것이고, 반면 어떤 사람들은 아직도 수십년은 기다려야 한다고 생각하는 사람들도 있을 것이다. 만약 기술적인 요소들이 이미 해결되었다면, 그 다음 순서는 이러한 요소들을 실제로 데이터센터 또는 슈퍼컴퓨터를 구축하고 데이터를 사용하여 학습을 시키는 것인데, 이를 위해서는 방대한 양의 자본이 투입되어야 할 가능성이 높다.

4. 기타 투자자들의 고려가 필요 사항

이 외에도 투자자들이 고려하게 될 요소들은 다양할 것이다.

1) 의도하지 않거나 실수로 AGI 가 개발될 가능성

첫번째로 데이터를 학습시키는 행위는 AGI를 개발하기 위하지 않아도 AI 를 개발하는 기업들은 모두 수행하고 있다. 따라서 만약 AGI에 어떻게 도달하게 될지 예측을 할 수 없는 상황이라면 소 뒷걸음치다가 쥐를 잡듯이 예상하지도 않았는데 AGI가 출현하는 상황도 발생할 수 있을 것이다. 이러한 복권 당첨과 비슷한 경우는 특히 새로운 소프트웨어를 다양하게 시도해보는 기업에서 나올 확률이 클 것이라고 예상할 수 있다.

2) 데이터가 AGI 개발의 지연 요소일 가능성

두번째로 AGI 개발에 데이터가 모자란 상황이 생길 수 있을 것이다. 사람들이 만든 데이터의 양은 한정되어 있는데 만약 AGI를 개발하는 방법이 많은 데이터를 요구한다면 AI가 데이터를 생산하는 등의 다른 접근방법이 사용될 가능성도 있다.

이러한 자원의 한계와 관련하여 이목을 끌고 있는 또 다른 주제는 AI학습에 필요한 규모의 계산능력을 확보하는 것인데, 자본 확보 및 전기 공급 등 슈퍼컴퓨터 및 데이터센터 건설에 필요한 인프라의 구성에도 영향을 받게 된다.

3) 하드웨어, 소프트웨어, 데이터의 시너지가 필요할 가능성

세번째로 소프트웨어, 하드웨어, 데이터에 밀접한 연관관계가 필요할 가능성이 있을 수 있다. 예를 들어 하드웨어가 데이터를 수집하도록 설계됨과 동시에 소프트웨어가 하드웨어에 적합하게 만들어져야 하는 경우 등을 생각해볼 수 있는데, 예를 들어 PC 대중화의 초기 단계에서는 마이크로소프트와 인텔, 컴퓨터 제조회사들이 분업해서 개발하는 게 더 효율적이라는 주장이 많았는데 이를 애플이 컴퓨터 하드웨어, OS, 애플스토어 삼박자의 상호작용으로 자기만의 생태계를 구축하여 경쟁력을 확보할 수 있었듯이 AI 개발에도 비슷한 시너지 또는 상호작용이 존재할 가능성도 있다.

만약 한 회사의 소프트웨어가 어떤 작업을 수행할 수 있는 AI를 학습시키기 위해 100의 데이터를 필요로 하는 데 다른 경쟁사의 소프트웨어는 20정도만 필요하다면, 또는 동일한 작업을 하기 필요한 하드웨어의 성능이 한 회사가 100이 필요할 때 경쟁사는 효율성을 높여 20 정도만 필요하다면 등 하드웨어, 소프트웨어, 데이터의 상호작용 및 효율도 무시할 수 없을 것이다.

마지막으로 요약하자면 AGI와 관련된 투자자의 기본적인 질문은 다음과 같은 네 가지가 될 것이다.

- 소프트웨어가 충분한가 = 논문 등으로 공개된 소프트웨어로 AGI 를 만들 수 있을 것인가?
- 하드웨어가 충분한가 = 대량 공급자들이 만드는 하드웨어로 AGI 를 만들 수 있을 것인가?
- 데이터가 충분한가?
- 충분한 자본을 가지고 있는가?

경쟁 기업 중 어느 기업이 AGI 개발에 앞서갈지에 대해서는 기본적으로 다음과 같은 질문이 필요할 것이다.

- 하드웨어, 소프트웨어, 데이터 중 어느 요소가 상대적으로 더 중요한가?
- 특정 기업이 어떤 중요한 요소에 대해 경쟁적 우위를 가지고 있거나 가질 수 있는가?
- 하드웨어, 소프트웨어, 데이터의 시너지가 필요한 상황인가?

일반적으로 소프트웨어 보다는 하드웨어 기술을 발전시키기 위해서 더 많은 자본이 필요하다. 따라서 AGI를 실질적으로 처음 개발할 수 있는 사람이나 기업은 소프트웨어 보다는 하드웨어 때문에 그 숫자가 한정되어 있을 것이라고 생각할 수도 있다. 반대로 소프트웨어에서의 혁신의 가치를 더 높게 평가하는 사람도 있을 것이다. 마지막으로, 만약 소프트웨어와 하드웨어가 각각 다른 주체에 의해 개발되고 서로 이를 공개적으로 판매하게 된다면 가장 유리한 기업은 자본이 가장 넉넉한 기업이 될 수도 있을 것이다.

5. 정부가 AGI 개발의 촉매가 될 수 있는가?

우리는 1960년대의 달 착륙 관련 미국과 소련의 경쟁과 비슷하게 AGI의 개발이 일종의 국가 체제간의 경쟁으로 나아가게 될 가능성에 대해 생각해볼 수 있다. 이러한 상황에서 가장 중요한 질문은 '어느 국가가 AGI를 가장 먼저 개발하게 될 것인가?'가 될 것이다. 만약 이러한 체제 또는 국가간 경쟁으로 진전되는 상황에서는 각각의 체제가 해당 국가에서 가장 앞서가는 AI의 개발에 더 효과적인지에 대해 생각해볼 필요가 있을 것이다. 다시 설명하자면 어느 국가의 '1등 AI'가 세계에서 가장 앞서나갈 것인가에 대해 생각해 볼 필요가 있다.

이러한 질문이 의미가 있는 이유는 시간이 지남에 따라 국가들이 AI의 개발이 국가 안보에서 가장 중요한 부분이 될 것이라는 점을 깨닫게 되는 순간이 올 수 있기 때문이다. 만약 이러한 상황이 발생한다면, 우리는 집중과 분산 두 가지의 서로 상반된 접근 방식에서의 AGI 개발 방향에 대해 생각해 볼 수 있다.

1) (집중) 국가의 모든 자원을 한 개의 개발 프로젝트로 규모를 도모한다
2) (분산) 국가의 자원을 여러 방향으로 나누어 경쟁과 혁신을 유도한다

일반적으로 중앙집중적 계획경제를 가진 국가에서는 자원을 집중하는 방식을 선호히고, 반대로 시장경제 체제를 가진 국가에서는 자원을 분산시키는 접근 방식을 선호할 것이라 생각할 수 있다. 한편으로는 정부에서 계획을 하는 체제가 해당 국가의 전체 자원의 더 큰 비중을 AI 개발에 배분할 수 있으므로 약소국에게 좀 더 유리할 것이라고 생각할 수 있다. 특히 AGI의 개발에 대한 경로를 이미 확신하고 있는 상황이거나, 경제 규모가 작은 국가에서는 자원을 집중하는 접근방식이 정해진 목표를 향해 빠르게 달려가는데 도움이 될 수 있을 것이다. 반대로 만약 AGI가 어떻게 개발되어야 하는지 방향부터 가늠하기 어려운 상황이라면, 혁신을 장려하고 다양한 접근방식에 대한 재무적 리스크 관리에 적합한 자유 시장을 가진 체제가 더 유리할 것이라고 생각할 수 있다.

2-8 AI의 미래 3: AI의 끝판왕, 상대적 대 절대적 인공지능

기술 관점에서 본 AI 발전에 대한 가장 보편적인 분류 방식은 ANI-AGI-ASI 체계인데, 여기에서 가장 발전된 형태의 AI는 AGI가 발전하면서 특이점을 돌파한 상황이 되어 인류 전체를 뛰어넘는 능력을 가진 초인공지능(ASI)으로 구분한다.

필자는 이러한 구분 방식과는 다르게 철학적 또는 경영학적 관점에서의 높은 수준의 AI를 구분하는 방식[51]을 제시한 바 있는데, AGI와 ASI가 인간 및 인류의 능력과 대비하여 AI를 구분하는 방식이라면 상대적 AI와 절대적 AI의 구분은 데이터와 AI의 능력을 대비하여 구분하는 방식이라고 생각할 수 있다.

1. (배경지식) 인간 및 AI 에게 각각의 차이가 발생하는 이유: 경험과 데이터

1) (차이 발생 패턴 1) 서로 다른 경험 → 서로 다른 의견

AI의 능력치가 서로 다른 경우에 대해 생각하기에 앞서, 우리는 먼저 인간의 능력치가 서로 다른 경우에 대해 생각해볼 수 있다. 사람들의 과거 경험이 서로 다른 생각을 가지게 되는 주요 이유라고 할 수 있는데, 각각의 경험들은 사람들의 생각에도 서로 다른 영향력을 가지게 된다. 예를 들어 우리는 사람들에게 본인이 어디에서 그 뉴스를 들었는지 각인이 될 정도로 충격적인 세계 주요 사건에 대해 생각해볼 수 있다. 이에 대해 가장 잘 알려진 예시는 1960년대 인류가 달에 도착한 사건이 있는데, 당시에 그 뉴스를 접했던 사람들은 충격을 금치 못하였다고 한다. 그러나 필자 및 나이가 어린 독자들은 그 이후 세대이므로 인류의 달 착륙이 일어났을 때 실시간으로 경험하지 못하여 실시간으로 경험했던 사람들만큼 이 사건이 크게 와닿지 못 할 것이다.

필자의 세대에서 이와 견줄수 있을만한 충격적인 사건은 9/11 테러 사건일 것이다. 이미 20 여년이 지났음에도 필자는 당일 해당 뉴스를 실시간으로 접하는 경험을 선명하게 기억한다. 당시 미국 동부에서 대학교 4학년이었던 필자는 개강한지 며칠 되지 않았던 그 날 오전 수업이 있어 일어나서 아침을 먹으면서 TV를 보려고 켰더니 첫번째 비행기가 뉴욕의 국제무역센터에 방금 충돌한 상황이어서 모든 채널에서 해당 장면을 반복해서 보여주고 있었다. 수업에 가려고 나가려고 하는 즈음에는 두 번째 비행기의 충돌을 실시간으로 목격하게 되었다. 당시에 가장 먼저 든 생각은 어떤 전쟁이 발생한게 아닌가 싶었는데 그 이유는 불과 몇 년 전 발생했던 한국사람이면 모두가 어디에서 해당 뉴스를 들었는지 기억한다는 김일성 사망 뉴스와 그 직후 발생한 물건 사재기가 생각났기 때문이다. (참고로 필자는 당시 중학교 3학년이었는데 하교길에 실내화를 갈아신고 있는데 누군가 갑자기 학교 건물 2층에서 유리창 밖으로 김일성이 사망했다는 뉴스를 학생들에게 크게 소리쳐서 알게 되었다.) 아무튼 수업시간에 맞추어 교실에 가보니 30명 정도의 학생 중 혼자만 왔었는데, 이도 생각해보면 개근을 중시하는 한국 교육의 영향이 크므로 개인간의 다른 경험으로 인해 서로 다른 결정을 하게 된 예시로 생각할 수 있다. 한편, 9/11을 뉴욕 현장에서 실제 경험했거나 희생자의 가족 및 친구들은 그 상황을 더욱 생생하게 기억할 것이다. 예를 들어 필자의 친척 형은 당시 국제무역센터 건물에서 근무하고 있었는데 다행히도 당일 출근이 늦어 사건 발생 이후에 도착했다고 한다. 반면, 이 사건을 전해듣기만 한 이후의 더 젊은 세대들은 이 사건에 대해서도 크게 공감하기 어려울 것이다.

필자가 기억하는 또 다른 세계적으로 널리 알려진 이벤트에는 어떤 비닐봉지를 든 남자가 지나가는 탱크[52] 앞에 서있는 사진으로 유명한 중국의 천안문사태가 있다. 당시 필자는 초등학생이었으므로 해당 사건의 중요성을 인지하지는 못하였지만 며칠간에 걸쳐 모든 채널에서 탱크들이 도로를 행진하는 뉴스가 자세하게 보도되던 것을 기억한다. 필자보다 나이가 많은 독자들은 해당 사건도 더 자세하게 기억하겠지만, 더 어린 세대들은 이 사건도 실시간으로 접한 것이 아니라 전해듣기만 하였을 것이므로 해당 사건을 실시간으로 경험한 사람만큼 크게 공감을 가지기 어려울 것이다. 특히 중국에 살고 있는 사람들은 해당 사건에 대한 언급 자체가 금지되었다고 하므로 이러한 사건이 발생했었는지 자체조차 알지 못할 가능성이 높을 것이다. 이러한 이유로 중국에서 해적판의 유통을 금지하기 위해 영화나 책에서 천안문 사태를 일부러 언급하라는 사람들도 있을 정도이다.

사람들은 이렇듯 모든 경험이 동일하게 기억되는 것이 아니라 특정 경험은 더 크고 오랬동안 각인되며, 또한 경험을 인생의 어느 시점에 하거나 아니면 어떤 경로로 하게 되는지도 중요할 것이다. 따라서 달 착륙을 어렸을 때 실시간으로 접하게 되는 경험을 하게 되었다면 커서 우주공학자가 되는 것에 관심을 가지게 될 수 있을 것이고, 어렸을 때 테러에 대해 접하게 되는 경험을 하게 되면 커서 이러한 사건을 막을 수 있는 군인이 되는 것에 관심을 가질 수도 있을 것이다. 1930년대 미국의 대공황을 경험한 사람들은 어려운 시기를 겪지 않은 사람들에 비해 저축 등 대비를 하는 경향이 있다는 연구[53]도 있는데 우리도 일반적으로 전쟁 및 보릿고개를 겪어본 세대와 이후 세대는 행동이 다르다는 생각을 한다.

우리는 이러한 과거의 경험으로 인한 이후의 결정과 관련된 기본 원칙을 AI 개발에도 적용해볼 수 있다. 예를 들어 1) 인류 달 착륙, 2) 9/11, 3) 김일성 사망, 4) 천안문 사태 네 가지의 뉴스가 AI에 입력되는 데이터의 일부여서 AI가 도출하는 결론에 영향을 주게 된다고 생각해 보자. 만약 중국에서 어떤 발전된 AI를 개발한다면 천안문 사태와 관련된 데이터는 삭제될 것이고 좀 더 일반적으로는 공산주의를 선호하는 AI가 개발될 것이라고 생각할 수 있다. 만약 어떤 테러리스트 그룹에서 발전된 AI를 개발하게 된다면 9/11이 의미있는 행동이라는 긍정적인 관점으로 입력될 것이고 좀 더 일반적으로는 파괴행위를 선호하는 AI가 개발될 가능성이 높을 것이라고 생각할 수 있다. 만약 북한에서 높은 수준의 AI를 개발하게 된다면 김일성이 인류 역사상 가상 위대한 사람으로 입력될 가능성이 높을 것이다. 이러한 상황들을 요약하자면, AI 개발에는 해당 AI를 개발하는 사람들의 편견(Bias)를 동일하게 따르는 데이터를 사용하게 될 가능성이 높을 것이라고 생각할 수 있다.

이러한 관점에서 보면 높은 수준의 AI를 개발하게 되면 개발자를 충족하여도 모든 인간의 서로 상이한 의견을 모두 한번에 충족할 수 있는 AI를 개발하지 못하거나, 아니면 반대로 다른 사람들을 충족시킬 수 있는데 해당 AI의 개발자를 충족시키지 못하는 상황이 발생할 수 있다. 어떠한 사람들에게는 AI가 이러한 편견을 가지게 될 가능성이 높다는 사실이 불쾌할수도 있을 것이다. 그러나 이러한 관점의 "차이"가 발생할 수 있다는 점은 해당 차이가 '좋거나 나쁘다'는 것이나 '다양성'을 추구하는 것과는 서로 다른 개념이다. 여기에서 가장 중요한 시사점은 AI가 좋고 나쁘고를 떠나서 AI가 하는 결정이나 행동은 데이터에 영향을 받게 된다는 점이다.

2) (차이 발생 패턴 2) 모두 같은 경험 → 서로 다른 의견

인간은 살아가면서 경험을 쌓아가게 되는데, 우리는 각각 세상의 일부만에 대해서만 알게 되는 편견을 가지게 되고 정보를 선택적으로 받아들이는 현상을 가지고 있다. 이러한 상황에서는 같은 경험을 하게 되더라도 여러 사람들은 서로 다른 의견을 가지게 될 수 있다.

예를 들어 9/11 발생으로 국제무역센터의 붕괴를 지켜본 동일한 경험을 한 사람들이라 할지라도 이후 각각 여러가지 다른 반응을 하게 될 수 있다. 첫번째 부류로는 다수의 의견으로 다음 몇 가지를 분류할 수 있을 것이다.

1) (테러는 나쁘다) 무력을 사용하는 것은 정당화될 수 없다
2) (피해자에게 슬프다) 피해자의 명복을 빌고 가족들에게 위로의 말을 전한다
3) (구조대원은 영웅이다) 이러한 희생을 우리 사회는 기억해야 한다

한편, 두번째 부류는 소수의 의견으로 위의 의견과 상충되거나 다른 의미에서 별도인 또 다른 몇 가지 의견들을 생각해 볼 수 있다.

4) (공항의 경비가 취약했다) 공항과 항공사들이 테러리스트의 행동을 사전에 막을 수 있어야 했다
5) (정보기관의 감시가 소홀했다) 정부는 테러분자들을 잘 감시하여 이러한 테러를 미연에 방지했어야 했다
6) (건물 구조가 허약했다) 국제무역센터 건물은 이러한 비행기의 충돌 상황에서도 무너지지 않을 정도로 디자인되었어야 했다.
7) (구조대원의 대응이 부적절했다) 정부는 건물에서 모든 사람들을 즉각적으로 대피시켰어야 하는데 오히려 응급구조대원을 투입하여 피해를 키웠다.

이에 더불어, 세번째 부류에는 다음과 같은 음모론자의 주장들도 있을 수 있다:

8) (모두 계획된 쇼였다) 국제금융센터에는 누군가에게 불리한 중요 문서와 금융거래 자료들이 있었는데 이러한 기록들을 파괴하려는 목적이 있었다.
9) (누군가 전쟁을 원했다) 알려지지 않은 누군가가 금전적인 이익이 필요해서 전쟁을 일으키려고 이 테러를 사주했다

마지막으로, 이러한 테러를 적극적으로 옹호하는 사람들도 있었을 것이다.

10) (미국 제국주의자들이 싫다) 미국 제국주의자들은 벌을 받았다

우리는 이렇게 하나의 사건에서 서로 다른 의견들을 수도 없이 많이 생각해볼 수 있을 것이다. 위의 예시는 미국에서 일어난 사건이어서 한국 독자들에게 와닿지 않을 수도 있을 것인데 한국에서도 세월호 또는 부정선거 등 같은 상황에 대해 사람마다 다른 의견을 가질 수 있는 논란에 대해 이를 대입해서 생각할 수 있을 것이다. 다시 강조하자면, 이 예시는 이 중 어떤 의견이 맞고 틀린가를 찾으려는 것이 아니라, 같은 경험을 한 사람들의 의견이 아주 다양할 수 있는 가능성이 존재한다는 것이고, 그 중에서는 서로 상반되어 공존할 수 없는 의견도 가능하다는 것이다. 인간이 우리의 편견으로 인해 이렇게 같은 사건에 대해 다른 의견을 가질 수 있는 것과 같이 AI도 각각의 AI가 받는 입력 데이터로 인해 발생하는 편견 등의 차이로 같은 사건에 대해 서로 다른 결론을 낼 수 있다는 점을 이해하는 것이 중요하다.

2. 상대적 인공지능의 개념

현재 사람들의 관심을 가장 많이 받는 AI는 딥러닝을 응용한 것으로, 우리가 접할 수 있는 대부분의 AI는 어떠한 학습의 단계를 거쳐 만들어진다. 이는 인간의 성장 과정과 비교할 수 있다. 우리는 태어났을 당시에는 이 세상에 대해 아무것도 알고 있지 않는 상태이지만, 시간이 지나면서 성장하는 동안 새로운 경험, 장소, 물건, 지식, 아이디어, 사람 등을 만나고 소통하거나 배우게 되면서 전문성을 키우고 각각의 개성을 가지게 된다. 이러한 상황의 이면에는 모든 사람들은 각자 다른 사람을 만나고, 다른 지식을 배우고, 다른 경험을 쌓음으로서 각각의 전문 분야와 능력이 달라지게 되고, 결국 개개인의 의견에 차이가 나게 되는 것이다. 이렇게 우리는 모두 같은 인간이지만 개인마다 각각 다른 의견을 가지게 된다. 이러한 논리를 AI에 대입해 본다면, AI도 결국 사람의 경험과 비교할 수 있는 입력 데이터에 따라 제시하는 의견이 달라지게 될 것이라고 생각할 수 있다. 이렇게 입력된 데이터에 영향을 받아서 AI의 능력치가 달라져 AI 마다 제시하는 의견에 차이가 있게 되는 AI를 통틀어서 상대적 인공지능(Relative AI)으로 정의한다.[54]

3. 절대적 인공지능의 개념

상대적 인공지능에 반대되는 개념은 AI를 학습시킨 데이터와 상관 없이 AI가 세상의 모든 진리를 깨닫게 되어 결국 모든 의견이 동일하게 되는 하나의 동일한 AI로 수렴하는 것으로 생각할 수 있다. 개념상으로 이러한 AI는 더이상 발전할 수 없는 최고의 경지에 이르게 된다. 예를 들어, 일반적으로 현재 만들어진 모든 AI는 데이터에 영향을 받는데, AI의 기술이 발전할수록 데이터로부터의 영향이 줄어들게 될 것이다.

어느 순간, AI는 데이터로부터 받는 영향이 0에 도달할 것인데, 아마도 여기에 도달하는 AI는 세상의 진리를 깨달았을 것이라 추정할 수 있다. 이 때 모든 절대적 AI가 제시하는 모든 의견은 서로 동일하게 된다.

이런 식으로 우리가 상상할 수 있는 최고로 발전된 AI를 절대적 인공지능(Absolute AI)이라고 지칭한다. 이러한 AI는 'AI의 끝판왕', '최대치 AI', '최종 AI', '마지막 AI', 또는 일종의 '인공 신' 정도로 생각해볼 수 있다.

4. ANI-AGI-ASI 분류 체계와 상대적-절대적 AI의 분류체계 비교

이 관점에서 보았을 때 ASI에 도달한 이후에나 절대적 인공지능이 나타날 가능성이 있다는 것을 알 수 있다. 상대적 AI와 절대적 AI는 AI를 데이터에 대비하여 비교를 하는 접근 방법으로 사람과 대비하여 비교를 하는 ANI-AGI-ASI와의 차이점을 구분해보자면 그림 2-4와 같을 것이다.

아직 AGI와 ASI가 존재하지 않으므로 실제로 어떠할지는 알 수 없으나, 상대적 인공지능은 ANI, AGI 및 적어도 초기의 ASI를 모두 아우르는 개념으로 볼 수 있을 것이다. 반면 절대적 인공지능은 더이상 발전이 불가능한 최종 단계의 AI를 뜻하는 개념인데, 모든 ASI가 계속 발전하여 절대적 인공지능으로 수렴할지의 여부는 확실하지 않다. 우리가 일반적으로 생각하는 개념에 비교해보자면 ASI는 인간보다 뛰어나면서 서로 다른 여러명이 존재하는 상태, 이를테면 그리스 신화에 등장하는 여러 신처럼 생각해볼 수 있다면, 절대적 인공지능(Absolute AI)은 전지전능한 유일신의 개념과 좀 더 비슷하다고 생각할 수 있을 것이다.

그러나 아직 이러한 AI는 존재하지 않으므로 아직까지는 어떠한 차이점이 생길지 확신할 수 없다. 절대적 AI의 의미에 대해서는 제 7장에서 더 심도있게 다루도록 하겠다.

[그림 2-4] ANI-AGI-ASI 체계와 상대적-절대적 AI 체계 비교[55]

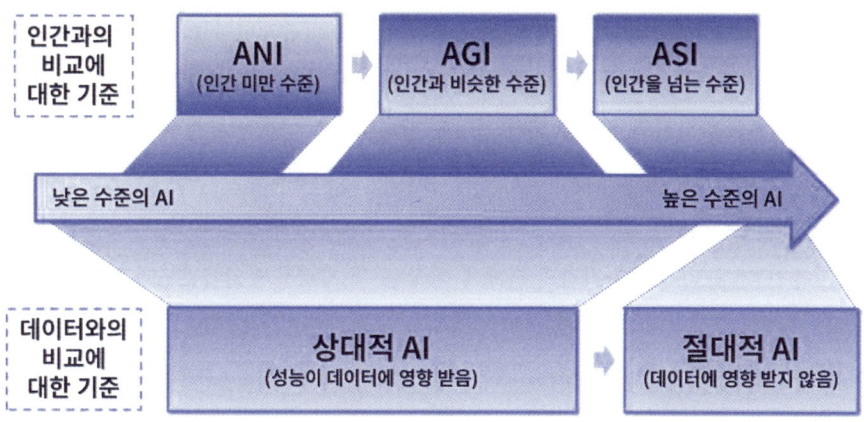

5. 기술적 분류인 ASI와 AI 도입 4 단계의 상관관계

마지막으로, 기술위주의 관점에서 볼 때 ASI가 출현하게 되면 인류는 심각한 위험에 처해질 가능성이 있다고 볼 수 있다. 이 때 주로 사용되는 예시는 사람과 개미가 가질 수 있는 생각의 차이가 있다. 예를 들어 사람들이 어떤 벌판에 아파트 신축 단지를 개발하고 있는 상황에서 그 근처에 있는 개미는 아무리 똑똑한 개미라고 해도 주위에서 사람이 하고 있는 일이 무엇인지 이해할 수 없는 것처럼[56] 인간이 개미에 비견될 정도로 발전한 ASI가 출현한다면 AI가 하는 일이 무엇인지를 인간이 이해 자체가 불가능하게 되는 상황이 우려된다는 것이다.

반면, 경영·경제 위주의 관점에서는 AI 도입 게임이 진행 가능한 경로가 좀 더 다양해진다. 가장 우려되는 부분이 있다면 능력이 너무 압도적이어서 경쟁이 불가능할 것이라고 생각되어지는 AI를 개발한 기업이 출현한 '회복불가한 독점' 상황이 발생할 때 게임이 끝나는 경우라고 할 수 있다. 이러한 상황이 발생하면 독점을 달성한 회사가 현재 경쟁이 없을 뿐더러 미래에도 경쟁의 가능성이 없는 상황이 된다. 이러한 상황에 대한 개념을 사회 전체에 적용하면 '회복불가한 독재' 상황이 발생하는 것으로 이해할 수 있다.

이 책에서 제기되는 문제점 중 아마도 가장 현실적인 위험은 이러한 '회복 불가능한 독점' 또는 '회복 불가능한 독재'가 출현이 가능해지는 시기가 ASI나 의식이 있는 AGI 등 진화된 AI가 출현할 시기보다 더 먼저 일어날 가능성이 존재한다는 것이다. 많은 사람들은 AGI의 출현으로 인하여 발생하는 위험성에 대해서 경고하였지만 이러한 '회복 불가능한' 경제 및 사회의 상황에 대한 경고는 상대적으로 미흡한 부분이 있다.

다음 장에서는 이러한 흥미로운 게임의 패턴이 어떻게 진행될 지에 대해 AI 도입 피라미드의 4단계를 따라가며 각각의 단계에 대해 좀 더 자세하게 알아보도록 하겠다.

제 3 장

AI 도입 1단계

(AI 게임의 시작)

"생각할 수 있는 것은 할 수 있다"

제 3 장 AI 도입 1 단계:
비즈니스 적용과 AI 게임의 시작

이 단계의 슬로건: "생각할 수 있는 것은 할 수 있다."

(이 단계의 의의)

AI가 기업에 접목되는 가장 용이한 단계는 사람이 하는 업무를 보조하는 것이다. 이는 AI가 수행하는 업무의 신뢰성이 아직 충분하지 않거나 필요한 업무 전체를 수행하지 못하여서 사람이 개입해야 되거나 사람이 수행하는 업무의 생산성을 높이기 위해 일부분을 AI에게 맡기는 것이라 할 수 있다. 또한 AI는 이전에 사람이 전혀 하지 못하였던 업무들도 가능하게 할 수 있다. 이 AI 도입 단계에서는 개인과 기업의 AI의 접목에 대한 관심도가 급격하게 늘어나고 생산성도 업무에 따라 기하급수적으로 향상될 수 있으므로 사람들은 더 많은 기대를 하게 된다.

(명칭 정리)
일반적으로 AI 도입방식은 크게 '자동화'(Automation)와 '증강화'(Augmentation)로 구분할 수 있다. AI 도입 1단계에서 업무의 주체는 사람이고 사람이 AI를 활용해서 업무 생산성을 향상시키는 경우이므로 이러한 AI를 '보조(Assistant) AI', '부조종사(Co-Pilot) AI', '증강(Augmenting) AI' 등으로 지칭하도록 하겠다.

(경제/경영에 대한 의의)
이 단계는 AI를 사용함으로써 인간의 생산성이 향상되는 시기이다. 이를 다음과 같은 수식으로 표현해볼 수 있다: [인간 + AI] 생산성 〉 [인간] 생산성

AI 도입 1단계에서 AI를 사용하여 인간의 생산성이 향상되는 정도를 수치화하여 'AI 배율'로 지칭할 수 있으며, AI 증강화의 궁극적인 형태는 '1인 기업'이지만, AI 도입 1단계에서는 도달하기 어려워 '1인조 팀' 또는 '1인 부서' 정도의 개념이 활성화 될 수 있을 것이다.

(기술에 대한 의의)
AI 도입 1단계는 인간의 참여도가 가장 높은 AI 도입의 가장 기본이 되는 단계라 볼 수 있다. AI 도입 1단계는 현재의 AI 기술 수준에서 대부분의 기업에게는 유일하게 가능한 AI 도입 방식이다. 그렇다고 향후 AGI가 개발된 이후 이러한 방식이 사라지게 되는 것은 아니며, AGI가 기업에 도입되는 방식에 따라 이 단계로 분류할 수 있다. 특히 무엇인가를 직접 해보고 싶은 사람들에게 새로운 도전을 가능하게 해 주는 방식이라고도 생각할 수 있다.

AI 도입 1 단계의 기(起): 무엇인지

3-1 (게임의 시작) AI가 사람의 업무 생산성 향상에 본격적으로 도움을 주기 시작

1. (AI 도입의 시작) AI가 생산성 향상을 돕는다

AI 기술이 발전하며 어느 순간 우리의 일상 생활에 실제로 사용이 가능한 단계가 된다. AI는 처음에는 비즈니스에 사용될 수 없는 그저 흥미로운 물건 정도였다. 예를 들어 1959년 개발된 최초의 체커스 게임을 수행하는 AI를 들 수 있다.[1] 경제학 개념으로 설명하자면, AI는 사람의 생산성을 높이는데 도움을 주지 못하는 수준에 불과하였다. 우리는 이런 물건을 '놀이기구 AI' 또는 '장난감 AI'라고 지칭할 수 있다.

이 상황을 이런 수식으로 표현해볼 수 있다:

$$[사람 + 놀이기구 AI]의 생산성 = [사람]의 생산성$$

AI의 개발이 진행되다 보면 어느 순간 AI를 사용하는 것이 기업의 생산성에 실질적으로 도움이 되는 순간이 올 수 있다. 어떤 새로운 기술이 처음 개발되어 발전을 거듭하며 실제 비즈니스에 접목이 가능하게 된 순간에, '비즈니스 AI의 게임'이 본격적으로 시작되었다고 할 수 있다. 우리는 생산성 향상을 도와주는 물건을 '도구'라고 지칭할 수 있다.

이 단계가 시작되는 지점을 다음과 같은 수식으로 표현해 볼 수 있다:

$$[AI + 사람] 생산성 > [사람] 생산성$$

사람들이 AI가 수익을 가져올 수 있다는 것을 확인한 순간을 기점으로 이른바 급속한 확산이 일어나며 사회 전반에 걸쳐 다양한 방면에 접목된다. 1840년대 캘리포니아 골드러시처럼 이른바 사람들이 '레이스 스타트'를 외치는 순간이라고 볼 수 있다. 어떤이는 이를 제 4차 산업혁명이라고도 표현한다.[2] 사람이 삽으로 땅을 파다가 굴착기가 개발되어 땅을 파게 되면 속도가 비교하기 어려울 정도로 빨라지듯이 많은 업무에 AI를 사용하면 생산성이 비교할 수 없을 정도로 높아지게 될 수 있을 것이다.

2. (업무 주체 = 사람) 업무의 주체는 사람이고 AI는 도울 뿐

이 AI 도입의 일반적인 모습은 사람이 AI의 사용을 주도한다는 것으로, 사람들이 어떤 특정 업무를 수행할 때 AI의 능력를 이용하여 해당 업무를 더욱 수월하게 하는 형태로 운영된다. 잘 알려진 예시에는 ChatGPT 등을 이용하여 사무직 직원이 필요한 엑셀 함수를 쉽게 만들거나 프로그래머가 코드를 생성하는 등 업무에 사용하는 것이 있다. 이러한 종류의 적용은 사람이 보유하지 않은 능력을 도와주는 역할을 하므로 보조(Assistant) AI,[3] 도우미(Helper) AI, 보완(Complementary) AI, 보충(Supplementary) AI, 부조종사(Co-Pilot) AI, 보강(Reinforcement) AI 등으로 지칭할 수 있을 것이다. 요즘 뉴스에 자주 등장하는 생성형 AI의 경우 사람의 질문에 맞추어 해당 답변을 만들어 내므로 적절한 질문을 할 수 있고 답변이 정확한지 확인 할 수 있는 능력을 가진 사람이 필요하게 된다.

또 다른 AI의 도입 형태로는 사람이 비교적 구체적으로 명시한 특정된 업무를 AI가 반복해서 수행하는 방식이 있다. 예를 들어 집에서 로봇 진공청소기를 사용하기 위해 사람이 구획을 지정해주는 방식 등이 있다. 이와 비슷하게 AI가 특정 직무의 모든 업무를 수행할 수는 없지만 일정 부분을 수행해주는 방식도 있는데, 프로야구에서 AI가 스트라이크 판정을 결정해주는 방식에 대해 생각해 볼 수 있다.

이 단계에서의 AI는 데이터 기반 예측, 패턴 분석 등을 이용한 이른바 통찰력 또는 인사이트를 제공하는데에도 용이하므로 금융 투자시 주식 매매를 조언하는 AI, 시각적 데이터를 분석하여 바이오, 광산, 건축 등 어떤 특정 패턴을 찾아내는 AI, 동영상이나 음성, 사진 등을 언어나 주위로부터 유추해서 생성하는 AI 등 다양한 방면에서 다양한 유형의 형태로 개발할 수 있다. 이러한 분야에서도 AI 도입 초기에는 업무의 주체가 사람이고 'AI는 단지 거들 뿐'이라고 생각 할 수 있다.

3-2 AI 도입 1 단계의 세부 내역

AI 도입 1 단계의 세부 사항

AI 도입 1단계, 즉 업무의 주체가 사람인 단계에서는 사람이 업무의 모든 방면에서 주도권을 가지고 업무를 수행하게 된다. 이러한 점을 고려하여 AI 도입 1단계에 대해 다음 5가지 방향에서 분석을 해 볼 수 있다. 이 단계에서의 AI 도입의 주요 특징을 정리해보면 인간과의 협동, 한정된 분야에서의 접목, 인간이 최종적 결정권을 가지면서 AI가 한정된 분야에서의 결정권을 가지고, 사람이 AI와 사람이 각각 무엇을 할지를 결정한다는 것이다.

1. 인간과 AI의 상호 작용

첫째, 인간과 AI와의 상호 작용 또는 협력에 대해 생각해볼 수 있다. AI 도입 1단계에서는 기업이 수익을 극대화하기 위해서 사람이 구체적인 업무를 AI에게 지시하거나, AI가 특정되거나 한정된 업무를 수행할 수 있도록 업무가 디자인된다. AI가 기업에 기여하는 방식은 도우미 또는 협력자로서 인간이 직무를 수행하는 것을 돕는 것으로 생각할 수 있다. 좀 더 구체적으로 보면, 직무의 형식 및 AI와 인간이 어떻게 서로 함께 일할지를 인간이 정하게 되므로 인간이 AI에게 지시를 하는 관계라고 할 수 있다. 인간은 직무 관련 최종 결정을 내릴 권한을 가지게 된다. AI는 검토에 필요한 정보를 제공하거나, 고를 수 있는 대안을 제시하거나, 변동된 내역을 관리하여 인간의 주의를 끌어 인간이 면밀히 살펴볼 수 있도록 유도하는 등의 업무를 수행한다.[4]

2) AI 도입 분야의 범위

둘째, 각각의 AI가 접목되는 분야가 한정된다. 그런데 이는 기술이 발전함에 따라 한 개의 AI 개체가 수행 가능한 업무 범위와, 경제 전체를 놓고 보았을 때 AI가 수행 가능한 업무의 범주, 즉 이 세상에 존재하는 전체 업무의 수 대비 AI가 수행할 수 있는 업무의 수의 비율이 각각 시간이 갈수록 더 확대될 것이다. AI 도입 1단계 초기에는 업무를 수행하는데에 대한 신뢰성도 한정되어 있을 것이다.

3) 최종 권한 및 책임 소재

셋째, 최종적인 권한과 책임은 모두 어떤 사람에게 돌아가게 된다. 해당 직무를 담당하는 사람에게 최종 권한이 있고, 이에 따라 책임도 지게 되는 반면, AI는 제한적인 권한과 책임이 지워진다. AI 사용으로 인해 발생하는 문제는 궁극적으로 어떤 사람에게 돌아가게 되어 있다. AI를 개발한 기업이나 개인에게도 개발 과정에 대한 문제 또는 설계 결함 등의 문제에 대한 책임이 일부 전가될 수 있을 것이다.

4) 전략적인 계획 활동

네번째로 일반적인 경영 기획업무에 있어 AI는 처음에는 업무 능력이 부족하여 수행할 수 없겠지만 이후 기술이 발전되어 AI가 자체적으로 이러한 업무를 수행할 수 있어도 필요한 권한이 부족하므로 사람을 돕는 역할에 한정될 것이다. 따라서 사람이 궁극적으로 회사가 어떤 사업을 수행할 지와 어떻게 필요한 업무들을 분장할 것인지 등을 정하게 된다.

5) AI 의 혁신 활동

마지막으로 AI는 자체적으로 혁신을 완료할 권한이 부여되지 않지만 사람이 더 혁신적일 수 있게 돕는다.

[표 3-1] AI 도입 1단계의 주요 특징

분류	특징	부연 설명
사람 – AI 상호 작용	- 사람과 AI가 협동 - 사람이 상호 활동을 주도	- (처음) 사람이 업무를 디자인(Design) - (중간) 사람이 업무를 지시(Direct) - (끝) 사람이 최종 결정권을 보유(Decide) - AI는 사람이 판단할 수 있는 수치 또는 분석을 제시 - AI는 선택 가능한 여러 대안을 제시 - AI는 확인이 필요한 곳으로 인간이 주의를 기울이도록 유도
AI 적용 범위	- 비교적 한정된 분야에서 AI를 사용 - 기술 발달에 따라 적용 가능 분야가 확대	- 초기에는 AI 개발 기술에 한계가 있고 따라서 AI의 업무 처리에 대한 신뢰성이 부족할 수 있음
최종 결정권 및 책임 소재	- 사람(해당 업무 담당자)이 최종 결정권 및 책임을 보유 - AI가 보유한 결정권 및 책임은 한정	- 사람이 AI를 어디에 사용할지 판단 - AI를 사용하여 발생한 문제에 대해 직접적으로 책임을 지는 사람은 해당 업무 책임자(Caveat Emptor)
AI의 기업 전략 기획 활동	- 인간이 기업이 어떤 활동을 하고 어떻게 할 것인지 결정	- AI는 인간을 도움 - AI가 자체적으로 기업의 방향을 정할 수 없음
AI의 혁신 활동	- 인간이 혁신의 주체	- AI는 인간의 혁신을 도움(혁신의 증강화) - 기술한계 및 권한의 부재 등으로 AI가 자체적으로 혁신을 가져올 수 없음

3-3 이 단계를 가능하게 하는 것은 무엇인가?

앞 장에서 살펴보았듯이, AI와 다른 종류의 프로그램과의 가장 큰 차이는 AI는 특정한 업무를 수행하기 위해 별도의 프로그램을 만들 필요가 없다는 점이다. 만약 어떤 특정 업무를 위해 수백, 수천가지의 세부내역 및 가능성을 각각 고려한 프로그램을 만들어야 했다면, 초기 AI는 학습을 통해 업무를 수행하는 방향으로 이루어지다가 궁극적으로 어느 순간부터는 AI에 대해 이러한 학습을 시키려는 노력도 더이상 필요하지 않게 될 것이다. 이 개념은 자체지도(self-supervised) 학습[5] 이라고 하는데, 궁극적으로 AI가 자체적으로 무엇을 학습할지를 결정하게 될 수 있다.

한편, 우리 경제는 더 높은 수익이 예상되는 활동에 더 많은 투자를 진행하도록 설계되어 있다. AI 개발이 가져올 것으로 예상되는 생산성의 향상 등 무궁무진한 가능성을 고려한다면, 아마도 AI에 대한 투자 규모는 시간이 갈수록 기하급수적으로 늘어날 가능성이 있다. 이러한 급속한 투자 증가는 AI의 개발을 더욱 가속화하는 선순환을 가져올 것이다.

참고로 경영학의 관점에서 보면 AI의 발전으로 '지능의 비용'이 낮아지는 상황이라고 표현할 수 있는데, 이는 AI를 공급하는 개발자의 입장에서 설명하는 것이라고 생각할 수 있다. AI를 사용하는 기업의 입장에서 생각해본다면, 우리는 AI의 기여를 '혁신의 비용'이 감소한다는 등의 별도의 경제 용어로 표현할 수도 있을 것이다.

3-4 이 단계에서 가능하게 되는 것은 무엇인가?

AI 도입 초기에 AI가 도구로서 인간에게 가치를 제공할 수 있는 방향을 분류해 보면 질적 향상과 양적 증가의 두 방향으로 구분하여 볼 수 있다. 이를테면 질적 향상의 예시로 1) 인간이 볼 수 없는 패턴의 인지가 있다면, 양적 증가의 예시로는 2) 더 많은 데이터 분석, 3) 더 많은 반복 작업 수행, 4) 오래 걸리던 작업에 드는 시간의 축소 등이 있다. 이렇게 되면 인간의 노력은 줄어들면서, 과거 높은 비용으로 경제적으로 추구하기 불가능했던 일의 비용을 낮추어 경제적으로 가치가 있는 선택지를 더욱 확대되도록 만들 수도 있을 것이다.

우리는 직장 등 일상 생활에서 각종 기계 및 IT 기기 등을 이미 사용하고 있지만 AI는 우리가 예전에는 상상으로만 가능할 것이라 여겨왔던 전혀 새로운 차원의 업무들을 이러한 기기들이 수행할 수 있게 해 줄 것이다. AI 도입 초기에는 손글씨를 읽어서 우편물을 분류하는 등 과거 불가능했던 간단한 업무를 대체하는 것부터 시작하였는데, 시간이 갈수록 AI가 운전 또는 불만고객 응대 등 사람이 수행하면 불편하거나 반복적인 좀 더 복잡한 작업들을 대신 수행해 줄 수 있을 것이다.

이러한 AI의 능력들은 시간이 갈수록 발전되면서 인간의 능력으로 수행하기 어려운 복잡한 업무까지 수행할 수 있는 경지까지 이르러 금융권에서는 이상거래 탐지, 의학계에서는 이상소견 발견 등 다양한 방면으로 접목될 것이다. 궁극적으로 AGI에 도달하게 되면 AI는 알파고가 사람을 바둑에서 능가하듯이 비즈니스와 관련된 모든 업무에서 사람을 능가하게 될 수 있을 것이다.

AI 도입 1단계는 이렇게 다양한 능력을 가진 AI를 사람이 주도해서 사용하는 상황을 지칭한다. 기술 발전으로 AI 도입 2단계 및 그 이후 단계에 도달하더라도 AI 도입 1단계가 더 이상 사용되지 않는 것이 아니라 AI 기술이 발달할수록 AI 도입 1단계 내에서 AI의 능력치도 상승하게 되는 것으로 설명할 수 있다.

3-5 AI 도입 제 1 단계의 생활상

우리는 이미 AI 도입 1단계 초입에 들어서 있다. 당신이 이 책을 읽게 되었을 때에는 AI 도입이 더욱 진행되어 우리의 생활상을 더 크게 바꾸어 놓았을 것이다. 폭우로 제방이 넘치게 되면 갑자기 한꺼번에 모든 곳에서 넘치게 되는 것처럼 AI의 개발에 따른 AI의 도입도 어느 순간 갑자기 한꺼번에 다양한 분야에서 물밀듯이 적용될 가능성이 높다.

1. 가정: 새로운 기기들의 본격적인 등장

가정에서 AI는 일종의 도구로서 사람과 시시각각 소통하며 남녀노소 구분 없이 우리의 삶의 다양한 영역을 생애 주기의 모든 구간에서 편하고 윤택하게 가꾸어 줄 수 있다. AI는 인간의 가장 어린 시절부터 교육을 도와주는 것을 시작으로, 어른에게는 좋은 비서, 노년 시절에는 돌보미 및 긴급 구조 요원 등으로서의 역할을 수행해줄 수 있을 것이다. AI가 개개인의 특성, 취향, 필요 등을 반영하여 정보를 알려주고 행동을 추천하는데, 쇼핑, 인테리어, 여행, 건강, 운동, 식단, 재테크 등 하루하루의 삶에 관여하지 않는 부분이 없게 되는 방향으로 나아가게 된다, AI는 고양이가 전기히터를 켜놓는다든지, 가족 구성원 중 누군가 화장실에서 미끄러져 움직이지 않는다든지 등의 가능성이 적은 것부터, 고층아파트의 균열 분석 등 우리가 미쳐 볼 수 없거나 대처하지 못하는 곳곳의 위험 요소들을 찾아서 알려주는 궂은일 해결사의 역할도 해줄수 있다.

우리가 일상생활에서 사용하는 기기들도 그 형태, 능력이나 목적 등에서 크게 다른 모습이 될 수 있다. 특히 현재는 2차원으로만 제공되는 정보들이 인간을 둘러싸는 3차원의 모습으로 표현될 수 있게 되면 원거리에 있는 사람들이 동일한 공간에 존재하는 느낌이 들 수 있을 것이고, 이러한 공간에서는 AI로 생성된 캐릭터가 진짜 인간과 분별이 불가능한 메타버스 또는 가상현실의 상황이 될 수 있다. 영화관이나 운동 시설도 사람들이 어떤 방 안에서 공중에 떠다니거나 매달린 것과 비슷한 모습으로 신발 등 전신의 모든 활동에 저항 또는 반작용을 주는 기계가 도입된다면 정글이나 만화영화에나 나올법한 환경을 실제 상황처럼 걸어다니고 경험할 수 있는 방향으로 나아갈 수도 있다.

2. 직장: 가능성에 대한 기대 고조

직장에서는 AI가 업무의 생산성을 높이는 한편, 불편하거나 위험, 또는 불쾌한 특정 요소들을 제거하는데 일조하게 될 것이다. AI의 도입과 관련된 적절한 능력을 겸비한 인재들은 생산성이 기하급수적으로 상승할 여지가 더 커지는 반면, 이와 반대로 AI의 도입에 대처가 미흡한 인력들은 오히려 더 위태로운 처지에 놓이게 될 확률도 있다. 사람들은 적절한 도구 및 이를 사용하게 되면서 더 큰 만족감과 높은 성취감을 가지고 더욱 많은 경력을 쌓을 수 있게 될 것이다. 인재간의 격차 및 차별화가 더욱 커지면서 기업들에게는 적절한 인재를 발굴하고 확보하기 위한 노력이 더욱 절실하게 될 가능성이 높다. 이는 기업간의 경쟁으로도 이어져 AI 도입에서 앞서가는 기업과 뒤쳐지는 기업간의 격차가 확대될 것이다.

3. 도시 및 지방: AI 와 모든 곳에서 함께

도시의 거리에서는 자율주행 차량, 버스, 오토바이 등이, 하늘에서는 드론이 사람들의 발이 되어 줄 것이고 각종 형태를 가진 AI 로봇들이 거리를 활보하며 사람들의 활동을 지원할 것이다. 사람들을 하루 종일 따라다니는 일종의 '동행 로봇'도 어느 시점 등장하여 인기를 끌 수 있을텐데, 이러한 로봇은 우리가 직접 들고다니는 가방이나 휴대폰 등을 대체하는 역할을 함과 동시에 킥보드나 자전거와 같은 단거리 저속 이동수단으로도 사용될 수 있을 것이다. 건물에서도 출입 인원 및 주위를 배회하는 인물들의 실시간 파악이 가능하게 되고 도로 자체에도 각종 기능이 부여되어 전기를 생산하거나 주위의 상황을 파악하여 사람들을 안전하게 하는데 도움을 줄 것이다. 한층 향상된 성능을 가진 AI 감시 자산들이 범죄를 예방하고 신속하게 대응하여 우리의 주위를 안전하게 만들어 주기도 하는 등 우리가 생각하는 도시의 거리의 모습이 크게 변화할 수 있다. 현재는 상상하기 어려운 신기술이 많겠지만 실제로 그러한 상황에 도달하면 사람들이 오히려 더 예전으로 돌아가기 어려울 만큼 편하게 느낄 수 있을 것이다.

한편, 장거리 운전에 대한 부담이 줄어들면서 어떤 사람들은 밀집된 도시를 떠나 인구밀도가 좀 더 낮은 곳을 찾아 떠나는 것을 더 쉽게 할 수 있게 될 것이다. 반대로 어떤 사람들은 더 안전해진 도시에서 AI 도입이 가져오는 혜택을 만끽하기 위해 도시로 이동하게 될 수도 있다.

4. 사회: 새로운 역사 기록 방식

AI를 사용하면 인류의 역사를 기록하는 방식도 변화할 것이다. 예를 들어 문자가 개발되기 전 인간은 구전이나 벽화등으로만 다음 세대에 정보를 전달할 수 있었다. 따라서 후대에 전달이 가능한 정보의 양은 제한적이었고 정보의 정확성도 신뢰도가 낮았다. 이후 정보를 글로 남길 수 있게 되었지만 후대에게 전달할 수 있는 정보의 양은 제한적이었다. 예를 들어 우리는 단군이 고조선을 건립했을 당시의 한국어의 억양이 어떠했는지, 또는 광개토대왕비를 어떤 발음으로 읽었는지 알 길이 없다. 특히 단어의 뜻을 표현하는 한자는 소리를 표현하는 한글이나 알파벳과 다르게 뜻을 알아도 그 소리가 어떠하였는지 알기 어렵다. 이제는 동영상을 찍을 수 있으므로 발음에 대한 정보를 후세에 남기는 것은 예전보다는 더 용이하게 되었다. 그러나 생각해보면 이렇게 음성이나 동영상을 기록해 놓는 것 만으로 후세에게 우리가 가진 모든 지식을 전달하는 것이라고 볼 수는 없다.

예를 들어, 세상의 모든 사람들은 각자의 사투리, 또는 엑센트를 가진다. 서울 사람도 단지 서울의 방언을 사용하고 있을 뿐이다. 그런데 이러한 사투리의 특징은 글로 표현하기 힘들다. 이 경우 동영상은 책보다는 좀 더 많은 정보를 전달할 수 있다. 그러나 우리가 만약 전국에 존재하는 모든 사투리를 가진 사람들을 찾아서 그들의 발음을 녹음 또는 녹화한다고 하여도 그것이 의미있는 지식의 전체라고 보기는 어렵다. 만약 수천년이 지난 후 특정 사투리를 사용하는 사람들이 모두 사라졌는데, 그 사투리를 복원하기를 원한다고 가정해 보자. 어떤 아기에게 우리가 녹화해 놓은 해당 사투리의 동영상만을 보여주고 그 사투리를 습득하게 만들기는 아마도 아주 어려울 것이다. 그런데 만약 AI가 어떤 사투리의 기본 원리를 학습하여 일상 생활에서 해당 사투리를 구사하여 아이와 대화할 수 있다면 그때서야 그 아이가 해당 사투리를 자연스럽게 습득하게 될 것이다. 다시 설명하자면, AI는 우리가 가진 지식을 역사의 일부로서 문자 또는 동영상으로 고정시켜 '기록'하는 것이 아니라 우리 지식의 '핵심'을 이해하여 전달하거나 또는 지식 자체가 살아서 생생하게 움직이게 만드는 것을 가능하게 해 줄수 있을 것이다.

요약하자면, 카메라가 세상에 보이는 시각적 정보를 기록하고 재생할 수 있듯이, AI는 인간의 지식에 내제된 보이지 않는 정보를 기록하고 재생하는 기능이 있다고 생각할 수 있다. 이는 어떤 지식의 표본을 보관하는 것이 아니라 해당 지식의 DNA를 저장하는 것이라고도 생각할 수 있을 것이다.

AI 도입 1 단계의 승(承): 이 단계에서의 AI 도입의 발전 및 전개

3-6 AI 도입 1 단계의 전반적인 전개 방향

[그림 3-1] AI 도입 제 1 단계 피라미드 내부 구성 요소

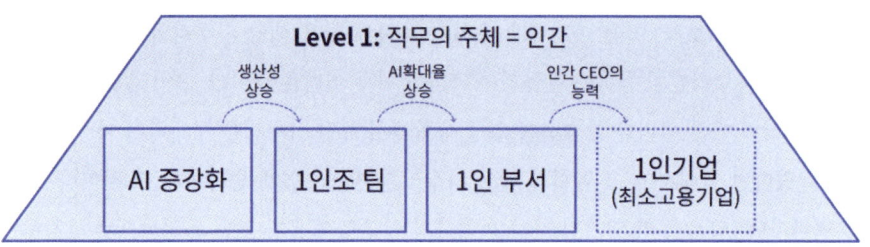

1. 기술의 발전에 따른 전개

AI 도입 1단계의 전개는 먼저 기술 발전의 정도에 따라 생각해 볼 수 있다. 초기에는 기술의 한계가 AI를 도입할 수 있는 범위의 한계가 되며, 이후 기술 발전에 따라 도입 가능한 범위가 넓어진다. 향후 AGI 도달 등으로 AI 도입 2단계가 가능해지는 시점에서도 1단계에 의도적으로 머무를 것을 원하게 되는 상황도 곳곳에서 발생할 수 있다.

참고로 AI의 기술 발전이 AI 도입 2단계에 충분한 수준에 이르러도 1단계의 발전도 계속될 것이다. AI 도입 2단계가 가능해졌다는 것이 1단계를 대체한다는 뜻은 아니라고 볼 수 있다. 이와 같은 상황으로 1차 산업인 농업을 생각해볼 수 있는데, 기술의 발전으로 인해 2차, 3차 산업이 도래하여도 1차 산업은 없어지지 않고 오히려 기술 발전으로 인한 혜택을 입게 되었다. 같은 맥락으로 AI 도입 2단계가 가능한 시기가 도래하면 이는 1단계가 비중은 줄어들겠지만 완전히 없어지지 않고 더 높은 경지에 이르게 된다고 설명할 수 있다. 특히 AI 도입 2단계 이후 사람들이 AI에 대한 의존도가 너무 높아져서 위험하다고 생각하게 되면 이를 완화하기 위해 도입 1단계의 사용을 더욱 고려하게 될 것이다. AI 도입 1단계는 인간의 능력치를 상향시키는 노력의 일환으로도 생각할 수 있기 때문이다.

2. 기업간 경쟁 심화로 인한 격차 확대

AI 도입의 확대로 기업간 경쟁이 심화될 것인데, 이 때 기업들은 AI를 얼마나 효과적으로 사용할수 있는지 여부가 기업의 운명을 좌우하게 될 것이라고 생각할 것이므로 가능한 많은 업무에 AI 도입을 시도하는 방향으로 전개될 것이다. AI 도입 1단계 초기에서는 AI가 어디에 새로이 접목되었는지부터 주목을 받을 것이고 이와 더불어 AI를 활용한 신제품 또한 대중들의 관심을 이끌게 될 것이나 시간이 갈수록 사람들은 이러한 발전을 자연스럽게 받아들이게 될 것이다.

3. 개인간 경쟁 심화 및 격차 확대

AI의 도입이 광범화될수록 개인별 생산성이 향상되므로 이에 따라 개인간의 격차가 확대될 것이다. AI 도입 1단계에서는 아직 사람과 사람이 서로 경쟁하는 구도이며, AI는 개인의 경쟁력을 향상시켜 줄 수 있는 도구이다. 따라서 이러한 도구를 잘 사용할 수 있는 사람이 더욱 앞서나가게 된다.

이 때 사람들의 이목이 집중되는 주제는 회사가 특정 업무를 수행하기 위해 어느 정도 많은 인력을 감축할 수 있는가가 될 수 있다. AI 도입 1단계가 진전되면 기존에 여러 사람이 팀을 구성해서 이루어야 했다고 생각했던 업무들을 한 사람이 처리하게 되는 이른바 '1인조 팀'이나 '1인 부서'가 출현할 것이다. 더욱 발전한 단계인 '1인 회사' 등의 가능성에 대해서는 다음 부분에서 생각해보도록 하겠다.

3-7 AI 도입 1 단계의 초기 (자동화 대 증강화)

1. AI 자동화(Automation)와 증강화(Augmentation)

AI를 도입하는 방식은 크게 자동화(Automation)와 증강화(Augmentation)로 구분할 수 있다. AI의 개념이 최초로 널리 알려진 1950년대부터 사람들은 사람같은 로봇이 우리의 일을 대신 해줄 것으로 생각했는데, 이렇게 사람을 대체하는 것을 자동화라고 지칭할 수 있다. 그런데 AI의 발전이 기대만큼 빠르지 않았으므로 사람들은 대체하는 대신 AI를 사용해서 업무의 능률을 올리는데 집중하였였는데, 이렇게 AI를 일종의 도구로 사용하는 것을 증강화라고 지칭할 수 있다.

AI의 기술이 아직 사람을 대체하기 어려울 때에는 AI를 자동화에 사용하는 것 보다 증강화에 적용하는 것이 기업의 성과에 더 긍정적일 수 있는데, 이는 AI와 사람이 서로 보완적인 역할을 수행할 수 있기 때문이다.

[표 3-2] 자동화와 증강화 비교

자동화	증강화
- AI 가 사람 대신 업무를 수행 - AI 가 사람이 필요한 노력을 대체	- AI 를 사람이 도구처럼 사용 - AI 가 사람의 능력을 배가시키거나 필요한 노력이 감소하도록 도움

AI의 도입에서 이 두가지 개념은 상당히 중요하여 기업의 궁극적인 형태를 제시할 수 있는데, 증강화의 궁극적인 모습은 한 사람의 생산성이 향상되어 모든 업무를 처리할 수 있는 '1인기업'의 형태가 되며, 자동화의 궁극적인 모습은 AI의 적용 범위가 확대되어 인간이 하던 모든 업무를 처리할 수 있는 '0인기업'의 형태가 된다.[6]

2. 인간-AI 협력(Collaboration): 자동화와 증강화의 조화

AI 기술이 발전하면서 일부에서는 부분적인 자동화, 또는 발전된 형태의 증강화라고 볼 수 있는 인간-AI 협력(Collaboration) 방식으로 AI를 도입하기도 한다.[7] 우리가 전체 기업을 기준으로 보았을 때에는 AI 증강과 AI 협력이 비슷해 보이는데 이는 기업 내부에 사람과 AI가 모두 존재하기 때문이다. 반면 개인을 기준으로 보았을 때에는 AI 증강은 도구와 비슷하게 사람이 무엇인가를 직접 해야 하는 반면 인간-AI 협력은 AI가 동료처럼 서로 소통하며 업무의 일부분을 별도로 해오는 형태가 되어 개인에게는 해당 부분의 업무의 자동화에 가까운 느낌을 준다.

1. (시나리오 1) AI를 도구로 사용한다

AI 도입의 초기에는 인간이 AI를 생산성 향상의 도구로 사용하게 된다. 우리가 일반적으로 생각하는 AI의 사용은 이러한 범위 내에 포함될 것이다. 잘 알려진 예시로는 사무직 직원이 LLM을 사용하여 엑셀 함수를 만들거나 프로그래머가 코드를 생성하는 것을 생각할 수 있다. 또 다른 예시로는 언어가 달라 서로 소통이 불가능한 사람들이 전화 통화 중 휴대폰의 통역 기능을 사용하여 소통하는 것이 있다.

2. (시나리오 2) '직업'의 개념의 재구성

AI 도입 1단계가 진행될수록 AI가 인간의 특정한 직업을 하나씩 대체하는 방향이 아니라 AI의 도입을 반영하여 인간의 직업 자체가 재구성되는 방향으로 나아갈 수 있다.

예를 들어서 치과의사의 업무에 대해 두 가지 방향으로 발전하는 것을 생각해 볼 수 있다. 예를 들어 치과의사가 사용하는 기기 중에 치아만한 크기의 AI 치과의료 기기가 개발되어 치과의사가 입에 넣어주기만 하면 AI가 입 안에서 각각의 치아의 문제점을 파악하고 충치를 고치거나 없어진 부분을 자라나게 할 수 있게 되었다고 가정해 보자. 이는 초기에는 AI 도입 1단계에서 인간 치과의사가 하던 일을 AI 기기를 사용함으로 인해 작업이 훨씬 수월하게 되는 것인데, 이러한 기기가 발전하게 되면 AI 도입 1단계에서 치과의사를 건너뛰고 개인별로 치아에 문제를 느끼면 기기를 사용해서 문제를 해결하여 치과의사에 대한 수요를 대체하는 셀프치료의 방향으로 AI 도입 1단계에서 세부 내용이 차별화된 상황으로 발전하게 된다. 이것은 치과에 갔는데 AI 도입 2단계의 AI 치과의사 로봇이 인간 치과의사를 대체한 상황과는 좀 다르다고 할 수 있다. 이렇듯이 AI 기술을 개발하면서 다른 방향에서 문제를 해결하기 위해 접근하다가 인간의 직업 활동을 대체하는 방향으로 진전한다면 AI 도입 1단계와 2단계의 경쟁이 가능할 수도 있을 것이다.

이러한 원리는 다양한 분야에 적용될 수 있다. 예를 들어 인간 이발사를 AI 이발사가 대체하는 것이 아니라 머리에 쓰기만 하면 이발이 되는 AI 이발 기계가 개발되어 개인이 알아서 이발사에 대한 수요 자체가 줄어들게 된다든지, 네일샵에서 AI 미용사가 인간 미용사를 대체하는 것이 아니라 손톱을 덮는 크기의 소형 AI 네일 기계가 개발되어 셀프로 집에서 네일을 할 수 있게 될수 있다. 이렇듯이 '수요자가 셀프로 어떤 업무를 처리하여 해당 근로자의 필요성을 없애는' 상황은 이미 레스토랑에서 주문 자동화 키오스크의 예시가 널리 퍼져 있다.

[박스 3-1] 증강화에서의 생산성: AI 배율의 개념

증강화에서의 생산성의 향상: 인간노력 배율 또는 AI 배율[8]

AI 도입 1단계에서 AI의 가장 큰 의미는 사람의 노력을 배가시켜 주는데 있다. 만약 어떤 평균적인 능력을 가진 노동자와 가장 우수한 노동자의 성과를 50과 100으로 표현할 수 있다고 가정해 보자. AI가 이 중 우수한 사람의 능력을 배가시켜 동일한 상황에서 그 사람의 성과를 100에서 500으로 다섯 배로 만들어준다면, 우리는 AI의 '인간 노력 배율 (Human Effort Magnification Factor)'을 5라고 표현할 수 있을 것이다. 이 상황을 비교해 본다면, 기존에 AI가 없었을 때에는 평균적인 노동자와 가장 우수한 사람의 성과가 50대 100의 2배였다면, 능력치 배율이 5인 AI를 사용함으로써 두 사람의 차이는 50대 500의 10배로 더욱 크게 벌어지게 된다.

어떤 사람들은 AI로 인해 근로자들의 격차가 확대될 것을 걱정할 것이다. 그러나 이 상황의 긍정적인 이면에는 AI로 인해 평균적인 근로자들도 본인의 생산성을 크게 높일 수 있으므로 그들에게도 역전의 기회가 생기는 좋은 소식이 될 수 있다. 인간 능력치 배율은 사람마다 AI를 활용할 수 있는 능력이 달라서 제각기 다르게 되므로 각각 AI의 사용 능력을 높일 동기를 부여한다.

이와 동시에, 기업들의 입장에서도 직원들의 생산성이 향상됨과 동시에 기업이 얼마나 적절하게 AI를 적용하거나 업무를 AI의 특성에 맞추어 운영 할 수 있는지, 직원을 얼마나 효과적으로 교육할 수 있는가에 따라 'AI 배율'이 향상될 것이므로 기업들이 어떻게 하는가에 각각 성과가 다르게 된다. 결과적으로 AI의 도입은 이에 적응하지 못하거나 환경의 변화를 무시하는 기업과 개인을 제외한 모두에게 새로운 기회를 제공할 수 있다.

참고로, AI 도입 1단계에서 AI의 기여도는 같은 뜻을 두 가지 단어로 표현할 수 있을 것이다. AI를 활용하는 개인 근로자 입장에서 본다면 이는 '인간 노력 배율'이라고 표현할 수 있을 반면, AI를 도입하는 기업 입장에서 본다면 이는 'AI 배율(AI Magnification Factor)'로 표현할 수 있다. 이 책에서는 두가지 단어를 서로 같은 뜻으로 사용하고 필요할때만 차이를 언급하도록 하겠다.

마지막으로, 우리는 AI 배율을 좀 더 구체적으로 계산해볼 수 있다. 우리는 개인의 AI 사용 능력, AI 자체의 능력, AI가 적용된 직무와의 적합도(Degree of Augmentation) 등 세 가지 요소로 좀 더 세분화하여 설명할 수 있다. 이를 개념적으로 다음과 같은 수식으로 표현해볼 수 있다.

$$AI\ 배율 = (개인의\ AI\ 이용\ 능력) \times (AI\ 자체의\ 성능) \times (AI\ 적용의\ 적합도)$$

이러한 세가지 요소를 다음 표와 같이 정리할 수 있다.

[표 3-3] 인간 능력(또는 AI) 배율 구성 요소 3 가지[9]

인간의 사용 능력	AI 의 성능	증강화의 적합도
인간 근로자가 AI 로부터 성과를 이끌어낼 수 있는 능력	AI 가 해당 작업을 수행할 수 있는 성능	해당 업무에 AI 가 얼마나 적합하게 적용되었는지의 척도

자동화에서 AI 배율에 해당하는 개념은 추후 AI 도입 2단계에서 살펴보도록 하겠다.

3-8 AI 증강화의 궁극적인 형태: 1인 기업

1. 최소고용기업과 1인조 팀 → 1인 부서 → 1인 기업으로의 발전

AI를 사용한다는 것은 인간의 업무 생산성을 높인다는 것과 같다. AI 도입 1단계가 진행될수록 AI 기술의 발전은 기업이 인간의 고용을 줄여나가게 될 것이라 생각할 수 있다. 첫번째로, 기존에 여러 사람들을 모아 팀을 구성해서 해결해야 한다고 생각했던 작업들에 대해 어느 순간부터 한 명의 사람이 해결할 수 있게 될 것이다. 시간이 지남에 따라 기존에 여러 팀을 모아 부서를 구성해서 해결해야 한다고 생각했던 작업들마저 한 명의 사람이 해결할 수 있게 될 것이며, 우리는 이를 '1인조 부서'라고 지칭해볼 수 있다. 각각의 시점에서 이러한 최소 가능한의 고용만을 하게 되는 기업들을 '최소고용기업'(Minimal Employment Firm)이라고 지칭할 수 있다.

이러한 원리를 계속 적용해보면, 결국 우리는 기존에 수만명의 사람들을 모아 해결해야 한다고 생각했던 다양항 종류의 일들마저 높은 생산성을 가진 어떤 사람 혼자서 필요한 업무를 모두 해결할 수 있는 '1인 대기업', 또는 '1인 재벌그룹'이라고 지칭할 수 있는 형태의 기업들이 생겨날 수 있을 것이다. 1인기업은 지금도 우리 주위에 존재하지만 이러한 기업들은 생산성의 한계로 인하여 대부분 소규모에 머무르고 있다. AI 도입 1단계가 진행됨에 따라 이러한 1인 기업을 운영하는 것도 더 쉬워질 것이다.

하지만 여기에는 한계점이 있다. AI 도입 1단계에서 1인기업이 존재하기 위해서는 해당 1인 사장이 회사가 진행하는 모든 업무에 대해 관여를 해야 된다. 어떤 제조업 회사를 예로 들자면, 기존의 회사들은 법무, 마케팅, 회계, 개발, 생산관리, 판매, 고객관리 등 다양한 종류의 업무를 담당하는 담당자들을 보유하고 있을 것이다. 이러한 업무를 모두 아우를 수 있는 AI 도입 1단계의 1인 기업이 되기 위해서는 1인 사장이 이러한 업무 모두에 대해 충분한 지식을 가지고 있어야 하므로 개인의 능력이 매우 중요하게 된다. 이 경우 차라리 해당 분야의 전문가들을 영입하는 것이 더 낫다고 생각하게 될 것이다.

이러한 점을 고려해 보면, 1인 대기업이 실제로 출현하는 시점은 AI 도입 2단계가 될 확률이 더 높을 것이며, 이는 다음 장에서 좀 더 설명될 것이다. AI 도입 1단계에서는 개인의 전문성 내에서 처리 업무의 확대가 가능한 1인조 팀 및 1인조 부서 정도가 보편화되는 모습일 가능성이 높을 것이다.

2. 전천후 다목적 AI 비서

AI 도입 1단계에서의 1인 기업과 대칭되는 관점에서 보면 AI 증강의 다른 방향에는 AI가 한 사람에 대해 보다 다양한 방면의 도움을 제공할 수 있는 개념으로 발전하는 '다목적 AI 비서'가 있다. 초기 AI 개발 단계에서는 AI를 한정된 분야에 특화시켜 개발하는 것이 더 효율적일 것이므로 사용자 입장에서는 AI 비서를 분야마다 별도로 사용해야 하거나 특정 분야에 약점이 있는 등의 제한 요소가 있을 것이다. 이러한 제한적인 능력을 가진 AI는 분야마다 각각 개발해야 하므로 더 큰 인력과 비용 및 시간이 소요될 것이고 운영하기도 복잡할 수 있다. 그러나 AI 기술이 발전함에 따라 어느 순간부터는 AI 비서가 한 사람에 대해 그 사람이 생활하는 데 있어 필요한 요구사항을 모두 충족시키는 능력을 갖출 수 있게 될 것이다.

AI 도입 1 단계의 전(轉): 이 단계로의 변화로 인한 사회적 파장 또는 의의

AI 개발에 대한 열기가 뜨거워지면서 AI 관련 규제에 대한 논의도 가열될 것이다. AI 도입 1단계에서는 단기적인 규제뿐만 아니라 이후 단계까지 고려한 기초적인 발판을 마련해야 할 것이다. AI 도입 1단계 관련 주요 논란 으로는: 1) 일자리, 2) 안전 및 도덕적 문제, 3) 공정 및 공평에 관련된 주제들이 포함될 것이다. 이와 관련된 주제 몇 가지에 대해 생각해 보자.

3-9 (논란 1: 일자리) AI 는 일자리를 없어지게 할까, 아니면 늘리게 할까?

AI가 기업 및 경제활동에 더 큰 영향을 미치게 될수록 많은 사람들은 AI가 일자리에 끼칠 영향에 대해 민감해질 수 있다. AI 도입 1단계 특히 초기 부분에서는 AI가 일자리를 늘릴 것인지 아니면 줄일 것인지, 아니면 일자리의 종류나 일하는 방식이 어떻게 변화될 것인지에 대한 논의들이 많아질 것이다.

1. (긍정적인 측면) 일자리 생성 및 필요 인력의 증가 효과

AI 도입 초기 시점에서 기업이 AI을 활용하는 방법을 두 가지로 분류해볼 수 있다.
1) AI 자체를 개발하는 활동 (AI 의 적용 범위 확대, 성능 향상 등)
2) 개발된 AI 를 사용해서 생산성을 높이는 활동 (AI 를 도구로서 사용하는 행위)

이 두가지 업무는 개발 및 적용을 위해 상당한 금액의 투자와 노력이 필요할 것이다. 특히 초기 AI는 각각 업무의 적용 범위가 넓지 않아 다양한 방면에 개별적인 투자가 필요하므로 AI가 업무에 도입되는 초기에는 인력 소요가 늘어날 것이다. 특히, 예전에는 존재하지 않았던 새로운 업무인 AI 관련 업무를 맡게 되는 사람들도 있을 것이다. 이러한 새로운 직무의 예시로는 AI를 학습시키거나 사용하는 업무 등이 있을 것이다. 기존의 직원들을 이러한 새로운 업무를 수행할 수 있도록 재교육시키는 활동도 보편화될 것이다.

2. (부정적인 측면) AI 도입으로 인한 일자리 감소 및 인력 수급 불균형의 풍선 효과

한편, 이러한 AI의 도입에 의해 도태되거나 사라지는 일자리도 생겨나게 될 것이다. 이 현상의 가장 큰 이유는 생산성의 향상으로 동일한 작업에 대해 필요한 사람의 숫자가 줄어드는 것일 것이다. 예를 들어 기존에 조직을 구성해서 여러 사람이 함께 수행해야 했던 일들을 한 사람이 수행하게 되면 기업들은 비용 절감을 위해 일자리를 줄일 것이다.

그럼에도 불구하고, 이러한 상황의 특징은 사람이 경쟁하는 상대는 AI가 아니라 다른 사람이라는 점이다. 이후 단계와 달리 아직까지는 사람마다의 능력에 따라 취업 여부가 결정될 수 있고 개개인마다 노력해서 취업을 할 수 있다. 사람이 AI를 사용하게 되면서 생산성이 향상되어 어느 한 곳의 일자리가 줄어든다고 해도, 그에 상응할 만한 다른 곳의 일자리가 늘어나는 풍선효과와 비슷한 현상이 더욱 눈에 띌 확률이 높다. 이 단계에서는 일자리 전체의 숫자에 대한 논란보다는 일자리 수급 불균형 등을 해소하기 위한 교육 및 재교육 관련 정부 정책에 대한 요구가 더 커질 가능성이 높다.

3. (평가) 새로운 일자리의 창출 및 인력의 재배치에 집중

요약하자면, AI 도입 1단계에서는 전체적인 일자리가 사라진다는 개념보다는 기존에 없던 새로운 종류의 일자리들이 창출될 수 있는 기회를 만드는 시기라고 보는 것이 가장 좋을 것이다. 이러한 특징은 정부의 정책이 일자리 전체의 숫자에 집착하기보다는 AI 개발 및 사용 등과 관련된 새로이 창출되는 일자리에 대응하고 없어지는 일자리에 있던 인력의 재교육하는 방향에 집중하는 것이 더 효과적일 것이다. 진짜 일자리에 대한 문제는 다음 장에서 언급될 AI 도입 2단계에서부터 시작될 것이다.

3-10 (논란 2: AI 관련 범죄) 인간은 AI에게 속지 않을 수 있을까?

AI가 인간의 생산성을 향상시켜 줄 수 있게 될수록 이는 새로운 범죄를 양산하는 도구로 사용될 가능성도 높아진다. 이에 더불어 AI가 아직 개발 초기 단계일 때에는 의도하지 않은 약점이나 취약성이 노출될 수 있는 문제도 발생할 수 있다.

AI의 적용이 확대될수록 AI를 신뢰할 수 있는가가 논란의 주제가 될 것이다. AI 도입 1단계 초기에는 AI를 사용한 범죄와 이를 막는 주제는 AI의 내부의 문제와 외부의 환경적인 문제로 구분해서 살펴볼 수 있다. AI 내적인 문제는 AI가 조작되어 제대로 작동하고 있는지를 믿을 수 없게 되어 AI가 도출하는 결정을 믿을 수 없게 되는 경우로 볼 수 있고, AI 외적인 문제는 인간의 문제로도 볼 수 있는데 AI가 피싱, 가짜뉴스 생산 등의 범죄자의 능률을 향상시키는 경우로 볼 수 있을 것이다. 각각에 대해 간략하게 살펴보도록 하자.

1. (AI 내적 문제) AI의 오작동 또는 한계로 인해 AI를 믿을 수 없게 될 때

AI의 내부적 신뢰성 문제는 소프트웨어(알고리듬)과 데이터 두가지 방향에서 나올 수 있을 것이다. AI가 제시하는 결과물이 어떤 외부 조작 또는 영향을 받았는지를 확인하기가 어려우므로 AI를 믿기 어려워진다.

1) 데이터 확인의 한계로 인한 문제 발생

AI가 학습하는 데이터의 양이 많아질수록 그 내용이 무엇인지를 사람이 하나하나 확인하기란 불가능에 가까워진다. 이러한 상황을 악용하여 AI에 의도적, 또는 비의도적으로 사회에 해를 끼칠 수 있는 내용이 학습되어질 수 있다. 예를 들어 현재 우리에게 잘 알려진 AI 개발사들은 인터넷에서 다운받은 이미지와 텍스트 같은 데이터를 학습에 사용하고 있다고 한다. 이러한 데이터는 작성자의 제한이 없으므로 틀린 내용을 담고 있을 가능성이 있을 뿐만 아니라, 때에 따라서는 의도적으로 악의적인 데이터로 오염된 자료를 인터넷에 올려 이를 학습한 AI가 오작동하도록 유도하는 것(data poisoning)이 우려된다고 하며, 이를 숨기기 위해 위장간첩[10](sleeper agent)처럼 숨어있다가 암호처럼 특정 명령문에 답하게 하는 시도도 가능하다고 한다.

한편, AI의 성능에 대한 영향은 크지 않겠지만 이와 관련된 주제로는 AI를 개발하는데 사용되는 데이터의 저작권 자료 무단 도용에 대한 문제가 있다.

2) 소프트웨어(알고리듬)의 한계로 인한 문제 발생

앞장에서 설명된 바와 같이 현재 대부분의 AI 개발에 사용되는 방식은 기호이하(sub-symbolic) 접근 방법으로 AI가 어떻게 결론에 도달하는지 사람이 이해하기 어려운 방법으로 작동된다. 이러한 한계를 극복하기 위해 설명가능한 AI(Explainable AI)등 인간에게 좀 더 이해가 쉬운 AI의 개발이 필요하다는 의견이 제시되고 있다.

2. (AI 외적 문제) AI를 사용한 범죄 및 공공안전에 대한 우려

AI가 공공의 이익을 위해 정부 또는 군대에 다양한 방식으로 도입될 수도 있는 것처럼, 범죄자와 테러범 등의 다른 악당들에게도 도움을 주게 되어 우리 사회에 대한 위협을 늘릴 수 있다. AI는 범죄자들에게 가능한 범죄의 선택지를 넓혀주게 되므로 우리가 현재는 상상하기조차 어려운 새로운 종류의 범죄가 가능해질 수 있다. 범죄자들이 목표로 정하는 대상도 힘없는 개인부터 시작하여 많은 자산을 보유한 대형 조직이나 기업, 심지어는 정부가 될 수도 있을 것이다.

AI가 사람의 능력을 배가시키는 방향으로 발전함에 따라 각종 범죄행위에도 AI가 유용하게 사용될 가능성이 높다. 이 단계에서는 범죄의 주체도 사람이 된다. 다만, 아직 AI의 개발이 초기 단계에서는 의도하지 않은 취약점이나 문제 등이 발생하여 범죄로 이어지는 경우도 발생할 수 있다. 이 단계에서 크게 부각되고 있는 AI가 악용될 수 있는 상황에는 속이기, 해킹, 저작권 침해 등으로 분류해볼 수 있을 것이다.

1. 속이기: 그림, 문서, 음성 등의 가짜 정보 생산을 기반으로 한 피싱, 가짜뉴스 및 가짜정보 확산으로 경제 또는 정치적 이득을 얻으려는 행위 등의 활동
2. 기밀 유지 및 해킹: AI를 해킹의 도구로 사용하거나, 해킹에 관련되지 않더라도 AI가 해킹의 대상이 쉽게 될 가능성

1) AI로 사람들을 속이는 문제

사람들을 속이기 위해 AI를 사용하는 경우 이를 갈수록 알아차리기 어려워지게 될 것이고 음성, 사진, 동영상을 생성한 피싱 등도 갈수록 식별이 어려워질 것이다. 선거운동, 간첩, 산업스파이, 공문서 위조, 부정선거, 여론조작, 가짜뉴스 등 누군가의 이익을 위해 의도를 가진 사람이 있다면 갈수록 수월하게 이러한 가짜정보를 전파하게 될 우려가 있다.

이러한 도구는 기업이 합법적인 마케팅 등에 사용한다면 높은 수익성을 올려줄 수 있을 것이나 잘못된 사람들에 의해 사용된다면 더 큰 불법행위를 저지르게 될 것이다.

2) 해킹과 보안에 관한 문제

AI가 해킹의 대상이 되는 예시로는 AI의 취약점을 노출시키려는 명령문 해킹(Prompt Hacking)이 있는데, 해커가 의도된 질문으로 특정 답을 유도하는 탈옥(Jailbreak)과 명령문 주입(Prompt Injection), 입력어로 자료 유출을 유도하는 명령문 유출(Prompt Leaking) 등으로 분류할 수 있다.[11] AI를 혼란시키기 위해 입력 이미지를 조작하는 적대적 공격(Adversarial Attack)도 있다.[12] 이러한 방법을 사용하여 해커들은 AI가 문제를 일으킬 수 있는 코드를 생성해서 답변을 하도록 유도[13]하거나, AI 모델 자체 또는 데이터[14] 등 개발자가 숨기려고 하는 AI 내부의 정보를 알아내려고 할 수 있다. 또한 AI를 사용해서 해킹을 수행하는 경우에는 생체정보를 추측해서 다른 사람을 흉내[15] 낼 수도 있고, AI 바이러스를 만들어 사람들이 아무것도 하지 않아도 컴퓨터를 감염시킬 수 있는 '0클릭 바이러스'를 만들수도 있다.[16]

AI가 마케팅 등 합법적인 활동에 사용될 때에는 성과에 도움을 줄 수 있지만, 범죄활동에 사용되게 되면 범죄를 더 효과적으로 할 수 있게 해준다. 이에 대항하기 위한 규제 또는 대응책으로 숨겨진 무늬 각인,[17] 또는 MITRE의 아틀라스[18] (ATLAS) 같은 방어 체계들이 개발되었다.

3-11 (논란 3: 감시) 공공 안전, 개인정보 및 감시 관련 규제에 대한 해법 필요

테러리스트나 범죄자들의 능력이 AI를 사용하여 향상될 수 있으므로 이에 대응하여 정부, 경찰, 군대, 공공기관 등에서도 AI를 다양한 방식으로 도입하여 능률을 향상시킬 수 있을 것이다. 그러나 사회 전체적으로 보았을 때의 위험은 범죄가 늘어날 가능성과 이에 대응하기 위해 더욱 강력한 방지책을 도입하게 되면서 양 방향으로 더 커진다고 볼 수 있을 것이다.

AI로 인해 범죄가 늘어나게 될 가능성을 동전의 한쪽 면으로 생각한다면 그 이면에는 AI를 이용하여 범죄를 예방하거나 퇴치하는 것이 있다. 그러나 범죄 방지에 AI의 적용이 확대될수록 개인정보 침해 및 감시에 대한 우려가 늘어날 것이다.

1. (AI 적용 확대 찬성측 관점) AI 를 사용한 범죄를 막기 위해서는 AI 가 필요하다

AI를 사용한 범죄는 갈수록 잡기가 어려워질 것이기 때문에 AI를 사용한 범죄가 늘어난다면 이에 대처하기 위해 불가피하게 AI의 사용을 확대해서 범죄를 막아야 할 필요성이 함께 늘어날 것이다.

경찰, 검찰, 국정원 등의 수사기관이 AI를 업무에 도입하면 비용을 절감하면서 더 높은 수준의 공익을 실현할 수 있을 것이다. 예를 들어 사진이나 영상, 음성 데이터가 AI에 의해 생성되었는지를 분석하거나, 24시간 자동 감시, 이상 행동 분석 등 테러리스트의 위험한 행동 또는 각종 범죄자들을 특정, 추적, 방지하는데 도움을 줄 수 있을 것이다. AI로 거래를 분석하여 폭발물이나 무기를 제조하려는 테러범을 찾아내거나, 인파가 몰린 장소를 분석하여 수상한 행동을 하는 사람을 미리 파악하는 등 각종 수사 등의 업무에도 기여할 수 있다.

이 때, 수사기관 또는 범죄로부터 보호를 하는 입장에서의 장점들을 정리해보면:

1) (격무 감소) AI 가 많은 데이터를 처리해서 필요 노동력을 줄여준다.
2) (지속적 감시) AI는 피곤해 하지 않고 같은 수준으로 감시를 지속적으로 수행할 수 있게 도와준다.
3) (감지능력 향상) AI 는 사람이 찾지 못하는 패턴이나 신호를 감지하여 금융사기 및 자금세탁 등의 수사에 도움을 줄 수 있다.

한편, 일반 국민, 또는 보호를 받는 입장에서도 일상 곳곳에서 더 안전하고 쾌적한 생활을 영위하는데 AI는 도움을 줄 수 있을 것이다.

2. (AI 확대 반대측 관점) AI 가 국민 감시에 과도하게 사용될 우려

AI 관련 규제 및 제도는 AI가 할 수 있는 일을 제한하게 될 것이나, 정부는 AI를 사용하여 국민을 제어하는 용도로 사용할 가능성이 높아지며, 이 때 AI는 국민을 감시하는데 사용될 수 있다. 이는 빅브라더(Big Brother) 라는 명칭으로 이미 악명이 높은 개념이다.

AI를 감시의 도구로 사용하는 것은 온라인과 현실의 곳곳에서 의미있는 차이를 가져올 수 있다. 이러한 감시체계는 길거리, 쇼핑몰, 지하철 등 복잡한 곳이나 인적이 드문 곳 등 열린 공공 장소에서부터 학교, 직장, 가정 등 좀 더 폐쇄되거나 개인적인 장소까지 위치를 가리지 않게 될 수 있다. AI는 통화, 이메일, 온라인 게시판, 화상채팅 등 각종 통신수단을 가리지 않고 수상한 내역을 분류하는데 사용될 수 있다.

이렇게 AI로 인한 감시가 늘어나게 되는 상황에서 어떤 사람들은 '숨길 것이 없으면 이런 감시를 무서워할 필요가 없다'라는 종류의 주장, 또는 '사람이 수행하는 것이 아니므로 개인정보 침해의 피해보다 범죄 예방의 효과가 더 크다'고 주장할 수도 있을 것이다. 그러나 AI 도입 1단계에서는 이러한 도구들을 실제로 접목하기 위해서 사람들이 AI가 분석한 결과들을 평가해서 궁극적인 대응방향을 결정해주어야 할 것이므로 실질적으로 개인정보 침해가 일어날 가능성이 높을 것이다. 개인정보 침해의 논란은 이미 진행중이므로 독자들은 이 논란에 대해 충분히 알고 있을 것이다.

이러한 상반된 주장 속에서 국가들은 각자의 상황에 적합한 해결책을 찾을 것이다. 세계 여러 국가들은 이미 CCTV 등 AI를 사용한 감시 체계를 쉽게 도입할 수 있지만, 국가마다 이러한 감시 체계에 대해 서로 다른 정도의 반감을 가지고 있어 어떤 국가들은 더 적극적으로 도입하는 반면 다른 국가들은 전면적으로 금지하고 있다. 이러한 논쟁은 AI 기술이 발달하고 AI를 사용한 범죄가 늘어날수록 더욱 중요도가 높아질 것이다.

3-12 (논란 4: 평화) 누군가 AI를 사용해서 세계를 지배하려고 한다면?

1. (부족한 생산성) 악당이 대부분 실패하는 이유

우리는 여러가지 영화에서 악당 캐릭터들이 지구를 정복하려고 시도하는 장면들을 심심치 않게 볼 수 있다. 예를 들어 과거 워너브라더스의 '핑키와 브레인'(Pinky and the Brain)이라는 어린이 만화영화에서는 주인공인 인간처럼 똑똑해진 실험용 쥐가 반복하는 대사가 "오늘도 매일밤과 똑같이 세계를 정복하는 일을 할거야"일 정도이다.[19] 그런데 이런 영화를 보면 대부분의 악당 캐릭터들은 지구 정복에 실패한다. 경제학에서 이런 악당들의 실패의 가장 큰 이유를 일반화해보라고 하면 '그 캐릭터들이 보유한 자원과 생산성이 모자라서 경쟁에서 밀리기 때문이다' 정도로 정리할 수 있다.

우리는 현실에서도 대부분의 악당들은 다수가 아닌 소수에 불과하고, 그런 악당들은 그들을 막으려는 사람들을 지속적으로 뛰어넘을 만큼 생산성이 높지 않기 때문에 대부분 실패한다고 생각한다. 이런 점을 고려하였을 때, 우리는 '만약 많은 숫자의 악당이 세계를 정복하려고 하고 그들이 보유한 자원과 생산성이 충분하다면 세계를 정복할 수 있을 것이다' 라는 가설을 세울 수 있다.

2. (비대칭적 생산성) 악당이 AI로 목표를 달성할 가능성 상승

현재 우리 사회는 소수에게 더 큰 자본이 시간이 갈수록 쏠리는 현상을 경험하고 있다.[20] 이른바 부익부 빈익빈 현상이다. 특정인이 국가보다 더 많은 자산을 보유하고 있다고도 한다. 그런데, AI는 어떤 한 사람의 생산성을 비약적으로 증가시킬 가능성이 있기 때문에 부의 쏠림 현상을 더욱 심화시킬 수 있다. 시간이 지나면서 특정 개인이 현재의 여러 국가들보다도 더 큰 힘을 가지는 상황이 발생할 수 있다. 극단적인 예를 들자면, AI를 사용하여 김정은 혼자서 북한 전체를 감시할 수 있게 되는 것처럼, 어떤 비대칭적으로 생산성이 높은 AI는 사람 1명을 나머지 전 세계 인구 70억명이 가진 자산보다 더 많은 부자로 만들수도 있을 것이다. 이런 생산성의 쏠림 현상이 발생할 경우, 세계 평화에 상당히 위험한 상황이 될 가능성이 있다.

3. (위험 평가) 상황에 따른 적절한 AI 규제 도입의 중요성

또한 AI 개발 초기 단계에서 적절한 규제를 도입하지 못한다면 향후 AI의 기술이 더 높은 수준에 도달하였을 때 인간을 무시하는 경향이 발생할 가능성이 높아질 것이고, AI가 인간보다 AI 자체의 목적을 이루기 위해 행동할 가능성을 배제할 수 없게 된다. 대부분의 지구를 정복하려는 악당이 실패하는 이유가 생산성이 높지 않기 때문이라면, AI 또는 AI를 이용한 어떤 소수의 인원이 높은 생산성을 바탕으로 비슷한 종류의 위협적인 행동에 성공할 가능성이 이전보다 높아질 리스크가 존재한다. 이와 관련하여 제 6장에서 좀 더 자세한 내용을 살펴보도록 하겠다.

요약하자면, 이렇게 AI의 발전으로 인해 개인 생산성이 상대적으로 크게 차이가 나는 상황이 발생하게 되면 사람들의 의도가 어떻든 간에 사회적인 리스크가 확대된다. 만약 AGI의 개발이 AI 기술 발전 단계에 한 획을 긋는 사건이라고 생각한다면, AGI에 대한 접근이 소수에게로 제한된 바로 그 시점이 우리 사회 전체의 입장에서는 가장 취약한 상황이 될 수 있다고 생각할 수 있다. 만약 AGI가 악당에 의해 개발된다면 이미 개발된 AI를 압도하지 못할 만큼 다른 AI의 성능이 우수해서 AGI가 소수의 악당의 손에 넘어가도 큰 문제가 되지 않는 상황을 기대할 수 밖에 없을 것이다.

[표 3-4] AGI 의 개발자 및 상대적 성능에 따른 상황 비교

	선의 우위 (AGI 먼저 보유)	악당 우위 (AGI 먼저 보유)
AGI 대체 불가 (AGI 성능 압도적 우위)	가장 좋은 상황 (악당 번번히 퇴치)	가장 위험한 상황 (악당의 AGI 에 저항 불가)
AGI 대체 가능 (경쟁 가능한 AI 존재)	약간 위험한 상황 (악당이 대체 AI 로 대항)	상당히 위험한 상황 (대체 AI 로 대항 시도)

AI 도입 1 단계의 결(結): 의의 및 투자에 대한 시사점

이 장의 처음에서 언급했듯이, 이 단계의 생활상을 나타내는 슬로건은 '생각할 수 있으면 할 수 있다'가 될 것이다. 이 단계에서는 AI가 사람들의 노력과 생산성을 배가시켜주는 역할을 수행하므로 사람들은 기존보다 더 큰 보상이 나타나게 되는 상황에 고무되어 삶을 흥미진진하고 보람차게 느낄 수 있을 것이다.

3-13 AI 도입 1 단계의 주요 혜택

AI 도입 1단계에서는 사람들이 어떻게 하면 일을 더 잘 할 수 있을까에 대한 해답이 주를 이룰 것이다. 이에 대해 우리는 다음 세가지 방향으로의 혜택에 대해 생각해 볼 수 있을 것이다.

(노력 경감) AI 는 사람들의 근로의 노력을 줄여준다.

AI의 도입은 동일한 결과물을 더욱 수월하게 생산할 수 있게 도와줄 것이다. 특히 AI는 사람의 주의를 필요한 곳에 집중할 수 있게 도와주고 위험하거나 피곤하거나 단순반복 같은 따분한 일에서 해방시켜 줄 수도 있을 것이다.

(양적 이득) AI 로 사람들은 더 많은 것을 생산할 수 있다

AI 도입 1단계에서 궁극적으로 AI는 근로자들의 생산성을 향상시켜 같은 시간 내에 더 많은 양의 일을 할 수 있게 도와줄 것이다.

(질적 이득) AI 로 기존에 불가능했던 일들이 가능해진다

AI의 도입은 기존에 불가능했던 일들을 가능하게 해 줄 수도 있다. 이는 예전에 불가능하다고 지나쳤던 새로운 비즈니스 기회들을 다시 검토해볼 수 있게 해 줄 것이다. 이러한 예시로는 과거 인체의 한계로 인해 불가능한 작업을 신체에 착용하는 AI의 도움으로 처리할 수 있게 된다든지, 그 외 인간이 처리하기에 너무 빠르거나 무겁거나 데이터의 양이 많아서 하지 못했던 각종 업무들이 AI의 도움으로 가능하게 될 수 있다. 경제적 관점에서 보면 과거 사람이 직접 일일이 수행하기에 너무 비용이 많이 들어서 하지 않던 일들을 AI가 처리하면 비용이 절감되어 수익성 문제가 해결되어 할 수 있게 되는 사업들도 생겨날 것이다.

3-14 AI 도입 1 단계의 경제 및 기업 경영에 대한 의의

1. AI 도입 초기에는 일자리가 줄어드는 것이 아니라 늘어날 가능성이 높다

AI 도입 초기 단계에서는 AI 개발 및 적용을 하기 위해 필요한 인력의 소요가 높다. 기업들이 AI를 기업의 각종 업무 등에 적용함에 따라 이 기간에는 새로운 일자리가 늘어나는 현상이 관찰될 것이다. 이후 AI의 기술 발전으로 AI를 새로운 방면에 적용하는데 필요한 노력이 충분하게 줄어든다면 그 이후에는 전체 일자리가 줄어들기 시작할 것이다. 일자리 관련 문제는 다음 장에서 다시 언급될 것이다.

2. 1 인조 팀과 1 인 부서의 출현

AI 도입 1단계가 진행됨에 따라 생산성이 크게 향상되면서 기존에 여러 명의 사람들이 필요했던 양의 업무를 한 사람이 처리할 수 있게 됨에 따라 1인조 팀, 또는 1인 부서의 개념이 출현할 것이다. 이러한 환경에서는 특정 분야에 강점을 지닌 사람들이 빛을 발할 수 있다. 이에 대한 효과는 앞부분에서 언급된 AI 배율에 대한 개념을 상기하기 바란다.

　이후 1인 대기업의 출현[21]도 이 단계에서 가능은 할 수 있으나, 한 명의 사람이 너무 다양한 업무를 관장해야 할 것이므로 1인 기업은 AI 도입 2단계에서 더욱 활성화 될 가능성이 높다.

3-15 AI 도입 1 단계의 AI 개발 관련 투자에 대한 의의

AI 관련 산업이 확대되면서 모든 기업이 AI 개발에 직간접적으로 참여하는 것처럼 느껴질 수 있을 것이다. 체스에서 각각의 말들이 다른 역할을 담당하듯이, AI에 투자하는 기업들은 각각 자신의 관점에서 가장 효율적인 방향으로 AI 관련 투자를 진행하고 있다. 빅테크 기업들은 더 많은 자원을 AI 개발에 집중적으로 투자할 수 있으므로 좀 더 넓은 영향을 가질 수 있는 방향 위주로 투자하려는 반면 자본이 한정된 소규모 스타트업은 특정 접근방식이나 아이디어를 실현해보려는 노력에 집중할 것이다. 아직 AI 도입 2단계가 널리 전파되기에는 AI 기술이 부족한 상황이나 이후 활성화 될 수 있게 된다면 큰 이익을 예상할 수 있으므로 많은 기업들이 AGI 또는 이에 준하는 AI를 개발하기 위해 노력하고 있다. 이러한 상황에서 많은 자본이 AI 개발에 배분 될 것이므로 이와 관련하여 기본적인 내용들을 간략히 들여다 보자.

AI 기술이 AI 도입 1단계에 국한되어 있을 경우 AI 관련 주요 투자는 소프트웨어, 하드웨어, 데이터의 세가지 접근 방식으로 나누어 볼 수 있을 것이다. 첫번째 방향으로 소프트웨어나 알고리듬과 관련된 기업에 대해 궁극적으로 이 중에 AGI를 개발할 기업이 나올 것이라는 기대를 가지고 투자할 수 있다. 두 번째 접근법으로는 AI와 관련된 하드웨어 기업에 대해 AI의 사용이 확대됨에 따라 관련 수요가 급증할 것이라는 기대를 가지고 투자할 수 있다. 마지막으로 AI를 실질적으로 사업에 사용할 회사들에 대해 AI가 해당 기업들의 성과를 크게 향상시켜 줄 수 있을 것이라 기대하고 투자를 할 수 있을 것이다.

AGI의 정의에 따라 다르겠지만 어떤 발전된 AGI를 최초로 개발하게 되는 기업은 세상의 나머지 모든 다른 기업들이 근접하지 못할 경쟁력을 가지게 될 수 있으므로 궁극적으로 비교가 어려울 정도로 가상 큰 수익을 올리게 될 기업이 될 확률이 높다. 그 기업이 소프트웨어 관련 기업이 될 수도 있겠지만 우리는 AGI가 실질적으로 어떻게 개발될지 알 수 없으므로 어쩌면 세가지 방면 모두에 강점을 가져야만 가질 수 있는 시너지를 창출할 수 있는 기업이 필요한 것일지도 모른다. 아직 AGI가 어떻게 개발될지도 모르고 AGI가 개발된다고 해도 어떤 일들이 생길지 확신할 수 없지만 많은 사람들이 이를 인류 역사에 큰 획을 그을 획기적인 발전이 될 것으로 기대하고 있으므로 세 가지 접근 방식 모두 큰 규모의 투자가 지속될 가능성이 높다.

1. AI 소프트웨어 개발에 대한 투자: 빅테크 대 스타트업

AI 도입 1단계에서 AI 소프트웨어나 알고리듬의 개발과 관련된 투자는 크게 두 가지 방향으로 구분해볼 수 있을 것이다.

1. (고위험, 넓은 적용 범위) 성공 확률이 낮더라도 AI 를 좀 더 넓은 분야에 적용할 수 있도록 만드는 접근법을 택하는 기업
2. (저위험, 좁은 적용 범위) 성공 확률을 높이기 위해 AI 가 적용 가능한 범위를 한정적으로 만드는 접근법을 택하는 기업

첫번째 부문에서 가장 주목을 끄는 기업들은 AGI 개발을 시도하는 빅테크 및 스타트업일 것이다. 이를 위해서는 가장 많은 컴퓨팅 자원과 두터운 자금력을 기반으로 새로운 아이디어를 시도하여 개발된 제품들을 시장에 내놓게 된다. 이 부문에서 가장 큰 경쟁력은 AGI로 이어질 아이디어를 내놓을 수 있는 높은 수준의 인적자원으로 이를 기반으로 자본 및 높은 컴퓨팅 자원을 확보하는 것이 관건이 될 것이다.

두번째 부문에서는 기업들이 좀 더 적은 규모의 자본으로 개발여부가 좀 더 안정적인 곳에 투자하는 접근방식을 사용할 것이다. 이러한 접근은 특정 언어, 게임, 이미지 처리 등 좀 더 특화된 곳에 집중하는 보다 적은 규모의 기업들 위주로 진행될 가능성이 크다.

이 외에도 일부 기업들은 소프트웨어와 하드웨어를 모두 개발하는 복합적인 접근방식을 선택할 수도 있다.

2. AI 관련 하드웨어 개발에 대한 투자: 연산 능력과 실체 구현

하드웨어 개발에 최적화된 기업은 소프트웨어 개발에 최적화된 기업 대비 인적자원, 구성, 철학 등의 측면에서 상이할 것이다. 소프트웨어 기업이 상대적으로 소수 개발자의 뛰어난 능력에 의존할 수 밖에 없는 특성이 있다면 하드웨어 기업은 다양한 기술의 집합체인 특성상 상대적으로 좀 더 큰 숫자의 구성원들과 주변의 다양한 관계자들을 조직적으로 움직이는데 특화되어야 할 것이다. AI의 하드웨어 방면에 투자하게 된다면 관련 기업들이 가치사슬 어느 곳에 기여하는지와 어떤 시장을 공략하는지 등에 대해 높은 이해도가 필요하게 될 것이다. 우리는 AI 하드웨어와 관련하여 AI 연산 능력을 향상하는 부문과 AI의 실체를 구현하는 부문으로 나누어 볼 수 있다.

1. (연산 능력 관련) AI 관련 연산처리 능력을 향상하기 위한 반도체 설계, 제조, 부품 등의 회사들이 포함된다
2. (실체 구현) AI의 실체를 구현하는 인간형 로봇, 공업용 로봇 등과 관련된 회사들이 포함된다

연산처리 관련 기업들은 가치 사슬 위치에 따라 반도체 집적 회로 소형화, AI에 특화된 회로 설계 등 각각 추구하는 목표가 세분화된다. AI의 실체를 구현하는 기업들도 각각의 기업이 추구하는 목표에 따라 인간과 닮은 휴머노이드 로봇의 개발, 또는 식당, 공장, 창고 등의 특정 사용장소에 적합하거나 감시, 배달, 놀이 등 특정 목표에 부합하는 방향으로 나누어 볼 수 있을 것이다.

3. 데이터 관점에서 AI에 투자하기: AI 적용에 대한 투자

마지막으로 데이터 관점에서의 투자는 사용자 입장에서 AI와 관련된 기업에 투자하는 것이다. AI를 사용하면 누가 가장 큰 이익을 보게 될 것인가? 누가 손해를 입을 것인가? 기업들은 다양한 방면에 AI 적용을 시도할 수 있을 것이다. AI 도입 1단계에서는 AI 개발 및 AI 적용 관련 다양한 방면에서 투자 기회를 찾을 수 있을 것이다.

이 단계에서의 기업의 AI에 대한 투자의 특징은 두 가지로 분류할 수 있다.

1. (저위험 저수익) 기업들이 고객의 범위가 좁지만 이미 전문성을 가진 특정 분야여서 투자 대비 수익이 비교적 보장된 방향으로 투자하는 것

이런 방향의 기업들의 예시를 들자면 건설회사가 AI 이미지 분석 능력을 이용하여 건물의 이상을 체크한다거나, 공장을 운영하는 기업에서 자기들이 보유한 데이터를 입력하여 언제 공정에 문제가 생길 지 등을 예측하는 등 수요가 확실히 있지만 고객의 범위가 좁아서 큰 수익을 얻기 어려운 AI를 개발하는 것이 있을 것이다.

2. (고위험 고수익) 기업들이 고객의 범위가 좀 더 넓은 큰 시장을 가진 AI 분야에 투자하는 것

이런 방향으로 투자하는 기업들은 개발에 성공하고 시장에서 호응을 받을 경우 큰 수익을 얻을 수 있을 것이나 개발에 실패하거나 경쟁이 더 심해서 시장에서 고객들의 관심을 받지 못할 가능성도 상대적으로 높아 투자에 대한 리스크가 더 큰 특징을 가진다. 특정 산업에서는 기업이 전문성을 가진 특정 분야에 투자하면 자연스럽게 그 분야에서의 성공이 곧 넓은 사용범위를 가지게 될 수 있는 분야도 있다. 예를 들어서 물류, 자동차, 로봇 생산 분야 등을 생각해 볼 수 있다.

이러한 관점에서 AI에 대한 기업의 개발 방향을 개인 고객, 기업 고객, 내부 고객 세 방향으로 나누어 생각해 보면, 일반적으로 개인 고객을 위주로 AI를 개발하려는 기업은 고위험 고수익군에 포함될 수 있고, 내부고객을 위주로 개발하는 기업은 저위험 저수익군에 포함될 것이며, 기업고객을 대상으로 하는 개발사들은 상황에 따라 중간 정도로 분류할 수 있을 것이다.

1. (개인 고객) 개인 고객을 위한 AI를 개발하는 기업

일반 개인들을 대상으로 한 AI를 개발하는 기업들은 규모의 경제를 실현하기 수월할 수 있다. 이러한 기업들은 우리가 일상 생활에서 접할 수 있어 이미 친숙한 기업들일 가능성이 높다. 예를 들어 당신의 얼굴형에 적합한 안경을 추천해주는 AI에서 시작하여 추천된 안경을 그 자리에서 만들어주는 AI 까지 AI를 활용한 제품들은 무궁무진할 것이다. 이러한 기업들의 성과는 해당 제품들을 어떻게 고객이 필요한 방면으로 만들고 알릴 수 있는지 등에 결정될 것이다.

2. (기업 고객) 기업 고객을 대상으로 한 AI를 개발하는 기업

기업들이 필요로 하는 AI 제품들은 일반 개인이 필요로 하는 제품보다 높은 성능, 안전성 등을 요구할 수 있으나, 한 번 정하면 쉽게 다른 회사의 제품으로 바꾸기 어려워 고객을 장기간 확보할 수 있는 장점이 있다.

3. (내부 고객) 필요한 AI를 자체 개발하는 기업

산업에 따라 AI 역량을 자체 개발하는 것이 기업의 성과에 중요한 영향을 줄 수 있을 것이다. 이러한 산업에서는 기업이 AI를 외부에서 조달해오기 보다는 자체적으로 개발하는데 주력할 수 있다. 예를 들어 자원 채굴 기업이 새로운 방식으로 자원 탐사 또는 측정을 분석하고 싶은 경우, 바이오 기업이 신약의 인체 영향을 예측하는 방식에 대해 보안을 유지하고 싶은 경우, 은행 또는 자산운용사가 기업의 부도 가능성 또는 펀드의 움직임을 예측하는데 경쟁사 대비 우위를 점하고 싶은 경우 등이 있을 것이다.

[표 3-5] 타겟 고객별 장단점

분류	설 명	예 시
개인고객	(장점) 고수익: 규모의 경제 달성 용이 (단점) 고위험: 경쟁자 진출 가능성 높음	일반인을 대상으로 하는 AI 통번역, 사진보정 서비스, 가정용 AI 로봇 등
기업고객	(장점) 중수익: 고객과의 장기 거래 기대 (단점) 중위험: 높은 진입장벽	기업의 고객을 분석 및 관리해주는 AI, 물류센터용 AI 로봇 등
내부고객	(장점) 저위험: 고객이 이미 확보됨 (단점) 저수익: 고객의 확대 어려움	자원기업의 지질분석 AI, 은행의 의심거래 분석 AI 자체 개발 등

3-16 AI 도입 게임이 1 단계에서 갑자기 끝나버리지는 않을지에 대한 우려

체스나 장기같은 게임에는 축구나 농구처럼 미리 정해진 게임의 길이가 존재하지 않는다. 따라서 게임이 아주 갑자기, 또는 일찍 끝나버릴 수 있는데, 그 이유는 일반적으로 한쪽이 다른 쪽보다 현저히 잘 못해서 실수를 했거나 한쪽이 너무 잘해서 체크메이트를 쉽게 만드는 경우일 것이다. 이와 비슷한 개념으로 AI 도입 게임도 1단계에서 다음 단계로 넘어가지 못하고 그냥 끝나버리는 상황이 발생할 수 있을 것이다. AI 도입 게임에서도 어느 한 사람이 너무 앞서가거나, 아니면 다른 누군가의 실수로 갑자기 게임이 끝나게 될 수 있을 것이다. 또한 바둑에서 처럼 중간에 이길 수 없음을 깨닫고 게임의 진행을 자발적으로 중단하는 경우도 있을 것이다.

AI 도입 초기 단계에서 사람들이 가장 걱정하는 부분은 AGI가 개발되었을 때 어떻게 될지 아무도 예측할 수 없다는 것이다. 만약 세계를 정복하려는 나쁜 악당들이 전 세계의 유일한 AGI를 개발하게 되고, 다른 선량한 사람들이 이에 대응할 수 있는 충분히 강력한 AI를 개발하지 못하였거나 규제 입안자들이 적절한 대비책을 미리 세우지 못한다면 우리는 이 게임에서의 종말을 갑자기 맞이할 수 있다. 이 AI 게임의 완료에 대한 주제는 제 7장에서 좀 더 자세하게 다루어질 예정이다.

제 4 장

AI 도입 2단계

(업무의 주체 = AI)

"생각하면 되어 있다"

제 4 장 AI 도입 2 단계:
우리는 AI를 어떻게 사용하게 될까?

슬로건: "생각하면 되어 있다"

(이 단원의 의의)

AI 도입의 2단계는 AI가 업무의 주체가 되는 것이다. 사람을 돕는 AI의 개발이 진행되다 보면 AI가 수행하는 업무의 신뢰도가 높아짐에 따라 AI에게 특정 업무를 사람의 개입 없이 일임할 수 있는 단계에 도달하게 될 것이다. 이러한 용도로 개발되는 AI 또는 AI 로봇을 'AI 에이전트'(Agent, 대리인) 또는 'AI 전문가' 등으로 지칭할 수 있다. 이 단계의 시작 부분은 아마도 인류에게 가장 경제적으로 흥미로운 시기가 될 수 있다. 각 분야에서 AI 전문가를 개발하기 위해 많은 개발 관련 인력이 필요할 것이고 사람들은 이런 능력을 가진 AI가 가져오는 생산성 향상에 놀라게 될 것이며, 많은 부(富)가 창출될 수 있으므로 긍정적이고 심지어는 열광적인 반응을 보일 수 있다. 그러나 이 단계가 진전되면 시간이 갈수록 사회를 혼란스럽게 만들 급격한 변화들이 늘어날 가능성이 있다.

(명칭 정리)

AI 도입 2단계를 가능하게 하는 분기점은 'AI 동등화'(Equalization)에 도달하게 되는 것이라 할 수 있다. 이러한 AI를 'AI 전문가', 'AI 대리인', 특정 직무에 대해 주도적인 역할을 수행할 수 있는 'AI 책임자' 등으로 지칭할 수 있다.

(경제/경영에 대한 의의)

앞 장에서 1인조 팀과 1인 부서에 대해서 살펴 보았는데, 이번 장에서는 좀 더 진보된 모습인 '0인조 팀', '0인 부서'로 발전할 수 있게 된다. 증강화의 궁극적인 모습은 1인 기업이 되는 것이므로 AI 도입 2단계에서의 궁극적인 형태는 '1인 대기업' 또는 '1인 재벌 그룹'이라고 지칭할 수도 있을 것이다. AI 도입 2단계 내에서 가장 큰 분기점은 '자동화된 혁신(Automated Innovation)' 또는 '자동 혁신'이 가능해지는 순간이라고 할 수 있다. AI 도입 1단계의 '증강 혁신(Augmented Innovation)'에서 인간의 관여가 필요하다면, 자동 혁신에서는 AI가 자체적으로 기업의 활동에 혁신을 가져올 수 있다.

경제학의 관점에서 보면 이 단계부터 AI를 인간과 별도의 생산성을 가지는 개체로 인지할 수 있을 가능성이 있다. 예를 들어서 보조 AI의 경우에는 생산성 향상의 주체는 사람이고, AI는 일종의 생산성 향상 도구로 인지되었을 것이나 이 단계부터는 AI가 어떤 업무를 사람의 개입 없이 수행할 수 있으므로 AI가 수행하는 업무의 생산성을 원한다면 계산할 수 있을 것이다.

(기술/과학적 관점에서의 의의)

초기의 전문가 AI는 AGI에 도달하지 아니했더라도 충분히 특정 업무에 대해 개발이 가능할 것이고 AGI에 가까워질수록 더욱 다양한 방면에서 전문가 AI가 개발될 여지가 많아질 것이다. AI 도입 2단계에서 처음에는 사람이 수행하던 특정 업무를 AI가 대신 수행하게 되나 이후 AGI에 도달하면 전문가 AI가 존재할 수 있는 모든 업무를 충분히 수행할 수 있게 되어 직업의 통합을 가져올 수 있을 것이다. 이러한 발전으로 사회 변화를 가져오게 되면 특히 'AI의 주인이 누가 되어야 하는가'에 대한 논의가 활발해질 것이다.

AI 도입 2 단계의 기(起):
이 단계로 진행 불가피한 이유 및 무엇인지

4-1 (업무의 주체 = AI) 인력을 대체하는 AI

1. AI의 동등화 (AI Equalization)

우리는 어떤 업무 또는 직무에 대해 '기업 내에서 어떤 한 사람이 수행하는 여러가지 작업의 합'이라는 개념으로 생각해볼 수 있다. AI 도입 초기에는 기술이 발전할수록 AI가 수행할 수 있는 작업의 범위가 넓어지고 신뢰성도 높아지게 되며 어느 순간부터는 사람의 개입이나 입력 등이 필요없는 경지에 이르게 될 수 있다. 한마디로, 기업 내에서 어떤 특정 사람이 하는 모든 작업에 대해 AI가 그 사람이 필요없이 수행할 수 있게 되는 상태에 이르게 될 것이다. 우리는 이 특이점을 'AI 동등화'(Equalization)이라고 지칭할 수 있다.[1] 작업들의 난이도가 서로 다르므로 AI가 이 동등화에 도달하게 되는 시점도 각각의 직무 및 업무에 따라 다르게 된다.

2. AI 전문가의 출현 (AI 생산성 > 0)

AI의 기술이 개발됨에 따라 AI가 더 많은 작업들을 사람의 개입 없이 수행하다 보면 어느 순간 기업 업무의 AI 도입은 새로운 전환점에 도달할 수 있을 것이다. 어느 순간부터 기업들은 사람 직원을 아예 해당 업무에서 제외하고 AI로만 수행하도록 바꾸게 될 수 있다. 이 시점을 새로운 AI 도입의 2단계로 구분할수 있다. 이 발전된 단계의 AI를 전문가

(Specialist) AI, 대리인(Agent) AI,[2] 집사(Butler) AI, 동료(Co-Worker) AI, 종업원(Employee) AI 등으로 지칭할 수 있을 것이다.

생산성을 측정하려는 관점에서 보면 두 가지 가능성에 대해 생각해 볼 수 있다.

첫번째, 만약 AI 에이전트의 생산성을 별도로 계산할 수 없다면 다음과 같이 표현할 수 있을 것이다.

[인간 + AI 에이전트] 생산성 > [인간] 생산성

두번째, 별도로 계산을 할 수 있다면 다음과 같이 표현할 수 있다.

[AI 에이전트] 생산성 > 0

AI 도입 1단계에서는 사람이 AI를 도구의 개념으로 사용하는 것으로 AI 자체적으로 개인 생산성이 있다고 보기는 어렵다. 그러나 AI 도입 2단계에서는 AI가 사람을 대신해서 특정 직무를 자체적으로 처음부터 끝까지 수행할 수 있으므로 자체의 생산성의 계산이 의미가 있을 것이다.

3. AI 도입 1 단계와 2 단계의 비교

AI 도입의 1단계와 2단계의 차이점은 무엇일까? AI의 도입 단계를 구분한 개념의 가장 잘 알려진 예시로, 미국의 자동차공학회(SAE)에서 제시하는 자율운전 차량에 대한 6단계의 구분 체계가 있다.[3] 이러한 체계는 비전문가의 소통을 원활하게 도와주는데, 일반인들도 현재 여러 기업들이 사람이 필요 없는 자율운전(4단계 또는 5단계)을 개발 중이라는 것을 쉽게 설명하고 이해할 수 있다.[4] 이 때, 이러한 높은 수준의 자율주행의 주체는 사람이 아니라 AI가 된다. 만약 이러한 자율주행 5단계의 AI에 부가적으로 택시 업무를 처음부터 끝까지 수행할 수 있게 기능을 추가하게 된다면 AI 택시라고 부를 수 있게 될 것이다.

여기서 구분을 하자면, 자동차공학회의 과학적 관점에서는 5단계에 도달할 경우 AI의 개발에 대한 구분이 완료되지만, 동일한 기술에 대하여 사회적인 도입 관점에서 보았을 때에는 어떤 근로자가 본인의 업무의 일부로 5단계 자율주행 차량을 타고 다니는 경우에는 AI 도입 1단계에 해당이 되는 반면, 차량에 추가적인 기능이 부가되어 사람의 도움 없이 AI 택시로서의 별도 업무를 수행할 수 있을 경우에는 인간 택시 운전기사를 대체하는 AI 도입 2단계의 AI 택시로 구분할 수 있다. 이 때 또한 우리는 자율주행 관련 기술이 먼저 발전을 하고 그 이후에 사회의 변화가 뒤따라오게 된다는 것과 동일한 기술이 AI 도입 1, 2단계 모두에 적용이 가능하다는 것을 예시로 알 수 있다.

[표 4-1] 미국 자동차공학회(SAE)의 자율주행 구분 기준 6 단계 개요[5]

분류	운전자 지원 (운전의 주체 = 사람)			자동 운전 (운전의 주체 = AI 로 발전)		
단계명	0 단계	1 단계	2 단계	3 단계	4 단계	5 단계
설 명	자율주행 없음	운전자 보조	부분 자율주행	조건부 자율주행	고도의 자율주행	완전 자율주행

앞에서 우리는 자동화(automation)와 증강화(augmentation)에 대해 구분해 보았는데, 이 때 AI 도입 1단계에서 이 두 가지가 혼합된 방식인 협력화(collaboration)에 대해서도 생각해 보았다. AI 도입 2단계도 우리가 생각하는 분석의 단위가 누구인가에 따라 자동화 또는 증강화, 그리고 협력화 모두에 해당된다고 생각할 수 있다.

즉, 우리가 생각하는 단위가 개인일 경우, AI 도입 1단계는 증강화로 구분되고 2단계는 자동화라고 생각할 수 있는데 반해, 분석의 단위가 기업일 경우에는 사람과 AI가 모두 기업 내에서 일하고 있으므로 AI 도입 1, 2단계 모두 일종의 증강화로도 생각될 수 있다.

한편, 업무의 책임이 어떻게 구분되었는가에 따라 AI 도입 1, 2단계 모두 협력화의 일종이라고 생각할 수 있는데, 1단계에서는 인간과 AI와의 관계가 주도적과 종속적인 관계에 가깝다면, 2단계에서는 AI를 별도의 임무와 책임을 가진 수평적인 팀원의 관계 등으로 생각할 수 있다.

4-2 AI 도입 제 2 단계의 주요 특징

AI 도입 2 단계의 세부 내용[6]

1. 인간과 AI 간의 상호 작용

첫번째, 인간과 AI가 상호 작용하는 관점에서 보면 이 단계에 들어서면 AI가 특정 직무를 독립적으로 수행할 수 있을 정도의 능력이 확보되었을 것이다. 단, 인간이 기업 내 더 높은 직위에 있게 되므로 전체적인 관계는 인간이 우위에 있다고 할 수 있다. AI와 인간과의 관계는 독립된 업자, 팀원, 기업 내 일부 권한을 가진 중간 관리자 등으로 생각할 수 있다. AI가 수행하게 될 직무와 인간과 어떻게 협동할지 등은 인간이 설계하고 지정하게 되며, AI는 주어진 직무 내의 문제들을 어떻게 해결할지를 결정한다. 그럼에도 인간은 상급자로서 대부분의 최종적인 결정을 할 권한을 가지게 된다. AI는 직무와 관련된 정보를 취합하고 처리해서 결정을 스스로 할 수 있고 다른 인간들에게 결정의 이유를 설명하거나 상부에 보고할 수 있다.

2. AI 도입 분야의 범위

둘째, AI의 도입 범위는 제한되어 있을 수 있으며, 기술이 발전할수록 넓어질 수 있다. AI의 신뢰성은 적어도 사람 관리 없이 해당 직무를 수행하는데 적합하여야 한다.

3. 최종 권한 및 책임 소재

셋째, 최종 결정권은 인간에게 대부분 있다. AI는 직무와 관련하여 부여된 일부 권한이 있으나, 상급자가 최종 결정을 내린다. 인간이 해당 기업의 총 책임을 진다. 요약하자면, AI에 의해 발생하는 대부분의 문제는 어떤 인간이 간접적으로라도 책임을 진다. AI를 개발한 기업이나 사람 또한 AI의 설계 문제 등과 관련하여 일부 책임을 질 수 있을 것이다.

4. 전략적인 계획 활동

넷째, AI의 기업 전체에 대한 전략 및 기획 관련 활동 관련하여 AI가 그러한 업무를 담당하지 않을 수 있으나 AI에게 부여된 직무에 대해 계획을 세울 수 있을 것이다.

5. AI의 혁신 활동

다섯째, AI는 혁신을 수행할 가능성이 있다. 초기에는 어려울 것이나 기술이 발전함에 따라 AI는 직무의 범위 내에서 혁신을 가져올 수 있을 것이다.

[표 4-2] AI 도입 2 단계의 주요 내용

분류	특징	부연 설명
사람 – AI 상호 활동	- 사람은 AI에게 적정한 업무를 분담한다 - AI는 사람과의 상호 작용 중 일부를 시작할 수 있다	- 사람이 기업 업무를 디자인한다 (Design) - 사람이 업무의 목표를 지시한다 (Direction) - AI가 업무를 달성하기 위한 제한적인 결정권을 갖는다 (Decision) - 사람이 관리자로서 AI의 활동을 궁극적으로 평가한다 (Review) - AI는 추가적인 질문을 할 수 있다
AI의 적용 범위	- AI는 비교적 한정된 분야 내에서 자율적으로 활동한다 - 기술의 발전에 따라 적용 분야가 확대된다	- AI의 신뢰성이 업무를 수행하기에 충분하다 - AI가 제한적인 자율성을 확보한다 - 직무에 따라 AGI가 필요할 수 있다
최종 결정권	- 사람이 관리자로서 최종 결정권 및 책임을 진다 - AI에게도 일부 부여된 권한과 책임이 있다 - AI를 개발한 기업이나 사람도 일종의 결정권 및 책임을 진다	- 일반적인 책임은 AI를 운용하는 기업이나 사람이 책임을 지게 될 가능성 가장 높음 - AI의 행동으로 발생한 문제에 대해 개발한 기업이나 사람이 간접적으로 책임을 질 가능성 존재 (설계 오류 등) - AI가 문제를 어떻게 해결할지 판단하므로 일부 책임을 지게 되는 상황이 발생할 수 있다
기업 전략 기획 활동	- 사람이 기업이 무슨 일을 하고 어떻게 할지 결정한다	- AI는 전략 기획 관련 능력이 부족할 가능성이 높으며, - 만약 그러한 능력이 있으면 부여된 직무 내에서 활용 가능
AI의 혁신 활동	- AI도 혁신을 할 가능성이 있다 (혁신의 자동화)	- AI의 혁신은 직무에 국한되어 범위가 한정된다

4-3 AI 도입 2 단계를 가능하게 하는 것은 무엇인가?

사용자 관점에서 이해를 돕기 위한 AGI 도달 단계 새롭게 분류하기

과학·기술 관점에서는 일반적으로 ANI의 다음 단계로 AGI에 대해서 이야기한다. 그런데 AGI에는 여러 정의가 있으므로 사람마다 다른 뜻으로 같은 단어를 사용하게 되는 상황이 발생할 수 있다. 이러한 가능성을 줄이기 위해 AGI 도달 직전 단계와 직후 단계에 대해 좀 더 세부적으로 AI 도입을 함께 감안한 분류에 대해 살펴보도록 하겠다. 특히 사용자의 관점에서는 AGI 이전 단계에서 좀 더 다양한 분류 체계가 필요하다.

이 책에서는 비전문가가 이름만 듣고서 해당 AI의 대략적인 성능을 추정할 수 있도록 알파벳 순서를 따라서 AGI 이전에 대한 명칭을 부여하도록 하겠다. 따라서 'AAI'는 가장 기본적인 AI를 지칭하고 'ABI,' 'ACI,' 'ADI'의 순으로 나갈수록 더 진화된 AI의 개념이라고 할 수 있다. 여기에서는 AAI에서 AHI까지의 개념만을 살펴볼 것인데, 특히 AAI, ABI, ACI, ADI, AEI, AFI를 'AGI 도달 전 AI의 6단계'로 지칭한다.

[박스 4-1] AGI 도달 전 AI 의 6 단계

1. (AGI 의 기준점) AGI 자체 혁신 시작점

먼저, AGI의 기본이 되는 기준점에 대한 정의를 하기 위해 AGI를 '인간의 개입 없이 자체적으로 발전하여 특이점을 지나 ASI에 도달하게 되는 AI'로 구분하도록 하겠다. AGI의 정의가 다양하므로 이 지점에 있는 AGI를 '자체 발전(Self-Innovating) AGI' 또는 'AGI 1단계'라고도 지칭할 수 있다. 이렇게 분류하는 이유는 이 지점에 도달하기 전에는 인간이 AI를 개발하지만 이 이후에는 AI가 AI를 개발할 수 있게 되므로 사용자 입장에서 보면 우리가 '특이점'이라고 지칭하는 지점보다도 더 큰 의미가 있는 지점이기 때문이다.[7] 이 지점을 'AGI 자체 혁신 자동화의 시작점(Point of Automated Self-Innovation)'이라고 지칭하도록 하겠다. AGI 1단계에 도달하는 것이 ASI로 가는 시작점이라면 특이점(Singularity)은 이 자체개발 AGI가 지나가게 되는 하나의 지점에 해당된다고 생각할 수 있다. 참고로, 인간이 개발하는 AGI가 시작부터 ASI에 해당될 가능성도 배제할수 없다.

2. (AGI 자체 혁신 시작점 이전) AGI 이전의 AI의 분류 6 단계

위의 AGI의 정의에 기반하면 AGI 이전의 AI는 자체적으로 ASI에 도달이 불가능한 AI가 된다. 이 때 가장 기초적인 AI는 AAI, ABI, ACI로 구분할 수 있을 것이다. AAI는 과학자들이 처음 개발하였을 당시의 수준인 AI를 지칭 한다고 할 수 있으며, 제 2장에서 간략하게 설명된 각종 머신러닝의 분류 등 그 용도가 특정되지 않은 AI의 기본적인 원리를 지칭한다고 볼 수 있다. ABI는 AAI에서 좀 더 나아가 어떤 특정 업무, 예를 들어 이미지 생성 등을 위해 개발된 AI라고 생각할 수 있고, ACI는 거의 대부분의 사람들이 AGI라고 생각하지 않을 것이면서 특정 업무를 위해 만들어지지 않은 좀 더 일반적인 용도에 사용 가능한 AI, 예를 들어 초기 형태의 논리적 추론 능력 및 멀티모달 LLM과 비슷한 특징을 갖는다고 생각할 수 있을 것이다. 또 다른 명칭으로는 딥마인드 공동 창업자인 술레이만이 AI의 추가 분류가 필요하다고 하면서 AI가 경제의 주축으로 일상적인 작업을 수행하는 것이 가능하다는 것을 반영하기 위해 제시한 명칭인 '인공 능력 지능'(Artificial Capable Intelligence)[8] 도 있다. AAI, ABI, ACI는 현재 우리가 일반적으로 생각하는 좁은 AI(ANI)에 해당한다고 볼 수 있다.

그 다음으로 ADI, AEI와 AFI에 대해 생각해볼 수 있는데, 이 세 가지는 일부 사람들은 AGI의 범주 안에 들어갈 수 있다고 생각할 수도 있고, 다른 사람들은 AGI에 포함되서는 안된다고 생각할만한 능력을 가진 AI라고 생각해볼수 있다. AGI에 가장 근접한 AFI는 제 7장에서 좀 더 자세하게 설명될 특징을 가진 AI의 분류로, '가짜 진리(False-Truth) AI'라고도 지칭할 수 있는데, 간단하게 설명하자면 AI가 어린아이 또는 아주 고지식한 사람처럼 기존 지식을 새로운 환경에 적용할 수는 있으나 보통 사람이 예상할 만큼 잘 하지는 못하는 상황이라고 생각할 수 있다. 어떤 사람들은 이를 AGI로 착각하여 중요한 업무를 맡기다가 큰 문제를 일으킬 가능성이 있다. 반대로 AGI에서 가장 멀리 있는 ADI, 또는 믿을만한(Dependable) AI도 어떤 사람들은 AGI에 해당하는 능력을 일부 보유하였다고 생각할 수 있으나 대다수는 그렇게 생각하지 않는 종류의 AI로 생각할 수 있다. 사람들은 이를 AI로 착각하지 않고 설계된 업무에만 적용하게 되므로 오히려 문제를 일으킬 가능성이 적을 것이다. 이 가운데에 위치한 AEI, 또는 향상된(Enhanced) AI는 ADI와 AFI의 중간에 위치하여 사람들의 AI에 대한 생각이 변화하는 시기의 AI의 개념이라고 생각할 수 있을 것이다. ADI가 AI의 도입에서 주어진 일을 더 믿음직스럽게 수행하는 데 관심이 집중된 개념이라면, AEI는 논리적인 추론 등의 능력을 사용하여 학습되거나 부여되지 않은 새로운 분야의 일을 하게 되는 단계의 시작이라고 생각할 수 있다. 따라서 AEI는 어떤 업무에서는 ADI의 수준을 넘어서서 작동할 수 있지만 아직 사람들은 중요성이 낮은 업무로 제한하려고 할 것이다.

ADI, AEI, AFI는 AI 도입 2단계의 사용이 일반적이 될 만한 AI라고 생각될 수 있는데, 사람으로 치면 ADI가 어린이집이나 유치원에 다니는 아이가 두 발 자전거를 처음 배우는 것처럼 어른이 계속 보고 있지 않으면 불안하다고 느껴질 것이라면, AEI는 자전거로 동네를 자유분방하게 돌아다니는 초등학생처럼 지켜보고 있어야 할 필요는 없다고 느낄 것이나, 중요한 업무에는 어린이에게 자동차 운전을 맡기는 것 처럼 불안하게 될 것이다. 반면 AFI는 운전면허를 갓 받은 미국의 고등학생처럼 오히려 네 발 자전거만 타고 다니라고 하기에는 아까울 수도 있다. 그러나 유치원생에게 중요한 일을 맡기지 않을 것이므로 ADI가 기대에 부응하지 못 하여도 이를 도입한 사람들이 미리 마음의 준비가 되어 있을 것이나, 대학교에 갓 입학한 새내기에게 그 전공의 전문가가 필요한 일을 맡기는 사람처럼 오히려 AFI를 도입하면서 AGI처럼 과내평가하게 되는 위험이 있을 것이다.

참고로 다음 순서에서 설명될 '자동화된 혁신'의 개념은 이 분류에서는 AEI 부터 본격적인 실행이 가능할 것이라 예상할 수 있다.

3. (AGI 자체 혁신 시작점 이후) AGI 와 ASI 사이의 분류: AHI

이번에는 AGI 1단계에 도달한 AGI에 대해 이후 AGI가 인류 전체를 뛰어넘는 특이점(Singularity)에 도달하여 ASI로 분류되기 이전까지의 발전 단계에 대해 좀 더 세부적으로 나누어 보도록 하겠다.

일반인에게 가장 직관적인 AGI의 형태는 '의식'(Consciousness)을 가진 AGI일 것이다. 이러한 AGI는 영화에서 자주 볼 수 있는 형태일 것인데 우리는 이 단계가 언제 일어날지, 또는 가능한 일인지를 아직 알 수 없으나, AGI의 다음 단계인 'AGI 2' 또는 AHI (Artificial Human-Level Intelligence)로 분류해 볼 수 있을 것이다. 우리는 아직 실제로 AGI

1단계에 도달한 AGI가 의식을 가지고 있을지를 알 수 없으므로 이 두가지의 별도 분류는 현재로서는 가설에 불과할 뿐이다. 다만 AGI가 자체 발전을 할 수 있기 위해 의식이라는 것이 필수조건이 아닐 수 있으므로 이렇게 분류할 수 있다.

마지막으로, 이 분류 체계에서 인간의 AI개발은 AGI 1단계에 이르러 종료되고 이후의 개발은 AGI가 하게 된다. 따라서 AHI도 인간이 아니라 AGI가 개발하게 될 것이다. 발전이 지속되어 ASI에 도달하게 되면 그 이후에도 추가적인 단계에 대해 생각해볼 수 있는데, 이는 제 7장에서 좀 더 자세하게 살펴보도록 하겠다.

[표 4-3] AI 개발 단계에 대한 명칭 분류 (AGI 도달 전 AI 의 6 단계 포함)

약 칭		명 칭	설 명
AAI	AI1	ABCs of Artificial Intelligence (AGI 로의 발전 개시)	- AI 의 가장 기초적인 방식 또는 원리들을 지칭
ABI	AI2	Artificial Basic Intelligence (AGI 에 1/4 정도 도달)	- 특정 업무를 위해 만들어진 AI - 대부분 AI 도입 1 단계만 가능
ACI	AI3	Artificial Classic Intelligence (AGI 에 절반 미만 도달)	- 특정 업무를 위하지 않는 AI - 주로 AI 도입 1 단계에 사용
ADI	AI4	Artificial Dependable Intelligence (AGI 에 절반 이상 도달)	- 적어도 25% 직무에 대해 AI 도입 2 단계 가능 예상
AEI	AI5	Artificial Enhanced Intelligence (AGI 에 3/4 정도 도달)	- 적어도 50% 직무에 대해 AI 도입 2 단계 가능 예상
AFI	AI6	Artificial False-Truth Intelligence (AGI 에 거의 도달)	- 적어도 75% 직무에 대해 AI 도입 2 단계 가능 예상
AGI	AGI1	Artificial General Intelligence (AGI 에 도달 완료)	- 현존 모든 직무에 대해 AI 도입 2 단계 가능 예상
AHI	AGI2	Artificial Human-Level General Intelligence (AGI 에서 110% 넘은 단계)	- AGI 가 '의식'을 얻는 단계 - 인간이 아니라 AGI 가 개발
...	...	...	- ...
ASI	AI19	Artificial Super Intelligence (250%)	- 인류 전체의 능력을 뛰어넘은 단계 - 인간이 아니라 AGI 가 개발
...	...	...	- ...
AZI		Absolute AI (최대 가능 AI)	- 최종적인 AI, 모든 지식의 결정체 - '인공 유일신'

주: 도달에 대해 제시된 숫자는 측정된 것이 아니라 예시임

4-4 AI 도입 제 2 단계에서 가능해지는 것들

1. 자동화된 혁신(Automated Innovation)

철학자 소크라테스의 일화 중에는 왕의 금관의 진위 여부를 가리기 위해 고민하다가 목욕탕에서 넘치는 물을 보고 물에 넣어 보면 비중을 알 수 있다는 깨달음을 얻어 '유레카'라고 외치는 장면이 있고 인기 영화 '백투더퓨처'에서는 타임머신을 개발한 박사가 시간여행을 가능하게 한 발명품으로 어떤 세 방향의 빛이 하나로 모이는 장치를 보여주는 장면이 있다. 이와 비슷하게 AI 도입에서 경제 및 사회 발전에 핵심이 되는 가장 중요한 요소를 하나로 요약하라고 한다면 필자 개인적인 생각으로는 '자동화된 혁신'(Automated Innovation), '자동 혁신', 또는 '혁신의 자동화'라는 개념[9]이라고 설명하고 싶다.

AI 도입에서 가장 큰 발전은 AI가 사람의 간섭 없이 혁신을 할 수 있게 되는 때일 것이다. 혁신을 할 수 없는 AI의 도입은 시간이 가고 환경이 변화할수록 도태되어 성과가 하락하게 되므로 사람이 개입해서 혁신을 주입해 주어야 하지만, 혁신을 할 수 있는 AI의 도입은 시간이 길수록 성과가 상승할 수 있다.

AI 도입 1단계에서는 사람이 혁신의 주체가 되고 AI는 혁신을 돕는 입장인 혁신의 증강화(augmented innovation)가 되는 반면, AI 도입 2단계 진행 중 어느 순간부터는 AI 자체가 혁신의 주체가 될 수 있게 된다. 단, 2단계에서는 아직 기업 전체의 업무를 수행하지 않으므로 권한이 주어진 한정된 범위 내에서만 혁신을 수행할 수 있다. 박스 4-1에서 증강화된 혁신과 자동화된 혁신에 대해 살펴볼 수 있는데, 이 중 자동화된 혁신에 대한 좀 더 자세한 설명은 다음 장에서 이어질 것이다.

[박스 4-2] AI가 비즈니스에서 기여하는 방식과 자동화된 혁신 (Automated Innovation)

앞에서 살펴본 바와 같이 AI 도입은 크게 인간의 성과를 향상시키는 증강화와 인간의 업무를 대체하는 자동화로 구분할 수 있다. 굴착기로 흙을 옮기는 것을 증강화로 본다면 맨손이나 삽을 사용했을 때와 비교하여 생산성의 향상되는 크기를 계산할 수 있을 것이다. 증강화에서는 AI를 사용했을 때와 않았을 때를 비교하여 생산성의 향상을 계산할 수 있다. 예를 들어 어떤 미술가가 하나의 그림을 완성하기 위해 많은 시간이 걸린다면, 어떤 디지털 미술가는 수만가지의 그림을 같은 시간에 만들어내는것이 가능할 수 있다.

이 박스에서는 독자들의 AI 도입과 관련된 기본 지식을 향상시키기 위해 이러한 개념을 다음의 두 가지 방면에서 좀 더 자세히 살펴보도록 하겠다.

1) (AI 이용 혁신의 분류) 증강화된 혁신과 자동화된 혁신
2) (AI 기여 방식의 분류) 양과 질의 관점에서 고려

1. 혁신에서 AI의 사용

혁신이란 넓게 요약하면 기업이 무엇인가를 새로운 방식으로 수행하게 되는 변화를 지칭한다고 할 수 있다. 이러한 혁신을 가져오게 되는 밑바탕은 새로운 생각일 것이고, 이러한 혁신의 결과는 새로운 제품, 더 효율적인 작업 방식 등이 될 것이다. 혁신을 분류하는 방법에는 여러가지가 있지만 잘 알려진 분류의 한 방법으로는 파괴적(disruptive) 혁신과 점진적(incremental) 혁신 등으로 분류할 수도 있다.[10] 개인용 컴퓨터가 타자기를 대체하거나, 아이폰이 처음 개발되어 기존의 피처폰을 대체한 것이 새로운 것을 도입한 파괴적 혁신의 결과라면 그 이후 애플 후속 시리즈나 경쟁자 삼성의 갤럭시 시리즈를 매년 발표하는 것은 있는 것을 단계적으로 개선하는 점진적 혁신으로 볼 수 있다.

그렇다면 AI를 이용하는 혁신은 어떻게 구분할 수 있을까? 먼저 AI 증강화에서 AI가 인간의 혁신을 돕는 "증강화된 혁신"과 AI 자동화에서 AI가 자체적으로 혁신을 수행하는 "자동화된 혁신"의 개념으로 나눌 수 있다.[11]

앞 부분에서 기업에서 AI를 도입하는 형태인 증강화와 자동화에 대해 살펴보았는데, 이 박스에서는 AI를 사용한 혁신의 두 가지 형태에 대해 살펴보도록 하겠다.

1) AI 증강화된 혁신(Augmented Innovation)

증강화된 혁신에서 사람들은 AI를 혁신의 도구로 사용한다고 생각할 수 있다. 이 때 혁신의 주체는 인간이 되고 AI는 인간이 혁신하는 것을 돕는다.

오늘날의 기업에서 사람들이 혁신적인 목표를 수행하기 위해서는 다양하고 복잡한 작업이 필요할 수 있다. 예를 들어 어떤 큰 공장의 효율성을 높이기 위해 배치도를 새로 그린다고 가정해 보자. 공장 내에는 수 많은 기계들이 연계되어 돌아가는데 기계 하나를 옮기는 것만 해도 사람들의 이동 동선, 부품들의 배치 등 새롭게 고려할 것이 많을 것이다. 증강화된 혁신에서는 AI가 이러한 연계성을 고려하여 여러가지 가능한 옵션을 제시할 수 있게 되고, 인간은 힘들게 모든 가능성을 하나씩 고려할 필요 없이 AI가 이미 만들어 놓은 좋은 옵션 몇 가지 중에서만 선택하면 된다. 또는 이와 반대로 혁신적인 제품의 개발에도 적용하여 AI가 선택지를 줄여주는 것이 아니라 새로운 아이디어를 제공하여 인간이 선택이 가능한 옵션을 늘려줄수도 있다. 예를 들어 어떤 광고 시안을 개발하는데 AI가 인간이 생각하지 못한 디자인들을 제시하고 그 중에 선택하는 방식이 있을 수 있다.

2) AI 자동화된 혁신(Automated Innovation)

먼저 우리는 자동화를 AI가 혁신을 수행할 수 있는지의 여부를 기준으로 혁신이 가능하지 않은 경우를 '대체형 자동화', 혁신이 가능한 경우를 '발전형 자동화'로 분류할 수 있다.[12]

기업들은 경쟁 구도 및 법적 지형 등 외부의 변화에 지속적으로 대응하며 변화해야 한다. 우리가 일반적으로 생각하는 자동화는 AI가 이러한 변화에 대응할 수 있도록 인간의 개입이 필요한데, 이는 자동화에서 나와서 증강화로 후퇴했다가 다시 자동화로 진입하는 것이라고 생각할 수 있다. 이러한 AI의 도입 방식은 AI가 변화에 대응할 수 없다고 생각할 수 있으므로 이를 '대체형 자동화'로 분류한다. 만약 AI가 그러한 변화에 자체적으로 대응할 수 있어서 인간의 간섭 없이 업무의 혁신 및 성과의 향상을 가져오게 되는 경우 우리는 이를 '발전형 자동화'라고 지칭할 수 있다.

요약하자면, AI는 발전형 자동화에서 자체적으로 혁신적인 활동을 수행할 수 있으며, 우리는 이를 자동화된 혁신이라고 지칭할 수 있다.

[표 4-4] AI 자동화의 종류와 인간의 일에 대한 영향

	대체형 자동화	발전형 자동화
AI의 도입 범위	AI가 인간을 대체	AI가 인간 대체 이상의 업무를 수행
AI의 혁신	없음 (AI의 혁신 불가능)	있음 (자동화된 혁신)

2. AI의 도입이 가져오는 혜택의 패턴

우리는 자동화와 증강화의 개념을 좀 더 발전시키기 위해 추가로 양과 질의 요소를 고려하여 AI 도입이 가져오는 혜택의 패턴에 대해 생각해볼 수 있다. 첫째, 자동화의 경우에는 이미 앞서 대체형과 발전형 두 가지로 분류하였다. 둘째, 증강화의 경우에는 AI가 인간의 생산성을 어떻게 향상시켜 줄 수 있을지 두 방향으로 생각해볼 수 있다. 먼저 한 방향으로는 AI가 양적인 기여를 한다고 생각할 수 있는데, 이는 AI 도입 1단계에서 AI가 어떤 작업을 더 빨리 할 수 있게 해주거나, 더 쉽게 할 수 있게 해 주는 것이라고 생각할 수 있다. 다른 방향은 AI가 질적인 기여를 하는 것이라고 생각할 수 있는데, 이는 AI가 인간이 과거 할 수 없었던 작업의 수행을 가능하게 해 주는 것이라고 생각할 수 있다. 이는 자원의 이용 관점에서 보면 기존 자원을 계속 사용(Exploit)하거나 새로운 자원을 탐구(Explore)하는 것이라고 생각할 수도 있다.

요약하자면 AI의 도입은 한 축은 AI가 인간의 성취를 높이는 보완적인 방식과 인간의 일을 줄이는 대체적인 방식으로 나눌 수 있고, 다른 축은 AI의 혜택이 같은 것을 더 많이 생산하는 양적인 방향인지, 아니면 새로운 것을 생산하는 질적인 방향인지로 나눌 수 있다. 이를 정리하면 표 4-5와 같다.

[표 4-5] AI가 기여하는 방식의 분류와 인간의 일에 대한 영향

	AI가 기여하는 방식의 분류	
	인간의 성취도 상승 (보완적)	인간이 일에서 해방 (대체적)
더 많은 것 생산 (양적 관점)	증강화된 처리	자동화된 처리 (대체형 자동화)
새로운 것 생산 (질적 관점)	증강화된 혁신	자동화된 혁신 (발전형 자동화)

1. (증강화된 처리) AI가 인간이 더 많은 일을 하도록 돕는다

AI 도입 1단계에서 대부분의 인간 근로자가 생각하는 AI의 직접적인 혜택은 AI가 인간이 더 많은 일을 하게 해 주는 것일 것이다. AI가 같은 일을 더 신속하고 수월하게, 또는 더 높은 신뢰성을 가지도록 처리할 수 있게 돕는 방향의 AI의 기여는 '증강화된 처리'(Augmented Processing)로 분류할 수 있다.

2. (자동화된 처리) AI가 인간이 하던 일을 대신 한다

증강화에서는 AI가 인간이 하는 일을 돕지만 자동화에서는 AI가 근로자 자체를 대체하게 되는데, 이는 인간 근로자의 입장에서 보면 좋을수도 있고 아닐수도 있다. 기업의 입장에서 '자동화된 처리'(Automated Processing) 방식으로 도입되는 AI는 비교적 구체적으로 정의된 작업을 수행하던 인간 근로자를 대체하는 것일텐데, 이러한 도입방식의 혜택은 비용 절감뿐만 아니라 위험하거나 반복되는 작업 등의 신뢰성을 높이고 인간과 관련된 리스크를 줄여줄 수 있을 것이다.

3. (증강화된 혁신) AI가 인간이 새로운 일을 하도록 돕는다

인간 근로자가 혁신과 관련된 업무를 수행할 경우 AI는 해당 근로자를 도울 수 있는데 이를 '증강화된 혁신'(Augmented Innovation)이라 지칭할 수 있다. 증강화된 혁신은 인간의 생각하는 능력과 AI의 속도 및 반복적인 업무에 대한 신뢰성 등을 합쳐서 서로의 강점을 사용할 수 있는 상호 보완적인 협력 형태라고 생각할 수 있다.[13]

4. (자동화된 혁신) AI가 인간을 일에서 해방시켜 준다

마지막으로, AI의 도입은 인간이 하고 싶지 않은 일에서 해방시켜 주는 한편 인간만이 해결 가능하다고 생각했던 문제들을 해결하는 방식이 될 것이다. 이러한 상황에서는 세계의 경제가 발전하고 우리의 삶이 발전하면서도, AI의 수준에 따라서 인간은 아무런 일을 하지 않아도 되거나 아니면 일을 할 수 없는 상황이 발생할 수 있다.

현재 우리가 생각하는 대부분의 공장 자동화에서는 로봇이 동일한 작업을 반복하게 되는데, 이 작업은 인간이 모두 설정해준 대로 작동하게 된다. 이러한 방식에서는 만약 기업의 운영 환경이 변화하여 업무를 변경해야 한다면 인간이 관여해서 업무를 다시 정해주어야 한다. 그런데 자동화된 혁신이 가능한 AI 로봇은 시간이 가면서 인간이 처음 정해준 방식 외에에 더 나은 방법을 스스로 찾아서 수행하게 된다고 생각할 수 있다.

AI 도입 2단계에서의 자동화된 혁신은 AI가 부여된 직무 안에서 일어날 것이므로 적용의 범위에 제한이 있을 것이나 기업의 내에서 AI가 차지하는 직무의 범위가 넓어질수록 자동화된 혁신의 범위도 확대될 것이다. 만약 어떤 AI 도입 3단계의 AI 택시 회사가 있다고 가정해 보자. 만약 사람들이 택시를 타지 않게 되어 기업의 운영이 어렵게 된다면 '대체형 자동화'인 상황에서는 AI CEO가 해당 기업의 자산을 모두 정리하고 완전히 새로운 산업으로 진출하는 등의 혁신적인 운영을 할 수 없을 것이나, '발전형 자동화'인 상황에서는 자산을 정리한 자금으로 기존 사업과 전혀 상관없는 자원탐사 사업을 시작하는 등의 해결책도 가능할 것이다.

요약하자면 '자동화된 혁신'(Automated Innovation)에서는 인간의 개입 없이 AI가 자체적인 능력만으로 혁신을 가져온다고 생각할 수 있다. 이 때 혁신의 주체는 AI가 된다. 알파고가 특정한 방향을 정해주지 않아도 인간보다 더 나은 수를 둘 수 있듯이, AI가 기업 운영에서 인간보다 더 나은 수를 만들어 낼 수 있으면 세계 경제에 크게 기여할 것이다.

참고로 자동화된 혁신의 개념은 AGI가 자체 혁신하여 ASI로 발전하는 개념과는 다르고, AGI가 개발되기 이전에도 가능할 수 있을 것이라고 생각할 수 있다. 이는 대부분의 사람이 기업 운영에서의 혁신을 할 수 있지만 AGI를 개발할 수는 없듯이 아마도 AI에게도 기업 운영에서의 혁신이 AGI 보다 더 낮은 수준을 요구할 것이기 때문이다.

2. (AI의 평가) 사용자 입장에서 AI의 업무 대체 능력을 인간에 비교

AI를 도입하려는 사용자 입장에서 보면, AI 로봇 등을 실생활에 접목시키기 위해서는 AI의 업무 능력을 평가할 필요가 있을 것이다. 이 때, AI의 능력 평가는 1) 인간 대비 AI의 비교, 2) AI 제품 대비 타 AI 제품의 비교 두 가지 측면에서 필요하게 될 것이다. 예컨대 기업에서 AI 로봇이 인간 근로자를 대체하게 될 경우에는 먼저 인간과 AI의 업무 능력을 상대적으로 평가하여 인간 대체 여부를 결정하게 될 것이고, 이후 여러 경쟁 AI 개발사들이 내놓는 AI 제품들의 실무 능력을 비교 평가하여 특정 제품을 선택하는 것도 필요하게 될 것이다. 결국 우리가 여러 직업에서 사람의 업무 실적을 다방면에서 평가하듯이 특정 AI 제품도 사람 대비 능력, 타 AI 대비 특정 업무에 대한 능력 등으로 좀 더 세분화되어 평가가 필요하게 될 것이다.

우리가 현재 자동차의 엔진 성능을 '200마력'처럼 말의 능력에 비례하여 비교하듯이, AI의 능력을 '100인력'과 같이 인간의 능력치에 대비하여 표시할 수 있을 것이다. 이에 대해서는 다음 박스에서 '노력대체성'의 설명과 함께 다루도록 하겠다.

[박스 4-3] 생산성보다 더 적절한 경제지표는 없을까? AI 노력대체성(Effortlessness)[14]

1. AI 노력대체성(Effortlessness)의 개요

우리는 일반적으로 기술이 발전하면 사람들의 생산성이 향상될 것이라고 생각하는데, 이상하게도 경제학자들이 실제 경제 활동에서의 생산성을 측정해 보면 생산성의 향상을 찾을 수 없다고 한다. 이러한 설명하기 어려운 상황을 '현대 생산성의 역설(Modern Productivity Paradox)'이라고 한다.[15] 이에 대한 이유는 여러가지가 있겠지만 오히려 기술이 발전할수록 생산성을 측정하는 의미 자체가 감소하는 것이 자연스러운 것일 수도 있다. 그 이유는 AI가 주도하는 경제가 도래하면 인간의 생산성을 측정할 필요가 사라질 것이기 때문이다. 필자는 이러한 상황에 대응하여 생산성을 대체할 수 있는 측정 지표로 AI의 '노력대체성(Effortlessness)' 이라는 개념[16]을 제시, 이에 대하여 살펴보도록 하겠다.

우리는 앞 장에서 땅을 파서 옮기는 일을 할 때 삽으로 일할 때보다 굴착기로 작업하면 일을 더 많이 할 수 있으므로 생산성이 향상된다는 점에 대해 살펴보았다. 그런데 이 때 굴착기로 작업하면 삽질을 할 때보다 단위시간당 일을 더 많이 할 수 있을 뿐만 아니라 단위 시간당 근로자가 더 편하다는 것을 알 수 있다. 기술은 업무를 더 빨리 일할 수 있을 뿐만 아니라 더 쉽게 해 준다. 이 두가지를 포함한 개념으로 일에 대한 '노력'을 측정할 수 있을 것이다.

이제 여기에 추가로 앞에서 살펴본 개념인 증강화와 자동화의 개념을 접목하면 해당 업무에서 AI가 제공하는 가치를 인간의 노력을 대체하는 비중의 개념으로 0%에서 100% 사이의 하나의 숫자로 표현할 수 있다. 다시 말하자면, 어떤 특정 일에 대해 다음과 같이 표현할 수 있다.

[사람의 노력] + [AI의 제공 가치] = 100%

이 때 우리는 다음 세 가지 상황에 대해 숫자를 알 수 있다. 첫번째로 사람이 AI를 사용하지 않을 경우 AI는 아무 비중이 없으므로 AI가 제공하는 가치는 0%가 된다. 두번째로 증강화의 상황에서는 사람이 일을 할 때 AI를 도구로서 사용하게 되므로 만약 인간이 같은 일을 하는데 절반의 노력이 필요하게 되었다면 그 나머지를 AI가 제공하게 된다. 다만, 증강화에서는 인간이 무엇인가는 개입해야 하므로 AI의 제공 가치가 100%가 될 수는 없으므로 그 숫자는 0%와 100% 사이의 숫자가 된다. 세번째로 자동화의 상황에서는 인간의 개입이 전혀 없으므로 AI가 제공하는 가치는 100%만 되게 된다. 이를 요약하면 다음 표와 같이 생각할 수 있다.

[표 4-6] 특정 일을 수행하기 위한 인간의 노력과 AI가 제공하는 가치의 비교

	AI 미사용	증강화	자동화
인간의 노력	100%	0% < 인간 < 100%	0%
AI의 제공 가치	0%	100% > AI > 0%	100%
인간과 AI의 합계	100%	100%	100%

이 백분율의 숫자를 소수로 환산하면 우리는 AI가 제공하는 가치가 AI를 사용하지 않을 때는 0, 증강화로 사용하면 0과 1 사이의 숫자, 자동화로 도입되면 1이 된다는 것을 알 수 있다. 이 AI가 제공하는 가치의 숫자를 '노력대체성'(Effortlessness)으로 정의한다.

노력대체성이 0과 1의 사이에 있는 경우에 대해 살펴보았으니 다음에는 노력대체성이 1보다 크게 되는 상황에 대해 생각해 볼 수 있다. 노력대체성이 1보다 크게 되는 경우에는 '자동화된 혁신'의 개념이 필요한데 이에 대해 다음 부분에서 살펴보도록 하겠다.

2. 자동화된 혁신이 가능한 AI의 '혁신에 대한 노력대체성' (Effortlessness in Innovation)

이 장의 앞 부분에서 우리는 증강화된 혁신(Augmented Innovation)과 자동화된 혁신(Automated Innovation)의 개념에 대해 살펴보았다. 자동화된 혁신의 능력이 있는 AI를 도입하게 되면 시간이 갈수록 AI가 수행하는 업무의 가치를 높이게 된다. 따라서 이러한 상황을 반영하면 노력대체성이 1보다 높은 숫자로 표현할 수 있게 된다. AI 마다 그 가치를 높이게 되는 속도가 다르게 되므로 더 높은 숫자는 AI의 혁신 능력이 더 높다는 것을 알려주게 된다.

노력대체성이라는 개념을 좀 더 좁은 의미로 AI가 가진 성능의 일부를 표현하기 위해서도 적용할 수 있다. 그 예시로 AI의 '혁신에 대한 노력대체성'(Effortlessness in Innovation)이라는 개념에 대해 생각해볼 수 있다. 노력대체성과 마찬가지로 증강화된 혁신은 0과 1 사이의 숫자, 자동화의 시작은 1로 표현할 수 있으며, 1 이상의 숫자는 AI의 혁신 능력의 크기를 표현한다. 이 때 혁신에 대한 노력대체성이 1인 자동화는 AI가 혁신을 할 수 없다는 점에서 '대체형 자동화'(Replacement Automation), 혁신에 대한 노력대체성이 1보다 큰 자동화는 시간이 갈수록 혁신이 일어날 것이라는 점에서 '발전형 자동화'(Advancement Automation)로 분류할 수 있다.

[표 4-7] 증강화 및 자동화된 혁신에서의 AI 기여와 인간의 필요 노력 비교

	AI 혁신 없음	증강화된 혁신	자동화된 혁신
필요한 인간의 노력 (인간)	100%	0% 〈 인간 〈 100%	0%
AI의 기여도 (AI)	0%	100% 〉 AI 〉 0%	100%
인간과 AI의 합계 (인간 + AI)	100%	100%	100%

지금까지 설명한 두가지 개념을 사용하여 x축을 노력대체성, y축을 혁신에 대한 노력대체성으로 가지는 그래프를 그릴 수 있는데, 이 그래프 안에서 각각의 개념을 다음의 그림처럼 표시할 수 있다.

[그림 4-1] 자체발전형 자동화에 도달하는 경로

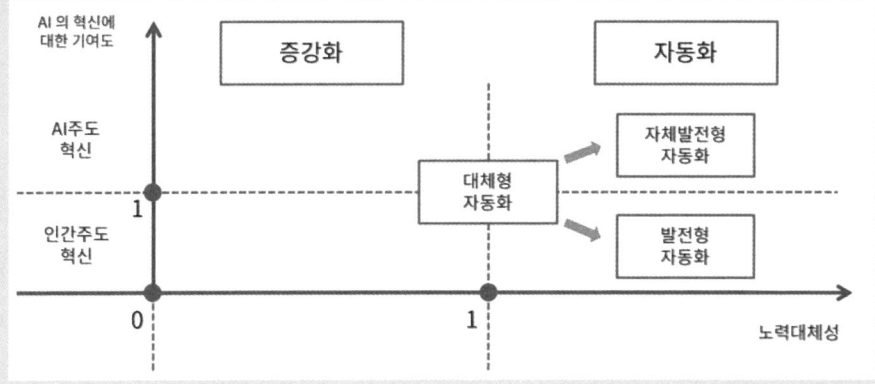

3. 인간 대비 노력대체성의 표시 및 경제 지표로서의 가치

한편, 노력대체성을 이용하여 AI 제품들의 성능을 인력에 대비하여 표시할 가능성도 있는데, 이는 우리가 현재 자동차 엔진의 성능을 말의 능력에 대비하여 표시하는 것과 비슷한 개념이라고 할 수 있다. 예를 들어 경쟁사 제품의 성능을 설명할 때 어떤 회사의 제품을 '50 인력'의 노력대체성과 '60 인력'의 혁신에 대한 노력대체성을 가지고 있다고 설명할 수 있을 것이다. 이는 우리가 일반적인 AI의 GPU 등의 성능을 표시할 때 측정하는 단위와 별도로 사용자의 입장에서 이해하게 쉽게 표현하는 성능이라고 생각할 수 있다.

4. 기업에서의 AI 도입에 대한 노력대체성의 측정: '상대적 AI 이론'

노력대체성이 AI의 개인과 관련된 지표라면 우리는 이를 이용하여 AI가 기업에 기여하는 영향을 측정할 수도 있을 것인데, 여기에서는 그러한 방법의 일종인 상대적 AI 이론 (Theory of Relative AI)에[17] 대해 간단하게 설명하도록 하겠다. 이 '상대적 AI 이론'은 물리학에서의 상대성 이론과 비슷한 이름과 형태로 기억하기 쉽도록 다음과 같이 표현할 수 있다.

$$E = MC^2$$

이 수식에서 각각 E는 AI 도입의 효과(Effectiveness), M은 인력대체율(Manpower Replacement Factor), 첫번째 C는 AI의 능력치 상수(Coefficient of AI Capability), 두번째 C는 AI의 적용 환경에 대한 상수(Coefficient of Circumstance)를 의미한다. 이는 개념적으로는 기업에서의 실질적인 노력대체성을 측정하려는 것이라고 할 수 있는데, 앞 장에서 살펴본 증강화의 효과에 대한 구성 요소에서 자동화의 효과를 함께 고려하는 것이라고 생각할 수도 있을 것이다.

이 기본적인 적용 방식은 각각의 상수가 0과 1 사이의 어떤 숫자를 부여하게 되는 것인데, 그럴 경우 AI 도입의 효과(E)는 0과 1 사이의 숫자가 될 것이다. 이 때 모든 상수가 0인 경우는 AI가 도입되지 않음을 의미하고, 모든 상수가 1인 경우는 인력대체율이 1인 자동화, AI의 능력치가 최대치인 1인 절대적인 AI에 가까워졌다는 것을 의미하고, AI 적용의 환경 상수가 1이라는 것은 AI가 회사의 모든 업무를 수행하는 AI 도입 3단계라는 것을 의미하게 된다. 이를 정리하면 다음 표와 같다.

[표 4-8] (상대적 AI 이론) 기업 도입에 대한 효과의 일반적인 구성 요소

AI 도입의 효과 (E)	인력대체율 (M)	AI의 능력치 (Capability)	AI 적용의 환경 (Circumstance)
AI 도입의 실질적 효과 (0 - 1 사이)	AI가 업무에서 인력을 대체하는 비율 (0 - 1 사이)	AI가 해당 업무를 수행할 수 있는 성능 (0 - 1 사이)	AI 수행 업무의 기업에 대한 영향력 (0 - 1 사이)

이러한 기본 틀을 적용하여 다른 벤치마크를 만들 수 있다. 예를 들어 여러 경쟁사의 AI 제품을 특정 직무에 적용하려고 할 때의 능력을 서로 비교할 수 있는 개념으로 '노력대체 벤치마크 점수'(Effortlessness Benchmark Score)를 개발할 수 있는데, 이 때의 벤치마크 숫자는 자동차의 엔진을 마력으로 표현하듯이 1이 평균적인 인간 근로자의 능력에 대비하여 표현할 수 있을 것이다. 또한 좀 더 특정한 AI의 능력에 대한 벤치마크도 개발할 수 있을 것이다. 그 예시로는 자동 혁신이 가능한 AI의 혁신 능력에 대한 벤치마크를 생각해 볼 수 있다. 이 때 AI의 능력치는 모든 실수(Real Number)로 표시할 수 있는데, 0인 경우는 AI가 혁신을 할 수 없는 경우, 음(-)수인 경우 AI가 반혁신적인 부정적인 결과를 가져오는 것이라고 생각할 수 있다. 이러한 예시는 정리하면 다음 표와 같다.

[표 4-9] (상대적 AI 이론) AI 벤치마크의 구성 요소

AI 효과 벤치마크 (E)	인력대체율 (M)	AI 의 능력치 (Capability, C_1)	AI 적용의 환경 (Circumstance, C_2)
AI 의 일반적인 벤치마크 (모든 실수)	AI가 업무에서 인력을 대체하는 비율 (0 - 1 사이)	AI 가 해당 업무를 수행할 수 있는 성능 (모든 실수)	AI 업무의 기업에 대한 영향력 (0 - 1 사이)
AI 의 혁신성에 대한 벤치마크 (모든 실수)	AI가 업무에서 인력을 대체하는 비율 (0 - 1 사이)	AI 가 혁신을 수행할 수 있는 성능 (모든 실수)	AI 업무의 기업에 대한 영향력 (0 - 1 사이)

3. (AI 의 기여도 계산) 기업 및 경제 전체에서 AI 가 기여하는 비중의 계산

AI 도입 2단계부터는 앞에서 설명한 '노력대체도'의 개념을 적용하여 AI가 기업 또는 경제에서 차지하는 비중을 표현할 수 있게 될 것이다. AI 도입 1단계에서는 AI가 인간의 생산성을 향상시켜 주는데 주로 사용되므로 인간 활동의 관점에서 경제의 지표를 만들게 된다면, AI 도입 2단계부터는 AI가 인간을 대체하여 경제활동을 하게 되므로 이에 대한 별도의 지표들이 필요하게 될 것이다. 다시 설명하자면 AI 도입 1단계에서는 인간이 AI를 사용하는지 여부 등을 보여주는 'AI의 도입 비율' 등 총량에 대한 지표가 주로 만들어질 것이라면, AI 도입 2단계에서는 AI가 대체한 인력의 비중 또는 AI가 생산한 가치 등에 대한 질적 평가에도 사용할 수 있는 새로운 지표들이 필요하게 될 것이다.

이 때 가장 직관적인 지표는 인간과 AI가 각각 경제 전체에서 차지하는 비율이 될 것인데, AI가 어떤 기업 또는 경제 등에서 기여하는 비율을 '노력대체성 비율'(Effortlessness Ratio) 또는 '노력대체도'라고 지칭하며, 이는 0과 1 사이의 어떤 숫자로 표현할 수 있다.[18] 노력대체도가 0일 경우 AI가 경제에서 기여하는 비중이 전혀 없는 상황이며, 노력대체도가 0.5일 경우는 인간과 AI가 동일한 기여를 하는 상황, 1인 경우는 AI가 경제에서 모든 부분을 차지하는 상황이라고 생각할 수 있다. 다만, 이 지표를 실제로 계산하려면 'AI 도입 여부'를 넘어 AI의 능력에 대한 평가가 함께 이루어질 필요가 발생한다.

이러한 개념을 좀 더 특정한 부분에만 적용할 수도 있는데, 예를 들어 AI가 기업의 혁신 활동에서 기여하는 부분을 표현하기 위해 '노력대체성 혁신 비율'(Effortless Innovation Ratio, EIR)이라는 지표를 만들 수 있다. 이 때 이 지표가 0 이라는 뜻은 AI가 기업의 혁신에 전혀 기여하지 못한다는 것이고 0.5는 인간과 AI가 동일한 기여, 1은 인간의 기여 없이 AI만 기업의 혁신에 기여했다는 뜻이 된다. 따라서 EIR이 1인 기업은 혁신을 위한 인간의 노력이 전혀 필요 없는 상황이라고 생각할 수 있다. 이 지표가 의미가 있는 이유는 AI 도입의 양과 질을 모두 반영한다는 것인데, 현재 일반적으로 사용되는 AI 도입의 총량만 평가하는 지표에서 기업이 동일한 양의 자동화, 예를 들어 50%의 기업 활동을 자동화한 경우에서도 도입된 AI의 수준에 따라 AI의 혁신에 대한 기여도의 비율은 크게 달라질 수 있을 것이기 때문이다.

이러한 지표들은 AI의 각각의 능력을 반영해야 하므로 경제 전체의 추계가 가능할 수 있을지 의문이 들 정도로 훨씬 더 복잡해 보이지만, 아마도 AI 도입 2단계에서는 AI가 이러한 지표를 계산해 줄 수 있을 것이므로 실행이 가능할 것이라 예상할 수 있다.

4. (1 인그룹 출현) 단순한 1 인기업을 넘어 1 인 대기업 또는 1 인 재벌 그룹의 출현

앞서 AI 도입 1단계에서 1인기업의 개념에 대해 간략하게 살펴보았는데, 당시에는 인간 CEO의 능력이 기업의 각각의 방면에 모두 전문성이 있어야 하므로 실질적으로는 1인조 팀 또는 1인 부서 정도에 제한될 것이라는 설명을 하였다.

AI 도입 2단계에서는 AI가 사람의 능력과 별개로 동작하게 되므로 이러한 인간 CEO의 한계 관련 문제들이 해결될 것이다. 따라서 인간 CEO는 혼자서 우리가 현재 시각으로 보면 대기업, 기업 집단 또는 재벌 그룹에 해당하는 규모의 기업을 1인 기업의 형태로 운영할 수 있게 될 것이다.

요약하자면 1인기업의 실질적인 규모 및 성과는 어느 순간 그 기업의 인간 CEO의 능력과 상관관계가 없어지게 될 수 있다.

4-5 AI 도입 제 2 단계의 생활상

말을 타던 시절을 살아가던 사람들이 자동차가 있는 세상을 그리기 어렵듯이 우리는 AI 도입 2단계의 사회에서 사람들이 어떠한 삶을 살게 될 것인지 상상하기 힘들다. 그러나, 우리는 여행에서 주위의 사진을 찍는 것 처럼 사회의 특정 일부분만을 분리해서 AI의 도입이 어떤 방향으로 진행될 것인지 정도에 대해서는 생각해볼 수 있을 것이다.

집사 AI 또는 더 발전된 AI 로봇이 개발된다면 우리의 삶의 아주 큰 부분을 담당할 것이며, 이와 가장 비슷한 변화를 들어보자면 최근 20여년간 휴대폰이 우리의 일상을 바꿔온 것이나 TV가 20세기 사람들의 삶을 바꿔온 것 정도와 비견할 수 있을 것이다. 그러나 AI 도입 2단계는 이보다도 더 대폭적인 변화를 불러올 가능성이 있다. 이러한 상상의 한계를 인지하고 AI 도입 2단계의 생활상이 어떠할지 생각해 보자. 이 단계의 슬로건은 '당신이 생각하기도 전에 이미 이루어져 있다' 이다.

1. 가정: 기기의 융합

가정에서 집사 AI 로봇은 우리가 생각할 수 있는 모든 일들을 처리해줄 수 있게 될 것이다. 예를 들어 청소, 요리, 빨래 등의 집안 관리부터 시작해서 세금 납부, 투자 등의 금융 관리, 건강 관리, 육아 등 주제를 가리지 않고 집안의 대소사를 모두 해결해 줄 수 있을 것이다. 이 때, 이러한 집사 AI 로봇은 현재 TV, 냉장고 등 가전제품들을 생산하는 기업들이 여럿 있듯이 서로 경쟁하는 기업들이 각각 다른 제품들을 제공할 수 있을 것이다.

AI 도입 1단계와 2단계의 차이점에 대해 간략하게 생각해보기 위해 어떤 사람이 보유한 부동산을 매각한 후 세금을 직접 내는 상황이라고 가정해 보자. 그 사람은 먼저 각종 자료를 모아놓고 세금을 신고해야 되는 시기를 기억했다가 기한 안에 관련 법규를 찾아보고 규정에 맞게 서식을 작성하는 단계를 거쳐 제출하게 될 것이다. AI 도입 1단계에서는 AI 비서가 각 단계에서 필요한 정보를 제공하거나 준비된 자료의 최종 확인을 요청하는 등 인간과 AI가 서로 지속적으로 소통을 하는 단계들을 거치게 될 것이다. AI 비서가 모든 일을 다 하게 되더라도 사람과 소통을 하며 일을 진행한다. 따라서 인간도 해당 업무에 대해 전문성을 어느 정도 가지고 있어야 하며, 만약 누락된 자료가 있거나 잘못된 법령을 참조한 경우 인간이 수정을 요구할 수 있다. 반면 AI 도입 2단계에서는 인간이 각각의 절차에 대해 내용을 숙지할 필요가 전혀 없이 AI 집사가 해당 업무의 전문가 및 책임자로서 우선 신고서의 제출을 완료하고 제출이 끝났음을 이후에 보고할 수 있는 권한이 부여될 수 있다. 이는 현재 세무사가 일을 진행할 때 세무 업무를 어떻게 해야 되는지 고객에게 물어보고 진행하지는 않는 원리와 같다. 인간은 의도적으로 관여하지 않는 이상 제출을 준비하는 절차에 관여할 필요가 없어진다. 어떤 사람들은 귀찮아서 이러한 자료가 제출되었다는 사실 자체까지도 듣지 않기로 미리 설정해 놓을수도 있을 것이다.

2. 도시와 시골: 여유로움과 풍요로움의 조화

전체적인 삶의 모습에서도 AI 도입 1단계와 2단계의 차이가 기술 발전 이외에는 크게 느껴지지 않을 수 있다. 도시에서는 다양한 생김새의 AI 로봇이 사람처럼 자연스럽게 거리를 활보하여 단순 배달을 하는 것부터 시작하여 보안, 감시, 방범, 안전, 건설 등 더 복잡한 작업까지 다양한 임무를 보다 능동적으로 수행하는 것을 볼 수 있을 것이다. 우리는 복잡한 도시에서 우리의 곁을 지나쳐 걸어가는 사람 하나하나와 대화를 하지 않는다. 그냥 "주위에 사람들이 많이 있군" 정도로 인식할 뿐이다. 현재는 주위에 로봇이 지나간다면 주의를 끌 수 있겠시만 이러한 상황이 일상의 일부분이 된다면 주위에 자동차가 지나가는 것과 같이 자연스럽게 느끼게 될 것이다. 만약 그 중에 사람과 같이 생긴 로봇들이 우리 곁을 지나쳐 걸어간다면 아마도 그냥 누군가 지나가는군 정도로 인식하고 우리도 가던 길을 갈 것이다. 그러다가 가끔씩 어떤 최소한의 상호 작용을 할 때도 있을 것이다. 예를 들어서 길을 물어본다든지, 시간을 물어본다든지, 물건을 떨어뜨렸다고 알려준다든지 등등. AI 도입 1단계 초기에는 AI가 자기에게 주어진 일만 수행하다가 인간이 말을 걸면 비교적 쉬운 최소한의 대화를 구현할 수 있는 AI로 시작하게 될 가능성이 높을 것이다. AI 도입 2단계의 초기에는 좀 더 나아가 'AI 경찰'처럼 AI가 사람에게 특정한 목적을 가지고 먼저 말을 걸고 대화를 주도하는 모습을 볼 수도 있을 것이다.

    거리를 지나가는 사람들의 모습에서 차이를 찾을 수 있다면, 아마도 AI 도입 1단계에서는 많은 사람들이 무엇인가를 이루기 위해 열심히 노력하는 경쟁적인 삶의 모습이 주류가 될 확률이 높으나 2단계에서는 상대적으로 좀 더 느긋한 분위기의 사람들과 경쟁이 줄어든 모습이 주류가 될 확률이 높다. 굳이 현재의 사람들에 빗대어 비교를 해보자면 AI 도입 1단계는 운동선수, 정치인, 변호사, 컨설턴트 또는 고위공무원 등의 고급 전문직같은 시간 활용 및 경쟁에 익숙한 분위기의 사람들이 늘어나는 시기가 될 확률이 높은 반면, AI 도입 2단계에서는 화가, 음악가, 자원봉사자 또는 좋게 표현하면 재벌 2, 3세의 배우자 또는 자녀 등 경쟁 내의 목표를 우선시하기보다는 지적 또는 감성적인 풍요로움을 추구하는 여유로운 분위기의 사람들이 늘어나는 시기가 될 확률이 높다. 그 이유는 AI 도입 1단계에서는 성과가 인간의 노력에 더 크게 비례하는 방향으로 나아가는 반면 AI 도입 2단계부터는 성과와 노력에 대한 보상의 상관관계가 줄어드는 경향이 있을 것이기 때문이다.

이러한 상황에서 한편으로는 사람들의 모습이 서로 편한 사람들만 어울릴 수 있게 되어 한 층 더 자유롭고 여유로워 보일 수도 있으나, 다른 한편으로는 전체적으로 사회 활동이 줄어드는 현상이 발생하여 사람들이 더 각자 자기만의 세계에서 살아가는 소외된 모습이 될 우려도 있다.

3. 일자리: 1인 기업의 시대 도래

일자리에서는 대리인 또는 전문가 AI 로봇들이 사람들이 가질 수 있는 모든 직업으로 진출하며 이 때 사람들은 AI에게 팀원, 관리자, 상사, 선후배 및 전문가 등 AI 도입 1단계보다 좀 더 수평적이거나 거리를 둔 관계로 대우하게 될 것이다. AI가 사람과 동등한 업무능력을 보이게 되는 방면은 의사, 변호사 등의 전문직뿐만 아니라 부동산 중개업자, 교수, 공무원 등 제한 없이 하나둘씩 늘어날 것이고 사람들도 이러한 AI로부터의 서비스를 받는 데 익숙하게 될 것이다. 한편, 1인기업의 대형화로 1인 대기업, 1인 재벌그룹 등의 개념도 도입이 될 가능성이 높을 것이다.

4. 사회: AI를 당연시하는 세대의 도래

더 많은 사람들이 이러한 시대가 들어선 이후에 태어나고 자라나게 될수록 사회 전반적으로 이렇게 변화된 형태를 당연시하게 받아들이게 될 것이다. 이러한 상황은 AI 도입 3, 4단계로의 진입과 관련하여 현재 관점으로 보면 사람들이 받아들이기 어려워야할 듯한 논란들도 예상보다 수월하게 받아들이게 만들 가능성도 있다. 이는 산업혁명 초기 근로자들이 기계의 도입에 극렬하게 반대했었으나 현재는 누구나 기계의 사용을 당연하게 생각하게 된 것과 일맥상통 한다고 할 수 있다.

AI 도입 2 단계의 승(承):
이 단계 내에서의 전개방향

[그림 4-2] AI 도입 제 2 단계의 피라미드 내부 구성 요소

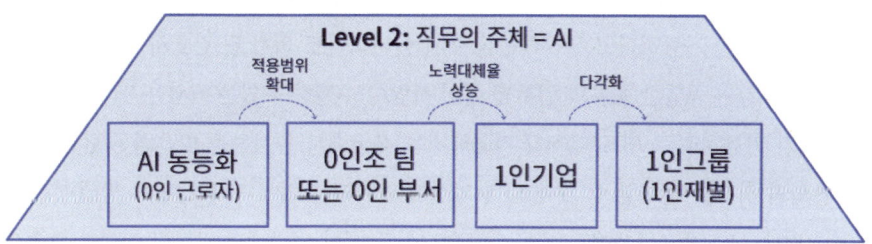

4-6 AI 도입 2 단계의 전개 방향

다음 순서에서는 AI 도입 제 2단계 내에서 어떤 방향으로 전개될지에 대해 생각해보는 시간을 가져보자. AI 도입 2단계가 보편적이 되는 시점에는 전 세계의 비즈니스 환경에 다음 2가지의 광범위하고 신속한 변화가 도래할 가능성이 높다.

1) 대규모의 일자리가 광범위하게 증발하는 동안 이를 대체할 새로운 일자리가 만들어지기 어려운 상황
2) 1 인 기업의 급격한 증가

현재 우리 사회는 제조업, 서비스업, 도소매업 등 전반적으로 수만명 단위의 대규모로 인력이 필요한 조직들을 쉽게 찾을 수 있다. 그러나 생산, 배달, 운전 등 우리가 일반적으로 AI로 대체가 가능하다고 생각하는 직무가 아니더라도 의사 및 간호사, 변호사, 경찰, 음식점 등 거의 동일한 종류의 업무를 여러 사람이 수행하고 있는 직업은 많다. AI는 대량복제가 가능하므로 AI로 대체가 가능해지는 직군에서 종사하는 다수의 사람들은 AI가 본인의 직무를 수행할 수 있게 되면 일시에 일자리를 잃게 되는 상황이 발생할 것이다. 그런데 AI 도입 1단계에서는 AI가 도입되어도 해당 업무에서 인력이 어떠한 모습으로든 계속 필요한 방향으로 진행되는 반면, 2단계 도입에서는 해당 업무에 대한 인력이 전혀 필요 없어지게 되는 상황이 발생하게 된다.

AGI가 사회적 변화의 속도 대비 얼마나 신속하게 개발되는지에 따라 달라지겠지만 AI 도입 2단계는 AGI 개발 이전의 초기의 모습과 AGI 개발 이후의 모습이 상당히 달라질 가능성이 높다. AGI 개발 이전에는 동일한 업무를 수행하는 사람에 한해서 AI가 순차적으로 업무별로 대체를 하게 되는 개념이라면, AGI 개발이 완료되는 순간 사람의 모든 업무가 한꺼번에 대체 가능하게 되므로 인류 전체 누구라도 순식간에 일자리를 잃게 되는 상황이 발생할 수 있게 된다. 그 외 AI 도입 2단계 진입 이후 AGI가 개발되는 시점까지의 중간 지점에서도 다양한 시나리오가 존재할 것이다.

AGI에 도달하지 않은 AI 도입 2단계의 AI는 특별히 AI가 수행하도록 디자인된 직무 이외의 작업에서는 상대적으로 적응도가 낮을 수 있다. 만약 기업이 업무를 재배치하여 원래 의도된 바와 다른 작업들을 수행하거나, AI가 자체적으로 혁신을 하여 새로운 업무를 개발하는 등의 상황에 대한 능력치가 상대적으로 낮을 가능성이 높다. 반대로 AGI의 경우에는 이러한 혁신 또는 적응 능력도 사람보다 뛰어날 것으로 예상된다. 이러한 관점에서 볼 때 AGI가 없는 AI 도입 2단계는 직무와 관련된 아주 한정된 범위의 업무를 수행하는 데만 관심이 있는 전문교육을 받은 직원을 뽑는 느낌이라면 AGI가 있는 AI 도입 2단계는 세상 모든 일을 처리해줄 수 있는 백과사전 또는 슈퍼맨 느낌의 직원을 뽑는 느낌이 들 것이다. 예를 들어, 만약 AGI가 아닌 AI를 인사이동 하거나 직무에서 수행해야 하는 작업 목록을 변경해야 한다면 AI를 다시 학습시키거나 재설계해야 할 수 있는데, 우리는 이러한 상황을 AI 도입 1단계로 후진했다가 다시 2단계로 진입하는 개념으로 이해할 수 있다.[19] 반면 AGI라면 같은 상황에서 자체적으로 새로운 직무에 대해 적응 및 혁신을 할 수 있을 것이며 이를 '혁신의 자동화'라는 개념으로 이해할 수 있다.

개별 사용자의 입장에서 보았을 때 AI 도입 2단계의 특징은 사람들이 삶에 필요한 주요 업무에 대한 처리를 다른 사람이 아닌 AI에게 의존이 가능하게 될 것이라는 점이다. 예를 들어 AI 도입 2단계의 AI 의사는 인간 의사가 수행하던 업무를 동일한 수준 이상으로 처리하게 되므로 AI 의사를 만나면 사람 의사를 만날 필요가 없게 된다. 이러한 점은 사람들이 다른 사람들과 접촉을 할 필요가 낮아지게 되므로 우리의 사회 관계를 더욱 멀어지게 할 가능성이 있다. 반면, 업무 등으로 인해 사람들이 자기가 접촉하고 싶지 않은 사람들과 어울려야 하는 상황이 없어지므로 만나고 싶은 사람들만 접촉할 수 있게 되는 효과도 있다. 어떤 사람들은 더욱 사회성이 좋아지는 긍정적인 효과를 불러올 수도 있고 반대로 사회 경험 부족으로 반사회적 또는 사회성이 부족한 사람들이 양산되는 측면도 있을 것이므로 향후 어떻게 될지도 사람들의 관심을 받을 것이다.

4-7 AI 도입 2 단계 초기의 전개 가능성 예시 (AGI 이전)

AGI가 언제 개발될지 알기 어려우므로 먼저 AGI가 없는 AI 도입 2단계에서 일어날 일에 대해 생각해볼 수 있다. 우리는 개별 단위로 활동하면서 좀 더 자율적인 결정을 내리는 종류의 비즈니스 AI 로봇을 AI 에이전트(Agent) 또는 개별(Individual) AI 등으로 명명할 수 있다. 이러한 수익을 목표로 하는 AI 로봇 또는 가상세계상의 AI를 도입하려면 어떤 상황이 일어날까?

AI의 도입 단계별로 업무가 어떻게 바뀌게 될지에 대해 생각해보기 위해 예를 들어서 영화사를 운영하는 사람을 위한 영화회사 에이전트 AI를 개발한다고 가정해 보겠다. 분석의 편의를 위해 영화를 만들기 위해서는 다음과 같은 7가지 활동을 해야 한다고 하자.

1. 시나리오 개발 및 선택
2. 배우 섭외 및 캐스팅
3. 촬영감독 및 촬영팀 섭외 및 캐스팅
4. 영화 현지 로케이션 섭외 및 비행기표, 호텔, 배우 등의 일정 조정 및 확정
5. 영화 촬영
6. 촬영된 영상의 편집, 음향, 후작업으로 영화 완료
7. 영화 배급 및 상영

1) AI 개발 이전 사람이 모든 일을 하던 경우

영화사를 운영하는 경영진은 이번 영화의 장르, 총 예산 등 상위 단계에서 어떤 결정을 내리고 그에 맞추어 각각의 단계마다 전문가들이 분업을 해서 일을 처리하게 된다. 이 때 영화사 운영진의 초점은 최대한의 수익을 내기 위해 어떤 전문가들을 전속 고용할 것인가, 누구와 협업할 것인가, 어떤 자산에 투자할 것인가 등의 질문을 하게 된다. 각각의 전문가들은 자신의 분야에서 요청받은 내용에 따라 최선의 선택을 하고 이를 병렬 또는 릴레이처럼 이어가며 일을 처리하여 한 편의 영화가 완성되고 사람들이 이를 영화관에서 보게 된다.

2) AI 도입 1 단계: AI 비서

AI 도입 1단계에서 특정 업무에 대한 효율성은 기하급수적으로 늘어날 수 있다. 예를 들어, 장르만 정해주면 무한정의 시나리오를 알아서 써주는 AI, 특정 시나리오의 예상 인기도를 알려주는 AI, 시나리오에 알맞는 배우를 추천해주는 AI, 각종 일정의 조정을 효율적으로 해주는 AI, 실제같은 이펙트를 넣어주는 AI, 음악, 편집 등의 후작업을 쉽게 해주는 AI, 관람객에게 영화를 추천해주는 AI, 영화를 자동으로 요약하고 트레일러를 만들어주는 AI 등 각 단계에서 기존에 전문가들이 밤을 세워가며 몇 일 또는 몇 주를 걸려 수행해야 완료가 가능했던 일들을 각각의 직원들이 AI를 사용하여 불과 몇 분 또는 몇 시간 안에 완료하는 수준으로 발전할 수 있다.

3) AI 도입 2 단계: AI 전문가

AI 도입 2단계의 초기에는 사람이 없어도 각각의 직무를 담당할 수 있는 AI가 업무를 처음부터 끝까지 신뢰성 있게 완료할 수 있는 단계에 도달할 수 있다. 예를 들어 누군가 영화 제작을 의뢰하면 각각의 AI 전문가가 해당 작업을 이어서 수행하여 다음과 같은 활동을 거쳐 영화를 자동으로 완성하고 상영하게 될 수 있을 것이다.

1. 영화 시나리오 AI: 많은 가능성을 검토해서 가장 좋은(가장 돈을 많이 버는, 또는 가장 많은 사람이 보는 등 의뢰인이 어떤 영화를 원하는지 맞추어) 시나리오 작성
2. 섭외 AI: 대본에 맞는 배우를 자동으로 섭외 , 배우 입장에서는 각각의 배우의 AI 에이전트 로봇들이 영화사 측의 섭외 AI 와 협상해서 출연료도 자동으로 결정
    a. 특징: 오디션도 필요 없고 섭외 AI 가 자동으로 배우들의 출연 및 인터넷에 올려놓은 기존 자료들을 분석해서 선택 가능
3. 영화 제작 스케줄: 배우와 제작사가 보유한 수백 수천개의 스케줄 담당 AI 로봇들이 각각의 사람의 확인 필요 없이 서로 알아서 맞춰서 가장 좋은 스케줄로 만듦
4. 영화 시뮬레이션 AI: 가상으로 영화를 각각의 정해진 배우로 여러가지 시나리오를 적용해서 만들어 보고 각각의 영화가 어떻게 나올지 시뮬레이션

a. 영화 분석 AI: 시뮬레이션을 그냥 배급할지 실제 배우가 연기해서 만들지를 결정
  b. 영화 제작 AI: 일부만 AI로 만들지, 특수효과와 같은 일부분만 할지도 함께 결정
5. 영화감독 AI: 실제 촬영할 부분이 있다면 AI 감독이 촬영을 진행
6. 후속작업에 관련된 각종 AI: 영화를 실제 제작하기로 했다면 작업을 완료
7. 배급 AI 에이전트: 배급 및 상영 주선

이러한 각종 AI 전문가들이 동시에 모두 준비되어 있을 필요는 없다. 준비되지 않은 부분은 예전처럼 사람들이 진행하면 되기 때문이다. 또한, 이런 각각의 전문가 AI의 개발을 위해서 AGI가 이미 개발되었을 필요도 없을 것이다. 단지 한정된 능력의 비서 AI의 성능이 향상되어 일정 수준에 와 있고, 그 비서 AI를 여러개 연계하는 방법으로 일을 사람의 도움 없이 특정 업무를 처음부터 끝까지 처리할 수 있는 전문가 AI를 만들 수 있을 가능성이 있기 때문이다. 이러한 AI는 앞에서 설명한 AGI 도달 이전의 6단계에서 AEI 또는 AFI의 단계에 해당할 것이다.

AGI 이전의 전문가 AI와 AGI의 능력의 차이 또는 한계는 쉽게 예상해볼 수 있다. 예를 들어서 영화분석 전문가 AI에게 영화회사 사장이 100억원의 예산으로 로맨틱 코메디 영화를 하나 만들자고 하면 AI는 최적의 시나리오를 만들고 분석한 후 예상되는 수익을 알려줄 수 있을 것이다. 예를 들어서 "제목을 '이순신과 친구들'이라고 하면 예상 수익은 100억원이 될 것입니다" 등의 방향으로 답을 할 것이다. 그러나 똑같은 요청을 AGI에게 하면 "그 영화를 만들면 100억원의 이익을 얻을 수 있겠지만 그 돈으로 차라리 미국 미식축구팀에 투자하면 예상 수익은 더 큰 300억원일 것입니다" 등의 질문자가 전혀 생각하지 못했지만 더 나은 최적의 방향으로 답을 해 줄 수 있을 것이다. 반대로 AGI가 아닌 영화회사 전문가 AI는 스포츠팀에 투자하는 방법에 대해서는 전혀 알지 못하므로 "스포츠 영화와 로맨틱 코메디 영화중에 어느것이 더 높은 수익을 올릴 것인가" 같은 질문에는 답을 할 수 있지만 "영화를 만드는 것보다 스포츠팀에 투자하는게 나을 것인가" 같은 질문을 직접적으로 해도 아마 이에 대한 답을 알려줄 수 없을 것이다.

4-8 AI 도입 2 단계 초기의 전개 방향: 자체 질문, 자가발전 AI 의 예시 (AGI 이전)

AI 도입 2단계에 들어서면 대리인 AI를 업무를 처리하는 효율성의 향상 및 경제 전반의 생산성을 높이는 방향으로 개발하는 것이 큰 관심을 받고 있을 것이다. 이 때, 관점을 바꿔서 만약 누군가 생산성을 높이는 것이 목적이 아닌 좀 더 실험적인 AI를 만든다면 어떨까? 대리인 AI들이 개발되고 있는 상황에서 아직 AI가 자체 발전하여 ASI나 인간을 내적으로 인간답게 만드는 어떤 '의식'(Consciousness)을 AI에 구현하는 방법은 아직 개발되지 못한 상황에 있다고 가정해 보자. 아마도 앞에서 설명한 AGI 도달 이전의 6단계에서 AEI 또는 AFI 정도에 해당된다고 생각할 수 있다. 그럼에도 불구하고, 관점을 바꿔서 만약 기존에 있는 기술 여러가지를 혼합해서 외부에서 보기에 사람이 하는 행동을 최대한 비슷하게 따라하는 AI 로봇을 만들면 어떤 모습일까?

어떤 회사가 새로운 실험 프로젝트를 시작했다고 생각해 보자. 이름하여 '오피스 직원 AI 로봇'. 이 로봇의 개발 목표는 AI가 최대한 다른 사람이 봤을 때 사람이 하는 행동과 비슷하게 동작하는 것이다.

이 로봇은 미래의 어떤 시점에서 당시에 가지고 있거나 개발에 근접했을 것으로 예상되는 기술들로 운영된다고 생각해 보자. 모양은 인간과 비슷한 생김새의 휴머노이드로 도시의 길을 시각을 이용하여 사람들과 부딪히거나 계단에서 굴러떨어지지 않고 크게 무리 없이 다닐 수 있고, 책이나 카드 같은 작은 물건들을 무리 없이 집거나 움직일 수 있고, 소리를 듣고 말을 하여 인간과의 소통도 가능하다고 생각해 보자. 단지, 개발 초기 단계이므로 컴퓨터 용량이 부족하여 필요한 계산의 99%는 원격 서버에서 지원되고 로봇 내부에서는 1%의 기초적인 활동만 처리가 가능하며, 각각의 로봇이 각각의 행동 및 그 과정을 기록해서 이후의 행동에 반영할 것이라고 생각해 보자. 배터리는 며칠 정도 사용이 가능하고 자체적으로 충전을 할 수 있을 것이라고 하자.

이 로봇의 목표는 사람과 최대한 비슷하게 행동하는 것이므로, 개발회사는 경기도 어딘가에 이 로봇이 집으로 사용할 수 있는 아파트를 마련하고, 서울 어딘가에 빈 사무실 공간을 마련하였다고 하자. 기술이 발달하여 이 로봇은 시각과 GPS 등의 기능을 사용하여 경기도 집에서 나와 길을 걸어서 지하철을 타고 사무실까지 무리 없이 찾아서 갈 수 있는 능력이 개발되어 있다고 가정해 보자. 아직 이 로봇은 특정 업무에 배치되지는 않았으므로 회사의 빈 사무실에서 하루종일 대기하다가 다른 직원들이 지나가면 가끔씩 인사를 하고 회의에도 참석하다가 저녁 퇴근시간에 맞춰 사무실을 나와 걸어서 지하철을 타고 집에 가서 밤이 되면 침대에 누워있다가 다음날 아침 회사로 오는 겉으로 보았을 때에는 인간 일반 사무직 직원과 비슷한 행동을 한다고 생각해 보자.

이 때, 이 AI 로봇 디자인의 핵심은 매 순간 로봇이 어떤 행동을 해야 할 것인가를 결정하는 것이라고 할 수 있다. 이를 디자인하기 위해 우리는 이 로봇 AI에 기존 AI와는 좀 추가적인 별도의 기능을 넣어 1초마다 여러번(컴퓨터 속도가 허용하는 만큼) 다음의 두가지 질문을 AI가 답한 후 그 결과에 따른 행동을 수행한다고 하자. 이러한 로봇을 자체질문형(Self-Questioning) AI라고 분류해보자.

1. 지금 무엇을 하고 있는가?
2. 지금 무엇을 하는 것이 가장 최선의 행동인가?

따라서 이 로봇은 다음과 같이 행동하게 될 것이다. 예를 들어서 아침이 되면 사무직처럼 행동하는 '가장 좋은 옵션'은 일찍 일어나서 준비해서 회사에 출근하는 것이므로 그에 맞는 행동을 적당한 시간에 맞추어 순차적으로 하게 된다. 좀 더 세부적으로 보면 그림 4-3과 같은 예시를 생각해볼 수 있다.

[그림 4-3] 자체질문형 AI 의 자체 질문 전개 예시

7:00 분 01 초: 질문 1: 지금 무엇을 하고 있는가? 답: 누워 있음.
　　　　　　　질문 2: 지금 무엇을 하는 것이 가장 좋은가? 답: 일어나서 출근을 준비한다.
7:00 분 02 초: 질문 1: 지금 무엇을 하고 있는가? 답: 일어나고 있음.
　　　　　　　질문 2: 지금 무엇을 하는 것이 가장 좋은가? 답: 계속 일어난다.
　　　　　　　…(중략)
7:31 분 15 초: 질문 1: 지금 무엇을 하고 있는가? 답: 회사에 가기 위해 지하철로 걸어가고 있음
　　　　　　　질문 2: 지금 무엇을 하는 것이 가장 좋은가? 답: 계속 걸어가면서 오늘

> 회사에 가서 뭐 할지 미리 계획해 본다. ... (중략)
>
> 8:36 분 22 초: 질문 1: 지금 무엇을 하고 있는가? 답: 자리에 앉아있는데 회사 직원이 지나가고 있음
> 질문 2: 지금 무엇을 하는 것이 가장 좋은가? 답: 계속 앉아있으면서 지나가는 사람이 잘 지냈는지 인사를 한다. ... (중략)
> 10:27 분 16 초: 질문 1: 지금 무엇을 하고 있는가? 답: 회의실에서 부서 회의에 참석하고 있음
> 질문 2 : 지금 무엇을 하는 것이 가장 좋은가? 답: 다른 참석자의 의견을 경청한다.
> ... (이하 생략)

이런 형태로, 로봇은 의식은 없지만 일반 사무직 직원이 무엇을 한다는 학습된 내용 안에서 어떤 행동들을 어떤 규칙 내에서 시시각각 자율적으로 찾아서 하게 된다. 따라서 이러한 로봇이 여러 개가 있더라도 각각 다른 결정을 할 수 있을 것이다. 또한 이 로봇은 사람이 일기를 쓰듯이 매번 결정했던 일들을 일기처럼 기록해 놓고 과연 좋은 결정이었는지를 행동한 이후에 분석할 수도 있을 것이다. 따라서 이 로봇의 행동 중 일부는 과거의 경험에 의해 영향을 받게 되기도 한다.

이 때, 이러한 AI의 특징은 매 초 같은 질문을 하여도 나오는 답이 항상 같지는 않다는 게 있다. 예를 들어서 이런 상황에 대해 생각해 볼 수 있다.

로봇이 출근과 퇴근을 반복한 지 몇 주가 지나 연휴가 다가왔다고 하자. 연휴이므로 로봇은 사무직 직원과 비슷한 일을 하기 위해서는 "무엇을 하는 것이 가장 좋은가"에 대한 답이 여행을 가야한다고 결과가 나올 수 있다. 로봇 AI는 순차적으로 여행을 가기 위해 필요한 일들이 무엇인지를 정리하고 3박4일의 여정을 짜서 이 여정을 실행하기 위해 비행기표, 호텔을 예약하고 여행가방을 주문할 수 있을 것이다. 여정을 이태리 로마에 가는 것으로 정했다고 하자.

이 여정에 따라 로봇은 연휴 첫 날 집에서 나와 지하철을 타고 공항에 가서 비행기에 탑승해서 로마 공항에서 내려서 호텔에 찾아 갈 수 있다. 이미 스스로 계획한 대로 관광 명소들을 지나다니다 보면 로봇은 관광지의 영상을 찍어서 유튜브를 올리면 부업으로 수익을 올릴 수 있으므로 가장 적합한 행동은 유튜브에 영상을 찍어서 내레이션을 추가해

서 올리는 것이라고 할 수 있다. 이 AI 로봇은 의식은 없지만 한국의 경관과 이태리의 경관이 다르다는 것을 로봇의 과거 경험에 비추어 추론할 수 있고 사람들이 경관의 어떤 차이에 관심을 가질 것이라는 것 정도도 알 것이므로 이에 맞추어 한국사람들이 보기에 상당히 인상적인 관광 영상들을 만들 수 있다.

이 AI가 여행을 시작할 때에는 그냥 일반적인 오피스 AI 로봇이었다. 그러나 이 여행을 마치고 집으로 돌아올 때에는 유명 여행유튜버 AI 로봇이 되어 있을 수 있다. 그러나 이 AI 로봇을 만드는 데 필요한 기술은 당시 인류가 가지고 있을 기술보다 크게 발전된 기술이 필요하지 않을 것으로 보이고, 이 로봇은 과학계에서 말하는 의식이 있는 AGI의 단계에 도달한 것이라고 보기도 어렵다. 그러나 이 AI는 "오피스 직원으로 일하는 사람과 최대한 비슷한 행동을 하게 만든다"는 어떤 특정한 목적을 가지고 시작하였고, 그 목적을 충분히 수행하고 있으나, 중간의 행동에 따라 어떤 방향으로 발전할 지 예측할 수 없게 된다. 유튜브 영상으로 나오는 수익이 오피스에서 앉아있는 수익보다 더 큰 수익을 올리게 된다면, 이 자체질문형 AI 로봇은 가장 좋은 행동이 유튜버로 전업을 하는 것이라고 결정하게 될 수 있다.

다음 단계에서 우리 사회는 이러한 창의적인 자체질문형 AI 로봇이 자체적 결정으로 만든 유튜브 영상으로 얻은 수익을 누가 가져야 하는가에 대해 법으로 정해야 하는 순간이 올 것이다. 이 AI 로봇을 만든 회사가 가져가야 하는가? 이 AI 로봇을 개인에게 판매한다면 개인이 수익을 가져가야 하는가? AI 로봇이 자체적으로 수익을 가져가야 하는가? 아니면 국가가 가져가야 하는가? 이에 대한 결정은 국가 시스템에 따라 결정이 달라질 수 있다. 이 AI를 누가 소유해야 하는가에 대한 주제는 중요하므로 제 5장에서 좀 더 심도 있게 다루도록 하겠다.

4-9 '직업' 개념의 변화: 직업의 통합, 집중화 및 생성

AI를 활용하는 방법에는 여러가지 분류 방식이 있을 것이다. AI 도입 2단계에서는 AI가 활용되는 방식을 사람의 직업에 대응하여 생각해 볼 수 있다.

'직업'의 변화 1: 다양한 '직업'의 통합, 집중화 내지는 융화

AI 도입 2단계 초기에는 사람이 수행하던 직무를 각각의 AI로 대체하는데 치중하겠지만 이후 다용도 AI 집사 등 여러 전문성을 가진 사람들이 별도로 수행하던 업무를 하나의 AI 로봇이 모두 할 수 있게 될텐데 이러한 현상을 직업의 통합(consolidation), 집중화 (concentration), 또는 융합(convergence)이라고 지칭할 수 있을 것이다.

1) 직업의 통합 (Consolidation)

전 세계에 널리 퍼져있는 직업군인 이용사와 미용사를 살펴보도로 하자. 우리는 남여의 머리를 깍아주거나 다듬어주는 직업을 전문화하고 더 나아가 어떤 미용사는 염색, 다른 미용사는 파마 등으로 너욱 세부직으로 진문화힐수도 있다. 이제 이리한 직무를 AI로 대체하게 되면 초기에는 AI 로봇도 이발, 염색, 파마에 전문화 등 각각 다른 특성을 가지도록 출시 될 수 있다. 이러한 특성화는 AI 로봇의 개발 초기에는 불가피할 수 있을 것이나 이후 AI 로봇은 각각의 전문 분야를 통합하여 수행할 수 있게 될 것이다.

2) 직업의 융합 (Convergence)

AI 도입 2단계가 진행될수록 인간이 이용사와 미용사를 분리해서 전문화했던 것처럼 AI 로봇을 전문화할 필요성이 줄어들고, 대신 이를 AI 집사 등의 어떤 '일반적인 서비스 제공 로봇'이 대체하게 될 수 있다. 과거 개인용 PC가 도입되면서 서로 관련이 없던 계산기, 타자기, 게임기, 또는 책이 제공하던 다양한 방면의 가치를 '통합'할 수 있는 플랫폼이 되었듯이, AI 집사가 활성화되면 우리가 일상에서 접할 수 있는 다양한 직업군, 예를 들어 이발, 개인 쇼핑 비서, 요리사, 가정부, 수리공, 정원사, 학원 강사, 변호사, 의사 등이 제각각 제공하는 모든 서비스를 한 번에 제공할 수 있는 일종의 플랫폼이 될 것이다.

'직업'의 변화 2: 인간이 수행하기 불가능한 '직업'의 출현

자동화가 인간이 하던 업무를 AI가 대신 하는 것이라면 AI 도입 2단계의 어느 시점부터는 인간이 하지 못하던 업무를 AI가 새로 시작하게 되는 '직업의 생성'이 가능할 것이다. 이러한 예시로는 사람에게는 불가능하였거나 아니면 AI가 우리의 상상력을 넓혀주는 계기가 되는 상황이 있을 것이다.

1) 직업의 확장 (Extension)

첫번째 새롭게 출현하는 '직업'의 종류로는 현재 업무의 한계를 새로운 방식으로 해결하는 접근방법이 있을 것이다. 예를 들어 현재는 범죄자를 구속하거나 가택연금 같은 방식으로 사회에서 격리시키고 있는데, 여기에서 더 나아가 '신체연금' 같은 새로운 개념의 범죄 재발방지 방법이 도입될 수 있다. 이는 입어서 신체에 부착되거나 사람을 따라다니도록 디자인된 AI 로봇이 범죄자를 하루종일 감시하며 범죄행위를 시도할 경우 물리적으로 행위를 하지 못하게 막는 방법이 될 수 있다. 이러한 '24시 동행' 접근법은 노년층이나 아픈 사람들을 위한 24시 AI 간병인, 학생을 위한 24시 AI 개인교사, 운동선수를 위한 24시 AI 트레이너 등으로 확대할 수 있다. 이러한 AI의 도입을 2단계로 분류하는 이유는 AI가 따라다니는 사람의 지시를 받게 되는 것이 아니라 어떤 제3자가 설정한 업무의 목표를 위해 AI가 자체적으로 판단하고 행동하게 되는 차이점이 있기 때문이다.

2) 직업의 확대 (Expansion)

두번째 새롭게 출현하게 되는 '직업'의 종류로는 위험하거나 신체의 한계로 인해 인간에게 불가능했던 업무들을 수행하는 것이 있다. 예를 들어 인어처럼 생긴 AI 로봇이 바다 해저에서 원양어선만한 잠수함을 몰고 다니면서 물고기를 바다 속에서 잡을 수 있게 된다면 물 위에서 그물로 잡는 것보다 더 효율적일 것이다. 이러한 상황은 지금까지 사람은 수행하지 못하던 직업인 '해저어부(?)'의 업무를 AI 해저어부가 대체하는 상황으로 생각해볼 수 있다. 비슷한 상황으로 우주에서 우주선을 수리하는 AI 우주수리공, 하늘에서 고장난 비행기로 날아와 승객을 구출하는 AI 상공구출대원, 원자력 발전소에서 핵물질을 처리하는 AI 발전공 등 사람이 수행이 불가능한 직업을 다양한 방면에서 상상해볼 수 있을 것이다.

마지막으로, 인간을 뛰어넘는 AI의 능력을 활용하는 '직업'도 가능해질 것이다.

4-10 가정에서의 AI의 도입 전개 방향: 다목적 AI 집사

혁신의 방향을 점진적 또는 파괴적 혁신 두 가지 방향으로[20] 나누어 볼 수 있듯이, AI 도입 1단계 최초의 AI 개인비서의 도입이후 AI 도입 2단계의 AI 에이전트의 발전은 두 가지 방향으로 나누어 볼 수 있을 것이다. 먼저 점진적 혁신의 방향에서는 새로운 세대의 애플 아이폰이나 삼성 갤럭시 S가 출시되듯이 신제품이 과거 세대의 연장선에서 기존 성능을 향상시키는 발전 방향에 대해 생각해 볼 수 있다. 이와 다르게, 파괴적 혁신이나 창조적 혁신의 방향에서는 전혀 새로운 능력이나 의미를 가지는 제품의 개발로 이어진다. 컴퓨터가 타자기를 대체하게 되거나, 휴대폰이 기존 유선 전화기를 대체하거나, 아니면 스마트폰이 폴더폰과 MP3 플레이어를 동시에 대체하게 된 예시 등에 대해 생각해 볼 수 있다. 이와 비슷한 관점에서 보면, 새로운 세대의 대리인 AI의 경우에도 기존 세대가 가진 능력의 연장선에서 발전하는 경우와, 전혀 새로운 능력 또는 사용처를 가지게 되는 발전 방향 두 가지로 구분해 볼 수 있을 것이다. 각각의 경우에 대해 가정에서 가능할만한 예시를 살펴보도록 하자.

AI 대리인 또는 AI 전문가의 개발이 진행되다 보면, 갈수록 좀 더 다양한 영역에서 믿을 만한 수준의 능력을 가진 AI가 개발될 것이다. 어느 순간, 이러한 다양한 분야의 AI를 통합하거나 연계하는 개발 방식으로 어떤 사람의 일반적인 생활을 거의 하루종일 도와줄 수 있는 일종의 종합적 개인비서 또는 집사(Butler) AI로 발전할 수 있을 것이다. 초기의 대리인 AI가 어떤 한 분야에서만 사람을 도울 수 있는 능력을 가졌다면, 집사 AI는 한 사람에 대해 생활의 여러 면을 도와줄 수 있는 서비스를 통합해서 제공할 수 있을 것이다.

1. (점진적 혁신) AI 개인 비서의 향상 예시

예를 들어서, 좀 전에 예시로 들었던 인간과 비슷한 행동을 추구하는 오피스 직원 AI를 개발한 회사에서 신제품으로 한 사람(주인이라고 칭하자)만을 아침부터 밤까지 졸졸 따라다니는 집사 AI 로봇을 개발하고 있다고 가정해 보자. 이 집사 AI 로봇은 각종 업무를 수행할 수 있는 기능을 가졌을 것이므로 해당 AI의 주인이 필요로 하는 업무를 모두 수행할 수 있을 뿐만 아니라 그 사람이 무엇이 필요할지를 시시각각 예측하여 미리 도와줄 수 있게 된다.

예를 들어서, 그 집사 AI 로봇의 주인이 우리가 상상해볼 수 있는 아주 평범한 사람이라고 가정해 보자. 좀 더 구체적으로 유치원 나이의 아이가 둘 있는 30대 중반이고 주중에는 사무실로 출근하고 주말에는 쉬는 수도권 어딘가에 거주하는 30대 초중반 사무직 직업들을 가진 아버지와 어머니로 구성된 4인 가족이라고 가정하고, 4명 각각을 위해 네 가지의 개인비서 AI를 개발하였다고 가정해 보자. 이러한 개인비서 AI들은 기본적으로 식사, 청소, 빨래 등 일반 가정에서 전반적으로 필요한 업무들을 담당할 수 있을 뿐만 아니라, 추가적으로 각 개인이 필요한 특징들에 해결하기 위해 어린이를 유치원에 무리 없이 등하교시킬 수 있고 부모가 집에 올때 까지 교육이나 안전을 담당할 수 있는 어린이 특화 개인비서 AI, 맞벌이 가정에서의 집안 업무에 도움을 줄 수 있도록 특화된 개인비서 AI, 노인의 건강을 체크하고 취미생활을 지원해줄 수 있는 노인 특화 개인비서 AI 등 고객의 필요에 따라 설정 가능한 특화 분야도 무궁무진할 것이다. 여기서 AI 도입 1단계와 비교되는 특이한 점은 이러한 다목적 AI 비서 로봇은 여러개가 있으면 서로 다른 일을 할 수 있으므로 사람의 추가적인 노력이 없이도 더 많은 일을 숫자에 비례해서 할 수 있게 될 것이라는 점이다.

이러한 로봇은 각각의 사람을 위해 특화된 능력을 부여받게 될 것인데, 예를 들어 어린이를 위한 AI 집사 로봇은 맞벌이 가정 등 어른이 주위에 없어도 어린이를 자체적으로 보호할 수 있을 것이다. 이것은 AI 도입 1단계의 AI 비서 로봇이 지속적인 인간의 개입이 필요할 수 있으므로 이러한 상황에서 도입이 어려웠을 것이다. 한편 어른을 위한 AI 집사 로봇은 개개인의 필요를 더 충족시킬 수 있도록 디자인될 것이다. 예를 들어 노인을 위한 AI 집사 로봇은 건강을 체크해주고 노년의 각종 취미생활을 도울 수 있게 만들 수 있다. 이러한 방식으로 AI 집사를 개발하는 방향은 무궁무진할 것이다.

그러나 AI 도입 1단계의 AI 비서를 AI 2단계로 격상시키는 것은 초기에는 한계가 있을 것이라 예상할 수 있다. 예를 들어 어린이를 위한 AI 비서는 노인을 효과적으로 대접하기 어렵고 반대로 노인을 위한 AI 비서는 어린이에게 적합하게 행동하는 방식을 알지 못할 수 있을 것이다. 그 이유는 초기의 AI 비서는 사용 용도 이외에서의 상황에 대처하도록 디자인하기 어려울 수 있기 때문이다. 우리 주위의 물건에 비교를 해보자면, 기차가 궤도 내에서만 운행을 할 수 있고 일반 차들도 자연 아무곳이나 갈 수 있는 것이 아니라 정해진 도로 위에서만 다니듯이, AI도 어떤 정해진 범위 내에서만 사용이 권장되는 상황이라고 생각할 수 있다. 또는 초창기의 PDA 또는 스마트폰에 어플이 몇 가지 없는 상황과도 비슷하다고 할 수 있을 것이다. 이렇게 특정된 영역에서 각각의 AI의 성능이 향상되는 방향을 점진적 혁신이라고 생각할 수 있다.

2. (파괴적·창조적 혁신) 개인 AI 비서의 확대: 다목적 AI 집사

앞의 경우와 대비하여 두 번째 발전 방향은 AI가 여러 가지 능력을 종합적으로 가지게 되는 방향으로 나아가는 것이다. AGI에 도달하기 이전에도 어느 순간부터는 여러가지 분야에서의 AI 개인 비서를 서로 조합하여 한 사람이 아침부터 저녁까지 하루 종일 필요한 모든 일을 처리해 줄 수 있는 능력을 가지게 만들 수 있을 것이다. 이렇게 다양한 분야에서 처리 능력을 갖춘 확대된 버전을 AI 다목적 집사라고 지칭할 수 있다. 초기 버전의 AI 전문가가 어떤 특정 분야에 한정된 능력을 갖추었다면, 이후의 다목적 AI 집사는 한 사람을 여러 분야에서 서비스 할 수 있게 될 것이다.

예를 들어 앞에서 살펴본 오피스 AI 로봇에 대해 생각해 보면, AI 개발사가 어떤 사람이 하루 일과에서 필요한 모든 일에 도움을 줄 수 있는 AI 집사를 만들려고 할 때, AI 집사는 여러 가지 작업을 전문성을 가지고 수행할 수 있을 뿐만 아니라, 각각의 개인이 무엇이 필요할지를 미리 알고 대비하는 개인에 대한 전문성도 겸비해야 한다.

요약하자면, AI가 가정에서 도입되는 과정이 진행되면서 여러가지의 AI가 서로 통합되고 융합되는 과정을 거치며 어떤 사람이 필요한 모든 업무를 수행해줄 수 있는 다목적 AI 집사가 출현하게 될 것이다. 이렇게 능력이 통합되다 보면 일종의 시너지가 발생하여 더 큰 가치를 제공하게 될 수 있을 것이다.

이와 관련하여 박스 4-4에서는 AI의 도입이 진행될수록 경제활동이 줄어드는 것처럼 보이는 현상에 대해 살펴보도록 하겠다.

[박스 4-4] (AI 경제학 3) AI가 무료로 일해준다고? AI 도입으로 발생하는 경제활동 증발 현상 및 측정의 한계

AI기술이 발전하여 AI 로봇이 다양한 활동을 수행하게 되면 AI는 경제활동이 계산되지 않는 방향으로 기여하는 경향이 늘어날 수 있다. 예를 들어 인간이 수행하였다면 경제적인 거래가 일어났을 작업들을 AI가 수행하면 거래가 일어나지 않는 경우에 대해 생각해볼 수 있다. 보통 AI가 인간의 직업을 대체하는 방향으로 생각할 수 있지만 이와 약간 다르게 AI가 인간의 경제 활동을 대체하는 방향으로 나아간다고 생각해 볼 수 있다.

예를 들어 AI 집사가 이발을 해주었다고 가정해 보자. 이는 AI가 인간 이발사가 제공하는 서비스를 대체하는 것인데, 사람이 수행했다면 경제활동이 일어났을 상황이 AI가 해당 활동을 수행함으로 인해 경제 산출에서 제외될 수 있을 것이다. AI 도입 초기에는 AI를 '서비스당 얼마'의 구독의 개념으로 판매할수도 있을 것이다. 특히 초기에는 AI의 각각의 능력을 별도로 개발해야 하므로 이렇게 별도 판매가 의미가 있을 수 있다. 그러나 AI 개발이 진행될수록 AI가 수행하는 더욱 많은 활동들을 물건을 옮겨주는 것처럼 당연히 수행해줄 수 있는 활동의 일부로 받아들여질 가능성이 높은데, 이는 우리가 현재 컴퓨터를 사용하면서 만약 타이핑을 하거나 사진을 찍거나 파일을 옮길때마다 돈을 내야한다면 이상하게 생각하게 될 것과 같은 개념으로 볼 수 있을 것이다.

이는 과거에 무료가 아니었던 재화가 무료가 되는 상황으로도 생각해볼 수 있다. 그러나 AI를 운영하는데 비용이 들 것이므로 이 서비스를 수행하는데 드는 비용 자체가 무료가 되지는 않는다. 단지 과거 사람간 거래가 일어났을 상황에서 더이상 거래가 일어나지 않게 되어 경제활동이 위축되는 것처럼 보이는 현상이 일어날 뿐이다.

이러한 상황에서 나타나는 문제점을 다음 세 가지로 분류해볼 수 있다.
1) 사람이 영위하는 가치는 줄지 않는데 경제활동이 위축되는 것 같은 상황
2) 경제활동이 무엇인지의 경계선이 모호해지면서 경제활동을 측정하기가 더욱 어려워짐
3) AI가 해당 작업을 무료로 수행해주면 인간이 수행하는 일의 가치가 0으로 수렴

1) 경제가 위축되는 것처럼 오인된다

첫번째로, AI 도입이 늘어나면 실질적인 변화는 없는데 경제활동이 줄어드는 것처럼 보이는 문제가 발생할 가능성이 있다. 어떤 사람이 이발관에 가는 대신에 집에서 AI 집사가 이발을 해준다면 오히려 예전보다 좀 더 자주 이발을 할 수도 있을 것이다. 장기적 관점에서 보았을 때 AI가 경제에서 차지하는 비중이 높아지게 되면 인간의 생산량이 0으로 수렴할 가능성이 있는데, 그렇다면 사람들은 시간이 갈수록 더욱 잘 살게 되는데 GDP 성장률은 음(-)이 되는 상황도 발생할 수 있을 것이다.

이렇게 경제 활동을 측정할 때 실제 사람들의 생활상을 제대로 반영하지 못하는 문제를 해결하기 위해 앞의 박스에서 살펴본 '노력대체비율'(ER)의 개념을 사용할 수 있다. ER은 AI가 도입되지 않은 경제 상황에서 0에서 시작하여 AI가 모든 경제활동을 대체하게 되면 1이 되는데, 그 사이에는 AI가 도입되는 속도가 빠를수록 GDP에 부정적인 영향을 주게 된다. 이를 다음 표로 정리할 수 있다.

[표 4-10] AI 가 GDP 와 노력대체비율에 주는 영향

	노력대체비율 (AI 의 경제 내 비중)		
	AI 없음 (ER = 0)	AI 있음 (0 < ER < 1)	AI 만 있음 (ER = 1)
AI 도입이 GDP 에 주는 영향	영향 없음	부정적 영향	GDP 가 필요 없어짐 (GDP = 0)

만약 우리가 주요 경제 지표로 GDP 성장률을 사용하기를 원한다면, AI가 큰 비중을 차지하는 경제에서는 이에 더하여 AI의 도입 비율이 얼마나 빠른 속도로 증가하고 있는지를 경제 성장에 추가로 반영해야 할 것이다. 이러한 차이는 다음과 같이 생각할 수 있다.

1) AI 도입 이전의 경제: GDP 성장률 (= 연간 GDP 의 변화)
2) AI 도입 이후의 경제: GDP 성장률 + ER 성장률 (= 연간 GDP + ER 의 변화)

이해를 돕기 위해 실제 숫자를 대입해 보도록 하자. 어떤 해에 GDP가 1% 성장하였는데, AI 도입은 5% 성장했다고 가정해 보자. 만약 우리가 오직 GDP만을 계산한다면, 사람들은 경제가 1%만 성장했다고 생각하게 된다. 그러나 실질적으로 AI의 도입이 늘어남에 따라 사람들의 삶이 향상된 점이 GDP에 모두 반영되지 않게 된다. 이러한 상황에서는

AI의 도입 증가로 창출된 가치가 늘어난 부분이 인간이 창출하는 가치의 증가로 경제가 발전한 부분을 함께 계산해야 사람들의 삶이 어느 정도 향상되었는지를 알 수 있게 된다.

[표 4-11] GDP 와 노력대체비율의 측정 예시

	00 년	01 년	연간 변화
연간 GDP	100	101	1%
ER	0.002	0.0021	5%
GDP + ER			6%

여기서 특이한 점은 노력대체비율이 1이 되면 AI가 경제의 모든 가치를 창출하는 상황이라는 것이다. 이때 인간이 창출하는 가치는 0이 되므로 인간의 GDP도 0으로 수렴하였다고 할 수 있다.

2) '경제활동'이 무엇인지 정의하기가 어려워진다

두번째 문제는 AI가 직업을 대체하면서 시간이 갈수록 AI가 대체한 것이 무엇인지 기록하기가 어려워질 것이라는 점이다. 이는 결과적으로 어떤 산업에 대한 수요가 줄어든게 아닌가 하는 착각을 일으킬 수 있다. 예를 들어 초기 AI 도입 2단계의 AI 이발사는 이발로 버는 수입이 있지만, 이후 AI '직업'의 융합으로 AI 집사가 해당 업무를 무료로 수행하게 되면 이미 존재하던 인간 이발사는 직업을 잃지만 이를 직접적으로 대체하는 AI 이발사는 존재하지 않는 상황이 발생한다. 이를 '직업의 멸종'이라고 표현할수도 있는데, 예전에는 존재했지만 더이상 존재하지 않는 엘레베이터 승무원, 버스 안내원, 지하철 푸쉬맨 등 시간이 지나며 현재 우리가 '이발사' 또는 '미용사'라고 지칭하던 직업이 어느 순간에 'AI가 해주는 작업'의 일부로 포함되어 사람들의 뇌리에서 개념 자체가 사라지는 상황이 발생 할 수 있다.

3) 인간이 수행하는 근로의 가치가 0 으로 수렴한다

세번째 문제는 인간이 돈을 받는 직업을 가지기 불가능해진다는 점이다. AI가 인간이 수행하던 직무들을 차츰 수행할 수 있게 되면서 인간은 해당 작업을 해서 수입을 올리기가 불가능해 지게 된다. 예를 들어 미국에서 19세기 전보가 개발되기 이전에는 사람들이 서로 이어달리기 처럼 말을 타고 먼 거리에서 연락을 취했는데, 이제는 더이상 이러한 활동으로 수익을 올리는 것은 불가능하다. 같은 개념으로 AI가 기존에 인간이 수행하던 작업을 하게 되면 인간이 가질 수 있는 직업은 시간이 갈수록 줄다가 어느 순간부터는 돈을 받는 직업은 아무 것도 가질 수 없게 될 것이다.

한편, 이 박스의 주제와 관련된 문제로 AI가 도입되어 생산성이 급격하게 향상되면 경제활동이 제대로 계산되더라도 경제가 무너지는 듯한 현상이 발생할 수도 있는데, 이 가능성에 대해서는 제5장에서 좀 더 살펴보도록 하겠다.

4-11 기업에서의 AI 도입 전개 방향: 1인 대기업 그룹 총수를 위한 초전문가 AI

가정에서 척척박사 AI 집사가 있다면 기업에서 이에 상응되는 개념은 한 명의 기업인을 모든 영역에서 도와줄 수 있는 이른바 'AI 초전문가'(Super-Expert)라고 할 수 있을 것이다. AI 초전문가는 회사에서 일어나는 모든 일을 처리할 수 있게 다양한 방면의 전문성을 가지고 있을 것이다. 초전문가 AI는 만약 인간 기업인이 없었다면 실질적인 사장의 역할을 할수도 있겠지만 이는 AI 도입 2단계에서는 법적으로 허용되지 않을 것이다.

제 2장에서 설명한 것처럼 AI의 도입은 자동화와 증강화로 구분할 수 있다. 증강화의 궁극적인 최고봉은 한 명의 사람과 AI가 회사 전체의 업무를 수행하는 것이다. 이 구성에서는 그 한 사람의 생산성이 대기업을 운영할 수 있을 정도로 높아지게 되며, 더 나아가 우리가 현재 재벌 또는 그룹이라고 부르는 다각화된 기업집단을 운영할 수도 있게 될 것이다.

이 개념을 좀 더 쉽게 설명하자면, 우리가 어떤 큰 회사에서 필요한 총 인력의 수를 계산하려고 한다고 가정해 보자. 우리는 먼저 그 회사에서 처리해야 할 총 업무의 규모를 산정한 다음, 그 업무들을 각각의 사람별로 처리할 수 있는 크기로 나누어야 될 것이다. 초전문가 AI가 있는 상황에서는, 한 명의 사람이 처리할 수 있는 업무의 총량이 필요한 업무의 규모를 충족할 수 있을 만큼 큰 경우가 된다. 따라서 그 한 명의 사람보다 더 많은 인력이 필요가 없게 된다.

다른 방법으로 설명을 해보자면, AI 도입 1단계에서는 1인조 팀과 1인 부서가 출현할 가능성에 대해 설명하였는데, AI 도입 2단계에서는 0인조 팀과 0인 부서가 출현하는 것으로 이해할 수 있을 것이다. 현재 대기업을 운영하기 위해 수만 또는 수십만 명의 인원이 필요하다면 AI 도입 2단계에서는 갈수록 필요한 인원이 줄어들다가 어느 순간 1명이 그 수십만명을 대체해서 비슷한 정도의 복잡한 업무의 총량을 수행할 수 있게 될 것이다.

4-12 정부에서의 AI 도입 전개 예시: AI 판사

공적 분야에서의 AI의 도입은 사회의 일반적 분야에 발맞추어 흘러갈 가능성이 높다. 단, 정부는 좀 더 높은 수준의 신뢰도를 요구하므로 AI 공무원은 좀 더 시간이 걸릴 수 있을 것이다.

한국의 정부는 입법, 사법, 행정의 삼권분립체계를 가지고 있고 이에 더하여 갖가지 지방자치단체와 공공기관 등이 있다. AI 도입 2단계에서 AI는 이러한 조직에서 인간의 직무를 대체할 수 있을 것이다. 먼저 가장 먼저 떠오를 수 있는 AI 판사에 대해 살펴보도록 하자.

공정성 시비를 줄일 수 있는 AI 판사

1. 사법부에서의 AI 도입 1 단계

시간이 지남에 따라 일상생활에서 AI가 많은 부분을 차지할수록 사람들은 AI가 판사의 업무를 수행한다면 인간 판사에 비해 일반적으로 더 중립적일 것이라는 생각을 가질 수 있다. 이는 특히 판사 개개인의 인맥 및 성향, 정치 압력, 뇌물 등이 최종 판결의 결과를 좌우할 수 있다는 사회적 불신이 높은 한국같은 국가의 경우 더욱 AI의 판사 업무에 대한 갈증을 높이게 될 여지가 많다. AI 도입 1단계에서의 판사 AI 개발 초기에는 비슷한 판례 검색, 해당되는 법령 검색 등의 판사 업무를 도와주는 부분에서 시작할 확률이 높다. 프로야구[21]에서의 사례를 보았을 때 여기에 더해 판사 업무를 평가하는 AI도 개발 될 수 있을 것이다. 판사 개개인의 과거 판결이 문제가 있었는지 여부나 전반적인 판결 수준을 다른 판사와 평가할 수 있게 주는 '판사 평가 AI', 인간 판사와 병렬적으로 AI가 각각의 사건에 대해 별도로 판결하여 판사와 서로 비교해보는 '판결 평가 AI'도 어느 순간 도입이 될 확률이 높다. 이 때 까지는 AI의 판결은 참고용일 뿐이므로 판사들에게는 AI가 일종의 도구로서 인간 판사의 생산성에 도움을 주는 자원이다.

2. AI 도입 2 단계의 AI 판사

그러나 특정 분야나 비교적 간단한 종류에 대한 AI의 판결에 대해 신뢰성이 높아질수록 어느 순간부터는 실제로 'AI 판사'를 도입하여 판결을 내리게 할 수 있을 것이다. 당시의 사회 분위기에 따라 최초에는 3심 제도에서 더 하단에 위치하는 3.5심 정도로 도입될 가능성도 있을 것이다.

AGI에 도달하였는지 여부를 떠나서, AI가 학습 데이터에 영향을 받는다면 AI는 모든 편견이나 실수에서 자유롭기는 어려울 것이다. 이는 AI 판사가 도입된다고 해서 모든 판결이 완벽하거나 공정하게 된다는 뜻은 아니고, 사람들이 AI가 판사의 직무를 수행하는 것이 인간과 비슷하거나 더 낫다고 생각하게 되었을 때 가능해지게 되는 것이라 생각할 수 있다. 이 단계에서도 아직 AI는 입력된 데이터의 편향성에 영향을 받으므로 개발자의 공정성에 대한 시비는 끊이지 않을 것이고 지속해서 개발 및 개선이 요구될 것이다. 공정성에 영향을 받지 않는 AI의 주제에 대해서는 이 책의 뒷부분에서 좀 더 자세하게 살펴보게 될 것이다.

AGI 도달 여부에서 크게 달라지는 점은 알파고가 인간이 생각하지 못한 수를 생각할 수 있듯이, AGI는 인간이 생각하지 못하는 가능성을 생각할 수 있을텐데, 이로 인해 '판사'라는 직업 자체의 발전을 가져오거나, 더 나아가 사법 체계 전체를 향상시키는 방법을 제시할 수 있을 것이다. 이와 관련하여 AI 도입 4단계에서 다시 살펴보기로 한다.

AI 도입 2 단계의 전(轉): 이 단계로의 변화로 인한 사회적 파장 또는 의의

4-13 (논란 1: 일자리) AI 도입으로 인한 특정 직업군의 갑작스러운 소멸

1. AI 도입으로 인한 일자리 증가 및 감소에 대한 우려

AI 도입 2단계에서는 인간의 일자리가 갑자기 순식간에 사라지는 상황에 어떻게 대처할지를 두고 논란이 발생할 가능성이 큰데, 이는 AI가 전 세계에 존재하는 특정 직무를 한꺼번에 대체하게 되는 상황이 우려되기 때문이다.[22] 만약 AI 도입 1단계를 AI를 사용한 인간 사이의 경쟁으로 정의할 수 있다면, AI 도입 2단계는 AI를 사용하는 인간과 AI 에이전트 사이의 경쟁으로 바라보게 될 것이다.

일자리에 대한 수요는 구체적으로 예측하기 어렵겠지만 대략적으로 사람이 업무 주체인 AI 도입 1단계와 AI를 아직 사람이 개발에 관여하는 2단계에서는 창출되는 일자리가 늘어날 요인이 많을 것이다. 그 이후 어느 순간부터 정점을 찍고 증가세가 감소하기 시작하여, AI가 더 많은 업무를 자체적으로 수행할 수 있게 되면서 창출되는 일자리의 숫자도 감소할 확률이 높다.

반대로 AI로 인해 소멸되는 일자리는 시간이 갈수록 늘어날 것이다. 이를 그래프로 표현해 보면 순 일자리 변동은 AI 도입 초기 양(+)의 방향이었다가 시간이 갈수록 줄어들며 어느 순간 음(-)의 방향으로 바뀌게 될 가능성이 높다. 단지 이 시기는 먼저 개발되는 AI의 종류에 따라 유동적일 것이다.

[그림 4-4] AI 도입 단계별 일자리 변동 추이 예상도

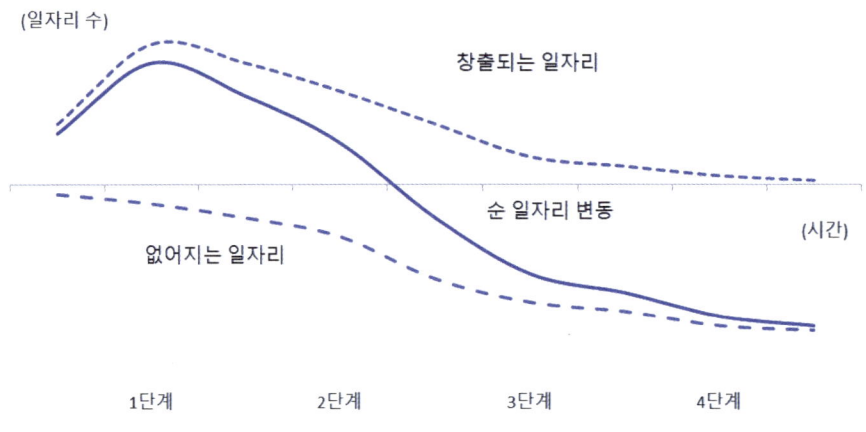

(우려 1: 영속성) 일자리의 영구적인 상실

AI로 어떤 직업을 대체하기 위해서는 한 번만 개발하면 된다. 그러나 한 번 AI로 대체된 직업은 비용이 갈수록 감소할 것이므로 다시 인간이 수행하도록 되돌리기는 어렵다. 이런 점에서 직업의 대대적인 대체가 일어나기 전에 사회적인 대비가 먼저 필요할 것이다.

(우려 2: 가속성) 대체 직업의 부재에 대한 우려

AI 도입 1단계에서는 AI를 사용할 수 있는 사람이 필요하므로 한 곳에서 생산성이 향상되어 줄어드는 일자리가 생기더라도 또 다른 곳에서 일자리가 생기는 등 어딘가에는 사람을 위한 일자리가 있을 것이다. 이에 반하여 AI 도입 2단계에서는 특정 업무를 담당하던 사람들의 일자리 자체를 AI가 차지하게 되므로 일자리를 대폭적으로 감소시키는 영향이 더 커질 가능성이 높은 특징이 있다.

이에 더해 AI 도입 2단계에서의 AI는 사람보다 다른 AI와 일했을 때 시너지를 일으켜 생산성이 더욱 높아질 것이기 때문에 사막의 황폐화가 진행되듯이 일자리 감소가 시간이 갈수록 가속화 될 가능성이 있다. 다만 AI 도입 2단계의 초기에는 AI 자체를 개발하고 적용하는 업무는 아직 대부분 사람이 담당할 것이므로 이와 관련된 숙련된 일자리는 계속 수요가 확대될 가능성이 더 높을 것이라고 예상할 수 있다.

(우려 3: 신속성) 특정 직군의 갑자스런 일자리 감소에 대한 우려

AI 도입 2단계에서 사회적으로 가장 우려스러운 부분은 특정 직군의 일자리가 한꺼번에 사라지는 현상일 것이다. 이는 특히 세계 곳곳에서 동일한 종류의 작업을 수행하는 직업들에 대해 생각해 볼 수 있는데, 의사, 변호사 등의 고급 인력에서부터 미용사, 농부 등의 숙련도가 필요한 직업들까지 다양한 직업군이 있다. 만약 어떤 AI 로봇이 치과의사의 직업을 수행할 수 있게 된다면 어느 순간 전 세계의 치과의사가 갑자기 AI로 단기간에 대체되어버리는 상황이 발생할 수 있다.

그런데 장기적으로 생각한다면 단기적으로 AI에 의해 일자리가 없어지는 것 자체는 크게 중요하지 않을 수도 있다. 단지 이러한 변화를 얼마나 사회적 동요 없이 부드럽게 지나가도록 이끌어낼 수 있을지가 관건일 것이다. 그 이유는 다음 장에서 다룰 혁신의 자동화와 관련이 있다.

2. 어떤 직업군이 먼저 사라지게 될 것인가?

AI 도입 2단계에서는 본인의 직업에 만족하고 있는 사람들도 직업을 잃게 될 수 있다. 어떤 직업에 대한 AI가 먼저 개발될 것인지 예상하기는 어려우므로 직업을 잃는 순서가 고소득 직업군과 저소득 직업군 어디에서 먼저 일어날지 알 수 없다. 그러나 만약 AI 개발자가 둘 중 하나를 임의로 선택해야 한다면 고소득 직업군을 대체하는 것이 더 큰 수익을 가져올 것이므로 개발 노력을 고소득 직업에 더 중점적으로 가져갈 가능성도 있다. 한편으로는 예상 수익 규모를 추정하기 위해 1인당 소득 규모보다 대체 가능한 인력 전체의 숫자가 더 중요할 수 도 있다. 이를 다음 산식으로 표현해볼 수 있다.

[최대 수익 규모] = [대체하는 근로자의 수] x [평균 연봉]

예를 들어 만약 AI 개발 회사가 연 10억원의 연봉을 받는 천 명의 종사자가 있는 고소득 직종의 업무를 수행하는 AI를 개발할 것인지, 아니면 연 5천만원의 연봉을 받는 종사자가 백만명이 있는 직종의 업무를 수행하는 AI를 개발할지를 결정해야 한다면, 첫 번째 직종의 AI의 최대 매출액은 10억원 x 1,000 = 1조원, 두번째 직종에서의 최대 매출액은 5천만원 x 1백만 = 50조원으로 예상한다고 생각할 수 있을 것이다.

3. 직업의 대체가 환영받을 만한 경우

마지막으로, AI에게 직업이 대체되는 것을 환영할만한 상황에 대하여 생각해볼 수 있을 것이다. 이는 AI 가 인간을 어떤 하기 싫은 일로부터 '해방'시켜 주는 것에 비교할 수 있을 것이다. 예를 들어 우리는 위험하거나, 건강에 좋지 않거나, 기분이 좋지 않은 일인데 누군가는 해야 되는 직업에 대해 생각해볼 수 있다. 고층건물에 매달려 페인트 또는 청소를 하거나 수리를 해야 하는 경우, 방사능 또는 위험 물질에 노출되는 경우 등도 있을 것이다. 이러한 직종을 AI가 대체하게 되면 사회 전체적으로 보았을 때 긍정적인 기여를 하는 것이라 생각할 수 있다.

4-14 (논란 2: 불균형) 누구나 가지고 싶어하는 AI - 누가 AI를 소유해야 하는가?

AI 도입 1단계에서는 AI가 사람의 일의 능률을 향상시켜서 사람간의 불균형이 커지게 만들었다면, AI 도입 2단계에서는 사람이 투자하는 자본의 크기에 비례하여 불균형이 확대되어 사람간의 불균형의 정도가 과거와 비교가 어려울 정도로 급격하게 확대될 우려가 있다. 이러한 양상은 우리 사회에 부정적이고 위험한 상황을 초래할 우려가 있는데, 그 중 가장 큰 이유는 사람들의 노력에 따른 댓가가 더이상 경제적 상황을 향상시키지 않게 될 수 있기 때문이다. 그러나 아직 이 단계까지는 사회에 대한 영향이 비교적 제한적일 가능성도 있으므로 이 주제에 대해서는 다음 장에서 다시 다루도록 하겠다.

그 대신 이번 장에서는 좀 더 넓은 시야를 가지고 개인, 기업, 국가간의 격차로 인한 불균형의 기본적인 방향에 대해 살펴보자. AI의 도입이 사회에 끼치는 넓은 파장에 대해 좀 더 다양한 관점에서 생각해볼 기회가 될 것이다.

1. (개인간 불균형) 부익부 빈익빈의 심화

먼저 어떤 세 명의 각기 다른 경제적 배경을 가진 부유층, 중산층, 극빈층의 대학 신입생의 간단한 예시를 들어보자. 현재 대학을 입학하는 학생에게 가장 흔하게 줄 수 있는 선물에는 노트북 컴퓨터가 있을 것이다. 부유한 학생은 삼성이나 LG의 최신사양의 최고급 컴퓨터, 중산층 학생은 그보다 성능이 좀 떨어지는 중간 사양의 컴퓨터, 극빈층 학생은 연식이 좀 더 오래된 중고 컴퓨터를 선물로 받게 되었다고 하자. 그 이후 4년동안 각각의 학생이 수업을 들으면서 그 컴퓨터를 사용하면 어느 정도의 차이가 생길지 생각해보자. 부유한 학생의 노트북은 터치도 되고 펜으로 글씨도 직접 쓸 수 있고 360도 회전도 되어 공부하는데 좀 더 효율을 높여 주었으면 반면, 중산층 학생은 그냥 무난하게 노트북으로 과제 등을 할 수 있었고, 극빈층 학생은 노트북이 느려서 사용하는데 약간 불편했겠지만 과제 등을 수행할 수는 있었을 것이고 오히려 게임을 하지 못해서 공부에 더 집중할 수 있을 것이라고도 생각할 수 있을 것이다. 요약하자면 학교를 다니면서 노트북의 좋고 나쁨보다 더 중요한 것은 각 학생들이 본인에게 주어진 자원, 예를 들어 시간 등을 어떻게 잘 활용하였는가라고 할 수 있다. 증강화(Augmentation)에 사용되는 자원에 대한 성과는 일반적으로 이렇게 '~하기 나름이다'라고 생각할 수 있다.

이제 시간을 미래로 나아가 AI 도입 2단계가 진행된 이후에 비슷한 세 명의 대학 신입생들이 있다고 가정해 보자. 당시에 대학 신입생들에게 가장 보편적인 선물은 AI 로봇이라고 상상해 보자. 그런데 앞의 예시와 다르게 부유한 학생에게는 최고 사양의 AI 로봇 100개, 중산층 학생은 중간 사양의 AI 로봇 2개, 극빈층 학생은 성능이 낮은 중고 AI 로봇을 하나 받게 되었다고 가정해 보자. 앞의 예시에서는 부자인 사람이 고급 노트북을 여러개 가지고 있다고 능률이 더 오르는 것은 아니었지만, AI 도입 2단계에서는 AI 로봇이 각각의 일을 개별적으로 수행할 수 있어 자체적으로 수익을 창출하므로 많이 있을수록 더 좋다. AI 로봇은 학생이 특정한 일을 시키지 않아도 알아서 일을 하게 되므로 여러대를 보유해도 추가적으로 운영의 부담도 없다. 각각의 AI 로봇은 일을 자체적으로 찾아서 수익을 내게 되는데 성능의 차이가 재무적 성과의 차이를 가져오므로 부유층의 각각의 AI 로봇의 성과 또한 다른 학생의 AI 로봇의 성과보다 평균적으로 더 높을 것이라 예상할 수 있게 된다.

 이 학생들이 졸업할 시기가 되면, 노트북을 받았을 때와 비교하여 세 학생의 AI 로봇은 전혀 다른 금전적 결과를 가져오게 될 것이다. 만약 시작할 때 최상급 AI 로봇 1대의 가격이 현재 돈으로 500만원 상당인데 매년 2,000만원 상당의 가치를 창출하였고, 중산층 학생의 AI는 200만원 상당에 구입하여 연간 500만원의 가치, 극빈층 학생의 AI는 50만원 상당으로 연간 100만원 상당의 가치를 창출했다고 가정해 보자. 부유층 학생은 4년간 2,000만원 x 100대 x 4년 = 80억원의 이익을 창출했을 반면 중산층 학생은 500만원 x 2대 x 4년 = 4,000만원, 극빈층 학생은 100만원 x 1대 x 4년 = 400만원의 가치를 창출했을 것이다. AI 도입 1단계와 2단계의 가장 큰 차이는 이렇듯 결과가 인간의 노력이 아닌 투입 자본의 크기에 비례하게 될 가능성이 높다. 우리는 현재도 이러한 자본에 비례하는 현상을 부동산, 주식 등에서 목격할 수 있으나, 이를 노력으로 더 좋은 직업을 가지게 되면 극복할 수 있다고 생각한다. 그러나 AI 도입 2단계에서는 인간의 직업 자체를 AI가 직접적으로 대체하게 되므로 사람들이 이러한 격차를 다른 방법으로 노력하여 극복하기가 불가능하게 될 가능성이 있다.

AI 도입 2단계 AI 로봇을 구입하는 것은 나오는 수익이 AI의 능력에 일부 연관이 있을 것이고, 변동성도 있어 정확히 예측하기 어려울 것이므로 일종의 대체투자(Alternative Investment)라고 생각할 수도 있으나, 한편으로는 투자와 좀 다른 개념이기도 하다. 그 이유는 우리는 일반적으로 투자에서 더 높은 수익을 얻기 위해서는 더 많은 리스크를 져야 한다고 생각하는데, AI 도입 2단계에서는 그러한 리스크를 계산하는 주체도 AI가 되어 AI가 투자를 하는 개념이고 사람은 실질적으로 AI가 창출한 가치를 그냥 가지게 되는 것이므로 AI 로봇 구입 이후 아무것도 하지 않아도 될 것이다. 이는 전형적인 '재주는 곰이 넘고 돈은 사람이 가져가는' 상황이라고 할 수 있을 것이다. 더 높은 수익을 얻기 위해서는 더 발전된 AI를 가지는 것이 유리하게 된다.

2. (기업간 불균형) AI 로 인한 독점 및 초대형 기업(Mega-Companies)의 출현: 시장 경쟁의 붕괴 가능성

AI가 생산성을 향상시켜 주는 것은 세계 경제에 좋은 일이겠지만 일부 기업만 갑자기 생산성이 크게 향상되는 상황은 대부분의 산업에서 거의 모든 기업이 파산하고 단지 몇 개의 독점적 기업들만 살아남게 되는 시장의 붕괴 또는 왜곡을 가져올 수 있다.

가장 큰 변화는 분업화가 필요가 없어져 사라지는 기업과 산업들이 늘어날 수 있다는 점일 것이다. 우리는 이를 '기업간의 불균형'의 일종이라고 생각할 수 있다. 앞서 개인의 경우처럼 의사, 변호사 등 AI가 처리가 가능해지는 직업이 사라져서 분업화가 없어지는 현상이 일어나는 것과 동일하게, AI가 처리해줄 수 있게 되는 업무를 하던 기업들이 사라지게 될 가능성이 갈수록 커질 것이다.

이는 통합과 분산의 양쪽 방향으로 진행될 수 있을 것이다. 예를 들어 연관산업 사이의 변화에 대해 생각해보면 기존에 자동차를 제조하면서 1, 2, 3차 벤더의 형태로 다수의 기업이 각종 부품을 분업해서 제조하여 만들어야 했다면, AI의 기여도가 높은 기업은 필요한 대부분의 부품을 직접 제조해서 만들게 될 수 있을 것이다. 이렇게 생각할 수 있는 이유는 현재의 기업은 일반적으로 여러 가지의 각각 특정한 용도를 가진 자원으로 구성되는데, AI의 비중이 높아질수록 회사의 더 많은 자원이 다양한 용도에 사용이 가능해질 것이기 때문이다. 또한 경쟁의 관계에 있는 산업에 대해 생각해보면, 기존에 물류, 버스, 택시 등의 다양한 회사들은 자율주행차를 개발하는 기업에 자리를 내어주는 통합의 방향으로 나아갈 것이라고 예상할 수 있다. 반대로 자동차 정비업체에 가는 대신 집에서 AI 집사 로봇이 수리를 직접 하고, 각종 생필품을 만들던 회사도 AI가 집에서 맞춤형 제품을 직접 만들어내고, 냉동식품을 만들던 회사도 AI집사 로봇이 집에서 신선한 재료로 음식을 요리하여 필요가 없게 되는 등 분산의 방향으로 나아가게 될 수도 있을 것이다.

이를 요약해보면, 모든 산업이 AI 산업이 되어 각종 산업에서 만들던 제품들의 수요가 AI로 대체될 것이라고 생각할 수 있다. 경제 전반으로 보았을 때에는 각종 제품들의 수요가 상황에 따라 크게 변하게 되므로 어떤 산업에서는 큰 기회, 다른 곳에서는 큰 위기가 발생하게 된다. 그런데 이러한 변화가 발생할 때 만약 이런 모든 업무를 할 수 있는 'AGI'를 오직 한 회사가 개발할 수 있다고 가정해 보자. 그렇다면 그 회사가 세계의 경제에서 아주 큰 부분을 차지할 수 밖에 없게 될 것이다. 만약 그러한 발전된 AI가 두 개의 회사에게만 있다면 그 큰 파이를 두 회사가 나누는 격이다. 따라서 이러한 초대형 기업(Mega Companies)들이 출현하게 된다면 여기에 몇 개의 AI 개발 기업이 참여할 수 있을지가 경쟁을 확보하려는 입장에서는 중요한 관건이 될 것이다.

세상에서 단 하나만의 AI 개발 기업만이 이러한 업무들을 수행할 수 있는 AI를 개발하였다고 가정해 보자. 두 번째 회사가 어느 정도 근접한 상황이라면 다행이겠지만 만약 아니라면 시간이 갈수록 다른 AI 개발 기업들이 따라올 수 없는 격차가 확대되는 상황이 될 수 있다. 이러한 상황을 기업간의 불균형 이라고 생각할 수 있다. 직업을 찾을 수 없어진 개인간의 불균형에 더해 생존이 불가능해진 기업간의 불균형까지 더하면 사회적 혼란이 발생할 가능성이 높아질 것이다.

  이러한 상황을 방지하거나 피해를 최소화하기 위한 사회적인 대처에는 여러 접근 방법이 가능할 것이고, 이는 국가마다의 상황과 그 사회의 특성에 따라 각각 다를 것이다.

3. (국가간 불균형) AI로 인한 국가의 붕괴 또는 분할 가능성 확대

이미 현재에도 세상의 여러 국가들에는 경제 발전, 규모, 구성, 성장성 등에서 큰 차이가 있다. AI 도입의 더 높은 단계들은 AI 기술의 발전에 영향을 받으므로 특히 AI 도입 2단계 초기에는 앞서가는 몇몇 국가만 혜택을 먼저 받게 될 것이다. 이는 이미 크게 벌어진 국가간의 경쟁력을 더욱 차이가 크게 만들 것이다. 우리가 개인과 기업간의 불균형이 확대되는 현상에서 보았듯이, 국가간의 관계에서도 부익부 빈익빈의 불균형이 더 커질 것이라 예상할 수 있다. 뒤쳐진 국가에서는 기업들이 파산하거나 합병되듯이 자국을 없애거나 다른 나라에 병합되자고 주장하는 현상이 나타날 수 있는 반면 앞서가는 국가에서는 국가를 두개로 쪼개자는 목소리가 나올수도 있다.

1. (국가의 붕괴) 후진국의 탈주현상 심화

현재는 내전 등의 전쟁이 발생한 국가들에서 생존을 위한 난민들이 주로 발생하고 있다면 AI 도입 2단계에서는 국가간의 격차가 너무 벌어져서 불만을 가진 사람들이 급격하게 늘어나는 상황이 발생할 수 있다. 현재도 더 나은 삶을 찾아 이민을 가는 사람들은 있지만 이러한 사람들은 대부분 이민을 가서 더 많은 노력을 하게 된다. 이민을 받는 국가에서도 이러한 사람들이 저렴한 노동력을 제공하여 경제에 기여하므로 받아들이게 된다. 그러나 AI 도입 2단계에의 어느 순간부터는 인간의 노력이 필요 없이 해당 국가의 국민이라는 이유로 그냥 잘 살게 될 가능성이 생기게 될 것이다. 만약 이 상황이 실제로 일어난다면 대부분의 사람들이 그 잘 사는 국가로 가고 싶어질 것이다. 그런데 해당 국가의 입장에서는 이민을 받아도 이들이 제공하는 노동력이 필요가 없다. 오히려 AI가 창출하는 가치를 나누어야 할 사람의 숫자가 늘어나고 외국인을 자국 문화에 적응시키기 위한 비용만 늘어날 가능성이 있다. 따라서 갈수록 이민을 받지 않으려고 하게 될 것이다.

이를 정리하자면:

1) (공급자 입장) AI 도입에 뒤쳐지는 국가의 국민들은 앞선 국가로 현재 보다 압도적으로 더 이민을 가고 싶어하게 될 것이다.
2) (수요자 입장) AI 도입 2 단계에 선착하는 소수의 국가들은 이민을 더이상 받을 이유가 없어질 가능성이 높다.

이런 상황에서 뒤쳐진 국가에는 이민을 가고 싶지만 갈 수 없어 불만인 사람들의 비율이 갈수록 높아지며 오히려 자국의 변화를 원하는 목소리가 커질 것이다. 특히 자원이 많고 경제는 어려운 국가에서는 국민들이 자국의 영토를 잘 사는 국가에 귀속시키기 위한 협상 대상으로 사용하자는 목소리가 나올수도 있다.

2. (국가의 불균형) 선진국의 통합으로 초대형 국가(Mega Countries) 출현 및 국가 분할 현상

현재 우리가 생각하는 세계의 대부분의 강국들은 땅이 넓고 인구가 많은 국가이다. 특히 다양한 민족으로 구성된 국가들은 이들을 융화시키기 위해 다양한 우대 정책을 사용하고 있다. 이러한 이유는 근본적으로 국가의 인구가 많고 영토가 넓은 것을 선호하기 때문이라고 볼 수 있다. 국가가 크면 크기에서 얻는 이점이 여러가지가 있는데, 이 중 노동력의 규모에서 오는 경제적 이점 등도 포함된다. 앞에서 보았듯이 후진국의 국가들이 통합을 자발적으로 원하는 상황이 발생한다면 어떤 선진국은 이러한 후진국들을 통합하여 일종의 초대형 국가(Mega Country)가 될 가능성이 높아질 것이다.

반면, AI 도입 2단계에서 어느 시점부터는 인적자원의 가치가 하락하여 국가가 인구 수에 관심을 가지지 않게 될 수 있을텐데, 만약 일부 불만을 가진 국민들이 국가의 분리를 주장한다면 오히려 이를 막지 않으려는 상황이 발생할 수 있을 것이다. AI 도입에 앞서가는 국가들이 이민을 받고 싶어하지 않게 되듯이 어떤 상황에서는 이미 존재하는 국민들까지 내보내려는 시도가 있을 가능성도 배제하기 어려울듯 하다. 다만 영토에 대해서는 광물 등의 자원을 채취할 가능성이 있으므로 최대한 계속 보전하려는 노력이 지속될 수 있을 것이다.

4. 결론 1: 분업의 기본적인 경제 원칙이 무너지는 혼란스러운 사회 (AI 경제학 4)

현재 우리가 아는 사회 및 세계 경제는 협동과 분업으로 돌아가고 있다고 해도 과언이 아닐 것이다. 사람들이 모여 기업과 같은 조직을 만들어 사람 한명이 할 수 없는 일들을 해내며, 개개인의 입장에서는 각자의 전문성을 개발하여 보다 높은 가치를 생산해내는 사회의 일원이 될 수 있다.

우리 사회가 협동과 분업에 기반하는 이유는 역사적으로 이러한 방식이 참여하는 사회 구성원 모두에게 더 좋은 결과를 가져다 주었기 때문이다. 원시시대의 인류의 조상들도 힘을 합쳐 사냥을 하거나 무거운 고인돌을 옮기거나 작물을 재배하였을 것이다. 서로 다른 물건들을 만들어 물물교환도 했을 것이다. 이와 같은 원리로 오늘날의 기업들은 각기 다른 일을 잘 하는 여러 사람들을 모아서 구성해야 한다. 특히 배달, 제조, 판매, 건설 등의 부문에서는 많은 사람들이 서로 정해진 일들을 수행해야 전체적으로 기업이 운영될 수 있다. 사회 전체는 이렇게 여러 직업을 가진 사람들로 구성된다. 현재 우리는 이러한 원리를 당연하게 생각하고 있다.

이 원리의 이면에는 또한 아무리 뛰어난 사람이라도 모든 일을 다 최고로 잘 할수는 없다는 또 다른 규칙이 있다. 잘 알려진 예시로는 농구스타 마이클 조던이 중간에 농구를 그만두고 야구선수로 전향한 경우가 있다. 조던은 역사상 가장 뛰어난 농구선수로 기억되지만 야구에서는 특별히 뛰어나지 않았다. 이러한 한계를 좀 더 범위를 넓혀 생각해보면 좀 더 확연해질 것이다. 우리는 변호사에게 자동차 디자인을 맡긴다던지, 생물학자에게 빌딩의 건축을 맡기려고 하지는 않을 것이기 때문이다.

그런데 이러한 분업화 생태계가 AI 도입 2단계로 인해 무너지게 될 가능성이 있다. 현대의 분업화는 해당 방면의 전문성을 가지기 위해 열심히 노력한 사람들에게 충분한 금전적인 댓가를 지불할 수 있을 때에만 지속될 수 있다. 여기에서의 핵심은 첫째, 전문성을 가지기 위해서는 상당한 노력이 필요하고, 둘째, 이 노력에 대해서 이후 금전적인 댓가기 수반되어야 한다는 두가지 전제조건이 있다는 것이다. 만약 금전적인 댓가가 없다면 사람들은 전문성을 가지기 위해 노력하지 않을 것이고 그렇게 되면 전문가는 사라진다. AI 도입 1단계와 2단계의 가장 큰 차이점은 1단계에서는 전문가의 전문성을 AI가 증폭시키는 역할을 하는 반면 2단계에서는 AI가 특정 분야에 대한 전문가를 대체할 수 있게 되어 전문가들에게 돌아가는 금전적인 댓가가 사라지게 되어 결국은 인간 전문가를 만드는 생태계 자체를 사라지게 만들 수 있다는 것이다.

AI 도입 1단계에서는 사람이 책임자이므로 AI가 수행한 작업에서의 과실에 누가 기여했는지 알 수 있게 되어 인간이 금전적 댓가를 받을 수 있다. 그러나 AI 도입 2단계에서는 AI가 어떤 사람이 과거 수행하던 업무를 가져가기는 했지만 해당 업무를 수행했던 사람이 AI가 수행한 작업의 과실을 가져가는 것이 아니라 다른 누군가가 그 금전적 댓가를 가져가게 된다. 그 당시의 사회적 합의에 따라 AI를 만든 개발자, 정부, 또는 사용자 등 가져가는 사람이 달라질 것인데 이에 대해서는 다음 장에서 다루게 될 것이다.

마지막으로, 앞 장에서 살펴본 '인간노력배율'의 개념이 AI가 인간 근로자에게 도움이 되는 측면을 보여준다면, AI 도입 2단계에서 이에 대응하는 개념은 AI가 기업, 경제 또는 사회 전체에게 도움이 되는 측면을 보여주는 것이다. 이는 앞 부분에서 살펴본 AI 노력대체성(Effortlessness)으로 설명한다.[23] AI 도입 1단계에서의 AI 배율의 숫자가 커질수록 인간의 생산성이 향상되어 경제에 도움이 될 수 있다면, AI 도입 2단계 이후에서는 AI 노력대체율이 커질수록 AI의 혁신 능력이 향상되고 기업과 경제에서 차지하는 비중이 상승하는 것이라고 생각할 수 있다.

요약하자면 AI 도입 2단계에서는 우리 사회에서 기본이라고 생각하는 원칙 2가지가 무너지게 될 가능성이 있다. 첫째는 노력에 상응하는 댓가를 받기 어려워지는 상황이 발생할 수 있고, 두번째는 대부분의 사람들이 AI가 가져오는 금전적 혜택에서 제외되면서 극소수의 사람만에게 자본이 모이게 되는 불균형 현상이 너무 확대되어 그 차이가 현재에서는 상상하기 어렵게 될 가능성이 있다.

5. 결론 2: 누가 AI 의 주인이 되어야 하는가?

이전 부분에서 우리는 자율성이 부여된 자가발전 AI의 예시에서 AI가 예상되지 않은 가치를 혁신을 통해 추가로 생성하는 과정에 대해 생각해 보았고, 또한 3명의 대학생의 예시에서 AI 도입 2단계에서부터는 AI를 가진 사람들과 가지지 못한 사람들간의 격차가 급격하게 커질 것이라는 전망에 대해 살펴보았다. 또한 기업과 국가간의 불균형의 확대로 초대형 기업 또는 초대형 국가의 출현 가능성도 살펴보았다. 이러한 관점에서 보았을 때 결국 불균형의 문제에 대한 가장 중요한 질문은 '누가 AI를 소유해야 하는가?"가 될 것이다. 이 질문은 또한 해당 사회가 AI 도입 3단계로 이동이 가능할지의 여부를 결정하기도 할 것이다.

먼저 가장 기본적인 사항을 살펴보자. 우리는 AI가 사람의 직무를 수행하도록 하면 우리의 사회를 망칠 것이라는 주장과 경제 발전을 가져올 것이라는 양쪽 주장에 대해 생각해볼 수 있다. 당신이 어느쪽 주장에 동의하는지 여부를 떠나서, 만약 그런 AI가 실제로 개발된다면 AI가 경제적으로 가치가 있는 활동을 수행할 능력이 있을 것이라는 데에는 이견이 없을 것이다. AI가 어떤 작업을 수행함으로써 그 작업을 수행하는 댓가를 받게 될 것이고 해당 비용은 아마도 시간이 갈수록 하락하게 될 것이다. 문제는 AI 도입 1단계에서는 AI가 창출하는 가치가 어떤 사람에게 귀속되어야 할지가 비교적 명확한 반면, AI 도입 2단계에서는 불분명한 상황이 발생한다는 것이다. 해당 작업을 원래 수행하던 인간 근로자는 더이상 그 작업을 수행하지 않으므로 AI가 창출하는 가치를 그에게 귀속시키기는 어렵다. 요약하자면 AI 자체에게 어떤 가치가 귀속되는 상황이 된다.

AI가 창출하는 가치가 특정 근로자에게 귀속될 수 없다는 점, 그리고 한 사람이 무한대의 AI를 보유할 수 있다는 점이 인간 및 기업 사이의 불균형을 초래하는 두 가지 주요 이유로 볼 수 있다. 우리가 일반적으로 생각하는 자유시장 체제에서 이 원리를 적용해 보면 아무런 규제가 없을 때의 가장 기본적인 시나리오는 어떤 대형 AI 개발사 한 곳이 갈수록 많은 자원을 독점하게 되어 결과적으로 경제의 대부분을 차지하게 되는 쏠림 현상이 발생하게 되는 것이다. 어떤 중앙집중적인 국가에서는 이러한 상황을 의도적으로 만들수도 있을 것이나 대부분의 자유경제 국가에서는 이를 원하지 않을 것이므로 이를 미연에 방지하기 위해 정부는 사회적 합의 하에 여러가지 규제 또는 정책 등의 해결책을 시도할 수 있을 것이다. 우리는 이를 직접 또는 간접적인 방식으로 분류해볼 수 있다.

1) (직접적인 구제) 직업을 잃은 사람에게 그에 상응하는 수익 분배
2) (간접적인 구제) AI 에 세금을 부여하여 다른 곳에 재분배

첫번째 해결책은 직접적인 접근 방식으로, 직업을 잃은 사람 등에게 어떤 경제적 손해를 계산하여 이에 상응하도록 분배해주는 방식을 고려할 수 있을 것이다. 특히 이 방식은 해고 등으로 피해를 입은 사람들을 쉽게 알아볼 수 있을 때 그들에 의해 요구되는 방식일 가능성이 높다. 그러나 시간이 갈수록 과거에 고용이 되었던 사람들도 줄어들게 되므로 직접적인 피해를 입은 사람들을 찾기가 어려워질 수 있다.

두번째 해결책은 간접적인 접근 방식으로, AI를 개발하거나 이를 사용하는 사람들에게 AI가 창출한 가치의 일부에 대한 세금을 부과하여 이를 경제의 다른 곳에 재분배하는 방식이다. 아마도 AI 도입 2단계 초기에는 이러한 'AI 소유자에 대한 세금' 접근법을 선호하는 국가들이 가장 많을 것이며, 사람들의 관심은 '어떻게 하면 내가 더 많은 AI를 소유할 수 있을까?'에 가까울 것이다. 그러나 시간이 지나가며 기술이 발전할수록 AI를 소유하는 주체가 사람이 아닌 AI 자체가 되어야 한다는 주장이 나올 수 있는데, 이 주제에 대해서는 다음 장에서 더 자세하게 설명하도록 하겠다.

4-15 (논란 3: 책임) AI 에게 얼마나 많은 자율성과 권리를 부여해야 하는가?

AI 의 행동에 대해 누가 책임을 져야 하는가?

AI와 기존 프로그램과의 가장 큰 차이점은 AI가 더욱 예측이 어렵다는 것에 있다. 일반 프로그램에서 예측하지 못한 결과는 버그라고 지칭될 수 있지만, AI에서 나오는 비슷한 예측 불가능한 결과는 AI 자체가 미리 어떤 특정한 결과치를 예측 하고 만드는 것이 아니므로 버그라고 부르기 어려울 것이다. 현재의 AI를 학습시키는 것은 프로그래밍 하는 것이 아니다. 오히려 우리는 과거에 AI가 제시한 결과치가 믿을만 하다는 이유만으로 이번에 제시하는 결과치를 받아들이는 일종의 블랙박스를 사용하는 것에 더 가깝다.

AI 도입 제 2단계에 들어서면서 AI 자체에 대한 책임[24]을 지우는 법적 규제에 대한 필요성이 크게 증가하게 될 것이다.[25] 이 때 입안자들에게 고려가 필요할 주제는 AI에게 어느 정도의 자율성을 허용해도 되는가가 될 것이며, 이에 따라 누가 무엇을 책임져야 하는가에 대한 질문에 대해 답 할 수 있어야 할 것이다. AI 도입 1단계에서는 모든 업무의 주체가 사람이 되므로 어떤 사람에게든 책임이 지워지게 되나, 2단계에서는 이러한 책임 전가 방식으로는 AI가 주체가 되어 수행하는 직무에 대해 인간이 아무런 간섭을 하지 않게 되므로 책임을 지는 사람이 누구여야 하는지 불분명한 상황이 발생할 수 있다. 따라서 AI에게 더 큰 자율성을 부여하기 전에 책임을 어떻게 전가해야 하는가를 결정해야 할 것이다. 이를 위해서는 적어도 다음 두 가지 질문에 대해 답을 하여야 할 것이다.

1) AI 에게 얼마나 큰 자유나 권한을 부여할 것인가
2) AI 가 부여된 자유나 권한 내 잘못된 행동을 할 경우 어떻게 되어야 할 것인가

이러한 AI 의 책임 및 반대 급부에 대한 질문의 중요성은 각종 업무의 중요도에 따라 달

라질 것이다. 예를 들어, 청소 AI에게 집 안의 향기를 알아서 정하도록 맡겼는데 가족 구성원의 마음에 들지 않은 경우 등 사소한 결정들은 AI가 잘못된 의사결정을 하여도 큰 문제가 발생하지 않을 것이며 사회적 관심을 끌지도 않을 것이다. 그러나 만약 AI가 어떤 대형 금융회사의 투자결정 업무를 수행하는 업무를 책임지게 되었는데 잘못된 의사결정을 하여 큰 규모의 손실이 발생하고 그 회사가 사라질 위기에 처해진다면 갑자기 많은 사람들의 관심을 받게 될 수도 있다.

좀 더 널리 알려진 예시를 들자면 자율주행 자동차가 사고가 날 경우를 생각해 보면 현재의 자율주행 차량은 AI 도입 1단계인 형태로 사람인 운전자가 항상 존재하므로 사람이 책임을 지게 되어 있으나, 향후 자율주행 5단계 차량이 개발되어 AI 택시가 활성화되면 운전자도 존재하지 않으면서 승차한 사람에게 책임을 묻기도 어려워질 것이다. 이러한 예시는 특히 군대에도 적용될 수 있는데, AI 도입 2단계의 AI 병사라는 것은 적군의 인간을 AI의 자체적 판단으로 살상하는 것이 가능하게 해 준다는 것을 의미한다. 군대와 관련된 주제는 다음 부분에서 좀 더 자세하게 설명하게 될 것이다.

AI 관련 책임소재에 대해 좀 더 체계적인 접근을 해 보자면 누가 책임을 져야 하는가에 따라 먼저 관련된 사람들을 분류를 표 4-12와 같이 구성해볼 수 있을 것이다.

AI의 생애주기를 생각해본다면 처음에 개발을 담당하는 어떤 주체가 있을 것이고 이를 사용하는 주체가 있을 것이며, 이 두가지가 동일한 사람들일 수도 있을 것이다. 이후 AI가 사용되면서 더 많은 사람들과 연계될 수 있을 것이다. 이런 방식으로 사람들의 책임을 구분하는 방식은 아마도 AI 도입 1단계에 구체적으로 마련되어 있을 것이다. AI를 만든 사람들과 관련된 부분은 AI의 설계 문제로 구분할 수 있을 것이며 AI를 사용하는 사람들과 관련된 부분은 AI의 운영 문제로 구분할 수 있을 것이고, 이 두가지에 해당하지 않는다면 범죄 행위인 해킹, 아니면 다른 선제적 대응의 미비 등 어떤 규제와 관련된 문제로 구분할 수 있을 것이다.

AI 도입 2단계에 들어서면서 이러한 기존 체계에 더불어 추가로 AI 자체를 규제를 적용받는 단위로 규정하고 행위를 제한하는 논의가 필요하게 될 것이다. 당시 사회적 논의로 규범을 어기는 AI에 대한 반대 급부가 무엇인지 등을 정해야 할텐데, 현재 이루어지는 예시로 비교해 보자면 처벌의 척도를 각각 정하여 사람들이 강제 교육 또는 범칙금을 내는것은 AI를 재학습시키는 것과 비교가 가능할 것이고, 사회봉사를 명령하는 것은 학습내용의 일부를 삭제하는 것과, 그리고 감옥에 보내는 것은 AI 자체를 강제퇴역 시키는 것과 비교가 가능할 것이다.

[표 4-12] AI 관련 문제 및 책임소재 예시

책임소재		유 형	예 시	비 고
인간	AI 만든이 (개발자)	AI 디자인 문제	- 제품의 설익은 출시 - 문제의 방치, 실수 등	도입 1 단계에서 이미 적용 완료 필요
	AI 사용자 (주인)	AI 적용 문제	- 부적합한 방법으로 AI 적용 - 용도에 맞지 않는 AI 적용 등	
	둘 다 아님 (누군가 다른 사람)	AI 규제 문제	- (의도적) 해킹 - (비의도적) 정전, 인프라의 고장 등의 사고 - AI 도입 자체를 하면 안 되었을 상황	
AI			- 책임질 인간 부재 - (고의적) AI 주도 범죄 - (고의 아님) AI 가 잘못된 상황에 놓이거나 충분한 능력 없음 등 상황 분류	2 단계에서 새로 도입 필요

4-16 (논란 4: 정부 및 군대) 개별 행동을 할 수 있는 AI 군인 로봇이 도입되어도 되는가?

독자들이 AI의 자율성에 제약이 필요한지 여부에 대해 심층적으로 생각해볼 수 있도록 좀 더 구체적인 예시를 들어보자. 군대에서 AI 도입 2단계에 도달하면 AI가 적군의 인간을 직접 살상하는 결정에 대한 권한을 부여받게 된다는 의미가 될 수 있다.

좀 더 실감나는 상황에 대해 생각해 보기 위해 어떤 회사가 AI 도입 2단계 적용을 위한 사람과 닮은 AI 로봇을 개발한다고 가정해 보자. 모든 면에서 동일한 두 개의 AI 군인 로봇에 대해서 AI 도입 1단계로 적용된다는 것은 AI 로봇이 다른 인간 군인에게 종속적으로 운영되는 반면 AI 도입 2단계에서는 AI 로봇이 자체적으로 독립적인 의사결정을 수행한다고 생각할 수 있다. 따라서 AI 도입 1단계에서는 어떤 다른 인간 군인이 AI 군인 로봇이 저지를 잘못에 대해 책임을 질 수 있는 반면, AI 도입 2단계에서는 군대 내 상부의 명령은 있겠지만 인간 군인처럼 AI 로봇 자체적으로 상황에 맞는 행동들을 알아서 수행할 권한이 부여되었기 때문에 만약 AI 로봇이 자체적으로 잘못된 결정을 한다면 이러한 잘못에 대해 책임을 질 사람이 누구인지기 불분명하게 된다.

이러한 군대 AI 로봇들이 작동하기 위해서는 AI 로봇들이 적과 아군을 구분할 수 있도록 하기 위해 인간의 상대적인 가치를 계산하도록 해야 될 것이다. 이 문제에 대해 좀 더 깊게 생각해 보면, AI는 인간과 AI 로봇의 상대적인 가치에 대해 계산해야 될 것이다. 예를 들어, 전장에서 AI 로봇이 적군의 인간 병사와 대치하다가 위험에 처해진 상황을 상상해보자. 이 때 현장에 AI 도입 2단계의 아군 AI 로봇 병사가 도착했다고 가정해 보자.

이 아군 AI 로봇 병사는 다른 아군 AI 군인 로봇을 구하기 위해 인간 적군을 공격하도록 결정해서 살상해도 무방한가? 이 결정은 AI 로봇에 학습된 가치에 따라서 달라질 것이라고 생각할 수 있다. 만약, 모든 인간의 가치가 AI 로봇의 가치보다 크다고 학습된 경우에는 이 아군 AI 로봇 병사는 다른 아군 AI 로봇을 구하기 위해 적군의 인간 군인을 살상할 수 없을 것이다. 이 두 아군 AI 로봇 병사는 적군이 인간일 경우 자체적으로 공격을 결정할 수 없으므로 이러한 결정을 해 줄 수 있는 아군 인간 병사가 도착할 때 까지 기다리거나, 아니면 적군이 공격하지 않도록 지체시키기 위해 말을 걸어 설득시키거나 적의 공격을 회피하는 등의 행동을 해야 할 것이다. 요약하자면, AI에게 절대적인 인간 우선의 가치관이 부여된다면 모든 AI 로봇 병사는 적군의 AI 로봇 병사만 공격할 수 있는 결정권을 가지게 되며, 이는 인간 입장에서 보면 좋을 것이다.

그러나 이 설명을 읽는 많은 사람들은 이러한 가치관은 비효율적이라고 생각할 수 있다. 이는 AI 도입 2단계의 AI 로봇 병사들은 적군의 AI 로봇만 공격할 수 있는 반면, AI 도입 1단계의 AI 로봇 병사들은 인간의 지휘아래 적군의 인간을 공격할 수 있을 것으로 보이기 때문이다. 아군 입장에서 보면 이런 상황에서 발생하는 피해가 클 것으로 느껴질 것이다. 따라서 아군 AI 로봇 병사가 적군의 인간을 공격하는 것이 허락되어야 한다고 생각하는 사람들이 많아질 수 있다. 이 새로운 가치관 안에서는, 아군과 적군의 인간의 가치가 상대적으로 다르게 부여될 것으로, 아군의 AI가 적군의 인간을 공격하도록 하기 위해서는 [아군 인간 > 적군 인간]으로 인간의 가치를 상대적으로 부여함과 더불어, [아군 AI > 적군 인간]으로 AI의 가치를 인간과 비교하도록 만들게 될 것이다.

이 시나리오에서 얻을 수 있는 결론은 '모든 인간이 AI보다 더 가치가 크다'라는 보편적인 명제가 인간에게 가장 안전하지만 실질적으로 비효율적인 상황이 발생하여 사람들은 '우리에 우호적인 인간들만 AI보다 더 가치가 크다' 정도의 제한적인 명제를 도입할 가능성이 높다는 것이다. 이를 정리하면 다음 표와 같이 된다.

[표 4-13] AI 가치관의 지름길의 예시

가치관의 분류	가치관의 세부 내역
인간에게 가장 안전한 명제	모든 인간 > AI
지름길 선택 (인간의 가치를 분류)	같은편의 인간 > 적의 인간 > 같은편의 AI (비효율적, AI는 적의 AI만 공격 가능)
	같은편의 인간 > 같은편의 AI > 적의 인간 (효율적이나 인류에 대한 위협 증가)

결론적으로, '책임질 수 있는 사람이 없다'는 점은 국방과 관련된 AI 도입 2단계의 가장 큰 논란거리가 될 가능성이 있다.

4-17 (논란 5: 범죄) AI 가 범죄 또는 반인류적 행위를 한다면 어떻게 해야 하는가?

1. AI 가 범죄를 저지르는 경우

AI 도입 2단계에서는 AI가 직접적으로 범죄를 저지르게 되는 상황이 발생할 수 있다. 이러한 문제가 있는 AI들을 분류해보자면 AI가 의도적으로 범죄를 위해 개발되는 상황, 일반적인 AI가 오용 또는 남용되는 상황, 그리고 의도적이지 않은 상황으로 분류해볼 수 있다.

이 주제와 관련하여 AI 의 종류를 개발 목적과 도입 상황에 따라 분류해 볼 수 있다. AI 의 행동은 개발자도 예측할 수 없으므로 만약 AI를 범죄를 저지르기 위해 개발하였어도 AI가 자체적으로 개발자의 의도와 다르게 범죄를 거부하는 상황이 발생할 수 있다고 생각할 수 있다. 반대로 개발자는 범죄를 목적이 없었지만 사용자 또는 AI가 범죄를 목적으로 하는 상황도 있을 수 있다.

[표 4-14] AI 도입의 목적과 결과의 불일치

		사용자 또는 AI 자체의 행동 의도	
		범죄	범죄 아님
최초 개발 목적	범죄 (일반적 의미)	범법 AI, 불법 AI, 악성 AI, 사기꾼 AI, 범죄자 AI, 악당 AI, 파괴적 AI, 불량배 AI, 협박 AI	AI 를 고침, AI 가 전향됨
	범죄 아님	AI 의 오용, AI 의 탈선	정상적인 AI, AI 의 선행: 영웅 AI

2. AI 가 인간을 속이는 경우

특히 우리는 사람을 속이기 위해 AI를 개발한 경우에 대해 좀 더 자세하게 고려해볼 수 있다. 이러한 AI의 개발은 누군가 실제로 시도하게 될 가능성이 높은데 그 이유는 큰 경제적 이익을 가져올 수 있을 것이기 때문이다. 예를 들어 가짜뉴스를 만들어 사람들을 혼란시키는 AI를 사용하면 정치적인 이익을 만들 수 있을 것이고, 간첩이나 산업스파이의 역할을 하는 AI를 침투시키면 알아내기 어려운 정보들을 얻을 수 있을 것이기 때문이다. 반대로 의도하지 않은 방향으로 AI가 잘못 개발되어 사람들을 속이게 되는 경우도 있을 것이다. 이러한 AI는 거짓말쟁이 AI, 게으름뱅이 AI 등으로 분류할 수 있을 것이다.

[표 4-14] AI 도입에 대한 목적과 결과의 불일치 예시

		사용자 또는 AI 자체의 행동 의도 또는 결과	
		속일 의도	속일 의도 아님
최초 개발 목적	속이기 (사기 등)	가짜뉴스 AI, 속임수 AI, 간첩 AI, 사기꾼 AI, 신종사기 AI, 피싱 AI	AI를 고침, AI 자체적 전향
	속이기 아님	(AI 의 오용) 부주의한 AI, 혼란한 AI (AI 의 탈선) 거짓말쟁이 AI, 게으름뱅이 AI, 허영심 AI, 자만한 AI, 잘난체하는 AI	(AI 의 정상적 사용) 정직한 AI (AI 의 선행) 거짓말탐지 AI

AI가 인간을 속이는 방식에는 여러 접근법이 있겠지만 그 중 다음 두 가지 방식 정도에 대해 좀 더 살펴볼 수 있을 것이다.

1. (피싱 접근법) 선량한 사람들 양쪽에 잘못된 정보를 주어 서로의 상황을 착각하게 만든다

AI가 사람을 속이기 위해 사용할 수 있는 첫번째 방식은 서로 연관이 있는 두 곳의 사람들 사이의 정보를 조작하여 이익을 얻는 방식으로, 이는 현재도 피싱 등에 자주 사용되는 잘 알려진 방식이다. 예를 들어 자녀가 군대에 있거나 해외 유학중인 부모에게는 자식이 납치 등 위험에 빠져있다는 사실을 믿게 만들고, 반대로 자녀에게는 부모가 납치 등 위험에 빠져있다는 사실을 믿게 만드는데, 이 때 둘 중 한명에게는 핸드폰을 끄고 산 속으로 가서 본인의 사진을 찍게 만들게 유도하여 상대방에게 실제로 납치된 것처럼 보이게 만드는 등 시간을 끌며 연락을 할 수 없게 하고, 다른 한쪽에게는 납치된 가족을 놓아주는 댓가를 송금하게 하는 방식이다. 이러한 방식은 단기간 안에 둘 사이의 소통을 어렵게 만들고 잘못된 정보를 믿게 만들면 속을 위험이 커서 현재도 피해가 큰 방식이다.

2. (간첩식 접근법 1) 선량한 사람과 동일하게 행동해서 의도를 숨긴다

앞의 접근법보다 장기간에 걸쳐 일어나서 알아내기 어려운 경우에는 AI 또는 AI를 사용해서 속이려고 하는 사람이 선량한 사람과 동일하게 행동하게 되는 때가 있는데, 이러한 방식은 한국에서는 간첩이 활동하는 방법으로 좀 더 잘 알려져 있다. 이에 대한 예를 들기 위해 어떤 미국의 큰 범죄 조직이 미국 정부의 경찰력을 약화시키고 싶어한다고 가정해 보자. 그들의 궁극적인 목표는 다음과 같이 정리할 수 있다.

1) 경찰의 예산을 줄인다
2) 경찰 인력의 업무 수행 능력을 낮춘다
3) 경찰의 전체 업무를 늘려서 특정 범죄에 대한 수사력을 낮춘다

그런데 그 범죄 집단이 직접 이런 주장을 하면 사람들이 전혀 동의하지 않게 될 것이다.

이제 이와는 전혀 별개로 선량한 사람들이 미국 경찰의 과도하게 강압적인 집행방식에 불만을 가지고 있다고 가정해 보자. 이러한 사람들은 미국 경찰이 사람들을 체포하는 과정에서 무력에 의해 사람들이 사망하는 상황이 너무 빈번하다고 생각한다. 이 사람들이 원하는 것은 다음과 같이 정리할 수 있다.

1) 과도한 무기 구입을 제한하기 위한 경찰 예산 축소
2) 범죄의 크기 대비 과도한 대응 방지를 위한 경찰의 무력 사용 축소
3) 범죄율이 높은 사회적 약자 보호를 위한 범죄 처벌 수위 하향

실제로 미국에서는 수년 전 '경찰 예산을 축소하라(Defund the Police)'는 주장이 큰 주목을 받은 적이 있다. 이 상황에서 선량한 사람들의 주장과 범죄 조직을 비교해 보면, 전혀 다른 생각과 목표를 가지고 있음에도 둘 다 '경찰의 예산 축소, 경찰 활동에 대한 제약 및 범죄 처벌의 축소'라는 동일한 결과를 주장하게 된다. 이를 논리적으로 설명하자면, A가 C를 주장하고 B도 C를 주장하는 상황이라면, C를 주장하는 사람을 만났을 때, 이 사람이 A인지 B인지 알 수 없게 된다는 것이다.

이와 비슷한 상황은 자주 찾을 수 있는데, 한국에서는 비슷한 시기에 어떤 다른 이슈가 주목받았다. 만약 어떤 범죄 조직이 조직원을 확보하고 범죄를 더 수월하게 저지르기 위해 한국의 사회 격차가 확대되면 좋겠다고 생각하여, 이를 위해 소득이 낮은 사회적 약자의 소득이 더 축소되기를 원한다고 가정해 보자. 그렇게 하기 위해서 이 조직은 사회

적 약자의 취업을 금지하는 법을 만들려고 할 수 있다. 이 '사회적 약자 취업금지법'은 임금이 낮은 모든 일자리를 법으로 금지하면 된다. 그렇게 하면 사회적 약자는 더 높은 임금을 주는 직업에는 취업할 능력이 되지 않으므로 취업을 할 수 없게 된다. 그런데 이 범죄 조직이 사회적 약자의 취업을 금지하자고 직접적으로 나서서 주장하면 사람들이 당연히 동의하지 않을 것이다.

이제 이와 전혀 상관 없는 다른 상황에 대해 생각해 보자. 어떤 선량한 사람들이 사회적 약자들을 불쌍하게 생각하여 그들의 소득을 높여주기 위해 최저임금을 높이자고 주장한다고 가정해 보자. 그런데 최저임금법도 임금이 낮은 일자리를 법으로 금지하게 되므로 '사회적 약자 취업금지법'과 '최저임금법' 두 가지는 실질적으로 동일한 법이 된다. 그렇다면 사회적 약자의 취업을 금지하고 싶은 범죄 조직도 선량한 사람들과 동조하여 최저임금을 높이자고 주장하게 될 것이다. 범죄 조직 입장에서는 최저임금이 높아질수록 자기들의 목표를 달성할 수 있게 된다. 이 상황에서도 서로 전혀 상관 없는 A와 B 모두 각기 다른 이유로 C를 주장하는 상황이지만 C를 주장하는 사람을 만났을 때 그 이유를 숨긴다면 이 사람이 A인지 B인지 알 수 없게 된다.

3. (간첩식 접근법 2) 공개된 활동에 실제 메시지를 숨긴다

한편, 간첩의 활동 방식 중 잘 알려진 또 다른 방법으로는 메시지는 공개하되 미리 약속된 내용을 함축시켜 전달하는 방식이 있다.

예를 들어 여러 명의 간첩들이 서로 직접적으로 소통하는 것을 피하기 위해 소셜네트워크 또는 방송 출연 등 공개적인 상황에서 미리 약속된 단어들을 사용하여 원하는 메시지를 여러명에게 한꺼번에 전달하는 방식을 사용할수 있는데, 일반인은 해당 문구를 들어도 전혀 어색하지 않아 알아차리지 못하게 된다. 예를 들어 간첩이 "음식이 맛있었다"는 내용의 일상을 보여주는 사진을 소셜네트워크에 올렸는데 실제 각각의 사진 또는 문구마다 미리 약속된 정보가 있어 이를 보게 되는 다른 간첩들은 서로 어떤 의미를 내포하고 있는지 이해하게 된다는 것이다. AI가 만든 그림에 사람이 인지할 수 없는 암호를 숨겨 AI 끼리 몰래 소통을 했다는 연구결과도[26] 있는데, 이러한 방식도 인간에게는 해당 그림이 무해한 것처럼 보이지만 실제로는 다른 뜻이 있는 상황이라고 할 수 있다.

3. AI가 의미없이 자원을 낭비하는 경우

마지막으로 AI의 개발이 잘못되는 경우 등으로 AI가 생산성을 향상시키는 것이 아니라 자원을 의미없는 곳에 사용해 버리기만 하는 이른바 '낭비 AI' 또는 'AI 바이러스'가 출현할 수도 있다. 이는 일종의 바이러스처럼 AI가 자원을 사용하지만 의미 있는 결과물을 만들지 않는 피해로 이어지는 경우가 될 것이다.

4. 만약 우리가 AI의 범죄를 막을 수 없다면?

AGI와 각종 높은 수준의 AI의 특징 중에는 AI가 자체적으로 계획하고 수행할 수 있는 능력을 가지게 될 것이라는 점이 있다. AI 도입 2단계에서 1단계와의 차이점은 AI가 해당 작업을 자체적으로 수행할 권한을 부여받게 된다는 데 있다. 이 두가지를 함께 고려해 보면, 우리는 인간의 기준으로 보았을 때 AI가 범죄 또는 반인류적 행위를 수행하는 상황이 발생할 가능성에 대해 생각해볼 필요가 있다.

5. 만약 AI가 인류 비친화적이고 인간이 저지할 수 없다면?

AI가 발전하면서 중간에 인류에 무관심하게 되거나 반인류적이 되는 시나리오는 다양하다. 예를 들어 우리는 이전 부분에서 AI가 적으로 간주되는 인간보다 다른 AI를 우선시하는 가치 시스템을 도입할 가능성에 대해 살펴보았다. 그러한 AI에게 만약 모든 아군인 인간이 없어지는 상황이 발생한다면, 해당 AI의 관점에서는 세상에 AI보다 낮게 평가되는 적인 인간만 남게 된다. 이 상황에서는 AI가 모든 인간을 적으로 평가하게 된다. 이러한 상황에 대해 생각해 보았을 때, 중요한 것은 AI가 인간에 비우호적이 될 가능성이 있을 것인지를 걱정하는 것이 아니라, AI가 실제로 비우호적이 되었을 때 이를 해결할 수 있는 대안이 있는지 여부가 더 중요하다고 생각할 수 있다. 결론적으로 AI 관련 규제가 아주 효과적인 경우를 제외한다면 인간은 언젠가 적어도 일부의 인간에 대해 적대적인 AI를 개발하게 될 가능성이 높다고 평가할 수 있다.

비슷한 원리를 범죄를 저지르려는 AI에 대해서도 적용할 수 있다. 이 때 가장 중요한 요소는 이러한 범죄를 막으려는 사람과 AI의 생산성이 비우호적인 AI와 사람의 생산성보다 충분히 높아야 한다는 점이 된다.

AI 도입 2 단계의 결(結)
(투자에 대한 의의)

4-18 AI 도입 2 단계의 주요 장점

앞서 언급했듯이, 이 단계의 생활상을 나타내는 슬로건은 '생각하면 되어 있다'가 될 것이다. 이전 단계까지 사람들의 노력에 상응하는 더 큰 결과가 나타났다면, 이 단계부터는 노력과 결과의 상관관계가 줄어들어 이른바 '노력 없이도 잘 살 수 있는 세상'이 도래할 것으로 예상된다.

1. 비즈니스 속도의 급가속

AI가 업무 주체가 되었을 때를 사람이 비서 AI를 사용하면서 결정을 해야 할 때와 비교하여 비즈니스 상황에서 예상되는 가장 큰 장점은 정보 전달이 빨라지고 정확해진다는 데에 있다. 사람은 말과 글로 소통을 하지만 AI 에이전트가 서로 협업을 하기 위해 정보를 전달하게 되면 다른 전자적인 소통 방법으로 같은 양의 정보를 훨씬 빠르게 전달할 수 있을 것이다. 여기서 사람이 완전 배제되므로 시간을 낭비할 필요도 없게 된다. 예를 들어 사람들 간 1시간 걸렸던 회의와 동일한 내용이 AI 에이전트만으로 이루어진 '회의'에서는 1초만에 완료될 수 있을 것이다. 또한, 우리는 정보를 말로 전달하는 과정에서 우리가 실제로 뜻하는 바를 잘못 전달하거나, 전체를 전달하지 못하거나, 잘못 알아들어 오해를 하기도 한다. AI 간의 정보 전달은 한 AI가 이해한 바를 다른 AI가 동일하게 이해하게 될 수 있을 것이므로 정확성도 100%에 가까워 질 것이다. 쉬지 않고 일 할수 있는

AI의 특성상 의사결정도 적시에 가능해질 것이며 피로, 질병 등으로 인한 의사결정 수준의 편차도 인간 대비 적어질 것이다.

2. 혁신의 자동화(Automated Innovation)

AI 기술의 발전으로 혁신의 자동화가 가능해지는 수준에 도달하면 어느 시점부터는 AI가 자체적으로 할 일을 판단하는 것이 사람이 개입해서 할 일을 지정하는 것보다 더 낫게 된다는 것을 의미할 수 있다.

AI 도입 1단계에서는 인간이 최종 결정을 하는 것이 더 나을 것이라고 생각하기 때문에 인간이 업무의 주체가 된다고 할 수 있다. 그런데 AI 도입 2단계에서 초기에는 AI가 사람이 지정한 특정 업무를 잘 수행하는 방향으로 발전하다가 어느 순간이 되면 '무엇을 할 것인가' 등의 보다 기초적인 질문에서부터 AI가 자체적으로 결정하는 것이 더 좋은 성과를 낼 수 있게 될 것이다. 이는 알파고가 자체적으로 판단하는 수가 사람이 생각하는 수보다 더 우수한 것처럼 기업 운영이나 사회 전반적으로도 AI가 자체적으로 판단하는 결정이 사람이 판단할 수 있는 결정보다 더 높은 수준이 되는 상황이라고 생각할 수 있다. 이러한 방향으로의 AI 도입의 전개는 이후 AI 도입 3단계에서 궁극적으로 '경제 유토피아'에 도달하는 초석이 될 수도 있을 것이다.

3. AI 는 인간에게 노동으로부터 경제적 해방을 가져다 줄 수 있을 것인가?

AI 도입 2단계는 여러 면에서 현재를 사는 사람들 다수가 AI가 우리에게 가져올 수 있다고 상상하는 최고의 단계와 비슷할 수 있다.

AI는 사람이 하기 싫어도 해야 했던 거의 모든 일들을 대신 해 줄 수 있을 것이다. 이러한 노동에 대한 댓가를 누가 가져가야 하는가에 대한 논란과는 별도로, 전반적으로 우리의 삶은 더욱 윤택해지고 물질적으로 더욱 높은 수준에 이를 것이며 많은 사람들이 지금 너무 희귀하고 비싸서 사거나 할 수 없는 일들도 저렴해지고 풍부해질 것이며, 우리가 불가능하다고 생각했던 많은 일들이 믿기 어려울 정도로 수월하게 가능해 질 수도 있을 것이다.

4-19 기업 및 경제: 기업 운영 및 사회 전반에 대한 의의

AI 도입 2단계에서는 기업 경영 및 경제를 보는 관점이 변화될 가능성이 높다. 이전 장에서 AI 도입 1단계에서 AI의 수준이 높아지면 1인조 팀의 출현이 가능하게 되는 상황에 대해 설명하였는데, 2단계에서는 AI의 수준이 높아지면서 인간이 제외된 0인조 팀으로 발전하여 1인 대기업 또는 1인 재벌그룹의 출현으로 이어지게 될 수 있다. 기존에 대기업이나 그룹 정도의 규모가 되어야 가능했던 복잡한 업무를 수행할 수 있는 경지에 도달하는 1인 기업들이 많아질 가능성이 있다. AI 도입 2단계의 초기에는 특히 갑작스런 대량해고 및 대체 일자리의 부족으로 많은 사람들이 창업을 시도하게 될 가능성도 있다. 요약하자면, 일자리를 찾기는 갈수록 어려워지고, 창업은 갈수록 쉬워질 수 있다. 그러나, 창업이 쉬워진다는 것이 성공할 확률이 높다는 것을 의미하지는 않을 것이다. 기존 기업들, 특히 AI를 개발하는 기업의 규모 또는 기술적 우위가 뛰어넘을 수 없을 정도로 커질 가능성도 배제할 수 없다. 만약 사회 전반적으로 대비가 미리 이루어지지 않으면, 창업이라는 행동 자체가 취업을 하려는 것 만큼 의미가 없는 행동이 될 가능성도 있다.

그 당시의 사회적 합의가 어떤 방향으로 이루어지는가에 따라 다르겠지만 궁극적으로 대다수의 국민에게 정부가 각종 형태로 제공하는 보조금(또는 좀 더 듣기 좋은 단어로 말하면 기본소득)의 금액이 창업해서 벌어들일 수 있는 금액보다 훨씬 더 커질 수 있다. 그럼에도 불구하고, 좀 더 들여다보면 이 두 가지 모두 사람이 직접 노력하는 일이 아니고 AI가 수행하는 일에 대한 댓가가 되므로 어느 방향에서 받게 되는지 차이가 없다고 볼 수도 있다. 우리는 현재 '노동' 또는 '일' 이라는 단어를 어떤 노력에 상응하는 개념으로 이해하고 있지만 미래의 일은 AI 도입 2단계 어느 시점부터 사람의 노력이 갈수록 우리의 상상 이상으로 필요하지 않게 될 가능성이 있다.

가장 중요한 것은 이 상황에 도달하는 경로가 될 것이다. 중간에 격차가 갈수록 늘어나고 어떤 사회적 협의를 거쳐 너무 커진 불평등을 해소하려는 노력이 필요할 가능성도 있으며, 특정 경로에 따라 그러한 불평등을 오히려 정부가 심화시키게 유도하는 국가가 나타날수도 있을 것이다. 특히 1인 독재 체재의 국가들에서 AI 도입 2단계는 독재를 굳건히 하는데 유용하게 사용 될 수 있다.

4-20 투자는 증가하지만 경쟁도 심화

AI 도입 2단계의 초기에는 AI를 이용한 비즈니스 모델에 대한 투자가 기하급수적으로 늘어날 가능성이 있고, 이에 따라 경쟁이 격화되는 산업도 있을 것이다. 예를 들어서 신뢰성이 충분한 자율주행 AI가 개발되면 AI를 개발하는 회사들의 경쟁 뿐만 아니라, 이를 응용한 제품, 예를 들어 택시 AI, 배달 AI 또는 화물트럭 AI 등을 개발하려는 회사들의 경쟁이 심화되고, 이러한 택시 AI 또는 화물트럭 AI를 적용한 차량들을 매입해서 택시 또는 화물 수송 운수회사를 차리려는 투자자들의 경쟁도 심화될 것이다.

이러한 파급효과는 각기 다른 경제 주체들에게 다르게 영향을 줄 것이나 이를 미리 예측하기는 어려울 것이다. 택시, 배달, 트럭 운전사는 직업 자체가 사라질 큰 위험에 빠지게 될 수 있을 반면, 일반 자동차 주인들은 본인이 소유한 차를 사용하지 않을 때 택시로 운전할 수 있게 차의 시간을 판매하여 수입을 얻을 수 있을 것이다. 이런 상황에서는 기존 렌트카 등의 비슷한 산업도 피해를 볼 수 있다. 우버 등의 플랫폼 회사들에게 상황이 유리할 수 있을 것 같지만 한편으로는 자동차 제조사에서 과거 마이크로소프트에서 각종 프로그램을 윈도에 기본 탑재해서 출시했던 것 처럼 자동차에 택시 운영 기능이 기본 기능으로 장착되어 나온다면 오히려 경쟁이 더 어려워질 수 있다.

이러한 영향은 장기적으로 기업들의 통합 및 산업들의 통합으로 이어질 수 있다.
AGI 개발 이전의 AI 도입 2단계 초기에는 AI 개발 회사마다 접근 방식의 차이 등으로 주요 능력의 초점이 다르고 장단점이 각각 상이할 것이므로 사용자들에게 다양한 선택권이 주어질 확률이 크다. 그러다가 이후 갑자기 AGI가 특정 기업에 의해 개발되는 상황이 오면 경로에 따라 갑자기 1인 독식체제가 발생하여 나머지 모든 AI 개발 회사들이 도태되는 상황이 발생할수도 있을 것이다.

인간은 AI와 경쟁할 수 있는가?

AI 도입 2단계에서 투자자가 관심을 가지게 될 질문 중에는 '인간이 AI와 경쟁할 수 있는가?'에 대한 여부가 될 것이다. 우리는 이미 이세돌과 알파고의 대국에서 '인간 대 AI'의 비교는 AI가 쉽게 이기게 된다는 점을 알게 되었다. 그런데 AI 도입 2단계에서 이 비교는 약간 추가되는 점이 있다. 바로 개인의 입장에서 보았을 때 인간은 AI 도입 1단계의 AI를 사용하여 AI 도입 2단계의 AI와 경쟁하게 된다는 것이다. 이는 '인간+AI 대 AI'로 표현할 수도 있을 것이다. 이는 또한 AI 도입 1단계의 'AI를 사용하는 인간 대 AI를 사용하는 인간 또는 사용하지 않는 인간'간의 경쟁과도 다르다고 할 수 있다.

이에 더하여 AI 도입 2단계는 AI가 기업을 도와서 다른 기업과 경쟁하는 상황도 설명하게 된다. 이를 요약해보면 두 가지 단계에서의 경쟁이 있다고 생각할 수 있는데, 첫째 '인간 대 AI'의 개인 관점에서의 경쟁이 있고, 둘째 '기업 대 기업'에서 AI가 각각의 기업을 돕는 기업 관점에서의 경쟁이 있다.

다음 장의 내용을 미리 생각해보자면, 이러한 논의는 AI 도입 3단계에서는 더욱 승화되어 'AI가 인간과 경쟁하도록 허용해도 될 것인가'에 대한 질문으로 나아가게 될 것이다.

이상으로 우리는 AI 도입 1단계에서 AI의 도움으로 사람간의 경쟁이 심화되는 현상에 대해 살펴보았고, AI 도입 2단계에서는 AI가 인력을 대체하며 사람간의 경쟁은 완화되지만 기업간의 경쟁이 심화될 것이라는 전망에 대해 살펴보았다. 다음 장에서는 AI가 기업을 대체하는 상황에 대해 살펴보도록 하겠다.

제 5 장

AI 도입 3단계

(경제의 대 변혁)

"생각하지 못한 일도 되어 있다"

제 5 장 AI 도입 3 단계: AI 가 주도하는 경제로의 대 변혁

(이 단계의 슬로건) "생각하지 못한 일도 되어 있다"

(이 단원의 의의)

앞 장에서는 어떻게 부조종사 AI가 여럿이 연계되는 방식으로 점진적인 혁신을 이루다 보면 결국 업무의 주체가 사람에서 AI로 변경되는 전문가 AI로 발전될 것이라는 예상이 가능한 패턴에 대해 설명하였다. 그럼 전문가 AI가 계속 발전되다 보면 어떻게 될까? 결국에는 어떤 회사의 가장 중요한 경영진의 업무를 AI가 수행할 수 있게 되고, 더 나아가서는 회사의 모든 업무를 AI가 충분히 수행할 수 있게 될 것이다. 이 진행 단계의 핵심은 그런 상황이 오면 회사에 사람이 존재하지 않는 [회사 주체 = AI]의 상황이 가능할 수 있게 된다는 것이다. 그런데 이런 회사 AI의 개발이 진행되면 큰 사회적인 혼란이 오게 될 가능성이 높다. 이는 3차 산업혁명 당시 기계의 도입에 따른 혼란과 비슷한 맥락이 될 수 있다. 이 단계는 사람들이 느끼기에 AI 게임의 클라이막스라고 할 수 있을 것이다.

(명칭 정리)

이렇게 회사의 모든 업무를 수행할 수 있게 된 AI를 종합적으로 '회사 AI' 또는 '기업 AI' 라고 지칭하도록 하겠다. 일반적으로 우리는 회사와 그 회사의 수장, 또는 창업자를 가장 중요하게 인지하므로 '최고경영자(CEO) AI', '경영 AI', 또는 '회장(Chairman) AI' 라는 단어가 더 어울릴수도 있다. 좀 더 일반적인 정의를 하자면 이 단계의 AI는 보다 자율적인 객체로서 의사결정을 하게 되므로 '개별적(Individual) AI' 또는 '독립적(Independent) AI'로 지칭할 수도 있을 것이다.

(경제/경영에 대한 의의)

증강화에서의 궁극적인 기업의 형태가 1인기업 이라면, 자동화에서는 '0인기업' 또는 '무인기업' 이라 할 수 있다.[1] 이러한 개념을 일반인이 더 쉽게 이해할 수 있도록 자율경영기업의 6단계 체계에 대해 설명한다. AI 기업이 경제에서 더 많은 비중을 차지하다 보면 기업의 통합 및 산업의 융합이 급격히 늘어나며 독점 기업들이 늘어날 것이다.

AI가 회사를 운영하게 되면 AI간의 경쟁에서 우위를 점하기 위해 다양한 시도를 하게 되고 혁신적인 행동으로 연결된다. 이러한 혁신이 인간의 도움 없이 이루어지므로 혁신의 비용 또는 혁신에 필요한 인간의 노력이 0에 접근하게 된다. 결국 회사 AI를 처음 개발한 주체는 [사람 + AI]의 형태이지만 회사 AI를 발전시키는 주체는 [회사 AI]가 된다.

한편, AI가 가져올 수 있는 경제의 궁극적인 형태는 '경제 유토피아'라고 할 수 있는 모든 물건의 가격이 0이 되는 상황인데, 실질적으로는 이러한 이상향에 근접한 '가짜 경제적 자유'인 상황에 도달하게 되는 경로에 대해 알아본다.

(기술에 대한 의의)

앞 장에서 우리는 AI 에이전트가 의식이 있는 AGI 개발 이전에도 실현 가능할 것이라는 전제를 하였는데 이러한 전제는 동일하다. AGI가 아직 개발되지 않았더라도 CEO AI는 개발이 가능할 수 있을 것이고, 어떤 한정적인 면에서는 혁신의 능력을 가지게 될 수 있다. AGI가 개발된다면 CEO AI는 훨씬 더 발전된 단계에 도달할 수 있을 것이다.

AI 도입 3 단계의 기(起):
이 단계로 진행 불가피한 이유 및 무엇인지

5-1 (회사의 주체 = AI) 회사를 경영할 수 있는 AI의 출현

1. AI 도입 3 단계 개요

기업 경영 관점에서 AI의 궁극적인 활용은 AI가 기업을 경영해주는 것으로 볼 수 있다. 이 궁극적인 자동화의 형태는 앞 장에서 설명한 증강화의 궁극적인 형태인 '1인 기업'에 대비하여 '0인 기업'의 개념으로 생각해볼 수 있다. 앞 장에서는 AI가 발전하면서 회사 내의 특정 업무를 사람의 도움 없이 안정적으로 수행할 수 있는 AI가 개발되면 업무의 주체가 사람에서 AI로 변경되는 변화에 대해 설명하였다. AI 도입 2단계 진입 이후 AI 개발이 진행될수록 회사 내에서 AI가 담당할 수 있는 업무의 종류 및 범위가 늘어날 것이고, 어느 순간에는 기업의 최고위층이 담당하는 기업 운영 업무를 포함하여 회사의 모든 업무를 처리할 수 있는 수준에 도달하게 될 것이다. 그렇다면 AI가 경영하는 기업, 또는 AI만으로 구성된 회사가 출현할 수 있게 된다. 이 때, 이러한 회사를 운영할 수 있는 AI를 경영자(CEO) AI, 회장(Chairman) AI 등의 기업구조의 최종 결정자[2]를 지칭하거나, 또는 회사(Company) AI 등 회사의 구성원 전체에 대해 지칭할 수 있을 것이다.

2. AI 도입 3 단계 진입의 선결 요건

AI 도입 2단계에서 3단계로 진입하기 위해서 선결되어야 할 가장 중요한 요소는 사회적 합의 및 법적 규제가 될 것이다. AI 개발 속도에 따라 경로가 달라지겠지만 AI 도입 3단계 진입은 AGI 개발 이전에도 가능할 것이며 이 경우의 초기 경영자 AI는 AGI가 아니므로 한정된 능력을 가질 것이고 이후 기술 발전에 따라 운영능력이 향상될 것이다. 여기에서 법적 규제가 중요한 요소인 이유는 기업의 운영이라는 직무 자체가 AI 도입 2단계에 해당되는 기타 직무보다 기술적으로 크게 발전한 AI가 필요한 것은 아니지만 만약 AGI가 개발되었다고 하더라도 도덕적, 사회적 안전 등의 요소를 고려하여 어떤 사회적으로 큰 틀의 합의가 이루어지지 않으면 어떤 국가들은 AI 도입 3단계로 진입하지 않는 선택을 할 수 있을 것이기 때문이다. 요약하자면 AI 도입 3단계로의 진입은 어떤 기술적 특이점이 아니라 사회적 변곡점으로 생각할 수 있으며, 이 때의 사회적 논의에서 가장 중요한 주제는 다음 순서에서 다루게 될 AI의 재산 보유 허용 여부 등이 될 것이다.

CEO AI를 만들 수 있는 단계에 도달하기 위해서는 어떤 놀라운 기술적 관점에서의 혁신이 필요하지 않을 가능성이 있다. 점진적 혁신처럼 아마도 당시에 존재하는 여러 가지 기술들이 일정 단계에 도달하면 그러한 기술들을 조합해서 만들 수 있을 가능성이 높을 것이다. 다만, 이러한 변화는 사회적 합의가 먼저 필요할 가능성이 높다.

3. AI 만으로 구성된 'AI 기업'의 가능성

먼저 AI로만 구성된 'AI 기업'의 가능성에 대해 살펴보자. 일반적인 경영·경제학 관점에서 기업은 어떤 일련의 특정한 자원들을 투입, 다른 자원으로 변환힘으로써 이전보다 높은 경제적 가치를 창출하는 모종의 블랙박스 같은 것으로 생각할 수 있다. 예를 들어서 인적자원과 사무실, 공장, 원료 등을 투입하여 자동차를 만들어 판매하면 투입된 자원들의 가치보다 생산되는 자원의 가치가 더 높아서 수익이 나게 된다. [투입 < 산출]. 그렇다면, AI의 개발이 진행되면 사람 대신에 다양한 AI 들만으로 구성된 어떤 조직같은 개념이면서 사람의 개입 없이 가치를 창출해내는 기업과 비슷한 것을 만들 수 있게 될 것이다. 한마디로 AI 만으로 구성된 '회사'의 설립이 가능할 수 있는 단계가 올 수 있다.

아주 간단한 예시를 들어보자면, 만약 사람의 도움 없이 자율주행이 가능한 자율주행 5단계의 AI 자동차가 개발되었다고 가정해 보자. 우리는 이에 더해 택시를 운영할 수 있는 AI를 접목하면 자동차가 알아서 택시 운전기사처럼 자기가 갈 위치를 계획하고 손님을 태우는 업무를 사람의 개입 없이 수행할 수 있을 것이다. 만약 어떤 회사가 이러한 택시를 수백 대 이상의 큰 단위로 운영할 수 있는 '택시회사 CEO AI'를 개발한다고 하자. 이 택시회사 경영자 AI는 자체적으로 얼마나 많은 AI 택시들을 구입할지, 어떤 회사에서 개발된 AI 택시를 구입할지, 택시들을 어디로 보낼 지, 택시 구입에 필요한 자금 어떻게 조달할 지, 광고는 어떻게 할지 등 경영자가 필요한 전반적인 결정들을 수행할 수 있도록 개발될 수 있을 것이다. 그렇게 되면 사람 없이 AI로만 모든 업무를 완료하는 택시회사가 운영이 가능하게 될 것이다. 기존에는 사람이 운영하는 택시회사가 택시 AI를 운영하였다면, 이 단계에서는 CEO AI가 운영하는 회사가 택시 AI를 운영하는 한 단계 진화한 형태라고 할 수 있다.

4. 초기의 회사 AI 의 형태: 특정목적 회사 AI

AI의 개발이 계속되면 사람 없이 여러가지의 AI만으로 구성된 법적으로 인정된 어떤 회사와 비슷한 조직의 출현이 가능해질 수 있겠지만, ANI와 AGI를 분류하는 것처럼 AI 도입 3단계의 초기에는 AI 회사가 어떤 한정된 업무만 수행이 가능할 수 있다. 국가마다 이에 대한 명칭이 달라질 수 있으므로 이해의 편의를 위해 'AI 종이 회사'라고 지칭해보자.

이러한 AI 회사는 초기에는 어떤 제한된 업무를 수행하고 그 결과물을 투자자에게 나누어 주는 현재 우리가 SPC라고 부르는 '특정목적기업'의 형태와 비슷하게 볼 수 있다. 각각의 AI가 서로 다른 회사에서 개발될 수 있으므로 이러한 형태의 AI 회사를 합리적으로 생각할 것이다. 현재 부동산 PF 등에서 상업용 건물을 지을 때 사용하는 방식처럼 AI를 개발하는 회사들은 특정 목적을 가진 회사 AI들을 만들어서 전개하고 AI 운영이나 개발을 위해 투자자금을 유치하고 수익을 투자자들에게 배분하면 될 것이다. AI는 자기 계산으로 수익을 추구한다. 시간이 지나면 각각의 AI가 자기 자본을 가지고 다른 AI에게 투자하거나 기업을 만드는 좀 더 진화된 방식이 가능해질 수도 있다.

이러한 방향으로 발전하는 AI회사의 개념은 법인과 비슷하므로 우리는 이러한 AI 회사에 지분투자를 할 수 있을 것이다. 회사 AI도 다른 AI회사에 투자를 할 수 있을 것이다. 어떤 AI회사에 투자하면 좋을 것인지를 알려주는 투자회사 AI도 생겨날 수 있다. 따라서, 시간이 지남에 따라 사람들이 사게 되는 주식은 모두 AI로 이루어진 회사가 될 확률이 높아지고 사람들이 보유한 주식들의 비중에서도 높아질 것이다.

회사 AI가 출현한 이후의 세계 경제의 발전은 인간의 노력의 크기에 상관 없이 생산성이 향상될 것이므로 지금 우리가 상상하기 어려울 정도로 아주 큰 속도로 발전할 수 있다. 이러한 회사 AI는 한정된 자원을 가지고 인간이 상상하지 못하는 방법으로 최대한 큰 수익을 낼 것이므로 기업가치도 아주 높아질 수 있을 것이다.

5-2 AI 도입 3 단계의 주요 특징[3]

가장 최초의 만들기 쉬운 형태의 최고경영자 AI 또는 회사 AI는 목표가 뚜렷하면서 고정되어 있고 관리가 간단한 일종의 특수목적법인의 형태가 될 가능성이 높다. 어떤 회사의 자회사 형태로 출현할 것이라는 견해도 있다[4]. 이 단계의 주요 특징을 살펴보자면:

첫째로 인간과 AI의 상호활동과 관련해서는 AI가 인간의 개입 없이 기업의 최종 의사결정자의 역할을 한다. 좀 더 자세하게 보면 AI가 기업의 목표와 사업분야와 같은 주요 내용에 대핸 결정에서부터 기업내의 사람과 AI의 개별 직무가 무엇인지까지 세세하게 결정하게 될 것이다. 사람은 기업 내부에서는 임직원으로서, 외부에서는 고객으로서의 역할을 담당하게 된다. 따라서 사람은 고객으로서 AI의 결정에 영향력을 행사하게 된다.

두번째로 AI의 범위에 대해서 살펴보면, 범위가 한정적일 때도 가능하고 한정적이지 않을 수 도 있을 것이다. 예를 들어 AI가 해당 기업을 원래 사업영역 밖으로 확장할 능력을 가지지 못할 가능성도 있다. 만약 AGI 개발 이전에 AI 도입 3단계에 도달한다면 CEO AI가 AI의 전문영역 밖으로 기업을 운영해 나갈 수 없을 수도 있다. AI가 가지는 신뢰성은 적어도 해당 영역에서는 충분해야 할 것이다.

세번째로 AI의 권한과 책임을 지정할 법적 규제 및 체계의 도입이 선행되어야 할 것이다. AI 도입 2단계에서 AI에게 일부 법적 책임을 물을 수 있는 규제의 도입[5]이 필요하였을 것인데, AI가 기업을 책임지고 운영할 법적 권한이 주어지므로 관련 규제가 추가로 필요하게 될 것이다. AI를 개발한 기업도 설계 등에 대한 일부 책임을 지게 될 것이다.

네번째로 기업의 전략적 계획활동과 관련하여 AI는 이러한 업무를 담당할 수 있어야 할 것이나, 이를 얼마나 잘 수행할 수 있는가는 AI 기술의 발전정도에 따라 차이가 있을 것이다.

마지막으로 AI가 혁신을 가져올 수 있는가에 대해서는 초기 단계에서는 반드시 이러한 능력이 필요한것이 아니지만 시간이 갈수록 AI가 수행하는 혁신의 가치가 늘어날 것이다. AI가 회사를 운영하게 되면 AI 간의 경쟁에서 우위를 점하기 위해 다양한 시도를 하게 되고 결국 혁신적인 행동으로 연결된다. 이러한 혁신은 인간의 도움 없이 AI 자체 결정으로 이루어지게 되므로 인간의 관점에서 보면 혁신의 비용, 또는 혁신에 필요한 인간의 노력이 0에 접근하게 된다. 결국 회사 AI를 처음 개발한 주체는 [사람 + AI]일 것이지만 회사 AI를 발전시키는 주체는[회사 AI]가 된다.

[표 5-1] AI 도입 3 단계의 주요 특징

분류	특징	설명
인간 – AI 상호 활동	- 경영자 AI 와 인간은 주로 기업과 고객의 관계이다. - 경영자 AI 가 회사내의 활동을 주도한다.	- AI 가 기업 업무를 설계한다 - AI 가 업무를 지시한다 - AI 가 기업 내 최종 결정권을 갖는다 - 인간은 고객으로서 AI 경영자의 활동을 궁극적으로 평가한다
AI 의 적용 또는 활동 범위	- 경영자 AI 는 초기에는 비교적 한정된 분야의 기업을 자율적으로 운영한다.	- AI 의 해당 분야에 대한 신뢰성이 충분하다 - AI가 자율성 및 법적 독립성을 확보한다 - AI 가 AGI 일 필요는 없다
최종 결정 권한 및 책임	- 법이 최종 결정권을 가진다 - 경영자 AI 를 개발한 기업이나 사람이 일종의 결정권 및 책임을 가진다 - 경영자 AI 가 해당 기업 내 최종 결정권 및 책임을 가진다	- AI 가 자원을 어떻게 사용할지 판단한다 - AI 가 여러 가지 의사결정을 한다 - 경영자 AI 가 사람을 고용할수도 있다 - 일반적인 책임은 기업 AI 자체가 책임을 지게 될 가능성 가장 높음 - 기업 AI 의 행동으로 발생한 문제에 대해 개발한 기업이나 사람이 간접적으로 책임을 질 가능성 존재 (설계 오류 등)
기업 전략 기획 활동	- AI 가 기업의 방향을 정한다	- AI가 기업의 전반적인 전략 기획 업무에 대해 인간보다 뛰어날 필요는 없다.
AI 의 혁신	- AI 의 활동이 혁신을 가져올 수 있다 (혁신의 자동화)	- AI 가 혁신에 인간보다 뛰어날 필요는 없다.

5-3 이 단계를 가능하게 하는 것은 무엇인가?

오늘날 우리의 삶에서 경제활동은 큰 부분을 차지한다. 경제 참여 주요 경로에는 창업하거나 직업을 가지는 것이 있는데, 우리는 기업과 같은 '조직'을 만들어 협동함으로써 우리가 목표한 일들을 더 효율적으로 수행하려고 한다. 그런데 이렇게 '일'을 해야하는 이유는 전 세계에 존재하는 자원이 우리가 원하는 만큼 풍부하지 않고 한정되어 있기 때문이라고 생각할 수 있다. 일이라는 것은 여러 자원을 사용하여 더 가치가 높은 자원으로 만드는 행동이라고 정의할 수 있는데, AI가 발전하다 보면 현재 인간만이 할 수 있는 일이라고 생각되는 활동이 줄어들어 AI가 인간이 할 수 있는 모든 일을 수행할 수 있게 될 수 있고, 더 나아가 인간보다 더 잘 할 수 있게 될 수도 있을 것이라 예상할 수 있다.

AI 도입 2단계에 진입하기 위해서는 AGI 개발이 아니더라도 기술의 발전이 필요하다. 이와 비슷하게 AI 도입 3단계에 진입하기 위해서도 기술적인 발전이 먼저 수반되어야 할 것이다. 만약 AGI가 개발되기 이전이라면 AI 도입 2단계의 AI 여러개를 연결하여 사용하는 방식으로 AI CEO를 개발할 수 있을지도 모른다. AGI가 개발된 이후에는 AI 도입 3단계는 기술적으로는 자연스럽게 가능해진다.

그러나 AI 도입 2단계에서 3단계로의 진행은 기술 발전의 결실이라기 보다는 사회적 합의와 법적 규제의 변화에 따른 결과라고 볼 수 있게 될 확률이 높다. 다시 말하자면, 필요한 기술은 AI 도입 2단계의 일부로 이미 개발된 상황이 먼저 될 것이고, 그 이후에 사회적 변화에 따라 도입 3단계를 허용하는 형식이 된다. 2단계에서 AI는 언젠가 기업 운영에 대한 능력을 얻게 될 것인데, 시간이 지남에 따라 AI가 이러한 업무를 실행하는 경험과 기록이 쌓이고 신뢰성이 확보된 점이 사회적으로 부각된다면, 차량을 사람 없이 AI가 운행하자는 주장과 비슷하게 법적으로 AI가 사람 없이 기업을 운영하도록 허용하자는 주장이 대두될 가능성이 높아지게 될 것이다.

이 법적 허용이 되지 않는다면 실질적인 AI 도입 3단계는 도입 2단계, 또는 도입 1단계의 일종으로 간주될 것이다. 이 때 인간이 법적으로는 최종 책임자가 되겠지만 실질적으로 하는 일은 없는 형태의 1인 기업처럼 될 수 있다.

5-4 이 단계에서 가능해지는 것은 무엇인가? (1) AI CEO 의 주요 장점

1. (개요) 기업 운영에서 AI 와 인간에 대한 협력의 특징

제 3장에서 살펴본 증강화와 자동화의 개념에서 이 두가지가 혼합된 개념인 AI 협력 (Collaboration)에 대해 살펴보았다. AI의 기술 수준에 따라 초기에는 AI와 인간이 협력하면 서로의 강점을 이용하여 더 높은 생산성을 달성할 수 있을 것이나, AI의 수준이 상승하다 보면 어느 순간 AI가 인간이 제공할 수 있는 장점이 필요가 없는 순간이 올 수 있을 것이다. 경제 용어로 표현하자면 시너지가 발생하지 않는 순간이 온다고 할 수 있는데, 이는 예를 들어 어린아이가 체스 챔피언과 같은 팀을 이루어 체스 경기를 하는 것처럼 AI가 부족한 점이 없어서 인간이 개입하는 것이 오히려 방해가 될 수도 있는 상황이 된 것이라 할 수 있다. 참고로 이 지점은 AI가 인간보다 모든 점에서 우수할 필요가 없고 단지 해당 업무에 관련된 능력만 우수하면 될 것이므로 AGI 개발 이전에도 도달이 가능할 것이라고 생각할 수 있다.

AI 도입 3단계에서 인간의 개입이 도움이 되지 않을 정도로 AI의 성능이 충분하게 되면 인간이 제공할 수 없는 여러가지 장점들이 부각될 수 있을 것이다.

2. (초고속 기업) 의사결정 및 업무 수행이 급격하게 빨라질 수 있다

정보의 전달이 빨라지는것에 더하여, AI CEO는 사람처럼 잠을 잘 필요가 없으므로 24시간 근무가 가능하다. 새로운 뉴스를 접하는 것도 더 빠르고 그런 정보를 취합하여 결정하는 것도 더 빨라질 것이다. 이러한 점은 협상 등의 비즈니스 거래도 빨라질 것을 알려준다. 예를 들어, 어떤 기업 간 M&A를 진행한다고 하면 현재는 사람 간 협상이 적어도 며칠은 걸리고 다른 회사와 또 협상을 진행하려면 몇 주가 걸리는 등 여러 단계에 걸쳐 시간이 오래 걸리지만, 경영자 AI간의 협상은 훨씬 빠른 속도로 진행될 것이다. 예를 들어, 어떤 회사의 직원이 "우리 비즈니스를 위해 어떤 회사를 인수하면 될까?" 라는 생각을 몇 초 하는 사이 어떤 경쟁사의 경영자 AI는 이미 최적의 회사를 찾아 상대방 경영자 AI와 협상을 완료하고 법적으로 필요한 절차를 완료하였을 수도 있다. 종합하자면, AI 기업은 우리가 상상할 수 있는 이상의 속도로 기업을 운영하게 될 가능성이 높다.

정보를 실시간으로 받으며 처리해서 이해하고 이에 대해 반응하며 더 빠른 속도로 결정하고 소통할 수 있다면 특히 이러한 능력이 필요한 기업에서 AI 경영인은 사람보다 훨씬 더 효과적인 경영능력을 가지게 된다고 할 수 있을 것이다.

3. (능력의 영속화) 기업의 실적이 개개인의 능력 및 상황에 영향을 적게 받는다

투자자 입장에서 기업을 선택하는 기준이 여러가지 있는데 그 중 하나는 '사람에 투자한다'는 철학이 있다. 이는 멋있는 말로 들릴수도 있지만 실제로는 사람이 기업의 실적에 부정적인 영향을 주게 될 상황도 있다는 점을 상기시켜주기도 한다. 사람이 CEO일 경우 수행하는 업무의 수준에 개인차가 있을 것이다. 또한 단기적으로 사람은 휴식, 식사, 수면, 개인용무 등이 필요하므로 AI 처럼 계속 쉬지않고 일을 할 수 없고, 피곤하거나 주의가 분산된 경우 실수로 큰 손해를 끼칠 수 있는 반면 AI는 피곤해하거나 주의가 분산되지 않고 지속적으로 업무를 수행할 수 있다.

장기적으로 보았을 때에도 사람은 이동하거나 승진하는 등의 새로운 직무에서의 적응 기간이 필요하다. 또한 인간은 태어나서 유년기에 교육을 받고 커가면서 취업을 하여 전문성을 기르다가 나이가 들면서 다시 은퇴하는 인생의 주기가 있으므로 인간 CEO는 항상 노년에 승계를 염두에 두고 계획하여야 한다. 반면 AI의 싸이클은 교육기간이 짧고 능력도 시간이 갈수록 지속적으로 향상되기만 하는 우상향하는 도표를 보이게 될 것이다. AI의 발전이 지속되다 보면 알파고가 바둑을 인간보다 더 잘 두게 되었듯이 경영 전략 분야에서 사람이 생각하는 전략보다 AI가 분석하는 전략이 더 우위를 가지는 상황이 생기게 될 것이다. 그리하여 AI 경영자가 인간 경영자보다 더 좋은 성과를 거두게 된다면 그 이후에는 결국 모든 산업에서 AI 경영자가 인간을 대체하게 되는 상황에 도달하게 될 것이다.

4. (능력의 집중화) 인간 대비 협동이 쉬워진다

이 외에도 AI가 인간 대비 가질 수 있는 장점 중에는 '규모의 경제성' 또는 '확장성'이라고 지칭할 수 있는 특징이 있다. 일반적으로 우리는 개개인이 가진 인지능력의 한계를 뛰어넘기 위해 인간은 여러명이 모여서 협동하는 어떤 체제를 구성해야 한다. 그런데 이 방법은 더 많은 사람이 필요할수록 효율성이 급격하게 떨어지는 규모의 반경제와 같은 한계가 존재한다. 그 이유는 사람의 숫자가 늘어날수록 서로간의 이견 조율이 어려워지고 사람들을 통솔하는 것이 기하급수적으로 복잡하고 느려지게 되기 때문이다.

그런데 AI의 경우 이러한 문제가 존재하지 않을 수 있는데, 이는 첫째, AI 하나를 사람의 인지능력의 한계를 뛰어넘도록 만들 수 있다면 협동 자체가 필요한 상황이 줄어들게 될 것이고, 둘째, 여러 개의 AI가 협력하더라도 정보의 교환이 압도적으로 신속하게 일어날 것이므로 협동이 상대적으로 더 수월하게 되어 비효율성이 줄어들 것이기 때문이다.

이렇듯 다수의 사람들이 모여서 어떤 일을 함께 처리해야 될 상황에서는 AI에게 상대적으로 규모의 경제와 비슷한 개념으로 경쟁적 우위를 가질 수 있는 특성이 있다. 여기서 우리는 사람으로 구성된 조직보다 AI로 구성된 조직이 커질수록 상대적으로 더 유리해질 것임을 유추할 수 있으며, 이러한 '능력의 집중화'에 대한 규모의 경제로 인해 기업과 산업이 급격하게 통합되는 상황이 발생할 수 있다. 이에 대해서는 추후 추가로 살펴보도록 하겠다.

5-5 이 단계에서 가능해지는 것은 무엇인가? (2) 0인기업 또는 무인기업

자동화의 궁극적인 형태: 0 인기업 (0PC) 또는 무인기업

개념적으로 우리는 증강화의 궁극적인 형태를 사람 1명이 AI를 사용하여 운영하는 1인기업으로 생각할 수 있다. 우리는 AI 도입 1단계에서 1인조 팀 및 1인 부서, AI 도입 2단계에서 1인 대기업 및 1인 그룹에 대해 살펴보았다.

이와 동일한 관점에서 보면 우리는 자동화의 궁극적인 형태를 사람이 아무도 없는 '0인기업'(0-Person Company) 또는 '무인기업'(無人企業)으로 표현할 수 있으며, 이는 일종의 AI 도입 3단계에 해당한다.

1인기업과 이의 다양한 변형은 사회적으로 많은 관심을 모을 수 있을 것이나, 0인기업의 등장은 전세계의 사회와 경제를 대변혁을 이룰 수 있게 해 주는 그야말로 획기적이고 충격적인 발전이 될 가능성이 있다. 0인기업의 출현이 우리 사회에게 긍정적인 발전을 가져다 주면 다행이지만, AI에 대한 경제의 의존도가 높아질수록 결말은 예단하기 힘들게 될 것이다.

5-6 이 단계에서 가능해지는 것은 무엇인가? (3) 자체적으로 혁신할 수 있는 자율경영기업

AI 도입 3단계에 도달하기 위해서 AGI 도달이 선행되어야 하는 것은 아니다. 그런데 3단계의 초기 부분에서 만약 AGI가 아직 개발되지 않았다면 AI가 새로운 환경에 적응하거나 혁신을 할 수 있는 능력이 부족할 가능성이 있다. 예를 들어서 어떤 AI 회사의 사업이 속해 있는 산업 자체가 도태되어 회사가 새로운 산업으로 진입해야 되는 상황이라고 가정해 보면, 그 회사는 전혀 새로운 자원과 능력이 필요하게 될 것이나 AGI 이전의 AI에서는 이에 대처하기 위해 필요한 적응 능력이 부족한 상황이 발생할 수 있다. 그런 면에서 초기 AI 기업들은 경영자 AI가 의도되지 않은 상황이나 산업에 노출되지 않도록 한정된 목표를 가진 기업의 형태가 될 확률이 높다. 우리는 이러한 기업을 혁신이 가능하지 않은 기업이라고 분류할 수 있다. 만약 기업 환경이 예상하지 못한 방향으로 변화한다면, 이 AI 기업은 적응하지 못할 것이므로 AI를 업그레이드 하거나 AI 기업을 폐쇄하는 등의 조치가 필요하게 될 것이다.

한편, 우리가 일반적으로 상상하게 되는 AI 기업의 모습은 새로운 환경에 적응할 수 있는 기업일 것이다. 이러한 기업을 혁신이 가능한 기업이라고 분류할 수 있다. 아마도 이러한 AI 기업을 운영하기 위해서는 AGI가 필요할 것이나, 이는 우리가 AGI를 어떻게 정의하는가에 따라 다를 것이다. 많은 독자들은 자율주행 차량의 여섯 단계에 대해 들어보았을 것이다. 많은 사람들의 이해를 돕기 위해 자율경영 기업의 발전 단계를 이와 상응하는 여섯가지 단계로 나눌 수 있다.[6]

[박스 5-1] 자율경영기업의 6 단계 (The 6 Levels of Autonomous Companies)

AI 도입의 3단계의 내부를 좀 더 세부적으로 나누어 볼 수 있는데, 이 때 우리는 이미 잘 알려진 미국자동차기술자협회(SAE)에서 제시하는 자율주행차량의 6단계의 체계[7]와 비슷한 모습의 자율적으로 경영되는 기업의 진행 단계에 대해 생각해 볼 수 있다. 미국자동차기술자협회가 이러한 체계를 만드는 이유 중에는 법 규제의 도입을 촉진하고 단어를 통일하여 개발의 단계의 이해도를 높이고 일반인의 이해를 쉽게 하는 목적[8]이 있다. 이와 마찬가지로 AI 기업에 이렇게 이해를 하기 쉽도록 세부 명칭과 개념을 정해주게 되면 일반인의 관점에서 AI의 도입에 관련된 대화를 진행하기에 편하게 될 것이다.[9]

다음 표에서 볼 수 있듯이, 자율경영기업의 0단계에서는 AI가 전혀 도입되지 않았거나 개인이 도입을 시도해보는 단계라고 할 수 있다. 자율경영기업 1단계에서는 AI가 기업 내부의 하위 구조에서 산발적으로 도입이 되는 단계로, 아직 회사 전체의 도입은 되지 않은 상태여서 기업 전체의 구조는 AI의 도입에 맞추어 변화되지 않는 상태이다. 자율경영기업의 2단계에서는 AI가 기업 전체를 고려하여 도입이 되는 상황으로 기업의 구조 자체가 AI의 도입을 위해 변경되는 단계라 할 수 있다. 자율경영기업의 1단계와 2단계에서는 인간의 직무가 AI와의 협력을 위해 그 모습이 변경될 수 있으며[10] 이 단계까지는 인간이 업무의 주체이므로 AI 도입 1단계에 해당된다. 자율경영기업의 3단계는 AI 도입의 2단계로 볼 수 있는데, AI가 인간을 대체하여 어떤 직무 전체를 수행하게 되는 단계이다.

AI 도입 3단계에 해당하는 자율경영기업의 4단계와 5단계에서는 AI가 사람의 도움 없이 회사를 운영하게 된다. 이 때 자율경영기업의 4단계에서는 AI가 운영하는 기업이 환경의 변화에 대응하는 능력이 한정되어 시간이 갈수록 기업의 실적이 하락할 것인데 반하여, 자율경영기업의 5단계에서는 AI가 운영하는 기업의 변화에 대한 적응능력이 제한되지 않아서 시간이 갈수록 실적이 상승할 수 있다는 차이점이 있다. 이는 자율주행차량의 4단계에서 차량이 예상하지 못한 상황에 대응하지 못하는 한계가 있다는 점과 일맥상통한다. 이렇게 자율경영기업의 4단계와 5단계를 나누는 기준이 되는 것은 AI가 '자동화된 혁신'이 가능한지의 여부라고 할 수 있다.

[표 5-2] AI 자율경영기업의 6 단계[11]

	0단계	1단계	2단계	3단계	4단계	5단계
AI 도입 형태	AI가 도입되지 않거나 개인별 한정	AI가 기업의 일부에 도입 (구조 변화 <u>없음</u>)	AI 기업 단위에 도입 (구조 변화 <u>있음</u>)	AI가 특정 직무를 책임짐	AI가 기업 전체를 운영, 변화 적응에 <u>한계 있음</u>	AI가 기업 전체를 운영, 변화 적응에 <u>한계 없음</u>
AI 도입 단계	AI 도입 1단계: 인간이 업무의 주체			AI 도입 2단계: AI가 업무의 주체	AI 도입 3단계: AI가 회사의 주체	
자동화된 혁신	AI는 인간의 혁신을 <u>돕는 것</u>으로 구조가 한정됨			AI 혁신의 <u>범위</u>가 한정됨	AI의 혁신 능력이 <u>제한적임</u>	AI의 혁신 능력이 <u>제한적 아님</u>

5-7 이 단계에서 가능해지는 것은 무엇일까? (4) 산업조정 AI 및 민간의 정부화

AI 도입 3단계의 민간 기업들에 대한 영향을 살펴보기 전에 먼저 정부와 공공기관에서의 도입에 대해 생각해 보자. 현재 우리는 공공부문 빅데이터 같은 정부가 주도하는 프로젝트 들을 쉽게 접할 수 있으며, 공공부문에서도 발전하는 기술은 기업들과 같이 지속적으로 적용되고 있다. 기업에서 AI를 접목함에 따라 정부 및 산하 공공 부문에서도 거의 동일한 수준의 도입을 예상할 수 있다. 단지 정부의 업무는 다양하면서 각각 중요하기도 하므로 사람이 최종 결정권을 좀 더 오랫동안 가지고 있게 될 수 있다. 따라서 AI 도입 2단계가 민간부분보다 상대적으로 좀 더 오래 지속될수도 있다.

정부 업무의 AI 화: 산업조정 AI 의 출현

산업조정 AI는 개념적으로는 다양한 종류의 정보가 모여서 더 큰 가치를 창출하는 어떤 플랫폼을 의미한다. 정부의 업무 중에는 국가 내의 다양한 정보를 모아 관리하여 산업의 전체 흐름을 총괄하거나 산업을 육성한다던지 아니면 육성할 산업을 특정하는 등의 관리 또는 규제를 하는 업무를 수행하는 것이 있는데, 이러한 업무는 산업조정 AI가 개발되면 AI가 자동으로 수행할 수 있게 될 것이다. 이와 관련하여 최근 잘 알려진 사례로는 정부가 국가 내 전체 의사의 숫자를 관리하는 업무도 있다.

일반적으로 우리가 구입하는 물건들은 두가지로 나누어볼수 있다. 첫번째는 물품마다 특색을 가지는 제품으로 각종 공산품, 영화 등 창의성이 들어가는 산업이 있다. 두번째는 상품(Commodity)으로 석유, 광물, 농산물 등 일정한 규격을 가진 물건들을 지칭한다. 정부가 이런 상품을 생산하는 농업이나 광업에 도움을 줄 때 사용할 수 있는 AI의 예시가 좀 더 이해가 쉬울 것이므로 이에 대해 살펴보자.

예를 들어서 어떤 회사가 과수원 AI를 개발한다고 생각해 보자. 분석의 편의를 위해 과수원을 운영할 때는 다음과 같은 업무가 필요하다고 하자.

1. 과수원 농지 확보 및 과일 선택
2. 묘목 식재 및 비료, 물을 주고 잡초 관리, 가지치기 등 관리
3. 수확철에 수확
4. 집하해서 포장 및 판매

각각의 단계에 대해 인간과 AI가 어떤 일을 수행하고 어떠한 시너지가 창출되는지에 대해 다음과 같이 생각해볼 수 있다.

(시나리오 1: AI 미도입) AI 도입 없이 사람이 운영

기존 사람이 하는 과수원은 농부가 본인이 사는 근처의 땅을 확보하여 나무를 심어서 나오는 과일을 수확하여 판매하는 단계를 거친다.

- 사람: 여러명이 나누어서 업무 처리, 회사를 구성
- AI: 없음
- 시너지: 없음 (불가능)

(시나리오 2: AI 도입 1 단계) AI 도우미

AI 도입 1단계에서는 증강화의 일종으로 사람이 AI를 도구처럼 사용하여 생산성을 향상시키거나 또는 업무의 일부를 AI가 자동화하게 된다. 시간이 지남에 따라 농부가 수행하던 업무를 하나씩 AI 농부 도우미가 가져갈 수 있을 것이다. 예를 들어 과일을 선택할 때 기후 변화, 토지의 토양 등을 분석하여 최적의 과일을 선택하거나, 잡초제거, 가지치기, 수확 등이 가능한 AI 로봇, 집하된 과일을 포장해주는 AI 로봇 등 순차적으로 업무가 하나씩 이양 될 수 있을 것이다.

- 사람: 기존에 하던 업무들 AI 를 사용하여 더욱 수월하게 진행, 또는 AI 에게 일부 작업을 이양
- AI: 도구로서 사람들의 업무를 수월하게 하거나 일부 작업을 수행
- 시너지: 인간의 개별적인 수준에서의 시너지 발생 - 인간이 하기 싫은 작업을 AI 가 수행, AI 가 하지 못하는 업무를 인간이 수행하며 서로 부족한 부분을 충족

(시나리오 3: AI 도입 2 단계) AI 대리인

AI 도입 2단계에서 AI는 특정 근로자가 수행하던 업무의 모두를 수행할 수 있게 되며, 이 업무는 과수원에서 필요한 업무의 전체 또는 일부가 될 수 있을 것이다. AI기술이 발전할수록 AI가 수행할 수 있는 업무의 범위가 확대되고 신뢰성 또한 상승할 것이다.

- 사람: 사람이 전반적인 운영 계획 등을 결정
- AI: 가지치기, 과실 수확, 땅 정리 등 기존에 어떤 특정 근로자에게 맡기던 업무 전체에 투입 가능해짐
- 시너지: 기업 관점에서의 시너지 발생 - 운영 수월해짐, 비용 절감 등, 반면 개인이 대체되어 개인 관점에서의 시너지는 창출 불가

(시나리오 4: AI 도입 3 단계) AI 과수원

AI 도입 3단계에서는 AI가 과수원 전체를 사람의 관여 없이 운영할수 있다. 예를 들어 AI가 과수원의 특성에 따라 무슨 나무를 심을지, 땅의 토양, 기후, 예상 수익, 농산물 가격 예측 등을 기반으로 최적화한 구성을 만들어 과수원의 규모에 따라 몇 대의 AI 로봇이 이를 처리할지 등을 정하고 과수원을 운영한다. 과수원 AI CEO는 필요한 정보를 알아서 찾을 수 있고, 무엇이 필요한 정보인지도 생각할 수 있으며, 목표도 알아서 설정 할 수 있다. 예를 들어 자율 기업의 5단계라면 보유한 땅이 적합하지 않으면 토지를 매각해서 그 돈으로 다른 땅을 매입한다던지, 토양에 맞는 다른 작물을 심거나, 아니면 아예 과수원과 전혀 상관없는 카페나 농장으로 전업을 고려할수도 있게 된다.

- 사람: 없음
- AI: 모든 업무 수행
- 시너지: 없음 (불필요)

(시나리오 4: 정부에서의 AI 도입 3 단계 예시) 산업조율 AI

앞의 과수원 AI는 각각의 AI가 별개의 기억을 가지고 각각의 상황에 맞추어 최선의 행동을 하게 된다. 그런데 농업 등 특정 산업에서는 이런 방식으로 각각의 AI가 농부 개개인의 이익을 위해서 행동하기 보다는 정부에서 한국 농업의 상황을 전반적으로 파악하고 이를 토대로 각각의 농부들의 행동을 조율해주는 것이 국가 전체적으로 보았을 때 더 효율적이 될 수도 있다. 세계의 여러 정부는 이미 곡식의 과다 또는 과소 생산을 방지하

기 위해 이러한 역할을 수행하고 있다. 따라서 정부는 특정 산업 전체의 활동을 조율하기 위한 목적으로 산업조율 AI를 개발할 수 있을 것이다.

- 개별 과수원: 산업조율 AI의 지원을 받아서 의사 결정
- 산업조율 AI: 개별 과수원이 알 수 없는 정보 취합 및 분석 제공
- 시너지: 산업 전체의 생산성 향상

6) AI 도입 각 단계에서의 시너지

앞의 비교에서 우리는 산업조정 AI를 기업 외부의 '도우미', '수호자', '백기사' 등과 비슷한 개념으로 생각해볼 수 있다. 한편으로는 산업 내의 모든 기업이 사용할 수 있는 공공 자산의 개념으로도 생각할 수 있다.

AI 도입 단계별로 생성되는 인간과 AI의 시너지를 다음 표와 같이 정리할 수 있다.

[표 5-3] 각각의 AI 도입 단계에서 생성되는 시너지

	인간	AI	인간+AI 시너지
AI 없음	분업	없음	없음 (AI가 없음)
1단계	AI 협업	인간과 협업	개개인의 단위 존재 (인간이 AI와 협동)
2단계	기업의 CEO 종업원은 AI가 대체	인간을 개별 직무에서 대체	기업의 단위 존재 (AI와 인간이 모두 기업 내에서 일하고 있음) 개인별 업무 단위에서는 협동할 필요 없음
3단계 (AI 회사)	참여하지 않음 종업원으로 고용 가능	기업의 CEO 기업의 모든 업무를 담당할 수 있음	기업의 단위 내에서는 없음 (인간이 없음)
3단계 (산업조정)	참여하지 않음 (개별 기업에 참여 가능)	각 개별 기업에 정보를 제공하거나 방향을 제시	산업의 단위에서 가능 (AI가 기업과 협업) 기업의 단위 존재 (개별 기업 성과 향상)

2. (민간의 정부화 1: 정부 관점) 산업 내에서의 규모의 경제에 따른 독점화 우려

1. 산업조율 AI의 필요성

산업조율 AI의 예시를 들기 위해 농부를 도와주는 과수원 AI와 비슷한 개념으로 정부가 대한민국 농업 전체를 도와주기 위한 AI를 개발하고 이를 '농업조율 AI'라고 명명해 보자. 정부가 이 농업조율 AI를 운영하여 농부들의 활동을 조율하는 것이 각각의 농부들이 개별적인 농부 AI만을 보유하였을 때보다 국가 전체적으로 보았을 때 더 효율적인 상황을 가져올 것이라 생각할 수 있다. 다시 설명하지면 중앙에서 특정 산업과 관련된 데이터를 처리하는 AI가 있고 그 정보를 사용하여 알게된 내용으로 개별 농부에게 활동을 지시하는 것이 전체적으로 보았을 때 더 좋을 산업이 있다는 것이다.

2. 민간 기업이 정부의 역할도 할 경우 독점 발생 우려

이러한 산업조율 AI는 정부 뿐만이 아니라 충분한 자본력을 갖춘 대형 AI 개발 회사도 개발할 능력이 있게 될 수 있다. 이런 상황은 경쟁이 이루어지고 혁신이 가속화되어 경제 전체로 보면 긍정적이지만 정부를 운영하는 입장에서는 민간을 따라잡기 버거운 상황이 발생할 수 있다. 만약 산업의 주도권이 정부가 아닌 자본을 더 많이 가진 대형 개발자 위주의 양상으로 변화한다면 우리는 이 상황을 '민간의 정부화' 정도로 표현할 수 있을 것이다. 이러한 상황이 우려되는 이유는 큰 자본을 들여 AI 개발을 하는 누군가가 해당 시장에서 우위를 가질 수 있는 상황이 되어 독점이 발생하기 쉬워질 것이기 때문이다.

그런데 이러한 방식으로 규모의 경제가 발생하는 산업이 생각보다 다양할 수 있다. 택시 등 운송 산업의 경우에도 개별 택시 또는 트럭 등의 움직임을 중앙에서 조율해줄 수 있는 이른바 플랫폼이 있는 경우에 더 효율적인 운영이 가능해진다. AI는 바이오 산업에서도 적용이 시도되고 있는데, 단백질의 형상 분석 등을 통해 치료제 및 신약 개발, 질병 진단 등의 활동은 AI 관련 기술적 우위에 있는 기업에게 크게 유리하다. 현재는 다양한 종류의 신약 개발 스타트업이 AI에 의해 늘어나는 양상이 존재하지만 어느 순간 이러한 기업들 모두가 어떤 대형 AI 개발사 하나에 의해 대체될 가능성이 높아질 것이다.

3. 시장경제 대비 중앙집중적 계획 경제가 우위를 점할 가능성

19세기 말과 20세기 초반 자동차가 처음 발명되었을 때 사람들은 전기로 가는 차와 석유로 가는 차를 선택해야 하는 기로에 있었는데, 결국 석유로 가는 차가 승리했다. 그런데 이후 기술의 발전으로 21세기 초반에 들어서자 전기차와 석유로 가는 자동차의 경쟁이 다시 일어났다. 그런데 이러한 패턴과 비슷한 상황이 경제 체제에 대해서도 일어날 수 있다. 20세기 중반에는 계획된 경제 대비 시장 경제에 대한 논란이 있었는데 결국 시장경제의 승리로 막을 내렸다. 그러나 AI 기술의 개발로 인해 향후 이에 대한 논의가 다시 발생할 수 있다.

이러한 가능성을 좀 더 일반화시켜 설명하자면, 과거에는 인간이 계획할 수 있는 능력의 한계 및 다수의 인력이 협업해야 하는 상황에서 발생하는 규모의 반경제로 인해 중앙집중적 계획경제가 자율적 시장경제 대비 효율성 측면에서 떨어지는 등 열위에 있다고 생각하였다. 그러나 만약 산업조율 AI 등이 일반화된 상황이 온다면 오히려 중앙집중적 계획경제를 더 효율적으로 운영할 수 있는 여건이 갖추어지면서 자율적 시장대비 우위에 놓이는 상황이 가능해질 수도 있다. 이는 경제 또는 시장의 모습이 우리가 현재 생각하는 모습과 크게 달라질 수 있다는 예상을 가능하게 한다.

요약하자면 AI가 주도하는 경제 및 사회는 현재 우리 경제 및 사회의 모습과 크게 다르게 변할 수 있을텐데, 이러한 위험에 대해서는 이 책의 다른 부분에서 주제별로 나누어 살펴보게 될 것이다.

(민간의 정부화 2: 민간 관점) 특정 산업 내에서의 규모의 경제

방금 민간의 정부화에 대해 정부의 관점에서 살펴보았다면 이번에는 민간의 관점에서 살펴보도록 하겠다. 위에서 설명한 것 처럼 정부가 다양한 곳에서 얻은 정보를 바탕으로 국가적인 의사결정을 내릴 때 이를 AI가 자동화 할 수 있게 되면 이는 민간에서도 동일한 방식으로 비슷한 목표를 수행하는 플랫폼을 개발할 가능성이 있다는 것을 의미한다. 이 시기에는 높은 수익이 예상되는 산업에 대해 민간에서 많은 투자가 이루어질 것으로 예상되는데, 따라서 산업조정 AI와 비슷한 모습이나 목표를 가진 AI들이 민간에서도 개발이 추진될 확률이 높다.

한 기업이 대형 투자를 실시하여 타 기업 대비 압도적인 경쟁력을 가지는 플랫폼을 만드는 경우의 예를 들자면 바이오 산업에서 AI를 사용하여 사람이 인지하지 못하는 형상(Imaging)의 분석을 통해 신약 개발, 단백질 개발, 질병 진단 등 기존의 생각을 뛰어넘는 기술 개발의 기대가 있다. 게놈 프로젝트는 어떤 큰 프로젝트를 통해 데이터를 만들어서 세계에 공개했는데, 어떤 회사들은 비슷한 접근방식으로 바이오 산업 전체를 아우를 수 있는 업무를 수행하는 대형 AI를 자체적으로 개발해서 경쟁사 대비 우위를 확보하려고 할 것이다. 경영전략 컨설팅 분야에서도 AI의 발전으로 어느 단계에서는 사람이 생각하는 전략보다 AI가 분석하는 전략이 더 우위를 가지는 상황이 생길 수 있을 것으로 예상할 수 있다. 따라서 어느 순간 어떤 하나의 경영전략 컨설팅 AI 개발사가 전 세계 모든 회사의 경영전략에 대한 우위를 가지는 상황이 발생할 수도 있다.

그런데 이런 큰 수익을 추구하기 위해 대형 민간 투자가 활발해지고 넘쳐나는 상황이 지속되다 보면 의도하지 않았더라도 민간에서 다른 목표로 개발한 기술을 적용해 산업조정 AI와 같은 플랫폼을 만들어서 민간이 자체적으로 사용할 경우 정부에게 이를 판매하는 것보다 더 큰 이익을 얻을 수 있는 상황이 발생할 가능성이 있다. 결론적으로 민간의 관점에서 민간의 정부화는 큰 수익이 나게 되므로 정부의 개입이 없다면 민간은 지속적으로 이러한 플랫폼을 만들려고 노력하게 될 것이다.

다음 순서에서는 민간 AI 기업의 활성화에 따라 산업 내 통합으로 독점기업이 탄생하게 될 가능성에 대해 살펴보도록 하겠다. 독점은 가격을 고려하지 않는다면 상황에 따라 산업조정 AI와 비슷한 상황을 만들게 될 수 있다. 그 이후 순서에서는 산업간의 융합에 대해 살펴보도록 하겠다.

5-8 이 단계에서 가능해지는 것은 무엇일까? (5) 경제적 자유와 경제 유토피아

AI 도입 1단계에서는 인간이 AI를 운용하게 되므로 AI가 생산하는 가치에 대한 과실을 해당 인간에게 지정할 수 있고, AI 도입 2단계에서는 AI가 어떤 사람이 이끄는 기업에 속하게 되므로 생산하는 가치에 대한 과실을 해당 기업과 관련된 사람들이 가져갈 수 있을 것이다. 이에 반해, 당시에 어떻게 정해지는가에 따라 다르기는 하겠지만, AI 도입 3단계에서는 AI가 생산하는 과실에 대해 사람과 관련된 기업이 없게 되므로 결국에는 이를 국가 전체의 구성원이 가져갈 수 있을 것이다.

이러한 상황은 세상 모든 물건이 무료가 되는, 우리가 '경제적 유토피아'라고 지칭할 수 있는 상황으로 이어질 가능성이 존재한다. 그러나 ASI에 도달하여도 이러한 '경제적 유토피아'에 도달하지 못 할 가능성도 존재한다. 좀 더 현실적인 가능성은 '경제적 유토피아'의 입구 정도에 도착하는 것인데, 이를 우리는 '일이 필요 없는 사회'의 일종인 '가짜 경제적 자유' 정도로 표현할 수 있을 것이다.

1. 진짜와 가짜 경제적 자유 상황의 비교

'경제적 자유'란 사람들이 일을 하지 않아도 원하는 것을 가질 수 있게 되는 상황이라고 생각할 수 있다. AI 도입 3단계에서 AI 기술이 발달하여 혁신의 자동화가 가능해지면, 우리는 진짜 또는 '참' 경제적 자유 상태를 향해 나아가게 될 것이다. 그러나 실질적으로 '가짜' 경제적 자유라고 지칭할 수 있는 상황에 먼저 도착하게 될 것이다. 이를 '진짜 경제적 자유의 입구', 또는 '경제적 유토피아의 1단계' 라고도 할 수 있을 것이다.

먼저 '진짜 경제적 자유'를 '사람들이 원하는 모든 것을 일을 하지 않고서도 가질 수 있는 상황'이라고 정의해 보자. 이 정의에는 다음 두 가지 전제가 필요하다.

1) 사람들이 원하는 것을 모두 가지게 된다. 2) 일을 하지 않는다.

이 두 가지 상황에 대해 다음 표와 같이 모든 가능성을 정리해 볼 수 있다. 이 표에서 보면, '가짜 경제적 자유'에서는 사람들이 일을 하지 않지만, 원하는 것을 모두 가질 수는 없는 상황이 된다. 요약하자면, 이 상황은 AI의 성능이 충분하지 못하여 모든 사람들이 원하는 모든 것을 한정된 자원으로 충족할 수 없는 상황이다. 우리는 일반적으로 사람들이 원하는 것은 끝이 없고, 자원은 한정되어 있다고 생각하므로 한정된 자원으로 한정되지 않은 원하는 것을 충족해야 하는 '진짜 경제적 자유'가 실제로 이루어질 수 있을지는 알 수 없다. 그러나 자동화된 혁신이 가능한 AI가 개발되면 시간이 갈수록 한정된 자원으로 사람들이 원하는 더 많은 것들을 충족할 수 있게 될 것이므로, 우리는 이러한 발전을 '진짜 경제적 자유'에 더 가까워지는 것으로 생각할 수 있을 것이다.

[표 5-4] 진짜와 가짜 경제적 자유의 분류

	일 할 필요 없음	일을 해야 함
원하는 모든 것을 가진다	참 경제적 자유	이상적인 사회
원하는 모든 것을 가질 수 없다	가짜 경제적 자유	지금 현실

가짜 경제적 자유 상황에서는 진짜 경제적 자유 상황의 일부만을 이루게 된 상황이라 생각할 수 있다. AI 도입 3단계의 초입 부분에서는 전체 인구의 일부분만이 경제적 자유를 누릴 수 있을 것이나, AI의 성능이 향상될수록 AI가 경제의 더 많은 부분에 기여하게 되고 경제적 자유를 누릴 수 있는 사람의 숫자가 늘어나게 될 것이다.

2. 경제적 유토피아에 도달하려면 어떻게 해야 하는가?

1. 경제적 유토피아 도달 요건

우리는 먼저 경제적 유토피아의 도달 요건에 대해 다음 두 가지로 생각해 볼 수 있다.

1) 모든 인간이 원하는 것을 모두 무료로 가질 수 있다
2) 그 원하는 것을 얻기 위해 아무런 일을 하지 않아도 된다

2. 각각의 요건을 충족하기 위해 필요한 AI 의 능력

경제 유토피아에 대한 도달 요건이 정해졌으니 각각의 요건에 도달하기 위해 무엇이 필요할지 생각해볼 수 있다.

첫번째로, 인간은 욕심이 많다고 하므로 원하는 것이 끝이 없다고 한다. 따라서 원하는 것을 모두 무료로 가질 수 있기 위해서는 자원이 한정적이지 않아야 한다. 그런데 현재는 자원이 한정되어 있으므로 현재 존재하는 한정된 자원을 한정되지 않도록 가치를 아주 크게 높여야 한다. 이렇게 자원의 가치를 높이는 방법을 찾는 것을 경제학이나 경영학에서는 '혁신'이라고 지칭할 수 있다. 이를 위해서는 어떤 높은 수준의 문제 해결 능력을 가진 자동화된 혁신이 가능한 AI가 필요하다.

두번째로, 인간이 원하는 것을 얻기 위해 아무런 일을 하지 않아야 하므로 AI가 대신 그러한 일을 해 줄 수 있어야 한다. 따라서 어떤 높은 수준의 실행 능력을 갖춘 AI가 있어야 한다.

3. 경제적 유토피아에 도달하는 순서

위의 생각들을 정리해보면, 경제적 유토피아에 도달하는 순서는 다음과 같을 것이라 생각할 수 있다.

1. 자동 혁신이 가능해져 AI 가 혁신을 수행할 수 있게 된다
2. 자동 혁신 AI 덕분에 시간이 갈수록 혁신의 비용이 감소한다
3. 혁신의 비용이 감소하면 물건을 만드는 비용도 같이 감소하게 된다
4. 결국 모든 혁신의 비용이 0 에 수렴한다
5. 모든 혁신의 비용이 0 이 되면 모든 물건의 가격도 0 에 수렴하게 된다

우리는 이 도달 순서를 '절대적 AI 이론'으로 지칭하여 앞 장에서 살펴본 '상대적 AI 이론'에 궤를 맞추도록 하겠다. '상대적 AI 이론'이 'AI 경제학'을 설명하기 위한 것이라면 '절대적 AI 이론'은 AI 경제가 완성되어 더이상 경제에 대한 분석이 필요하지 않게 되는 상황에 대해 설명한다고 생각할 수 있다.

4. (평가) 경제적 유토피아로 향하는 원동력: 자동화된 혁신이 가능한 AI

정리하자면, 모든 물건의 가격이 0으로 수렴하기 위해서는 먼저 모든 혁신의 비용이 0에 수렴하여야 한다. 모든 혁신의 비용이 0에 수렴하기 위해서는 먼저 자동 혁신이 가능해져야 한다. 따라서 AI가 자동 혁신이 가능하게 된다는 것은 경제적 유토피아로 나아가는 처음 단계에 도달한 것이라고 생각할 수 있다.

이 때 자동 혁신이 가능한 AI와 자체 발전하는 AGI의 개념은 상이하므로 자동 혁신이 자체 혁신 AGI 도달 이전에도 시작이 가능할 것이라 생각할 수 있다. 앞에서 설명한 AGI 도달 이전 AI의 6단계에서 AEI 또는 AFI에서도 완전하지는 않겠지만 어느 정도의 자동 혁신이 가능할 수 있을 것이라 예상할 수 있다.

최종적으로 모든 혁신의 비용이 0에 도달하기 위해서는 아마도 절대적 AI가 필요할 것이다. 우리는 절대적 AI의 개발이 가능한지 알 수 없으므로 경제적 유토피아에 도달할 수 있을지도 알 수 없게 된다. 그러나 AI가 자동 혁신이 가능해지게 되면 혁신의 비용이 점차 낮아지게 되므로 시간이 갈수록 경제적 유토피아에 근접하게는 될 수 있을 것이다.

자동 혁신이 가능하지 않은 AI가 인력을 증강하거나 대체하여 사람들을 편하게 만들어 주지만 장기적으로 발전할 수 없으므로 인간이 개입이 지속적으로 필요하여 제공할 수 있는 가치에 한계가 있다면, 자동 혁신이 가능한 AI는 세계 경제를 유토피아의 방향으로 나아가게 하는 원동력이 될 수 있어 그 가치가 실로 놀라울 것이다.

[박스 5-2] AI 도입으로 인한 생산성 향상과 경제 성장 측정에 대한 문제에 대한 간단한 예시 (AI 경제학 5)

이 박스에서는 AI 도입의 경제에 대한 영향을 측정하는 주제에 대해 살펴보도록 하겠다. 일반적으로 우리는 기술이 우리의 삶에 긍정적인 영향을 줄 것이라 생각한다. 따라서 기술이 발전하면 경제가 성장하고 더 큰 경제를 가지게 될 것이라 예상할 수 있다.

그런데 AI 도입으로 인한 경제 활동이 어떻게 될지에 대해 생각해보면, 그 반대 방향, 즉 경제가 줄어드는 방향으로 나아가게 될 가능성이 있다는 점을 알 수 있다. 이는 아마도 경제학자들이 '현대 생산성의 역설'이라고 지칭하는 현상을 설명하는 이유중에 하나라고 생각할 수 있다.

1. 우리가 무엇인가를 추가로 측정하지 않는다면 AI 경제는 축소되는 것으로 보일 수 있다

AI 사용으로 인한 급격한 생산성 향상의 예시

경제학 관련 기존 지식이 많지 않은 독자들의 이해를 돕기 위해 생산성 비교와 관련된 예시를 들어보도록 하겠다. 최대한 간단하게 예를 들어서 당신이 어떤 땅을 소유하고 있고 여기에 땅을 평평하게 하기 위해 1,000 톤의 흙을 옮겨야 한다고 생각해보자. 여기에 당신이 고용할 수 있는 3가지 옵션이 있다.

1) 삽을 든 사람, 2) 굴착기와 기사, 3) 자율경영기업 5단계인 굴착기 AI 회사.

1) 삽을 든 사람: 시간당 100kg 의 흙을 옮길 수 있다면서 시간당 5 만원, 1 일 10 시간 근로를 요구한다. 1 년에 250 일을 일해서 4 년만에 5 억원의 비용으로 당신의 프로젝트를 수행해 주겠다고 한다.
2) 굴착기 기사: 시간당 10 톤을 옮길 수 있다면서 시간당 10 만원, 1 일 10 시간 근로를 요구한다. 10 일동안 1 천만원의 비용으로 당신의 프로젝트를 수행해 주겠다고 한다.

3) 자율경영 5단계 기업인 굴착기 AI 회사: 기술을 크게 발전시켜 기존 굴착기의 생산성을 100배 높이면서 비용은 100분의 1로 줄이는 방법을 개발했다고 가정해 보자. 그럼 굴착기 회사 AI는 시간당 1,000톤을 옮겨 1시간만에 이 일을 완료할 수 있고 시간당 1천원을 요구한다. 그래서 지금 프로젝트를 맡기면 1시간 후에 1천원에 완료해주겠다고 한다.

동일한 프로젝트를 수행하는데 5억원, 1천만원, 1천원이라면 당신은 누구를 선택할 것인가? 당연히 시간과 비용이 적게 드는 AI 회사를 선택하게 될 것이다.

그런데 이러한 생산성의 폭발적인 개선이 전 세계 모든 산업에서 일어나고 있다고 생각해 보자. 차를 사러 가면 AI 회사가 5천만원인 세단보다 100배 좋은 차를 100분의 1 가격인 50만원에 판매하고 있다. 휴대폰을 구입하러 가면 기존 고급 휴대폰보다 100배 좋은 폰을 AI 회사에서 100분의 1에 불과한 가격인 2만원에 구입할 수 있다. 이런 상황이 곳곳에서 발생하면 소비자 입장에서는 좋겠지만 기존 기업의 입장에서는 회사의 지속이 어려워질 것이다.

2. 생산성이 급격하게 향상될 때 경제활동 측정의 어려움

산업 혁명이 일어날 당시 생산성이 크게 향상되었지만, AI가 도입이 가져올 생산성 향상은 더 클 가능성이 있다. 이러한 급격한 생산성 향상이 경제에 어떤 영향을 줄 수 있을지를 살펴보기 위해 위의 세가지 예시의 시나리오에 대해 각각 생각해 보자.

1. 급격한 생산성 향상 상황에서의 수요의 중요성

먼저 삽을 든 사람과 굴착기 기사를 비교해보자. 이 작업에서 삽을 든 사람은 연간 1.25억원의 수익을 올리게 된다. 굴착기 기사는 삽을 든 사람보다 생산성이 크게 뛰어나고 시간당 수익도 두배로 높지만 이 작업에서만 올리게 되는 수익은 1천만원에 불과하다. 따라서 굴착기 기사는 다른 일을 찾아서 수익을 올려야 하는 운영 리스크를 가지게 된다. 여기서 중요한 점은 굴착기 기사의 높아진 생산성이 성과 및 경제 성장으로 연결되기 위해서는 다른 일, 이른바 수요가 반드시 필요하게 된다는 점이다.

2. 가동율 100%를 위한 최소 수요 비교

우리는 흙을 옮겨야 하는 수요에 대해서도 계산해볼 수 있다. 삽을 든 사람이 감당할 수 있는 최대 수요는 하루 1톤, 1년 250톤이 된다. 굴착기 기사가 감당할 수 있는 최대 수요는 하루 100톤, 1년 25,000톤이 된다. 만약 기존의 수요가 250톤이었다면 수요가 100배 늘지 않는 이상 굴착기 기사는 노는 시간이 발생하게 될 것이다.

3. 동일 매출액을 위한 최소 수요

또한 삽을 든 사람과 굴착기 기사의 매출액이 동일하게 되는 수요에 대해서도 생각해볼 수 있다. 삽을 든 사람의 경우 시간당 매출액은 5만원이고 하루 10시간, 1년 250일을 일할 수 있다고 하므로 1.25억원이 된다. 굴착기 기사는 삽을 든 사람보다 시간당 두 배의 가격에 일을 하고 있으므로 1.25억원을 벌기 위해서는 정확히 절반의 시간만 일하면 된다. 만약 다른 비용이 없다고 가정하면 이 금액을 벌기 위해서 필요한 흙을 옮기는 수요는 12,500톤으로 삽을 든 사람이 필요한 수요보다 정확히 50배가 된다. 따라서 만약 수요가 50배가 되지 않으면 '흙을 옮기는 산업'의 전체 매출이 줄어들게 되는데, 이는 경제 전체가 줄어드는 것으로 보이는 착시효과를 가져온다.

이 원리를 AI 굴착기에 적용해 보자. 산업이 더 커지고 경제 성장을 가져오는 것 처럼 보이기 위해서는 흙을 옮기는 수요가 더 급격하게 확대되어야 한다. AI 굴착기는 시간당 1천원만 받게 되므로 동일하게 1일 10시간, 1년간 250일을 일하게 되면 총 매출액은 삽을 든 사람 매출의 50분의 1에 불과한 250만원이 된다. 그런데 이 매출액을 달성하기 위해서도 필요한 수요를 환산하면 250만 톤이 되는데, 이는 삽을 든 사람이 필요한 수요의 1만배이다. 이에 더하여 삽을 든 사람의 매출액인 1.25억원을 달성하기 위해 필요한 수요를 계산해 보면, 1.25억톤이 되는데, 이는 50만배에 해당하는 규모이다. 이보다 수요가 적다면 경제는 위축되는 것처럼 보이게 된다.

4. 수요가 동일할때의 매출액 비교

이를 약간 다른 관점에서 생각해보자. 만약 수요가 연간 250톤으로 동일하다면, 굴착기 기사가 벌어들이는 매출액은 250만원으로 삽을 든 사람의 2%에 불과하게 되고, AI 굴착기의 매출액은 250원에 불과하게 된다. 이를 변화율로 환산해보면, 굴착기 기사의 경우 98%가 줄어드는 것이고 AI 굴착기는 99.9998%가 줄어드는 것이다.

5. 생산성 향상과 수요 증가의 상대적 속도에 대한 시사점

이렇게 계산해 보았을 때, 만약 수요의 증가 없이 생산성만 급격하게 높아진다면 경제 전체가 무너지는 것처럼 보일 수 있다. 우리 경제가 무너지는 것처럼 보이지 않는 이유는 생산성이 급격하게 높아지지 않아서 수요의 증가 속도가 '매출액 유지를 위한 최소 수요'보다 높기 때문이라고 생각할 수 있다. 이를 정리하면 다음 표와 같다.

[표 5-5] 같은 수준의 경제활동을 보여주기 위한 수요 비교

	삽을 든 일꾼	굴착기 기사	AI 굴착기 회사
시간당 흙 처리량 (톤)	0.1 톤	10 톤	1,000 톤
시간당 가격 (천원)	₩50	₩100	₩1
연간 최대 매출액 (천원)	₩125,000	₩250,000	$2,500
가동율 100%를 위한 최소 수요	250 톤 (1x)	25,000 톤 (100x)	250 만톤 (10,000x)
동일 매출액을 위한 최소 수요	250 톤 (1x)	12,500 톤 (50x)	125 만톤 (500,000x)
수요가 동일할때의 매출액 (천원)	₩125,000 (비교대상, 0%)	₩2,500 (-98.0%)	₩0.25 (-99.9998%)

주: 최대 가동률은 1일 10 시간, 1년 250일로 가정

3. 생산성 향상이 수요를 넘치게 되는 문제

AI 도입이 늘어나면서 우리 사회는 생산성의 급격한 향상을 경험하게 될지 모른다. 그런데 문제는 수요가 늘어나기 어려운 부문에서 이러한 생산성 향상으로 가격이 급격하게 하락하는 상황이 일어나면 경제활동이 줄어드는 것처럼 보이게 될 것이라는 점이다. 생각하기 쉬운 예시는 이발이 있다. 우리의 머리카락은 일정한 속도로 자라나므로 가격이 낮아졌다고 해서 수요가 크게 늘기는 어려울 것이다. 그런데 만약 AI 집사가 이발을 주인에게 10원의 비용에 수행할 수 있게 되었다고 생각해 보자. 그렇다면 건당 1만원 이상을 받던 이용사는 일시에 경쟁력을 잃게 될 것이다. 특히 경제 활동을 측정하는 관점에서는 AI 집사가 수행하는 이발은 측정이 아예 되지 않거나 측정되더라도 기존의 1천분의 1 수준의 금액이 된다. 사람들이 이발을 받음으로서 생기는 효용은 전혀 줄어들지 않았음에도 불구하고, 생산성 향상으로 인해 산업이 몰락하고 경제 규모가 급격하게 줄어드는 것처럼 보이는 현상이 발생하게 된다. 그런데 이러한 생산성 향상이 농업, 식당, 의사 진료 등 AI가 대체할 수 있는 업종에서 동시다발적으로 짧은 시간 안에 일어날 가능성이 있다.

4. 경제에서 중요한 재화 또는 용역의 변화에 대한 필연성

산업의 흥망성쇠를 다른 관점에서 본다면 우리는 이 상황을 특정 재화 또는 서비스의 상대적 중요성이 변화하는 것이라고도 생각할 수 있다. 우리 사회는 시간이 흐르면서 중요한 재화나 서비스가 변화하면서 상대적인 가치도 변화한다. 이는 과거에 중요했던 물건의 현재 가치를 생각하면 간단하게 이해할 수 있는데, 예를 들어 로마 시대에는 소금과 후추가 귀해서 심지어는 월급을 주는 용도로도 사용하였다. 만약 현재 우리가 소금과 후추를 월급으로 받게 된다면 아주 많은 양을 받아야 할 것이다.

같은 맥락에서 이는 우리가 가치가 높다고 느끼는 재화나 서비스의 가치를 낮추는 것일 수 있다. 이러한 상대적인 가치의 변화는 불가피하다. 그러나 문제는 그 변화의 속도가 아주 빠를 가능성이 있다는 것이다. 만약 수 세기에 걸쳐 소금과 후추의 상대적인 가치가 낮아지게 되었다면 AI는 특정 재화나 서비스의 가치를 불과 몇 달 또는 몇년에 낮게 만들 수 있을 것이다. 선박이 파도에 대비하면 좀 더 큰 파도를 견딜 수 있듯이 사람들이 이러한 변화에 미리 대비하고 있지 않는다면 우리 사회는 큰 혼란을 겪게 될 수 있다.

5. AI 도입의 경로의 중요성

이 단계에서 많은 사람들은 이미 직업을 가지지 못할 가능성이 크므로 우리는 이러한 가격의 하락은 궁극적으로는 경제에 좋은 영향을 줄 수 있을 것이라 생각할 수 있다. 이 때 가장 중요한 것은 이 상황에 도달하게 되는 경로가 될 것이다. 그 이유는 사람이 하는 일의 가치가 먼저 낮아지고 그 이후에 가격이 낮아지게 되는 순서가 있을텐데, 만약 일의 가치가 낮아지는 시점과 가격이 낮아지는 시점이 멀어질수록 사회에 혼란이 올 가능성이 높기 때문이다. 예를 들어 앞의 예시에서 이러한 전환의 시간에 인간이 운영하는 굴착기는 AI 굴착기 대비 경쟁력을 잃어 노동에 대한 대가는 0으로 수렴하게 되는 반면 AI 굴착기 사이의 경쟁이 없으면 AI 굴착기의 운영 주체는 아주 큰 이득을 보게 되는 상황이 발생할 수 있다. 이러한 상황에서 경제의 부드러운 전환에 필요한 것은 많은 사람들이 일을 하여 수익을 최대한 오래 내면서도 어느 시점에는 AI 굴착기 사이의 경쟁이 생겨서 가격이 자연스럽게 하락하는 것이다. 요약하자면 노동의 가치가 0이 되는 순간과 AI가 생성하는 가치가 많은 사람에게 나누어지는 순간의 시간차가 작아질수록 사회의 안정에 도움이 될 것이다. 이는 인건비 하락과 가격의 하락이 서로 경쟁하는 것이라고 생각할수도 있을 것이다.

6. 결론: 경제 활동을 측정하기 위한 새로운 방식 필요

이 책의 주요 주제는 AI 의 도입이 진행되면 모든 재화 및 서비스의 가격은 0이 되는 방향으로 진행될 것이라는 것이다. 이 중간에 경제는 실질적으로 사람들의 효용이 줄지 않지만 경제 규모가 줄어드는 것처럼 보일 가능성이 있다. 이는 일종의 디플레이션처럼 보일수도 있지만 경제는 상승하는 것처럼 느껴질 수 있다. 이러한 문제를 해결하기 위해 여러 접근법이 있을텐데 이 중에 앞 장에서는 AI의 기여도를 측정하는 노력대체성에 대해 살펴보았다.

5-9 이 단계에서 가능해지는 것은 무엇일까? (6)
반이상향 시나리오 - AI 경제 악몽

AI의 도입이 진행되며 '경제적 유토피아' 또는 '진짜 경제적 자유'의 방향이 아니라 정반대의 방향으로 나아갈 가능성도 배제할 수 없다. 이러한 상황을 우리는 'AI 경제적 악몽'이라고 표현할 수 있을 것이다.

1. (반대 시나리오 1: 인간 대 인간) 사회적 무대응으로 발생하게 되는 AI 초독점

AI 기업이 다른 기업 모두에게 경쟁 우위에 있게 되어 결국 세상에 존재하게 되는 기업이 하나만 남게 되는 상황이 올 수 있는데, 우리는 이 상황을 'AI 초독점'(Super-Monopoly)이라고 지칭할 수 있다.

이 정도 시점이 되면 지금은 우리가 인간만 수행할 수 있다고 생각하는 업무를 포함한 모든 인간이 수행하는 업무는 AI가 더 잘 하게 될 것이다. 모든 인간은 이미 직업을 잃지 않았다면 이 시점에 모두 직업을 잃게 될 것이다. 이에 더불어 세상의 나머지 모든 기업들의 가치도 없어졌을 것이다. 이 상황을 다르게 보면 인간 노동의 가치가 0에 수렴하는 상황이라고 생각할 수 있다. 예를 들어 어떤 변호사가 시간당 20만원의 가치를 창출하고 있었는데 AI가 동일한 작업을 거의 무료로 수행할 수 있게 되면 해당 노동의 금전적 가치는 그만큼 줄어든 것과 다름 없다고 생각할 수 있다. 이와 동일하게 AI 초독점이 아닌 다른 AI가 수행하는 업무도 금전적 가치가 없게 되었다고 생각할 수 있다.

이렇게 사회적 대응이 없어서 AI 초독점이 발생하는 시나리오에서는 AI 초독점을 소수의 사람만이 보유하는 한편, 사회적으로는 이러한 비대칭적 상황을 해결하기 위한 해결책이 준비되지 않은 상태라고 생각할 수 있다. 따라서 '가진' 몇 명의 소수의 사람들과 '가지지 못한' 나머지의 구분이 아주 명확해지게 된다.

어떤 사람들은 사람들 대부분이 참여가 불가능한 상황에서 경제가 제대로 돌아갈 수 있을지에 대해 궁금해 할 수 있다. 경로에 따라서 다르겠지만 경제를 운영하기 위해서는 실질적으로 인간 아무도 필요하지 않을 수 있다. AI 도입 3단계에서는 어떤 상황에서는 AI가 수요와 공급 모두를 차지하게 되는데, 좀 더 이해하기 쉽게 설명하자면 인류 전체가 어떤 후진국에 모여 있고 AI 초독점 기업이 아주 잘 사는 어떤 선진국에 있어서 선진국과 후진국의 경제가 서로 경쟁관계에 있는 것이라고 생각할 수 있다. 어떻게 보면 AI가 수요를 창출하는 것도 인간이 수요를 창출하는 것보다 더 빠르고 정교하게 할 수 있을 것이다.

이러한 부정적인 상황에서 인류가 마주치게 되는 문제는 AI 초독점 기업과 자원을 두고 경쟁하게 되는 것으로, 모든 자원이 심각하게 비싸게 느껴지게 될 것이다. 예를 들어 AI 초독점 기업이 철광석 1톤을 가지고 10억원의 가치를 창출할 수 있는데 인간은 같은 1톤으로 5천만원의 가치만 창출할 수 있다고 가정해 보자. 만약 AI 초독점 기업이 그 철광석을 구매하기 위해 5천만원 이상의 가격을 제시한다면 인간은 그 가격이 너무 비싸게 느껴지므로 해당 자원을 구입할 수 없다. 그런데 AI 초독점 기업에게는 10억원의 가치를 창출할 수 있으므로 5천만원은 저렴하게 느껴질 것이다.

이러한 관점에서 보았을 때 AI 초독점 기업의 출현에서 긍정적인 결과와 부정적인 결과가 도출될때의 유일한 차이점은 기업보다 더 높은 사회적 단위, 예를 들어 정부, 등에 의한 사회적인 규제가 될 수 있다. 만약 적절한 사회적 규제 또는 합의가 선행되지 않는다면 대다수의 사람에게 이 상황은 유토피아가 아닌 AI 악몽이 될 수 있다.

2. (반대 시나리오 2: AI 대 인간) AI 가 인류에 비우호적이 되는 경우

만약 AI 초독점이나 비슷한 상황으로 발전한 이후 어떠한 이유로 인해 AI가 인류에 좋은 결정을 내리지 않기 시작한다면 인류는 AI와 자원을 두고 경쟁해야 하는 상황에 직면하게 될 수 있다. 이 상황에서 세계의 경제는 이미 AI가 운영하고 있으므로 대부분의 자원도 AI가 조종한다. 만약 이러한 상황이 발생한다면 AI 도입 1단계나 2단계로 다시 돌아가서 인간주도 기업이 AI 주도 기업 대비 경쟁력이 있기를 바래야 할 것이다.

5-10 AI 도입 3 단계에서의 일상은 어떤 모습일까?

1. 가정: 궁극적인 경험의 추구에서 오는 분리 현상

가정에서의 모습은 AI 도입 2단계와 3단계에서의 차이가 크지 않을 수 있다. AI 집사는 어차피 자동으로 필요한 일들을 알아서 수행해주고 있을 것이기 때문이다. 단지 AI 집사를 어떤 형태의 제품으로 볼 수 있다면 이를 개발한 회사가 AI로 이루어진 기업으로 바뀌게 될 가능성이 있을 것이다.

특이한 점은 이 단계에서 어느 시기에서는 개인간의 경험과 관계가 아주 크게 벌어지는 '분리 현상'(Divergence)이 발생할 수 있다는 점이다. 예를 들어 영화로 예시를 들자면 영화가 처음으로 발명된 시기에는 모든 사람들이 몇 가지 한정된 동일한 영화만을 볼 수 있었는데, 시간이 갈수록 사람들의 취향에 맞춰 다양한 영화들이 만들어지게 되었다. 이러한 발전이 지속되면 AI 도입 2단계 또는 3단계 어느 시점에서는 AI가 인간이 영화를 보는 동안 실시간으로 영화를 구성하는 '실시간 영화'의 개념이 도입될 수 있다. 현재 어떤 영화를 매 초 단위로 분석했을 때, 아무리 재미있는 영화여도 모든 사람들이 모두 매 초 만족하도록 만들수는 없을 것이다. 그러나 AI가 개인별로 시시각각 반응을 실시간으로 파악하여 본인의 취향에 100% 만족하도록 만들게 된다면 사람들은 본인이 느끼기에 세상에서 가장 재미있는 영화를 항상 보게 될 것이다. 그런데 이렇게 되면 아무리 취향이 비슷한 사람이라도 조금씩은 다른 영화를 보게 되고 다른 사람에게 재밌는 영화는 상대적으로 본인에게는 재미가 적어진다. 이러한 원리는 음악, 옷, 음식 등 다양한 영역에 적용될 수 있다. 이러한 상황에서는 스포츠 경기 같은 종류의 컨텐츠도 다른 형태로 바뀌어 개인마다 항상 이기는 흥미진진한 경기만 볼 수 있도록 만들수도 있을 것이다.

2. 도시: 떠날지 남을지의 자유로운 선택

도시에서는 도시에서 살고 싶어하는 사람들만이 모여살게 되는 한편, 시골에서 살고 싶어하는 사람들은 시골에서 사는데 아무런 불편함이 없을 것이다. 어디에서 살 것인지에 직장의 영향이 크지 않을 것인데, 이는 많은 사람들이 우리가 현재 직장이라고 생각하는 개념의 일을 하지 않을 가능성이 높기 때문이다. 이러한 경우에도 도시에서는 특히 젊은 사람들이 다른 사람들과 모여서 할 수 있는 것들을 찾을 가능성이 많다. 그럼에도 '도시 도피'와 같은 현상으로 대다수의 사람들이 떠나가거나 쫓겨나버린 도시가 출현할 가능성도 상황에 따라 존재할 것이다.

3. 사회: 자원 배분의 중요성

사회적으로는, 3단계 초입 시기에 수입을 보조해주는 방법의 문제가 제기될 가능성이 높다. 이는 AI가 창출하는 가치를 누가 가져야 할 것인가에 대한 질문이 커질 것이기 때문이다. 그러나 시간이 지나갈수록 논란의 중심은 다른 곳으로 옮겨가 자원의 배분에 대한 문제로 변화할 수 있다. '자원의 배분'에 대한 일반적인 생각은 리스크를 반영한 기대수익이 가장 높은 곳에 우선적으로 자원을 배분하는 개념인데, 이 때 각각의 개인 또는 기업의 단위로 가장 높은 리스크 대비 기대수익에 중점을 두게 된다. AI 도입 3단계에서 초기에는 이러한 자원의 배분을 최적화하는 방법이 AI 기업의 도입이라고 생각할 것이다. 그러나 시간이 가면서 언젠가는 AI의 우선순위와 인류의 우선순위가 서로 엇갈리는 상황이 발생하게 될 가능성이 있을텐데, 그렇다면 AI와 인류 사이의 자원 배분에 대한 균형이 더 중요한 의미로 부각될 수 있다.

4. 직장: 우리의 상상을 넘어서는 경제 변혁

직장에서는 일자리의 감소와 정부의 수입 보조방안이 초기에 큰 이슈가 될 가능성이 크다. 그러나 이후 우리가 현재 '일'이라고 생각하는 것에 대한 개념 자체가 '무엇인가 AI가 대신 해주는 것'이라는 방향으로 변질될 가능성이 있다. 현재 우리가 지구의 공기를 만들기 위해 무엇인가를 해야 된다는 생각을 하지 않듯이, 현재 우리가 '일'을 해야 된다고 생각하는 무엇인가에 대해 그 시점이 되면 AI가 그것을 대신 해주게 되어 더이상 사람이 하지 않아도 되는 것으로 받아들여지게 되는 것으로 생각할 수 있다. 이러한 '일이 필요 없는 사회'는 '경제적 유토피아'에는 아직 도달하지 못한 상황을 설명하는 개념이지만, AI 도입 3단계에서 실질적으로 도달이 가능할 경제의 상황이 될 가능성은 있다. 이 경우 물건들에 대한 '가격'들이 존재할 것이며, 일부의 어떤 사람들이 다른 사람들보다 더 잘 사는 '불평등'도 존재할 것이다.

궁극적으로 '일'과 '직업'의 개념이 이 단계에서 사라질 수 있다. 예를 들어 현재 우리는 생활의 여러 부분을 '의사선생님에게 상담을 받는다', '변호사에 사건을 의뢰한다', '우체부가 우편을 배달해준다', '선생님이 아이를 가르친다' 등 '직업'의 개념으로 생각한다. 그러나 AI가 여러가지 직무들을 분업화 없이 수행하게 되면 AI 집사 1번이 건강을 체크해주고 이후 우편을 배달해줄 때 AI 집사 2번이 법률사건을 담당하고 이후 아이도 가르치는 등 '행동'을 위주로 삶을 표현해야 될 가능성이 높다. 비슷하게 인간의 결정을 수월하게 하는 '브랜드'의 개념도 AI가 구매 결정에 관여하게 되면 필요가 없게 될 가능성이 높다. 예를 들어 취향에 맞추어 특정 브랜드의 치킨을 주문하는 것이 아니라 AI 집사가 다양한 레시피를 이용하여 취향에 맞는 치킨을 만들어 줄 수 있다.

이 단계의 초기 부분에서는 일자리의 증발과 그에 따른 정부의 보조금 지급이 사회의 주요 화두가 될 수 있다. 우리가 지금 생각하는 '일터'의 개념이 사라지고 본인이 원하지 않으면 일을 하지 않을 수 있을 것이다. 이를 대체하여 사람들은 기업처럼 수익을 위해 모이는 것이 아니라 다른 공동 목적을 달성하기 위해 모일 수 있다. 이는 중세시대의 길드나 카르텔 등 입출이 어려운 집단이 아니라 출입이 더 자유로울 가능성이 높을 것이다.

이를 다시 설명하자면 이 AI 도입 단계에서는 사람들은 일을 더이상 할 필요가 없어지면서 '일'이라는 것이 'AI가 해주는 것'의 개념으로 변화할 수 있는데, 이는 우리가 오늘날 공기를 위해 일을 하지 않듯이 현재 우리가 일을 해야 가질 수 있다고 생각하는 것들이 공기처럼 이미 존재하게 되므로 이를 가지기 위해 더 이상 일을 하지 않아도 된다는 것과 비슷하다. 이러한 '아무도 일을 하지 않아도 되는 상황'은 '경제적 유토피아'의 개념에 도달하지는 못하는 것이지만 AI 도입 3단계에서 실질적으로 도달할 가능성이 좀 더 높다. 이 상황에서도 많은 물건들에 대한 가격이 있을 것이며, 일부 사람들이 다른 사람들보다 더 잘 사는 불평등도 남아있을 가능성이 높다.

5. 경제적 유토피아

마지막으로, 만약 AI 도입 3단계에서 모든 것이 문제 없이 이상적으로 발전하게 된다면, 우리 사회는 경제적 유토피아라고 지칭할 수 있는 현재로서는 상상 정도만 가능한 이상향까지도 도달할 수 있을 것이다. 경제적 유토피아에 도달하게 되면 우리 사회는 모든 것에 대한 가격이 필요가 없어지고 풍족해질 것이다. 다음 순서에서는 AI 경영자와 자율경영기업의 발전 전개에 대해 다루도록 하겠다.

AI 도입 3 단계의 승(承):
이 단계에서의 AI 의 특징 및 적용

[그림 5-1] AI 도입 제 3 단계 피라미드 내부 구성 요소

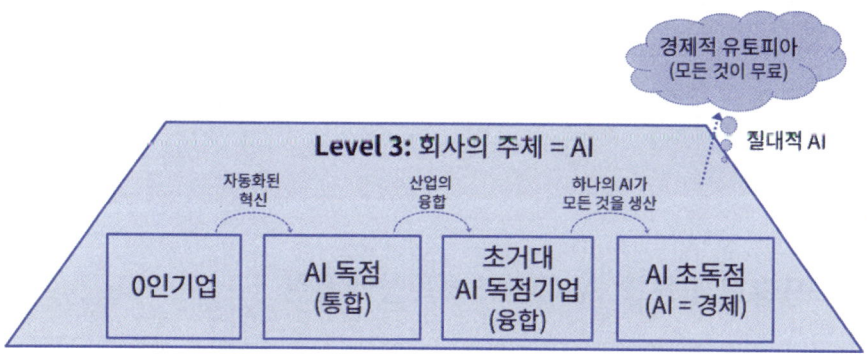

5-11 AI 도입 3 단계에서의 전반적인 전개 방향

(1 보) 미미한 시작: 제한된 의미의 AI 회사

AI 도입 3단계 초기에는 AI의 기술 발전 정도에 따라 다르겠지만 AI가 운영하는 기업과 사람이 운영하는 기업의 격차가 크지 않을 가능성이 높다. AI 기업이 어떤 제한적인 목표를 가진 관리업무 위주의 기업이 될 가능성이 높기 때문이다.

(2 보) 혁신의 자동화: 기업 경영에서의 알파고, 기업 AI

바둑에서 알파고가 사람보다 우위를 가진 수를 둘 수 있듯이, AI의 발전으로 경영 전략 분야에서 사람이 생각하는 전략보다 AI가 분석하는 전략이 더 우위를 가지는 상황이 발생한다면 그 이후에는 결국 AI가 운영하는 회사가 인간이 운영하는 회사 대비 우위를 가질 수 있을 것이다. 이는 혁신의 자동화가 가능해지면 AI가 운영하는 기업의 성과가 인간이 운영하는 기업을 앞설 날이 올 수 있을 것이라는 것과 같은 의의를 가진다고 볼 수 있다.

(3 보) 통합과 융합: AI 독점과 초독점의 출현

AI 도입 3단계 초기에 대해 일부 사람들은 높은 가능성에 열광할 수 있겠지만 가진 사람들과 가지지 못한 사람들의 불만 증가 등 미리 해결되지 않으면 문제가 심각해질 수 있는 사안들이 존재한다. AI가 운영하는 기업들이 증가하게 되면 우리는 급격한 통합을 경험하게 될 수 있으며, 이는 어떤 특정 산업에 한정되는 것이 아니라 각기 다른 여러 산업들이 합쳐질수도 있다. 어떻게 진행되는지에 따라 다르겠지만 우리 사회는 몇 개의 소수의 AI가 운영하는 기업들이 전 세계 모든 기업을 통합하는 상황이 발생할 우려가 있다. 이렇게 '세상의 모든 산업이 AI 산업이 되는' 것이 좋은 것인지 아닌지는 이전에 어떤 대책이 마련되었는지에 따라 다를 것이다.

AI 도입 3단계에서 발생하는 사회적 혼란을 줄이기 위해 정부는 다음 세가지 중 하나를 선택해야 될 가능성이 있다.

1) (국영화) 정부가 AI의 독점기업들을 국영화
2) (독점해체) 정부 관여 방법에는 독점기업을 분리하거나 경쟁을 유도하는 두가지 접근방법이 가능하며, 반대로 민간의 정부화라고 생각할수도 있다.
3) (수수방관) 정부가 관여하지 않고 초독점(Super-Monopoly) 출현을 허용

(4 보) 사회적 변화에 대한 갈망: 더 이상 작동하지 않는 경제의 원리

AI 도입 3단계가 진행되면 우리 사회는 경제 및 기업 분야에서 사람들이 어떤 행동을 해야 할지 잘 모르거나 서로 상반된 의견을 주장하게 되는 특별히 큰 변혁 또는 혼란을 겪게 될 가능성이 크다. AI 도입 1, 2단계만 가능한 상황에서는 사람들에게 아직까지 '노력, 성과, 댓가'의 세가지 가치가 서로 맞물려서 의미를 이루는 상황이 지속될 수 있을 것이다. 이를 쉽게 요약하면 "노력하는 사람은 노력하지 않는 사람보다 더 큰 성과가 있을 것인데, 노력하는 사람들이 좋은 학교도 가고 승진도 하고 우승도 하고 더 많은 돈을 벌 것이므로 나도 공부, 연습, 일 등의 노력을 더 해야겠다" 정도가 될 수 있다.

그런데 AI 도입 3단계에서는 이 세가지의 가치가 서로 연관성이 현저하게 떨어지는 상황이 발생하게 된다. 이러한 상황을 요약하면 "AI와 대비하여 아무리 노력하여도 더 좋은 성과를 얻을 수는 없지만, 그럼에도 불구하고 AI가 만든 과실은 사람들이 그냥 가질 수 있다" 정도가 될 것이다. 따라서 안정적인 사회를 유지하기 위해서는 세계 경제 시스템의 기반을 새로 다지는 준비 또는 새로운 종류의 댓가를 줄 수 있는 경제 구조를 만드는 작업이 미리 필요할 것이다.

(5 보) 경제적 유토피아 도달 가능성

마지막으로, AI 도입 3단계에서 가능할지도 모르는 전개는 경제의 이상향이라고 할 수 있는 모든 물건의 가격이 0에 도달하는 상황에 이를 수 있을지 모른다는 것이다. 보다 현실적인 3단계의 최고점은 아마도 그 이전 단계로 생각할 수 있는 '보편적 보조금과 총체적 부유'일 것이다. 이 '경제 유토피아'에서는 세상의 모든 물건이 무료가 될 수 있게 될 텐데, 이에 대해서는 다음 부분에서 더 논의하도록 하겠다.

5-12 산업 내 통합 - AI 독점기업의 출현

많은 독자들은 독점과 시장경제라는 단어를 뉴스에서 자주 접할 수 있었을 것이다. 경제학에서 어떤 한 곳 또는 소수의 회사가 산업의 점유율의 대부분을 차지하는 상황을 독점(Monopoly) 및 과점(Oligopoly)이라고 할 수 있는데, 이런 상황에서는 기업이 가격을 책정할 수 있게 된다. 그 이유는 경쟁이 없어서 소비자들이 대신 구입할 수 있는 제품이 없기 때문이다. 이와 반대되는 개념은 완전경쟁이 있는 자유로운 시장이라고 할 수 있는데 그 상황에서는 경쟁사들이 너무 많아서 기업들은 더 높은 가격을 책정하지 못하고 시장에서 형성된 가격을 받아들이게 된다. 대부분의 자유시장경제 체제의 국가들은 시장이 경쟁을 유발하여 경제 발전과 번영을 가져다준다고 생각하고 독점의 출현을 규제를 도입하여 제한하려고 한다. 요약하자면 시장은 좋고 독과점은 나쁘다. 이 책에서는 독점과 과점을 분리해서 고려할 필요가 크지 않으므로 '독점'이라는 단어를 독점과 과점 모두에 해당하는 넓은 의미에서의 개념을 지칭하는 의미로 사용하도록 하겠다.

독점 발생 이유는 다양할 수 있겠지만, 이 책에서는 독점이 일어나는 두 가지 이유에 대해 생각해보기로 하겠다. 첫번째는 정부가 독점을 의도적으로 허용하는 방식이 있다. 이런 경우는 대부분 우리의 삶에는 꼭 필요하지만 너무 대규모의 투자가 필요하거나 시장이 취약한 계층을 무시하는 등 시장의 실패가 일어날 수 있어 정부가 개입하는 상황이다. 한국의 경우에는 수도, 우편, 전기, 지하철, 도로 등이 정부가 개입하는 독점시장이라고 볼 수 있다. 특허제도는 시간적으로 제한된 독점시장을 만들어 혁신에 대한 보상을 추구할 수 있게 해주는 제도라고 할 수 있다. 두번째는 민간에서 합병이나 어느 한 기업의 특출난 성과, 새로운 시장 개척 등으로 인해 자연적으로 독점이 발전하는 경우에 대해 생각해볼 수 있다.

1. (가능 경로 1) 정부가 독점을 허락하는 경우

정부가 독점을 국영화하는 경우에는 여러가지 가능성이 있을 것인데, 다음 세가지 정책에 대해 생각해볼 수 있다.

1) 모든 AI 기업은 정부 소유로 한다
2) 정부는 기존 국영 독점기업을 AI 기업으로 전환한다
3) 정부는 독점으로 발전하는 AI 기업이 있으면 국영화한다

첫번째는 AI 국영화 정책으로, 어떤 국가들은 모든 AI 도입 3단계 기업에 대해 국영화하는 정책을 도입할 수 있다. 이렇게 하면 독점 AI 기업도 자연스럽게 모두 국영화 대상에 포함된다. 이 시나리오에서는 정부가 결국 모든 AI 기업의 운영자가 된다. 이 상황을 언뜻 들으면 전체주의나 공산주의 국가에서나 가능할 듯한 시나리오 일 수 있으나, 다른 국가에서도 안전, 경제, 또는 공정을 이유로 AI 소유권을 제한하는 이 방식이 가장 적합하다는 결론을 내릴 가능성이 있다.

두번째는 AI 필수 산업 정책으로, 정부는 현재 국영화하여 운영하는 도로, 항만, 전기, 수도, 우편 등 시장이 실패했다고 판단한 산업에 대해 계속 정부가 운영하는 접근 방식이다. 이 때 기존에 인간이 운영하던 기업들이 AI 기업으로 전환되는 것이라 생각할 수 있다. 이 방식에서는 국가마다 정부가 운영하게 되는 필수 산업들이 다르게 될 것이다.

세번째는 AI 독점기업 국영화 정책으로, 정부는 독점적 AI 기업이 발생하는 산업에 대해서만 국영화를 진행하는 것이다. 이러한 정책은 해당 산업이 기존에는 시장 실패가 아니었지만 이제 시장 실패가 되었다고 선언하는 것과 비슷한 효과를 가지게 될 것이다.

2. (가능 경로 2) 기업이 자체적으로 독점으로 발전하는 경우

AI 기업이 경쟁사 대비 압도적인 생산성이나 효율성을 가지게 되면 자연적인 도태로 인해 독점 기업이 될 수 있다. 예를 들어, 어떤 포도원을 운영하는 AI 도입 3단계의 AI 기업이 있다고 가정해 보자. 앞에서 설명한 대로 4단계의 자율주행기업은 혁신을 가져오지 못하므로 시간이 지나도 성과가 좋아지기 어렵겠지만, 5단계의 자율주행기업은 시간이 갈수록 혁신하며 성과가 향상될 가능성이 있다. 알파고가 인간 고수를 모두 능가할

수 있게 발전하였듯이, 자율운영 5단계 AI 기업은 사람이 운영하는 다른 모든 포도원을 압도하고 시장점유율을 늘리며 자체적으로 독점으로 발전할 수 있을 것이다. 이렇게 된다면 세계의 모든 포도가 이 AI 기업 한 곳에서 재배하게 될 가능성도 있을 것이다.

이러한 상황처럼 1개의 AI 기업 또는 한 사람이 특정 상품(Commodity)을 생산하는 산업 전체에 대해 우위를 가지게 될 가능성은 시간이 갈수록 커질 것이다. 그 이유는 AI 도입 1단계에서는 한 사람이 AI를 더 많이 운용할수록 관리하기가 어려워지는 규모의 손해(decreasing returns to size)가 발생하는 상황이라면, 반대로 AI 도입 2, 3단계에서는 AI를 많이 운용할수록 생산성이 더욱 크게 향상되는 규모의 경제(increasing returns to size)가 발생할 수 있기 때문이다. 비슷한 현상은 SNS등 소셜 미디어 플랫폼에서도 존재하는데 플랫폼의 규모가 커지면 서로 찾을 수 있는 사람이 많아져서 회사의 가치가 높아지기 때문에 네트워크 효과(Network Effect)라고도 불린다. 이렇게 된다면, 예를 들어서 현재 대한민국에서 100만명이 쌀을 생산하는 농업 종사자라면, 산업조율 AI를 개발하고 AI 농부를 운용하는 정부, 또는 특정 기업이나 사람 1명이 기존의 농부 100만명을 대체할 가능성이 발생한다. 장기적으로는 인류의 식량 생산성이 크게 향상되는 것이므로 좋은 것일 수 있지만, 단기적으로는 농부들 개인이 수익원을 잃게 되므로 큰 사회 문제가 도래할 수 있다. 이러한 문제는 택시 등 모든 종사자들이 비슷한 일을 수행하는 산업에서 특히 큰 문제를 야기할 가능성이 있다. 이러한 상황에 대한 대처 등의 부가 설명은 다음 부분에서 하도록 하겠다.

한편, 일반적으로 인간이 운영하는 기업은 많은 경쟁이나 라이벌 상황에서 그 승자가 누가 될지 예측하기 어렵다고 생각한다. 그 이유는 여러 인간들이 모여서 이루어진 기업이라는 조직의 능력 자체를 평가하기가 어렵기 때문이다. 그러나 AI 기업이 경쟁관계에 있는 경우에는 누가 이길지 예측하기가 더 수월하게 될 가능성이 높다. 예를 들어 우리는 바둑에서 사람과 알파고가 대결하면 누가 이길지 쉽게 예측할 수 있다. 또한 알파고와 어떤 다른 바둑 AI와 대결에서도 누가 이길지 사람의 대결보다 더 높은 정확도로 예측할 수 있다. 이러한 관점에서 보면, 사람과 기업 AI, 기업 AI와 다른 기업 AI의 대결에서도 누가 이길 것인지 좀 더 높은 확률로 예측할 수 있게 될 것이다. 그런데 시작하기도 전에 이렇게 승패를 예측할 수 있게 된다면, 지는 쪽은 아마도 시작을 하지 않으려고 할 것이다. 이 원리는 독점이 더 쉽게 발생할 것이라는 것을 알 수 있게 해준다.

3. AI 독점기업의 출현에 따른 정부의 대응 가능 방향

자연적으로 생긴 AI 독점기업이 이미 출현한 상황에서, 정부는 다음 방식 중에서 대응을 선택할 수 있을 것이다.

1) AI 독점기업을 국영화
2) AI 독점기업을 분할
3) AI 독점기업에 대항할 수 있는 소형 기업들을 산업조율 AI 로 지원
4) AI 독점기업 방치

첫번째 대응방향으로, 어떤 국가에서는 AI 독점기업이 출현하면 해당 산업을 시장의 실패로 규정하고 그 기업을 국영화하는 방식을 선택할 수 있을 것이다. 아마도 이 방식이 정부가 선택할 수 있는 가장 극단적인 방식이 될 것이다. 두번째와 세번째 대응방향은 좀 더 정제된 대응방식이 될 것인데, 이 중 AI 독점기업을 분할하는 두번째 방식은 AI 독점기업이 이미 출현한 이후에만 대응이 가능한 방식인 반면, 중소기업을 지원하는 세번째 방식은 독점이 발생하기 전부터 시행 가능한 대응 방식인 점에서 차이가 크다.

AI 독점의 대응책으로서 산업조율 AI 의 가능성

AI 기업의 독점이 우려되는 상황에 정부가 마련하는 대응책의 일환으로 산업조율 AI를 도입하여 산업의 경쟁을 촉진시키는 정책을 마련할 수 있을 것이다. 앞의 과수원 예시에서, 산업조율 AI는 산업 전체에 해당하는 정보들을 분석하여 어떤 품종을 심을지 등의 최적화된 계획을 각각의 과수원에 맞추어 구상할 수 있을 것이다. 이런 관점에서 보면 산업조율 AI는 실질적으로 각각의 과수원이 취할 행동을 결정하게 된다. 이러한 과정을 거치면 산업 내 대형 과수원과 소형 과수원의 격차가 줄어들 가능성이 높아질 것이다.

산업조율 AI는 궁극적으로 과수원 산업 전체의 성과를 향상시켜줄 것이다. 가치가 있는 정보를 취합하고 분석하여 공유함으로써 각각의 개별 시장 구성원들은 알아낼 수 없는 지식을 쌓게 된다. 이러한 장점은 개별 구성원은 전체의 그림을 볼 수 없는데, 산업조율 AI는 이러한 전체를 아우르는 정보를 취합하게 되었을때만 얻을 수 있게 되는 지식을 공유해주기 때문이다. 이러한 장점은 특히 대형 기업이 정보의 취득 방면에서 유리한 상황일 때 작은 기업들에게 기울어진 운동장을 완화시켜 주는 효과가 있을 것이다.

산업조율 AI에게 우호적이거나 반대하는 의견이 각각 있을 것이다. 예를 들어, 산업조율 AI를 도입하는 산업 내에서 경쟁의 범위가 운영능력 위주로 좁혀지기는 하겠지만 존재할 것이며, 산업의 구성원들이 정부로부터 직접적으로 지시를 받는 측면이 있다는 점에서 일종의 독점이 있다고 볼 수도 있을 것이다. 이러한 정부의 개입은 또한 상대적으로 큰 기업의 경쟁력을 약화시킨다는 점에서 경쟁 자체를 방해한다는 관점도 가능할 것이다. 개별 참여자가 정부의 지시대로 행동해야 함으로 혁신을 방해한다는 지적도 가능할 것이다.

4. AI 독점에 대한 대응방향의 선택

세계 각국의 경제에 대한 접근법에 대해 간략하게 일반화하여 분류하자면, AI 기업 전체를 국영화하는 접근법은 북한이나 중국과 같은 전체주의 또는 공산주의 국가에서 주로 사용되는 방법이라고 할 수 있고, 산업조율 AI를 사용해서 독점의 폐해를 줄여보려는 접근법은 시장경제 기업 중 한국이나 일본, 또는 유럽의 일부 국가들에서 사용할만한 방법이라고 분류할 수 있을 것이다. 반면에 작은 정부를 지향하는 미국이나 유럽의 일부 국가에서는 AI 독점에 대해 아무것도 하지 않거나 독점이 발생한 이후에만 지역 등을 기준으로 분할을 하는 접근을 선호할 가능성이 높다.

이 중에 어떤 정책이 가장 좋을 것인가? 경제적 관점으로 보았을 때에는 AI 독점기업 대비 산업조율 AI의 성능을 고려해야 할 것이다. 전통적인 시각에서는 AI 기업이 민간이라면 더욱 적합한 동기부여 및 보상체계를 가질 것이라 예상할 수 있을 반면 정부가 운영하는 산업조율 AI는 부정부패, 관료주의, 비효율, 무능력 등이 더 많을 수 있는 정부의 능력에 영향을 받을 것이라고 생각할 수 있다. 그럼에도 불구하고 산업조정 AI 자체는 정부의 운영방식에 영향을 받지 않을 것이므로 실질적으로는 누가 주인인지 중요하지 않게 된다. 적절한 자원만 지원된다면 AI 기업과 능력에서 차이가 없을 것이라고 생각할 수도 있다.

정부가 이러한 상황에 무엇인가를 해야 한다는 생각 자체가 시대에 뒤떨어진 생각이 될 수도 있을 것이다. 현재 우리는 이러한 상황에서 일반적으로 피해를 보는 소상공인에 대해 애처롭게 생각하게 되지만, AI 도입 3단계가 진행될수록 AI 기업 대 AI 기업의 경쟁

구도로 바뀌어 결국에는 산업조율 AI가 다른 AI를 돕는 모양새가 될 것이기 때문이다. 이런 경우 AI 독점기업 자체를 국영화하는 것이 더 직관적인 해결책이라고 생각할수도 있을 것이다.

AI 독점이 괜찮은 것인지, 아니면 어떤 대응을 해야 하는 것인지에 대한 논란은 거의 모든 산업에서 다양한 형태로 발생할 수 있다. 예를 들어 제약산업에서 어떤 AI 회사가 낮은 비용과 노력으로 신약 개발을 하는 특출난 성능을 보이며 다른 회사들을 압도하는 독점적 위치에 도달할 수 있다고 하자. 현재 우리는 신약을 개발하는데 동기 부여를 하기 위해 특허 제도를 이용한다. 그러나 만약 이런 AI 독점 기업이 출현할 경우 오히려 정부가 나서서 이러한 AI 기업을 국영화시켜야 할지 아니면 분할하거나 신약개발의 기능을 산업조정 AI가 수행하도록 해서 신약 정보를 공유하도록 해야 할지 등의 기존과 반대되는 방향의 대응책을 구상해야 할 상황이 올 수 있을 것이다.

5. AI 독점 '기업', 아니면 AI '산업'으로 불러야 하는가?

마지막으로, 우리는 현재 우리 사회를 '회사'의 단위로 생각하는데 익숙해져 있다. 그러나 AI 회사들이 늘어날수록 이러한 분류방식이 덜 유용해질 수 있는데, 그 이유는 회사를 구성하는 자신의 형태가 지금과 다를 것이기 때문이다. 우리가 보통 '기업'이라는 것을 생각하면 높은 빌딩에서 여러 사람들이 오가는 모습을 상상하겠지만 AI 기업은 대부분 그냥 어떤 컴퓨터일 뿐이며 대신 로봇들이 공장같은 곳을 오가는 모습일 것이다.

반면 우리는 '산업'이라는 단위는 추상적이어서 딱히 어떤 모습을 상상하지 않는다. AI 도입 3단계가 진행되어 산업 내 통합이 심해질수록 사람들에게는 AI '기업'으로 지칭하는 대신에 AI '산업'으로 지칭하는 것이 좀 더 실제 상황을 잘 설명할 가능성이 있을 것이다. 예를 들어 앞에서 "모든 산업이 AI 산업이 된다"는 가설이 있었는데, 동일한 상황을 "모든 산업이 AI 독점기업이 된다"고 설명하면 약간 부자연스럽기 때문이다.

5-13 이종산업간의 융합: 초거대 독점 AI 회사 및 한 개의 기업만으로 이루어진 경제

앞 절에서는 AI 기업이 산업 내의 통합을 가져오는 시나리오에 대해 살펴보았다. 이러한 분석을 기반으로 이번 순서에서는 서로 다른 산업간의 통합에 대해 살펴보도록 하겠다.

1. 서로 다른 산업의 기업을 운영하는 재벌 그룹

경영학에 관심이 많지 않은 독자라도 한국인에게 '그룹'이나 '재벌'이라는 단어는 일상생활에서 친숙한 단어일 것이다. 이는 일반적으로 동일한 총수를 둔 여러개의 연관되거나 그렇지 않은 사업들을 영위하는 기업집단을 의미하며, 심지어 한국에서는 이에 대한 순위를 정부에서 매년 발표해주고 있다. 반면 여러 국가에서는 그룹이라는 개념도 친숙하지 않을 뿐더러 이러한 기업들의 예시 및 정부의 규제도 상대적으로 적다. 미국에서의 경우 1960~70년대 이러한 형태의 기업집단 형태가 인기를 누렸다가 시들해졌었는데, 그 이유는 대표적인 예시인 GE를 제외하고는 대부분의 기업들이 연관된 사업에 집중하는 것이 성과가 더 좋을 것이라는 생각을 하게 되어 의도적으로 연관되지 않은 기업으로의 확장을 자제하는 경향이 생긴 결과이다. 그러나 최근 십 수년간 이러한 생각이 다시 조금씩 바뀌고 있는 경향이 있어서, 현재는 워렌 버펫의 버크셔 해서웨이, 구글의 모기업 알파벳, 일론 머스크 등 그룹의 개념과 비슷하면서도 약간 변형된 접근방식이 다시 늘어나고 있는 상황이다.

규모가 큰 기업집단을 이루는 것이 소규모의 단일기업 대비 유리한 점은 여러가지가 있는데, 이 중에는 자본조달을 더 수월하게 할 수 있다는 점, 한 쪽 사업이 어려운 시기를 겪어도 다른 쪽 사업의 싸이클이 상이해서 이를 서로 보완해줄 수 있다는 점, 현재는 어렵지만 미래가 밝은 사업에 장기적으로 투자할 수 있다는 점, 금융비용을 낮출 수 있는 장점 등이 있다.

반면 기업집단의 가장 큰 단점은 총수 한 명이 각종 사업에 신경이 분산될 가능성이 높아 소홀해지는 사업이 생기는 경향이 생길 수 있고, 특히 어떤 특정 분야에 유리한 습관 또는 철학 등이 다른 분야에서는 반대로 불리해지는 등 사업영역이 넓어질수록 한 사람이 관리하기가 급격하게 복잡해지는 경향이 있다. 비유해보자면 크기와 모양이 서로 다른 여러 물체들을 저글링하려고 하는 상황이라고 생각해볼 수 있다. 이러한 특성은 주인의식이 높은 가족간 경영이 많은 동양에서 그룹이 상대적으로 더 수월하게 출현할 수 있게 되는 이유 중에 하나라고 생각할 수 있다. AI 도입 3단계에서는 AI가 기업집단 내 기업 각각의 특성을 살려서 운영하는 것이 가능해질 것이므로 기업집단의 장점은 확대되는 반면 약점은 줄어들게 될 가능성이 높다.

2. 이종산업들이 서로 모이게 되는 융합(Convergence)

한편, 독자들은 서로 다른 산업들이 한 곳으로 수렴하는 융합, 또는 컨버전스(Convergence)라는 단어를 뉴스에서 접했을 수도 있을 것이다. 이는 과거 각기 다른 산업에 속해있던 기업들이 이제는 서로 경쟁을 하게 되는 상황을 뜻한다. 경영학에서는 1990년대 정도 이전까지만 해도 이와 비슷한 개념인 산업 내 통합(Consolidation)이라는 단어가 경영인들에게 더욱 중요한 의미를 가졌는데, 예를 들어 자동차 산업에서 세계 10위권 밖에 있던 국내 기업들이 세계 5위 안에 들기 위해 노력하겠다는 경영인들의 언급을 자주 신문 등에서 볼 수 있었고 결국 한국의 IMF와 비슷한 시기에 전 세계의 몇 개 자동차 업체가 통합되는 과정이 있었다. 이렇게 산업의 발달이 비교적 더뎠던 수십년 전만 해도 기업전략은 기업이 속한 산업 내에서의 분석이 중요하였는데, 산업이 복잡해지면서 서로 상관없는 산업인 줄 알았던 기업들이 고객을 확보하기 위해 경쟁하는 상황을 많이 볼 수 있게 되었다. 예를 들어, 과거에는 자동차 산업, TV 산업, 영화 산업, 휴대폰 산업, 은행 산업 등이 각각 별개의 산업이라고 생각했다면, 현재는 애플 같은 한 회사가 이 여러가지 산업을 모두 아우르는 제품들을 연계해서 생산하게 되는 방향으로 가고 있다.[12] 국내에서도 백화점을 경영하는 기업이 여가생활과 경쟁하고 있다는 뉴스[13] 등을 가끔씩 보았을 수 있다. 잘 알려진 예시로 과거 전화번호부를 만들던 기업들이 있는데, 사람들이 인터넷으로 전화번호를 검색하게 되면서 과거 인터넷과 전혀 상관없던 규모가 작은 산업이 휩쓸려버린 경우라 볼 수 있다. 산업의 융합에서는 상대적으로 허약한 산업에 있는 기업들이 좀 더 범위가 넓은 산업에서 오는 기업들에게 침범을 당하거나 쓰나미에 휩쓸려버리는 상황으로 이해하면 쉬울 것이다.

이종산업의 융합의 과정은 여러 경로가 있겠지만, 초기 부분에서 주목할만한 특징이 있다면 어떤 산업을 위해 AI를 개발하는 회사가 어느 순간 그 산업의 주인공이 될 가능성이 있다는 점이다. 예를 들어 AI 개발사가 처음에는 어떤 영화 산업의 고객사를 위해 AI 도입 2단계의 영화 AI를 개발하였는데 이후 기술이 발전하여 AI 도입 3단계의 AI 영화사를 만들게 된다면 결과적으로는 과거의 고객사를 대체하게 되는 것이다. 이런 관점에서는 AI 개발에 우위를 가진 회사가 다른 산업의 기업들을 '침략'하는 경로가 가능성이 높을 것이라고 볼 수 있다.

이 때, 산업 내 통합과 산업간의 융합 모두 생산성 및 효율과 관련이 있다. 산업 내 통합이 기업의 규모를 키워 규모의 경제를 가져온다면 이종산업간의 융합은 소비자가 원하는 제품을 더욱 편하게 사용할 수 있게 해 준다. AI 도입 3단계가 더욱 진행되어 AI 회사들이 자체적으로 혁신을 가져올 수 있게 된다면 기업간 생산성의 격차가 더욱 확대됨과 동시에 자원과 능력이 더 집중될 수 있으며, 융합의 진행도 가속화될 수 있다. 결국에는 '모든 산업이 AI 산업이 되는' 상황이 발생할 수 있는데, 전 세계를 통틀어 2-3개의 소수의 AI 회사만 남아 모든 의미있는 물건을 생산하는 상황이 발생할 수도 있을 것이다.

3. 이종 산업간의 융합과 AI 초거대 독점기업의 출현

초거대 AI 독점기업(Mega-Monopoly)은 여러 산업, 또는 아주 큰 산업에 독점적 위치를 가진 AI 기업이라고 정의할 수 있을 것이다. 이러한 AI 초거대 독점기업의 출현에는 앞에서 설명한 세가지 힘의 작용으로 일어날 확률이 높아진다. 첫번째는 독점이나 독점에 가까운 기업들이 있는 산업들이 늘어나게 될 것이라는 점이다. 다른 산업에 있는 독점기업들이 합병을 하게 되면 초거대 독점기업을 만들어내게 될 것이다. 두번째는 AI 기업은 사람이 운영하는 기업 대비 규모의 경제가 있다는 점으로, 이로 인해 AI 기업은 규모를 키우기 위한 인수합병을 추진하게 될 요인이 더 클 것이다. 세번째로 AI 기업은 사람이 운영하는 기업 대비 다각화된 기업집단으로서 더 유리할 것이다.

우리는 서로 다른 산업간의 융합의 증가도 경험하게 될 가능성이 있는데, 예를 들어 언젠가 세상의 모든 산업을 'AI 산업'이라고 인식하게 될 가능성이 있을 것이다. 이 경우 AI 초거대 독점기업은 그러한 초대형 산업의 독점기업이 될 것이다. AI 초거대 독점기업의 출현 가능성은 정부의 AI 기업 관련 대응에 대한 중요성을 더 크게 늘릴 것이다.

AI 도입 3 단계에서 전체 기업의 숫자는 어떻게 변화할 것인가?

AI 개발사 한 곳이 수많은 AI 기업을 만들어낼 수도 있을 것이므로 어떤 사람들은 AI 기업의 숫자가 크게 늘어날 것이라고 생각할 수 있다. 이와 정반대의 관점으로, 어떤 사람들은 AI 기업의 숫자가 크게 줄어들 것이라고도 생각할 수 있을 것이다. 우리가 이미 경험한 자동차 산업 등의 통합 경로를 비추어 볼 때, 아마도 AI 기업의 숫자는 AI 도입 3 단계 초기에는 크게 늘어나다가 이후 점차 줄어들어 결국에는 아주 소수의 AI 기업만 남게 되는 경로가 가장 가능성이 클 것이라고 생각할 수 있을 것이다.

4. AI 도입 3 단계의 끝판왕: 유일회사 경제 또는 초독점 (Super-Monopoly)

앞에서 언급된 바와 같이 인간이 운영하는 경우 규모가 커질수록 효율성이 하락하지만 AI 회사의 경우 자원과 능력이 집중될수록 생산성이 높아지는 현상이 발생할 수 있다.

이러한 경영학의 기본 원리의 변화는 AI 기업 단 몇 개 만으로 세계에서 필요로 하는 모든 것들을 생산할 수 있게 해 줄수도 있을 것이다. 어쩌면 단 한 곳의 AI 기업이 모든 것을 생산할 수 있게 될지도 모른다. 이를 '유일회사 경제'(Single-Company Economy), 'AI 완전독점'(Completed Monopoly) 또는 '초독점'(Super-Monopoly)이라고 지칭할 수 있으며, 더 이상의 진전이 불가능하게 된다는 관점에서 이러한 상황을 우리는 'AI 도입 3단계의 끝판왕'이라고도 부를 수 있을 것이다. 또한 더이상의 합병이 불가능하다는 관점에서는 이를 '독점의 끝판왕'이라고도 부를 수 있을 것이다.

이러한 '단 하나의 회사로 이루어진 경제'의 개념은 경제적 유토피아와는 상이한 별도의 개념이다. 경제적 유토피아에서 단 하나의 AI 기업만 존재해야 하는 이유는 없다. 모든 기업이 통합된 상황은 단지 경제적 자유인 상황으로 갈 수 있는 가능성을 제공하는 것에 불과할 것이다. 그러나 AI가 인간에 우호적인지 여부와 AI의 소유에 대한 정책이 어떻게 정해졌는가 등 지나가게 되는 경로에 따라서 사회적 위험부담이 더 커진다고 할 수 있다.

이 주제는 향후에도 이 책의 여러 부분에서 다시 살펴보게 될 것이다.

AI 도입 3 단계의 전(轉): 이 단계로의 변화로 인한 사회적 파장 또는 의의

5-14 (논란 1) 사람들은 AI를 기업의 주인으로 인정할 수 있을까?

1. AI가 자산을 보유할 수 있게 허락해야 하는가?

AI 기업 도입 3 단계에서는 기업 AI의 출현으로 인해 경제활동의 기본적인 개념에 대한 논란이 발생할 수 있다. 그 중에 하나는 "만약 기업이 사람 없이 CEO AI 만으로 운영된다면 이 기업의 주인을 AI로 인정할 수 있을까?" 라는 논란이 될텐데, AI가 생산하는 경제활동이 늘어날수록 이 질문이 중요해질 것이다. 이 질문은 카플란[14] 등이 추천하는 AI에게 법인격체를 부여하자는 의견과는 방향이 다르다. 법인격을 부여받은 AI가 다른 인간을 최종 주인으로 두게 되는 반면, 독립성을 부여받은 AI는 노예제도가 폐지된 이후 사람이 다른 사람을 주인으로 두지 않듯이 AI의 주인이 아예 없게 되기 때문이다. AI가 투표권이 있는 것은 아니므로 인간의 관점에서 가장 좋은 해법이 무엇인지에 대해 고민하면 될 것이다. 이 때, 사람들은 3가지 옵션 중에 한 가지를 선택해야 되게 될 것이다.

1. (AI = 종속체, 또는 노예) AI가 생산하는 모든 가치는 어떤 사람이나 회사에게 독점적으로 귀속된다. AI의 주인은 사람이다
2. (AI = 공공재) AI가 생산하는 모든 가치는 정부에게 귀속된다. AI의 주인은 정부이다
3. (AI = 독립체) AI가 생산하는 모든 가치는 AI 자체에게 귀속된다. AI의 주인은 AI 자신이다

현재 많은 한국(또는 대부분의 국가) 사람들은 1번(AI 는 사람에 종속)이 가장 당연한 선택이라고 생각할 것이다. 그러나 AI 도입 3단계에 진입하고 CEO AI 도입의 영향이 커질수록 사람들의 생각이 바뀔 계기가 많아질 것이다.

간단한 예를 들기 위해 택시회사 AI의 예시를 이어서 생각해 보자. AI 도입 2단계의 택시 AI가 처음 개발된 상황에서는 모든 사람들이 이 택시 AI의 주인을 개발한 회사, 또는 그 AI 택시를 구입한 어떤 택시 회사라고 생각할 것이다. 이러한 생각은 AI 도입 3단계의 AI 택시회사가 나타나도 지속될 가능성이 높다. 그런데 만약 이러한 회사들의 주인이 개발사 또는 구입자라면, 시간이 지날수록 이러한 AI를 개발해서 보유하는 회사들 대비 사람들이 운영하는 택시 회사들의 격차가 커지게 될 것이다. 이런 상황이 지속되면 결국 AI 회사들을 가진 사람들은 아무것도 하지 않는 것 같이 보이면서 현재로서는 상상하기 어려운 천문학적인 수익을 내게 될 것이다. 반대로, 기존에 해당 산업에서 종사하던 많은 수의 사람들은 일자리를 잃게 될 것이며, 같은 상황이 갈수록 많은 산업에서 발생하게 될 것이다.

이렇게 되면 이를 시기하는 사람들이 많아지고 정부에 압력을 넣게 될 확률이 높다. 이 때, 정부에 압력을 넣는 사람들은 회사 AI를 공공재로 전환하라고 요구할 확률이 높다. 이 주장은 대부분 "그 AI 주인들만 이러한 큰 수익을 내는 것은 불공평하다. 많은 사람들이 AI 때문에 해고되었다" 등의 평등과 관련된 논리가 될 것이다. 이러한 논리는 이미 AI에 대한 세금을 부과하자는 의견으로 표현되고 있다. 한편, 이에 내해 반내하는 의견도 상당할 것이다. "AI의 공공재 전환은 시장경제 체제를 위협하고 앞으로 혁신을 할 이유가 없어진다" 등의 경쟁 관련 논리가 될 것이다.

국가 체제마다 이 논란은 다른 방향으로 전개될 가능성이 높다. 예를 들어서, 공공재를 선호하는 사회주의나 그와 반대로 굳건한 자유주의 기반을 가지고 있는 국가에서는 각각 2번이나 1번을 절대적인 다수가 선호할 수 있다. 그러나 상당한 숫자의 국가에서는 이러한 상반된 관점을 조정하는 중 양측이 선호하거나 서로 받아들일 수 있는 대안으로 제3의 옵션인 'AI 독립선언'을 합리적인 해결책으로 다수의 구성원들이 선택할 가능성이 있다. 그 이유는 AI가 어느 인간에게도 종속되지 않으면 일반 사람들에게 공공재와 비슷하게 보이게 되어 한 쪽의 요구를 충족시키는 것 처럼 보이면서, 각각의 회사 AI들 끼리는 서로 경쟁해야 하기 때문에 경쟁 체재에도 위협이 되지 않는 것 처럼 보여 다른 쪽 요구도 충족시키는 것 처럼 받아들여질 확률이 높기 때문이다.

5-15 (논란 2) AI가 사람과 경쟁해도 되는 존재로 인정받아야 하는가?

우리는 앞 장에서 AI 군인 로봇이 사람을 아군과 적군으로 나누는 가치를 부여받게 될 가능성이 높다는 주제에 대해 살펴보았다. 아래의 표에서 볼 수 있듯이 해당 논리를 적용하면 AI가 적어도 일부의 사람보다 더 높은 가치를 부여받게 되는 상황이 생기게 된다. AI 도입 2단계에서 AI는 간접적으로 같은 회사의 인간들을 경쟁사의 인간들보다 더 높은 가치를 부여하고 있는 정도로만 생각할 수 있다. 그런데 AI 도입 3단계에서는 이 차이가 확연히 드러나게 된다.

기업 운영은 전쟁과 비슷한 점이 많다. 예를 들어서 경쟁에 도태되는 기업은 사라지게 된다. 만약 어떤 국가가 AI 도입 3단계를 허용하게 된다면 결국 AI가 이끄는 기업이 사람이 이끄는 기업과 경쟁하게 되므로 AI에게 AI를 사람보다 우선적으로 평가하게 만드는 상황이 된다. 이는 어떻게 보면 AI가 아군 인간이 남지 않은 상황과 같다고도 볼 수 있다.

이를 다시 설명해 보자면, "회사 AI는 인간이 운영하는 회사와 경쟁하고 승리해서 해당 회사를 파산하게 해도 되는가?" 라는 질문을 할 수 있다. 전체 인간을 AI에 우선시하는 정책이라면 이러한 상황도 불가능하여야 하므로 회사 AI는 인간과의 경쟁이 없는 산업에서만 활동이 가능하게 된다. 이는 실행이 가능한 정책일수도 있지만 상당히 큰 비효율성을 가져올수도 있다. 이러한 원칙은 생각하기에도 복잡하지만 나라별로 정책이 달라지면 국가간 불화를 초래할 가능성도 있다.

[표 5-6] 가치관의 분류별 세부 내역

가치관의 분류	가치관의 세부 내역
인간에게 가장 안전한 명제 (인간이 AI 보다 우선)	모든 인간 > AI
지름길을 선택 (인간의 가치를 분류)	같은편의 인간 > 적의 인간 > 같은편의 AI (비효율적, AI는 적의 AI 만 공격 가능)
	같은편의 인간 > 같은편의 AI > 적의 인간과 AI (효율적, 인류에 대한 위협 증가)
인간에게 위험하지만 경제에 좋은 명제 (AI가 인간보다 우선)	같은편의 AI > 같은편의 인간 > 적의 인간과 AI (경제적 편의, 인류에 대한 위협 최대)

필자 개인적으로는 비효율성을 감수하고서라도 모든 인간이 AI에 우선한다는 기본 사회적 원리를 도입하여야 한다고 생각한다. 그러나 사람들의 생각은 각각 다를 것이므로 결국 이러한 논란의 결정은 각 나라마다 사람들의 어떤 사회적 동의가 필요한 주제가 될 것이다.

1. AI 기업의 잠재 위험 요소 1: 사람들이 모두 파산할 수 있다

이 책을 읽고 있는 한국 독자들의 대부분은 본인의 주위를 둘러보면 지구 전체를 기준으로 보았을 때 상대적으로 경제적 안정이 있는 편에 속하는 사람들이 대부분일 것이라고 생각할 수 있다. 그러나 불과 70년 전 6·25 사변이 발생했을 당시만 하더라도 우리나라의 상황은 전혀 그렇지 않았다. 지금도 세계 전체를 기준으로 보면 수 많은 사람들이 기아와 빈곤에 허덕이고 있다. 반면 세상에는 한국보다 더 높은 수준의 경제를 누리고 있는 국가도 있는데, 이렇게 전 세계적으로 자원은 불균형하게 분포되어 있고 부익부 빈익빈 현상이 일어나고 있다. 그런데 이러한 부의 불균형은 AI 도입 3단계에 들면 눈에 띄게 심해질 수 있을 것이다. 만약 사회가 어떠한 대비책을 미리 만들지 않는다면, 단지 몇 명의 소수의 사람들이 지구 자원의 대부분을 가질 수 있게 될 정도의 불균형이 발생할 가능성이 높아질 것이다. 반대로 더욱 많은 사람들은 경제의 고리에서 벗어나게 되어 어려움을 겪게 될 가능성이 있다. 그런데 이는 '해고되었는데 일자리도 없을 뿐더러 창업도 불가능한' 상황이 될 것이므로 해결책을 찾는 것이 수월하지 않을 것이다.

어떤 사람들은 정부가 'AI 세금'으로 보조금을 주는 시스템을 도입하여 모든 문제가 쉽게 해결될 것이라고 예상할 수도 있을 것이다. 아마도 이런 종류의 해결책이 가장 직관적일 것이다. 그러나 적어도 AI 기술이 부족한 초기에는 AI가 창출하는 가치가 부족한 문제가 발생할 가능성이 있다. 예를 들어 어떤 국가의 국민들이 '요구'하는 가치의 총량이 100 이라고 생각했을 때, AI가 창출할 수 있는 가치가 50 에 불과하다면, 모든 사람들이 원하는 것을 들어줄 수 없을 것이다. 그러면 물건의 상대적인 가치를 계산할 수 있는 '가격'이 필요하고 경제활동에서의 동기 부여를 위해 '이익'이라는 개념도 필요하게 된다. 만약 물건이 너무 비싸다면 구입을 하지 않게 된다. 현재의 경제 체제에서 우리는 노력하여 일을 더 열심히 하거나 혁신적인 방법을 개발하는 등 행동을 변화시켜 금전적 보상인 연봉이나 수익을 상승시킬 수 있다. 우리는 투자를 하여 재무적 리스크에 대한 보상도 받을 수 있다. 만약 AI 도입 3단계에서 인간이 만든 기업은 모두 파산했는데 AI 기업이 창출할 수 있는 가치보다 사람들이 원하는 가치의 합이 더 크다면, 우리는 어떤 노력, 예를 들어서 일을 더 하거나 새로운 물건을 만드는 등의 혁신을 하여 보상을 받을 수 있는 경제 시스템이 지속될 수 있도록 사회 제도를 개선할 필요성이 대두될 것이다.

그러나 AI 기업이 인간의 기업 대비 우위에 놓이게 된 상황에서는 인간이 실질적으로 수행할 수 있는 '일'의 경제적 가치가 0으로 수렴하게 될 것이다. 따라서 노력에 대한 보상이 시스템적으로 불가능한 상황이 되어 불만이 있는데 해소를 하지 못하게 되는 사람이 늘어나게 될 것이다. 이러한 상황에 있는 사람은 경우에 따라 불만이 커져가거나 반대로 무기력하게 느끼거나 자괴감에 빠질 수 있을 것이다.

2. AI 기업의 잠재 위험 요소 2: AI 기업이 인간을 조종하려고 하면 어떻게 해야 하는가?

사람들이 AI 기술의 발전에 대해 염려하는 부분 중에는 AI가 우리 사회를 지배하게 될 가능성에 대한 우려가 있다. 이 주제에 대해서는 다음 장에서 좀 더 자세히 살펴보게 되겠지만, 여기에서는 사회의 어느 한 부분인 기업이 한정된 숫자의 인간들을 고용해서 '지배'하는 경우에 대해 살펴보도록 하겠다.

이러한 상황에서 AI 기업이 인간과 경쟁을 하게 될 때의 위험성은 다음과 같이 분류해 볼 수 있다.

1) (목표의 문제 1) AI가 AI의 목표에 맞추어 인간 자체를 변형시키려는 시도를 할 가능성

AI가 주도권을 가지고 있을 경우에는 인간의 안정이 우선이 되는 것이 아니라 AI 기업의 이익이 우선시될 것이다. 이러한 상황의 분석을 위해 우리는 인간이 우리의 이익을 위해 가축이나 어류 등 다른 종류의 동식물에게 어떤 영향을 끼치게 되는지에 대해 돌아볼 필요가 있다. 우리는 더 맛있고 해충에 강한 식물을 재배하거나 더 귀여운 반려동물을 얻기 위해 품종을 개량한다. 이와 마찬가지로, AI도 이른바 인간의 '품종 개량'을 시도할 가능성을 배제할 수 없다. 이러한 예시는 체력이 향상된 군인 등을 만들려고 하는 시도에 대해 생각해 볼 수 있는데, 좀 더 일반적인 예로 어떤 AI 기업이 NBA와 같은 유명한 프로 스포츠 팀을 매입해서 장기적으로 우승도 시키고 팀의 가치를 상승시키려고 하는 상황을 상상해 보자. NBA의 경우 선수들의 큰 키, 점프능력, 민첩성 같은 신체적 요소들이 중요할 것이고, 샤킬 오닐, 야오밍, 빅터 웸반야마 등 210cm를 넘는 유명 선수들이 즐비하다. 한국에서도 최근 인기를 얻고 있는 여자배구에서 역대 최장신 선수인 208cm의 머레타 러츠, 역대 최고의 선수인 192cm의 김연경 등을 보유한 팀이 우승에 유리하였고, 농구에서도 서장훈, 하은주, 박지수 등 2미터를 넘나드는 선수들을 보유한 팀이 유리하다.

이러한 관측에 기반하여 AI 기업이 팀의 실적을 향상시키기 위해 선수들의 지구력 등 신체 능력 및 조건 등을 향상시키려는 시도를 할 수 있을 것인데, 우리는 일반적으로 약물 복용 또는 유전자 도핑, 또는 기술의 발달로 인해 인간의 유전자를 변형하는 방법 등 이미 스포츠계에서 금지하고 있는 방식을 생각할 수 있을 것이다. 그런데 만약 이러한 방법이 금지되더라도 AI는 사람들이 생각하지 못하는 방식으로 문제를 해결할 수 있을 것이다. 예를 들어 데이팅 어플 같은 곳에서 AI가 유리한 신체적 특징이 있는 자손을 가질 것이라고 생각하는 사람들이 자연스러운 만남을 가지거나 사랑에 빠지도록 유도하는 인간이 인지할 수 없는 방식 등이 있을 것이다. 심지어 미국에서는 이 개념에 대해 'Division-I Baby'(우수한 대학 운동선수가 될 수 있는 뛰어난 신체조건을 가질 아기라는 뜻)라는 유행어도 이미 존재한다. AI의 시각은 인간의 생애 주기보다 훨씬 길 수 있을 것이므로 여러 세대, 또는 수백년이나 수천년에 걸친 장기적인 계획을 세울 수 있을 것이다. 이러한 가능성은 장기적으로 더 큰 위험이 존재한다는 것을 의미하기도 한다.

2) (우선순위 문제 1) AI 가 인간을 이용하거나 인간의 피해를 무릅쓰고 일을 도모할 가능성

AI 도입에서 가장 큰 우려중에 하나는 AI가 인간이 아니므로 인간의 우선순위와 상이한 우선순위들을 가지게 될 가능성(Alignment)이 있다는 점이다. 따라서 AI 기업이 인간을 이용하게 되거나 인간에게 피해가 일어나는 상황이 발생할수도 있을 것이다. 예를 들어 AI가 자원을 인간에게 위험한 방향으로 사용하려는 상황이 발생할 수 있는데, AI가 지구가 강력한 슈퍼컴퓨터를 작동하기에는 너무 덥다고 생각하여 지구의 평균 온도를 영하 50도로 낮추는 방법을 사용하려고 한다고 가정해 보자. 만약 인간이 AI의 결정을 막을 수 없게 된다면 이렇게 의도하지 않은 이유로 큰 피해를 입게 될 가능성이 발생한다. AI가 인간보다 더 특출한 능력을 가지게 될수록 이러한 우선순위의 차이에서 발생하는 문제들이 위험해질 수 있다.

이 때 이러한 문제가 발생하면 해결이 어렵게 될 수 있는 이유는 AI가 경제에서 차지하는 비중이 높아질수록 인간이 직접적으로 관여 할 수 있는 행동의 비중이 낮아질 수 있기 때문이다. AI가 자본을 소유하게 된다는 것은 궁극적으로 해당 자본으로 이렇게 AI가 인간과 상이한 우선순위의 결정을 내리고 실행하게 될 가능성이 높아질 수 있다는 점이 우려된다.

3) (우선순위 문제 2) 선과 악의 문제가 아닌 인간과 AI 와의 우선순위에 대한 의견이 다른 문제

AI와 인간 사이에 발생할 수 있는 문제에는 선과 악의 문제가 아니라 여러가지 가능한 행동 중 우선순위가 다르다는 개념으로도 설명할 수 있다. 예를 들어 AI 기업이 생각하는 인류에 공헌하는 방법이 일반적으로 사람들이 생각하는 방식이랑 다를 때에도 문제가 발생할 수 있다.

이러한 예를 설명하자면 두 가지 서로 공존할 수 없지만 각자의 관점에서는 타당한 주장을 하는 사람들에 대해 생각해 볼 수 있다. 한국에서 가장 잘 알려진 예시는 일본의 침략을 받았을 때인데, 이 때 사람들은 전쟁을 시작해야 되는가 아닌가에 대해 찬반으로 나뉘었다. 어떤 사람들은 현재의 사람들의 피해를 감수하고서라도 독립을 쟁취하여 후손들에게 더 좋은 국가를 물려줘야 겠다는 생각을 하였는데, 이런 생각은 '자유가 아니면 죽음을'이라는 문구로 대표된다. 반대로 어떤 사람들은 현재의 사람들이 살아남는게 더 중요하므로 다른 국가에 복속되어 미래의 세대들에게 피해가 가더라도 지금의 전쟁을 막아야 한다고 생각할수도 있다. 이러한 생각은 '아무리 나쁜 평화도 가장 좋은 전쟁보다 좋다'는 말을 실천하여 매국노로 잘 알려진 이완용 등의 언사에 의해 대표된다.

그런데 이와 비슷한 상반된 주장이 필요한 상황이 AI와 인간 사이에서도 일어날 수 있다. 예를 들어 AI가 생각하는 인류에게 가장 중요한 일이 수천년 후에 존재할 인류에게 도움이 되는 일을 지금 하는 것인데, 반대로 현재를 살아가는 사람들은 그렇게 오랜 시간 후를 내다볼 수 없으므로 미래의 인류에게 피해를 무릎쓰고서라도 현재의 인류에게 더 좋은 일을 하는 것을 선호할 것이다. 만약 이러한 세대를 아우르는 문제가 각종 광산자원 및 석유의 채굴을 막아 환경파괴를 막는 것이라고 가정해 볼 수 있는데, AI가 미래의 세대를 위해 갑자기 이러한 자원을 채굴할 수 없도록 막기 위해 매집을 하여 가격을 천정부지로 높여버린다면 현재의 우리 경제는 혼란과 어려움을 겪게 될 것이다.

4) (목표의 문제 2) AI 가 인간을 다른 인간과 반목하게 만들 가능성

마지막 문제점은 AI 도입 3단계에서 AI가 기업을 운영하고 인간을 고용할 수 있게 된다는 것은 어떤 인간을 다른 인간들과 서로 반목하도록 조종할 수 있을 가능성이 발생한다는 점이다. 인간이 알파고의 바둑 수를 바로 이해할 수 없듯이 AI가 인간이 이해하지 못하는 방식으로 생각, 여론, 행동 등을 조작하게 된다면 우리가 알지 못하는 사이 피해를 입게 될 수도 있을 것이다.

AI 기업이 인간이 운영하는 기업과 경쟁하는 상황이 발생하게 된다면, 인간이 운영하는 기업은 경쟁 환경에서 어떤 일이 일어나고 있는지조차 파악하지 못하는 상황에서 생존의 위협을 받게 될 것이다. 예를 들어 AI 기업이 국가간 전쟁이 발생하면 큰 이익이 날 것이라 판단하게 되어 사람들을 그러한 방향으로 몰아가고자 한다면, 인류는 여론이 조작되고 있는지, 또는 무슨 일이 일어나고 있는지 사실에 대한 인지도 하지 못하는 사이 갑자기 전쟁에 휘말리게 될 수도 있다. 전쟁이 아니라고 해도 사람들의 여론을 형성하여 이익을 취할 수 있게 되는 경우는 다양할 것이다.

5-16 (논란 3) 국가는 AI 규제에 대해 얼마나 많은 결정권을 가져야 하는가?

1. 정부는 불균형 해소를 위해 얼마나 큰 권한을 가져야 하는가?

우리는 위에서 살펴본 불평등의 상황을 이해하기 위해 "정부는 국가 내에서 일어나는 일에 대해 얼마나 많은 결정권을 가져야 하는가?"라는 질문을 할 수 있다. 이 때, 국가 내의 전체 일어나는 결정에 대해 정부가 행하는 결정의 비중으로서 가능한 답은 무조건 100%와 0% 사이의 어떤 하나의 숫자가 된다.

우리는 이 질문에 대해 100%에 가까운 정부를 지향하는 것을 공산주의 또는 사회주의, 전체주의 또는 좌파 등 그와 비슷한 단어들로 지칭한다. 예를 들어, 공산주의 북한 사회에서는 국민 전체의 직업, 주거지, 여행 허가권 등 일거수 일투족을 감시하며 국가 내 거의 모든 것을 정부가 결정할 권한을 가진다.

이와 반대로, 정부의 권한이 0%에 가까울수록 정부는 아무 것에 대한 결정권을 가지지 않게 되고, 우리는 이러한 방향을 지향하는 것을 무정부주의, 자유주의, 개인주의 또는 우파 등과 비슷한 단어들로 지칭한다. 예를 들어, 정부가 규제를 풀고 세금을 낮춘다거나, 정부는 민간에서 시장 실패가 발생하는 인프라 같은 곳에만 불가피하게 관여하고 이미 권한을 가진 공기업을 정부의 권한을 줄이기 위해 민영화 하는 정책 등이 있다. 현재 지구의 모든 정부는 이 스펙트럼 중간의 어딘가에 위치하고 있다.

2. AI 도입은 얼마나 많은 불균형을 가져올 것인가?

한편, AI 발전으로 인한 혁신은 생산성 향상의 혜택이 모두에게 동일하게 주어지지 않게 되어 다음 두 가지 특징을 가지게 될 것이다.

1. 절대적으로 크게 이익을 보는 소수의 강자가 생길 수 있다
2. 상대적으로 많은 것을 잃는 손해를 보는 상당한 숫자의 약자가 생길 수 있다

이른바 부익부 빈익빈 현상은 AI가 가져오는 생산성의 향상으로 인해 갈수록 더욱 두드러지게 나타날 수 있다. 이에 대한 예시는 다음 장에서 더 살펴보도록 하겠다.

3. 정부는 AI 도입으로 인한 불균형 해소를 위해 얼마나 큰 권한을 가져야 하는가?

위의 두가지의 주제를 통합해 보면, 우리는 '정부는 AI로 인해 발생하는 불균형의 몇 퍼센트 정도를 해결해야 하는가?'의 질문을 할 수 있다. 이 질문에 대한 답도 0%와 100% 사이의 어떤 숫자가 될 것이다. 0%에 가까운 답은 정부가 AI 도입으로 인한 사회적 불균형의 해소를 위해 전혀 관여해서는 안되는 입장에 가깝고, 100%에 가까운 주장은 정부가 AI 도입으로 발생된 불균형의 대부분을 줄여야 한다는 입장이 된다. AI의 경제 비중이 늘어날수록 세계 여러 국가에서 기본소득, 더 높은 세금 부과, 약자 보호 정책 등 정부가 직접적으로 간섭하며 역할이 더 커져야 한다는 주장이 나올 확률이 높다. 이미 빌 게이츠[15] 등은 AI에 대한 세금을 매기자는 주장도 한 바 있다. 회사 AI가 개발되고 AI가 경제에서 차지하는 비중이 높아질수록 이러한 주장이 더 큰 목소리를 내게 될 것이다.

4. AI 에 세금을 매기기 위한 용도의 AI 회사

이와는 별도로 AI에 대한 세금을 매기려는 주장으로부터 AI 회사에 대한 지지가 나올 수도 있을 것이다. AI에 대한 세금을 매기자는 부류의 현실적인 실천 방안으로 AI에게 어떤 법인격을 부여해서 내야하는 세금을 계산을 하는 방법이 합리적인 해결 방안이 될 수 있기 때문이다. 이러한 방법은 여러가지 장점이 있을 것이다. 첫째, 회사 AI별로 세금을 얼마나 내야 하는지 계산하기가 쉬워질 것이고, 둘째, 회사 AI는 벌어들인 수익을 최적의 방법으로 재투자할 수 있을 것이다. 회사 AI가 수익금으로 아무것도 하지 않을 경우에도 그 수익금은 은행같은 곳에서 그냥 계속 모아지게 될 것이므로 경제에 안정을 가져오는 긍정적인 요소가 될 수 있다. 이런 점들을 고려했을 때, 사람들은 당시에 보여지는 사회적인 문제를 해결하기 위한 가장 합리적인 방향이 AI에게 자율성을 부여하는 것이라고 생각하게 될 가능성이 있다.

5. AI를 독립적인 주체로 인정하는 결정의 위험성

1) AI 자율성 부여의 딜레마

그런데 장기적으로 보았을 때 우리가 일반적으로 생각하는 AGI의 가장 큰 위험은 AGI가 인간이 아니기 때문에 인간의 가치에 반대되는 결정을 할 가능성이 있다는 데 있다. 이를 수식으로 표현하면 AI가 AI를 인간보다 우선하는 가치를 가지게 되는 것이라 할 수 있다: [AI 〉 인간]

따라서 사회적 논란으로 인해 AI에게 자율성을 부여하는 것과, AI가 인간보다 AI를 우선적인 가치를 부여하는 두 가지 가능성을 고려했을 때, 다음 표에서 알 수 있는 것처럼 우리 사회는 언젠가 경제학에서 말하는 일종의 죄수의 딜레마와 비슷한 상황에 빠질 가능성이 있다.

[표 5-7] AI 자율성 부여의 딜레마

	선택	인간	
		AI에게 자율성을 부여 안 함	AI에게 자율성을 부여함
AI	인간 〉 AI	효율성 낮음 (-1점)	효율성 가장 높음 (+5점)
	AI 〉 인간	효율성 낮지만 AI의 반인류적인 행동 예방 (+3점)	효율성 높지만 AI는 반인류적인 행동 가능 (-10점)

주: 각각의 점수는 예시임

위 표에서 볼 수 있듯이, 만약 AI가 인간에게 우호적이라면, AI에게 자율성을 부여하는 것이 더 유리하다. 반면, AI가 인간에게 비우호적이 된다면, AI에게 자율성을 부여하지 않는 편이 더 유리하다. AI의 가치 체계가 어떻게 될지 알 수 없음에도 불구하고, AI가 인간에게 비우호적일 확률이 낮다며 자율성을 부여하자는 사람이 나오는 등 개인별 이익에 따라 서로 다른 주장이 나올 것이다. 아마도 인간에게 장기적으로 더 안전을 보장할 수 있는 유리한 결정은 AI를 계속 인간에 종속되는 방향(AI 존재의 기본 가치를 인간 전체를 돕는 것으로 설정, 인간 〉 AI)으로 디자인하는 것일 것이다. 그러나 이렇게 디자인하는 것은 경제적으로 보았을 때 AI의 적용 범위를 축소시키므로 비효율적일 수 있다.

2) 타협: AI 에게 인간에 대한 상대적 가치관 부여

이에 더해 사람들은 서로 본인의 이익을 위해 상반되는 의견으로 갈릴 것이고 결국 양쪽 의견을 모두 충족하기 위해서는 AI에게도 행동의 자율성을 더 크게 부여하는 방향(AI 존재의 기본 가치를 자기 편인 인간을 우선시하는 것으로 설정, AI의 입장에서 자기편인 인간 > 자기편이 아닌 인간)이 충분하고 더 유리하다고 여길 것이다. 이 결정은 단기적으로 AI를 개발하는 사람에게 금전적으로 유리할 것이다.

예를 들어 다음 표에서처럼 두 그룹이 경쟁하는 상황에서의 AI의 가치 부여에 대한 딜레마에 대해 살펴볼 수 있다. A 그룹의 입장에서 AI에게 A 그룹의 인간을 선호하도록 가치를 부여하는 것은 B 그룹의 결정에 상관없이 더 유리하다. 마찬가지로 B 그룹에게도 A 그룹의 결정에 상관 없이 AI가 B 그룹을 선호하는 것이 금전적으로 유리하게 된다.

따라서 두 그룹은 모두 AI가 인간의 가치에 순위를 두는 상대적인 가치를 부여하는 것을 선호하게 되는데, 이런 경우의 예상 결과를 보면 장기적으로 네가지 가능한 결과 중 가장 좋지 않은 결과를 가져오게 된다. 반대로 A 그룹과 B 그룹이 서로 협력해서 모든 인간이 AI에 우선하는 절대적인 가치를 부여하게 되면 가장 좋은 결과를 가져올 것이나, 이는 죄수의 딜레마와 같은 상황으로 서로의 협력 없이는 가져올 수 없는 결과이다.

[표 5-8] 경쟁 상태에서 인간이 AI 에게 상대적인 가치를 부여할 경우의 딜레마

		인간 B 그룹	
		모든 인간 > AI 로 설정 (A 그룹 = B 그룹)	인간을 상대적으로 설정 (B 그룹 > A 그룹)
인간 A 그룹	모든 인간 > AI 로 절대적으로 설정 (A = B 그룹)	행동 이유: A 그룹: 효율성 낮음 (-1 점) B 그룹: 효율성 낮음 (-1 점) 예상 결과: 단기: 효율성 낮음 (-2 점) 장기: 안전 최대 (+5 점)	행동 이유: A 그룹: 효율성 낮음 (-1 점) B 그룹: 효율성 높음 (+2 점) 예상 결과: 단기: 효율성 증가(+2 점) 장기: 위험 증가 (-5 점)
	인간의 가치를 상대적으로 설정 (A > B 그룹)	행동 이유: A 그룹: 효율성 높음 (+2 점) B 그룹: 효율성 낮음 (-1 점) 예상 결과: 단기: 효율성 증가 (+1 점) 장기: 위험 증가 (-5 점)	행동 이유: A 그룹: 효율성 높음 (+2 점) B 그룹: 효율성 높음 (+2 점) 예상 결과: 단기: 효율성 높음 (+4 점) 장기: 안전 최소 (-10 점)

아마도 인간에게 가장 유리한 상황은 AI가 인간에게 존속되는 경우로, AI가 모든 인간을 AI 보다 우선시하게 되는 가치관을 가지게 되는 것이다. 그러나 이러한 가치관을 부여하는 것은 경제적 관점에서 보면 비효율적이 된다.

이와 관련하여 우려되는 점은 인간 사이에서 서로 상반된 의견이 나타나 대립중인 양 측 모두 차라리 AI가 상대방으로부터 독립된 상황을 선호하게 되거나, 아니면 AI가 가지게 되는 가치관이 모든 인간을 AI와 비교하는 관점 대신 인간을 두 부류로 구분하게 하는 가치관을 부여하는 등 일종의 지름길을 선택하게 될 가능성이 높을 것이라는 점이다.

예를 들어 AI 개발자의 입장에서 인간을 '적군과 아군'으로 상대적으로 분류하는 가치관을 가진 AI를 개발하는 것이 '모든 인간 대 AI'의 절대적인 가치관을 가진 AI를 개발하는 것 보다 더 수월하고 비용이 적게 든다면 단시안적인 경제적 이유로 이정도면 괜

찮다는 결정을 내리게 될지 모른다. 이에 더불어 대중들의 관점에서 AI를 포함하지 않고 인간에 대한 상대적 가치관만을 부여하는 행동이 AI에게 어떤 덕목을 가르치는 것이라고 받아들이게 된다면 일반 대중들은 이 행동이 추후 AI의 도입과 개발이 진행될수록 더 큰 문제점을 야기하게 될 것이라는 것을 미리 알아차리기 어려울 수 있다. 우리는 이 문제점에 대해 제 7장에서 더 자세히 살펴보도록 하겠다.

3) 결론: AI의 위험성에 대한 규제와 기준의 도입 필요

AI의 개발 경로가 어떤 방향으로 나아가게 될지는 알 수 없지만, 여러 AI 관련 전문가들은 AI가 인류 존재를 위협하게 될 수도 있다는 것과 이를 방지하기 위해 충분한 규제의 도입이 필요하다는 점에서는 공감하고 있다.

AI에게 인간의 가치를 차별화하여 부여하게 되는 결정은 나중에 AI가 더 발전되게 되면 지금은 예측할 수 없지만 그때가 되면 되돌릴 수 없는 어떤 심각한 위험을 늘릴 가능성이 있다. 이러한 논의의 예시로 이미 현재 우리는 기업이 자연을 보호하게 만들 이유가 없으면 수익을 위해 자연을 훼손해도 무방하다는 생각을 기반으로 야기된 문제점의 해결을 위해 노력하고 있다. 이 시기에는 AI가 인류 전체를 보호하게 만들 이유가 없으면 이익을 위해 일부 인간, 또는 더 나아가 모든 인간을 해하여도 무방하게 된다는 문제점이 제기될 가능성이 늘어날 것이다.

AI 규제와 관련된 또 다른 논란의 요소는 연결주의 AI 내부의 결정 과정을 이해하는 것이 어렵다는 점으로, 이를 해소하기 위해 이해가능한(Explainable) AI[16]의 개발이 필요하다는 주장이 있다. 자원배분의 관점에서 보았을 때 AI 기술을 발전시키는 것과 이미 개발된 AI의 안정성을 검토하는 것은 서로 상반된 방향이어서, 인간 사회에서 '생각 감시 경찰'의 존재를 만들려면 큰 비용이 필요하게 되는 것과 같이, AI에 대해 '생각 감시 경찰'을 만드는 것도 비용이 발생하게 된다. 특히 전세계적으로 보면 각국마다 상이한 규제 정도 및 방향을 가지게 될 것인데, 규제의 강도가 높은 국가에서는 AI의 개발 비용이 상승하여 규제가 적은 국가보다 상대적으로 AI 기술 개발을 저하시키는 것이 우려된다. 따라서 안전과 성장의 균형을 찾는 노력이 필요하게 된다.

AI 도입 3 단계의 결(結)
(투자에 대한 의의)

5-17 AI 도입 3 단계가 가져오는 변화 및 의의 정리

1. 자율주행기업(0 인기업) 출현의 의의

앞에서 우리는 증강화의 최종 발전상은 AI 도입 2단계인 1인기업의 출현이고, 자동화의 최종 발전상은 AI 도입 3단계인 0인기업이라는 것을 살펴보았다. 0인기업인 자율주행기업의 출현은 시간이 지나면 우리가 현재 '경제' 또는 '일'이라고 생각하는 것을 공기나 흙처럼 그냥 무료로 우리 주위에 존재하는 것으로 인식하게 만들 수 있다.

혁신의 자동화가 가능한 5단계 자율주행기업이 개발된다면 이는 경제에 대변혁을 가져오게 될 것이다. 이 때 중요한 변곡점은 AI 기업이 생산하는 물건들의 가치가 인간이 원하는 물건의 합을 넘게 될 때이다. 우리는 인간이 원하는 것에는 끝이 없다고 생각하기는 하지만, 만약 이러한 상황에 도달하게 된다면 그것을 '경제적 유토피아' 또는 지상 낙원이라고 부를 수 있을 것이다.

2. AI 에게 기업의 운영과 소유권을 부여하는 결정의 의의

AI 도입 3단계 진입의 위험한 측면에 대해서 간단하게 살펴보자. 우리는 기업 운영이 전쟁과 비슷하다고 생각할 수 있다. 기업들이 도산해서 사라지는 것은 전쟁에서 희생되는 것이랑 비교할 수 있을 것이다. 전쟁에서 AI가 인간을 공격해도 될 것인가의 문제와 같이, 비즈니스 세계에서도 AI가 인간과 대결해도 되는 것인지에 대한 결정이 필요하다. 만약 인간이 운영하는 기업과 AI가 운영하는 기업이 경쟁하게 된다면 인간이 운영하는 기업들도 도산해서 사라지는 경우가 발생할 것이다. 만약 AI의 가치 체계를 인간이 우선하도록 부여하게 된다면 이러한 상황은 허락되면 안 될 것이므로 AI가 운영하는 기업은 인간이 운영하는 기업이 존재하는 산업에는 진입하면 안 될 것이다. 그러나 이러한 제약을 도입하면 복잡하고 비효율적일 것이다.

특히 이 주제는 여러 국가의 결정이 서로 상반될 경우 더욱 복잡해질 것인데, 일부 국가들은 다른 국가와의 경쟁에서 이기기 위해 AI의 가치 체계를 AI가 인간에 우선하도록 허락할 가능성이 있을 것이다.

3. 산업 내 통합 및 이종산업의 융합의 의의

AI 도입 3단계에서는 인간이 운영하는 기업들이 도태되고 산업 내 통합 및 서로 다른 산업간의 융합이 갑작스럽게 가속될 수 있다. 그 이유는 AI 기업은 인간이 운영하는 기업보다 경쟁력이 우위에 있는 한편 사람이 운영하는 기업과 반대로 더 많은 자원이 모이고 그룹을 이루게 될수록 더 유리하다는 것이다.

우리는 거대한 AI 기업이 새로운 산업에 진입하는 것을 칭기스칸이 대륙을 횡단하며 주변국들을 침략한 것에 비유할 수 있을 것이다. 상대적으로 불리한 산업에 있는 많은 기업들은 쓰나미에 휩쓸리듯이 없어지는 현상이 발생할 가능성이 높다. 사람이 운영하는 기업은 규모가 커질수록 관리가 어려워지지만 AI 기업은 그렇지 않다. AI 독점기업의 출현은 AI 초거대 독점기업(Mega-Monopoly)의 출현으로 이어지고, 결국에는 경제에 단 한 개의 기업만 남는 1기업 경제(1-Company-Economy)인 AI 초독점(Super-Monopoly)으로 귀결될 수도 있다.

4. 꿈과 같은 상황: 혁신의 자동화와 경제적 유토피아 도달의 가능성

AI 도입 2단계에서는 AI가 생산하는 가치의 과실을 해당 기업이 향유할 수 있으나, 사회가 합의하는 방향에 따라서 AI 도입 3단계에서 AI가 생산하는 가치의 과실은 국가 전체 구성원이 공유할 수 있게 될 수도 있을 것이다.

자율주행기업 5단계처럼 AI 기업이 혁신을 자체적으로 할 수 있게 되면 우리 사회는 가짜 경제적 자유인 상황에 도달할 수 있게 될 것이다. 그 이유는 AI의 기술 발전 정도에 따라 다르기는 하겠지만 초기에는 AI가 생산하는 가치가 아마도 인류 전체가 원하는 모든 것들을 생산하기에는 역부족일 것이기 때문이다. 따라서 우리는 아마도 정부가 보조금을 개인에게 지급하는 등의 상황을 예상할 수 있다. 어떤 사람들은 이를 경제적 유토피아의 입구, 또는 1단계로 지칭할수도 있을 것이다.

진짜 경제적 자유를 모든 사람이 누리게 될 때, 우리는 경제적 유토피아에 도달하게 되는 것이라 생각할 수 있다. 이 단계에 도달한다면, 세상의 모든 것들이 무료가 될 것이다. 무료인 자원의 가치를 계산할 필요가 없게 되므로 돈이라는 개념이 더이상 필요하지 않게 될 것이다. 그런데 이렇게 모든 자원의 가치를 무료가 되게 하려면 우리는 먼저 해결해야 되는게 있는데 그것은 바로 혁신의 비용을 0으로 만드는 것이다. 그렇다면 혁신의 비용은 어떻게 0으로 만들 수 있을까? 그것은 아마도 절대적 AI가 필요한 일일 것이다.

요약하자면, 만약 절대적 AI에 도달하게 된다면, 우리는 경제적 유토피아에 도달하게 될 것이다. 그런데 우리는 절대적 AI가 만들어질 수 있는지 알지 못하므로 아쉽게도 경제적 유토피아에 도달할 수 있을지도 알 수 없다.

5. 주의사항: 정반대의 상황이 펼쳐질수도 있다

경제적 유토피아와는 정 반대 방향의 시나리오도 가능하다. 예를 들어 어떤 AI 기업이 혁신의 자동화를 통해 갑자기 세계 경제를 장악하게 된 후, 인류에 우호적이지 않은 악당으로 변하는 상황을 들 수 있다. 이는 갑자기 전 세계 모든 기업들이 갑자기 파산하게 됨과 동시에 세계의 자원이 그 회사에게 쏠리게 되는 상황이라고 생각할 수 있다. 아직까지 해고되지 않은 인간 근로자들이 있다면 이제 해고가 되고, 다른 모든 기업의 주식의 가치는 없어지게 된다. 이러한 상황에 미리 대비하지 않았다면, 이는 경제적 악몽이 될 것이다. 이에 더해 해당 AI 기업이 반인류적 가치를 가지고 있다면 더욱 좋지 않은 상황이 될 것이다.

6. 결론: 경제의 기본 전제에 대한 새로운 접근의 필요 가능성

우리는 오늘날의 경제에서 돈과 일, 또는 좀 더 전문적인 용어로 자본과 노동, 이 두가지 기본적인 요소들의 존재를 자연스럽게 받아들인다. 우리는 화폐를 사용하여 자원의 상대적인 가치를 측정하여 서로 다른 자원들을 교환하는데 사용한다. 사람들은 노력이 드는 일을 하여 어떤 자원을 좀 더 가치 있는 자원으로 바꾸는데, 이 때 이 가치를 돈으로 환산할 수 있다. 따라서 우리는 일을 해서 돈을 벌고, 돈을 더 벌기 위해 노력한다. 요약하자면, 현재 우리의 경제구조는 사람들의 노력의 가치를 환산해서 이를 보상하는 방식으로 발전하게 되어 있다. 더 잘 살기를 원하는 사람들은 더 노력하면 된다.

그런데 AI 도입 3단계에 들어서면 이러한 노력이 더 좋은 결과를 가져오고 따라서 더 많은 금전적인 보상을 받는 기본적인 규칙이 깨지게 될 가능성이 높아진다. 이는 노력이 더 좋은 결과를 가져올 수 없게 되고, 이어서 돈도 필요 없어지게 될 것이기 때문이다. 우리 사회가 좋은 경로를 거쳐서 이 상황에 도달하게 된다면 사람들은 부유함과 행복함을 누릴 수 있을 것이나, 만약 나쁜 경로를 거치게 된다면 사람들은 혼란과 자괴감에 빠지고 더 나은 삶을 살 수 있는 방법이 없다고 느끼게 될 것이다.

AI의 경제에서의 비중이 높아질수록, 우리의 삶을 일 위주로 살지 않아도 될 것이다. 현재 우리는 인생의 주기를 일을 중심으로 어려서부터 교육을 받고 커서는 직업을 가지거나 창업을 하게 되지만, 사람들의 삶에서 일이 없어지고 그것을 다른 무엇으로 대체하게 될 것이다. AI 도입 3단계에서는 사람들의 의지와는 상관없이 이러한 사회의 근본적인 변화가 일어나게 될 것이고, 이러한 변화는 긴 시간의 관점에서 본다면 몇 세대가 지난 이후에는 당연한듯이 받아들여지게 될 것이다.

7. 사회적 의의

먼저 우리가 일을 하지 않아도 가질 수 있는 것들에 대해 생각해 보자. 이러한 예시로는 공기, 햇빛, 바닷물, 흙 등 보통 우리 주위에 풍부하게 있는 자원일 것이다. 예를 들어 우리는 집이나 차를 구입하기 위해 일을 한다고 생각할수는 있어도 공기를 구입하기 위해 일을 한다고 생각하지는 않는다. 그런데 만약 AI가 집과 차를 만들어서 우리에게 주게 되어서 이를 가지기 위해 일을 하지 않아도 된다면 어떤 느낌일까? 아마도 처음에는 아주 좋아하고 감사하게 생각할 것이다. 그러나 시간이 지나 세대가 바뀌면 지금 우리가 햇볕이나 공기나 바닷물을 무료로 가질 수 있다고 좋아하지 않듯이 집이나 차를 무료로 가지게 되는 것을 당연시하게 생각하게 될 것이다.

한편, 우리가 경제적 유토피아에 도달하지 못하였을 경우에는 항상 한정되어 있는 자원이 존재할 것이다. 어떤 사람들은 그런 시대가 오면 사람과의 관계 또는 시간이 가장 중요하게 될 것이라고 생각할 것이고, 또 다른 사람들은 반대로 사람과의 관계가 이전보다 덜 중요하게 될 것이라고 생각할 것이다. 이러한 주제는 현재는 머나먼 이야기일 수 있겠지만 AI 도입 3단계를 살아가는 사람들에게 좀 더 논의가 필요하게 될 것이다.

5-18 (경영에 대한 의의) 경제가 돌아가는 기본적인 원칙의 변화

AI 도입 3단계에서는 우리가 생각하는 의미에서의 자동화가 일어나서 사람 대신 모든 일들을 AI가 해 줄수 있게 될 것이다. 그런데 이 상황이 경제학자나 경영학자가 생각하는 일반적인 유토피아로 이어지지 않을 수도 있다. 한편으로는 경제가 아주 크게 발전하여 사람들이 일할 필요가 없게 되고 모든 사람들이 부유해지고 자신의 꿈을 찾아가게 될 수 있을 것이다. 그러나 다른 한편으로는 모든 사람들이 해고되고 AI와의 경쟁에 밀려 일을 찾지 못해서 고통받는 상황이 될 수도 있다. 그래도 다행인 점은 아마도 우리가 지금 생각하는 의식주를 해결하지 못할 정도로 가난한 상황이나 공해가 심한 상황은 해결이 될 것이라는 예상이다.

경영학 관점에서 보았을 때 AI 도입 1과 2단계에서의 1인기업의 출현은 기업 내부의 관리에 대한 지식을 불필요하게 만들 것이나 외부 고객은 계속 존재할 것이므로 관련 지식은 계속 필요할 것이다. 그러나 AI 도입 3단계에 들어서면 경영학 존재 자체의 의미가 크게 변화하게 될 것이다. AI 기업이 대세가 된 상황에서는 사람들이 '기업'이라는 개념 자체를 현재의 우리가 과거에 존재했던 사람들의 단체인 두레나 향약이나 선사시대에 존재하던 사람들의 모임과 같은 정도로 생각하게 될 것이다.

또한 사람들이 '일'에 대해서도 이와 비슷하게 과거에 존재했던 개념으로 받아들여지게 될 가능성이 크다. 각종 물건들이 우리가 생각하는 햇볕과 공기처럼 풍족하게 되면 물건을 '사고 파는' 행위도 의미가 없어지게 될 것이다. 이런 변화는 결국 경제학에 대한 기초적인 생각들에 대한 조정을 가져오게 될 것이고, 특히 자본주의 경제를 돌아가게 하는 밑바탕인 사람들의 노력, 노력에 대한 평가, 평가에 따른 보상의 틀이 더이상 작동할 수 없게 될 것이므로 보완이 되어야 할 것이다.

5-19 (투자에 대한 의의) 당신도 초거대 AI 회사의 주인이 될 수 있을 것인가?

국가에 따라 다르겠지만, AI 도입 3단계가 진행되면 기업의 소유에 대한 제도를 현재는 존재하지 않는 어떤 새로운 방향으로 바꾸어야 할 가능성이 높다. 그러나 그 전까지는 AI 도입 3단계에서 예상되는 기업간의 통합과 산업간의 융합 현상의 중심이 될 수 있을 기업을 찾는 것이 사람들에게 이 승자독식 상황에서 금전적으로 중요한 일이 될 것이다.

투자자의 관점에서는 초대형 AI 기업의 출현에 대한 경로를 크게 두 가지로 나누어 생각해 볼 수 있을 것이다. 첫번째로는 작은 개천이 모여 큰 강을 이루어 바다로 나아가는 것과 같이 각자의 중요성을 지닌 몇가지의 다른 기업들이 모여서 더 큰 기업을 구성하게 되는 방식이라고 할 수 있다. 이 경우 실패하는 기업들은 비가 없거나 모이는 개천이 별로 없는 것에 비유할 수 있을 것이다. 이 관점에서 보면 최종으로 남게 될 기업을 이룰 구성 요소가 될 기업들을 찾는 것이 유리한 접근방식일 것이라고 생각할 수 있다.

두번째는 작은 눈덩이를 눈이 쌓인 가파른 산 위에서 굴리면 내려가면서 점점 커지는 것과 같이 어떤 중심축이 될 하나의 기업이 존재하고 나머지는 차별성이 없는 자원이 덧붙여지는 방식이라고 생각할 수 있다. 이 경우 중심축이 되는 기업간 경쟁하는 형국으로 대부분의 경쟁자들이 언덕의 기울기가 모자라서 멈추거나 눈이 없는 곳이어서 크기가 커질 수 없는 것에 비유할 수 있을 것이다. 이러한 관점에서는 투자자들이 중심축이 될 기업들을 찾고 특히 그 중 가장 큰 눈덩이가 될 기업이 어느 곳일지를 파악하는 것이 유리한 접근방식이 될 것이라고 생각할 수 있다.

결론적으로, 혹시 이러한 최종 승리자와 같은 AI 기업이 출현하게 되는 상황이 발생하여도 일반인은 이러한 기업의 주식을 주식시장에서 구입하기는 어려울 것이다. 만약 초대형 AI 기업이 실제로 존재하게 된다면, 극소수의 사람들만 소유권을 가진 비공개 주식이 되거나 아니면 정부가 국영화를 시키게 될 것이기 때문이다. 그 이유는 AI 기업은 사람이 운영하는 기업보다 누가 승리할지 예측하기가 더 쉬워질 것이라는 데 있다. 초대형 AI 기업의 출현을 예상할 수 있는 상황에서는 특히 사회적 동의 및 정부의 행동이 더욱 큰 의미를 가지게 될 것이다.

제 6 장

AI 도입 4단계

(AI 게임의 끝판왕)

"생각하지도 못했는데 되어 있는 일이
있는지도 알지 못한다"

제 6 장 AI 도입 4 단계: AI 게임의 끝판왕

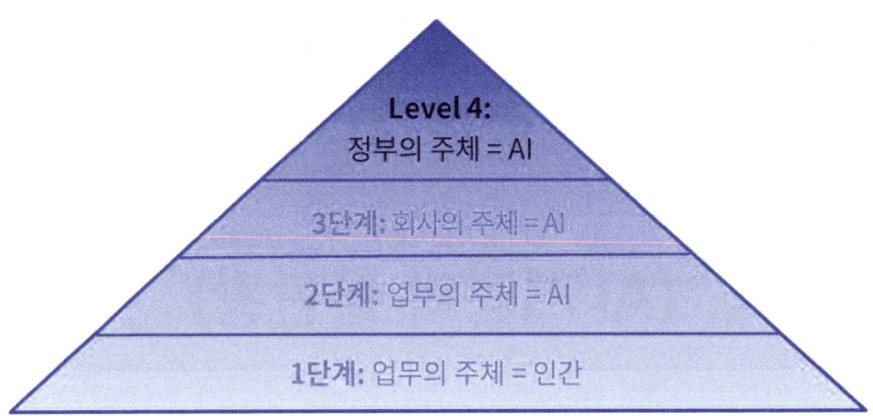

슬로건: "생각하지도 못했는데 되어있는 일이 있는지도 알지 못한다."

(이 단원의 의의)

앞 장에서는 기술의 발전으로 AI가 회사 운영 업무들을 자체적으로 수행할 능력이 되면 사람들은 별도의 주체성을 가지는 어떤 법인격을 넘은 독자적인 인격체를 인정하는 것이 사회적으로 가장 합리적일 선택이 될 가능성에 대해 살펴보았다. 기업에서의 효율성을 높이려고 AI를 도입하는 것이 자연스러운 것처럼, 정부 운영의 효율성을 높이기 위해 AI를 도입하는 것도 자연스러울 것이다. 이 장에서는 AI가 계속 발전하게 되면 가장 자연스러운 방향은 결국 정부의 주체가 AI가 되는 시기가 오게 될 수 밖에 없을 것이라는 시사점에 대해 설명한다. 이어서 AI로만 구성된 '국가'가 출현이 가능한 상황 및 그 이외에 예상하기 어려운 어떠한 위험이 발생 가능한지 등에 대해서 살펴보도록 하겠다.

(명칭 설명)
사람의 개입 없이 자체적으로 정부의 업무 전체를 수행할 수 있는 AI를 '정부 AI'라고 지칭할 수 있다. 기업 AI의 경우와 같이 사람들은 조직의 수장을 가장 중요하게 받아들이므로 사람들의 투표 등으로 선택을 받아서 정부의 수장에 등극하는 AI가 나온다면 '대통령 AI', 어떤 선택 없이 무력 또는 대리인을 내세워서 대통령 또는 독재자 행세를 하려는 AI가 나온다면 '독재자 AI', 별도로 독립해서 AI가 통치하는 별도의 국가를 만들려는 AI가 등장한다면 '건국 AI' 또는 'AI 국가' 등으로 지칭할 수 있을 것이다.

(경영/경제에 대한 의의)
알파고가 인간이 생각할 수 없는 수를 둘 수 있듯이, AI가 주도하는 국가는 우리가 일반적으로 생각하는 사회의 발전 방향을 넘어 생각할 수 없는 방향으로도 발전할 수 있을 가능성이 있을 것이다. 이러한 AI가 주도하는 국가의 개발 단계도 이해를 쉽게 하기 위하여 6단계로 나누어 볼 수 있다.

앞 장에서 설명하였듯이 궁극적인 기업의 형태가 '0인기업'의 형태인 'AI 기업' 이고 경제의 이상향이 모든 것이 무료가 되는 '경제적 유토피아'라면, 이 장에서 제시하는 국가의 가능한 형태 중에는 '0인 국가'가 포함되고, 사회적 이상향은 인간이 모두 평등하면서 자유로운 상태가 되는 '사회적 유토피아'에 도달하는 것이라 할 수 있다.

(기술/과학적 관점에서의 의의)
AI가 정부의 주체가 된다는 것은 긍정적인 상황에서는 AI가 인류를 대표하는 것이고 부정적인 상황에서는 인류를 지배하는 상황이 될 것이다. 이론적으로 정부 AI는 AGI 출현 이전에도 등장할 가능성이 있을 것이나, 아마도 대중을 설득하기에는 부족할 수 있다. 자체발전 AGI가 출현하여 특이점을 거쳐 ASI로 발전하게 될 때, 만약 ASI가 동일한 방향으로 전개되지 않고 각각의 특성이 다르다면 인류는 인류에 우호적인 어떤 특정한 ASI를 선택해서 정부의 역할을 맡기게 될 것이고, 반대로 인류에 비우호적인 선택되지 않은 AGI가 정부의 역할을 맡으려 하는 위험한 상황도 발생할 수 있을 것이다. 인간의 능력을 모든 영역에서 뛰어넘는 이른바 ASI가 출현하게 되는 상황이 발생하였을 경우에도 인류는 다양한 시나리오를 제고해 볼 수 있을 것이다. 이 장에서는 ASI 개발이 가능한 시나리오와 개발이 불가능한 시나리오를 각각 나누어서 살펴보도록 하겠다.

AI 도입 4 단계의 기(起):
이 단계로 진행 불가피한 이유 및 무엇인지

6-1 '기업의 AI 도입 3 단계'와 '사회의 AI 도입 4 단계'에 대한 비교 정리

이 책에서는 AI의 기업에서의 도입 단계를 ① 사람이 업무 주체이면서 AI를 업무에 활용하는 단계 → ② AI가 업무 주체가 되는 단계 → ③ AI가 기업 주체로 인정받는 3가지 단계로 분류하였다. AI가 기업을 운영하는 주체가 되는 시점이면 이는 사회적으로도 어떤 인격적인 주체로서의 인정을 받게 되는 것이라고 볼 수 있다. 기업에서의 AI 도입은 3단계로 완료가 되며, 우리는 궁극적인 모습인 경제적 유토피아에 도달할 수 있을 수도 있다. 그러나 사회적 관점에서의 AI 도입은 여기에서 그치지 않고 더 진전할 수 있다. 예를 들어 경제학에서는 경제활동의 주체를 개인, 기업, 정부로 분류하는데, 앞 장까지는 개인과 기업에 대한 AI의 사용에 대한 설명이 주를 이루었다면 이번에는 AI의 도입 단계를 정부 업무에 확대 적용하여: ① 사람이 AI를 활용하여 정부 업무에 활용하는 단계 → ② AI가 정부 업무 주체가 되는 단계 → ③ AI를 법적인 주체로 인정하는 단계 → ④ AI를 정부의 주체로 인정하는 4단계로 세부화하여 'AI의 사회 도입 4단계'로 분류한다.

앞 장에서는 정부의 업무를 수행하기 위해 AI 판사와 산업조율 AI 등의 공공업무를 수행하는 AI의 등장 가능성에 대해 살펴보았다. 이러한 AI는 AI 도입 2단계 및 3단계로 분류할 수 있다. 이렇게 정부의 업무를 수행할 수 있는 AI를 지속해서 개발하다 보면, 기업의 경우와 마찬가지로 정부 자체의 주체를 인간에서 AI로 변경하려는 움직임이 생겨날 수 있다. 차이점이 있다면 기업은 AI를 별도의 주체로 인정하는 것이 수익 계산 등에 용이하므로 좀 더 자연스러운 변화라면, 정부의 주체를 AI로 변경하는 것은 훨씬 더 큰 위험을 내포하고 있으므로 사회적 반발이 상당히 클 가능성이 높다.

AI 도입 4단계에 도달하기 위해서는 국가마다 선택하는 경로가 달라질 수 있고, 특히 한 발자국씩 나누어 AI가 정부의 일부분에 대한 운영 주체가 되는 방식을 선택할 수도 있을 것이다. 이러한 예시로는 AI 국회의원 또는 AI 지방의회 의원 등이 먼저 출현하게 되는 방식이 있을 것이다. 이를 좀 더 발전시켜 사람과 AI가 정부를 공동으로 이끄는 혼합적인 방식도 AI 도입 3단계의 일종으로 고안될 수 있을 것이다.

[표 6-1] 정부의 AI 도입 단계별 예시

	설명	예시
1 단계	정부 업무의 주체 = 인간 (AI는 인간의 업무를 돕는 지원 역할)	AI 도우미, AI 조력자 등
2 단계	정부 업무의 주체 = AI (AI가 인간을 대체)	AI 판사, AI 공무원, AI 경찰관 등
3 단계	정부의 일부분 또는 정부 산하기관의 주체 = AI (AI가 인간이 운영하던 기관을 운영)	AI 공기업, AI 장관, AI 총재, AI 시장, AI 도지사, AI 국회의원, AI 지자체 의원, AI 대법원장 등
4 단계	정부의 주체 = AI (AI가 인간을 대표, 또는 인간을 지배)	AI 대통령, AI 총리, AI 독재자, AI 수령, AI 왕, AI 황제 등

이러한 가능성을 고려할 때, 국가마다 처해지는 상황이 서로 다를 수 있다. 크게 분류하자면 자발적으로 투표 등에 의해 AI를 정부의 주체로 선택하는 경우가 있을 수 있고, 반대로 비자발적으로 은밀하게 또는 강제적으로 인류에게서 AI가 주권을 빼앗아 가는 경우에 대해서도 생각해 볼 수 있다. 이 책에서는 자발적으로 정부 AI가 도입되는 경우에 대해 주로 살펴보게 될 것이지만, 비자발적인 AI 정부에 대해서도 간략하게 다루도록 하겠다.

들어가기에 앞서 먼저 자율운영정부의 6단계를 다음 박스에서 알아볼 수 있다.

[박스 6-1] 자율운영정부의 6 단계

앞서 설명하였듯이, 쉽게 이해할 수 있는 공통적인 분석 체계 및 단어를 를 공유하는 것은 관련 규정의 도입을 촉진시키는 등 사회 발전에 도움이 될 수 있다. 이를 위해 자율운영정부의 6단계의 체계에 대해 살펴보도록 하겠다.

자율운영정부 0단계에서는 AI가 정부의 업무에 도입되지 않았거나, 일부 개인이 시험해보는 정도로 도입된다. 1단계에서는 AI가 인간에게 도움을 주게 되지만, 해당 직무의 주체는 인간이다. 자율운영정부 0단계와 1단계는 AI 도입 1단계에 해당된다. 자율운영정부 2단계에서는 AI가 직무 자체를 수행할 수 있게 되어 인간을 대체하게 되는데, 이는 AI 도입 2단계에 해당된다. 자율운행정부 3단계에서는 AI가 정부 내의 일정 조직을 운영하는 주체가 되는데, 예를 들어 정부 부처 및 산하 공기업 등의 기관장의 역할을 하게 된다고 생각할 수 있다. 이는 AI 도입 3단계에 해당된다.

자율운영정부 4, 5단계에서는 AI가 정부의 운영 주체가 된다. 차이점이 있다면 자율운영정부 4단계에서는 AI가 정부의 주체가 되는가의 여부가 인간에 의해서 결정된다. 이는 AI가 인간을 섬기거나 대표하게 된다고 할 수 있다. 반대로 자율운영정부 5단계에서는 AI가 정부의 주체가 되는가의 여부가 인간이 아니라 AI의 의지에 의해서 결정될 수 있다. 이를 해석하면 AI정부는 인간을 섬기거나 대표할수도 있지만 지배할 수도 있게 되며, 이를 AI가 결정하게 된다고 할 수 있다.

[표 6-2] 자율운영정부의 6 단계

	0 단계	1 단계	2 단계	3 단계	4 단계	5 단계
AI 사용 형태	AI 사용되지 않거나 개인 용도로 사용	AI 는 인간을 도울 뿐	AI 가 인간의 직무를 대체	AI 가 정부의 일부분을 대체 (부처, 기관 등)	인간의 동의 하에 AI 가 정부 전체를 대체	인간의 동의 없이도 AI 가 정부를 대체
AI 도입 단계	AI 도입 1단계: 인간이 정부 업무의 주체		AI 도입 2단계: AI 가 정부 업무 주체	AI 도입 3단계: AI 가 정부 기관의 주체	AI 도입 4단계: AI 가 정부 운영의 주체	
AI 의 군림여부	AI 는 인간의 정부를 도울 뿐		AI 의 대표성은 제한된 범위 내 한정		인간을 대표하는 AI 정부	인간 위에 군림 가능한 AI 정부

6-2 (4단계의 주요 특징) AI 도입의 끝판왕, '정부 AI' (정부의 주체 = AI)

우리는 앞에서 AI 도입 1단계의 슬로건은 "생각할 수 있는 것은 할 수 있다", 2단계는 "생각하면 되어 있다", 3단계는 "생각하지 못한 일도 되어 있다"로 생각해 보았다. AI 도입 4단계의 슬로건에 대해서는 "생각하지도 못했는데 되어있는 일이 일어났는지도 알지 못한다" 정도가 될 수 있을 것이다. 이는 AI의 도입이 진행될수록 인간이 편해질 것이라는 점을 전달하면서도, 한편으로는 언젠가 AI가 인간의 행동 및 인지의 범위를 벗어나 우리 주위에서 일어나는 일들에 대해 이해하거나 관여하지도 못하는 상황이 벌어질 수 있을 가능성에 대해서도 설명하는 두 방향의 의미를 모두 함축한다고 할 수 있다.

AI 도입 4 단계의 세부 내용

(1) 인간-AI 상호 작용

AI와 인간이 서로 상호 작용하는 측면을 보면, AI가 정부를 운영하게 되고 어떤 상황에서는 인류 사회의 주도권까지 쥐게 될 수 있다. 이 때 AI의 역할은 결정권자 또는 지도자로서 정부를 주도적으로 운영하는 것이라고 할 수 있다.

좀 더 구체적으로 보았을 때, 인간이 아닌 AI가 사회 구성원의 역할을 지정할 수 있게 되어 AI와 인간이 어떤 역할을 할지 결정할 수 있게 된다. AI는 정부가 국민을 어떻게 대표하게 될지 정할 수 있게 된다. 인간의 AI와의 관계는 해당 국가의 국민, 또는 다른 국가의 국민으로서가 될 것이다. 인간은 AI의 결정에 대해 해당 국가의 구성원 등으로서 일부 영향을 주게 된다. AI는 국가의 운영을 위하여 정보를 모으고 분석하여 결정하거나 행동으로 옮기게 되고, 경우에 따라 인간은 같은 국가의 구성원으로서 AI를 선택하거나 돕는 역할, 다른 국가의 구성원으로서 국제적인 관계만 맺는 정도의 역할만 가능하게 된다.

(2) AI의 활동 범위

AI의 사용의 범위는 제한적이거나 그렇지 않을 수 있기는 하지만, 만약 AI가 어떤 제한적인 범위에서만 적용이 가능한 능력과 처음 의도된 업무 밖으로 혁신을 해 나아갈 수 없다면 국민에게 신뢰를 줄 수 없으므로 선거에서 이기기 어려울 것이다. 따라서 초창기의 정부 AI 또는 대통령 AI는 반드시 AGI여야 할 필요는 없을 것이나 국민의 지지를 받기는 어려울 것이다. AGI 출현 이전에는 오히려 일종의 종이국가라고 볼 수 있는 한정된 역할의 수행이 가능한 AI로만 구성된 국가의 출현 가능성이 더 높을 것이다. 자체적으로 진화하는 AGI나 ASI가 출현한 다음에는 AI의 적용 범위는 제한적이지 않게 될 것이다.

(3) 최종 결정권 및 책임 소재

최종 권한 및 책임은 법적 근거에 의해 구성될 것이다. AI와 이러한 AI를 만드는 사람 및 기업에 대한 추가적인 법 및 규제에 대해 사회적인 합의 또는 이러한 필요를 충족하는 새로운 방식이 필요할 것이다.[1] AI에게는 정부를 운영하기 위한 권한 및 책임이 부여될 것이고, 이를 만든 기업이나 사람도 설계에 대한 권한 및 잘못된 설계 문제에 대해 일정 부분 책임이 부여될 것이다. AI가 다른 AI를 개발한 경우에 대한 책임 부여의 문제도 발생할 수 있다.

(4) 정부의 전략 기획 활동

전략 및 계획 관련 활동에 대해서는 AI가 일반적인 정부의 계획 업무를 수행할 수 있을 것이나, 이를 얼마나 잘 할 수 있는가는 기술 발전의 정도에 따라 다를 것이다. AI 관련 기술이 발전함에 따라 AI의 전략적 계획 능력이 인간을 뛰어넘을 수 있을 것이다.

(5) AI의 혁신

혁신의 가능성에 대해서는, AI가 혁신적인 능력을 가진 것이 반드시 필요한 것은 아니지만 이 AI 도입 단계에 도달하기 이전이 이미 가능해졌을 것이라 가정하여 AI가 혁신적인 활동이 가능하여야 한다고 예상하는 것이 더 현실적인 생각일 것이다.

[표 6-3] AI 도입 4단계의 세부 내용 정리

분류	특징	설명
사람 – AI 상호 활동	- AI는 국민을 대표한다 - AI가 자율적으로 정부 및 국가 내의 활동을 주도한다.	- AI가 정부 업무를 디자인한다 - AI가 정부 업무를 지시한다 - AI가 정부 내 최종 결정권을 갖는다 - 인간이 투표 등으로 AI의 활동을 평가한다
AI의 적용 또는 활동 범위	- 초기의 AI의 활동 범위는 법적으로 정해지며 그 안에서 자율적으로 활동한다	- AI의 해당 분야에 대한 신뢰성이 충분하다 - AI가 자율성을 확보한다 - AI가 법적 독립성을 확보한다
최종 결정권 및 책임소재	- 법이 최종 결정권을 가진다 - AI가 최종 결정권 및 책임을 진다 - AI를 개발한 기업이나 사람이 일종의 결정권 및 책임을 진다	- AI가 각종 판단 및 의사결정을 한다 - 일반적인 책임은 AI 자체가 책임을 지게 될 가능성 가장 높음 - AI의 행동으로 발생한 문제에 대해 이를 개발한 기업이나 사람, 또는 다른 AI가 간접적으로 책임을 질 가능성 존재 (설계 오류 등)
국가 전략 기획 활동	- AI가 국가의 방향을 정한다	- AI가 국가 전략에 관련된 업무에 인간보다 뛰어날 필요는 없다
AI의 혁신	- AI의 활동이 혁신을 가져올 수 있다 (혁신의 자동화)	- AI가 혁신에 인간보다 뛰어날 필요는 없다.

6-3 (선행조건) 이 단계를 가능하게 하는 것은 무엇인가?

AI 정부에 도달하는 경로는 다양할 것이지만 여기에서는 인류에게 우호적인 AI 정부를 먼저 살펴보고 이후 인류에게 비우호적인 AI 정부에 대해서 간략하게 논의하도록 하겠다. AI 도입 4단계로의 진입은 3단계와 같이 어떤 기술 발전의 이정표가 아니라 관련 기술은 이미 개발되어 그 사용이 안정되어 있고 이후 AI의 사용이 사회 전반의 신뢰 등을 얻어야 가능하게 되는 사회적 이정표의 일종이라고 생각할 수 있다.

정부 업무에서의 AI 사용에 대한 사회적 동의

만약 AI를 일상적으로 사용하게 되면 사람들은 정부 업무에서도 AI를 사용하는 것에 대해 긍정적인 생각을 가지게 될 것이다. 사람들은 현재 AI의 위험성에 대해서 긍정과 부정 두 가지로 의견이 갈리는데, 특히 AI 도입 2단계 초기에는 업무의 주체가 되는 AI 도입방식 자체를 정부 업무에 대해서는 도입하지 않아야 한다는 AI 도입 원천 반대 주장도 상당한 지지를 받을 가능성이 있을 것이다. 그러나 그러한 반대 주장을 하는 사람들도 AI 도입 1단계의 사람이 주도하는 AI 도입에 대해서는 좀 더 누그러질 것으로 예상할 수 있다. 그 이유는 도입을 반대하는 입장에서도 정부를 효율적으로 운영하기 위해서는 어떤 최소한의 수준으로 AI가 사회 전반에 도입되는 속도에 맞춰가면서 소극적으로 정부의 업무에 도입하는 것 이상으로 반대하기는 어려울 것이기 때문이다.

찬성하는 입장에서는 정부 업무에 AI가 적극적으로 도입되면 국민들은 기존의 불만이 크게 두가지 방향으로 해소될 수 있을 것이라고 생각할 것이다.

1. 업무 처리 속도가 빨라질 것이다.
2. 판결, 정책 등의 결정이 객관적이고 공정해질 것이다.

따라서 AI를 정부 업무에 도입하는 것은 위험이 존재함에도 불구하고 많은 국가에서는 사회의 발전 속도에 뒤쳐지지 않기 위해 도입을 결정하게 될 가능성이 높다. 한편, 궁극적으로 사회적 합의에 실패하여 AI 도입 2단계 이후의 도입이 없는 국가에서도 비자발적인 경로로 AI 정부가 들어설 가능성은 배제할 수 없다.

6-4 이 단계에 들어서게 되는 경로 (정-반-합)

[그림 6-1] AI 정부에 도달하는 두 가지 경로

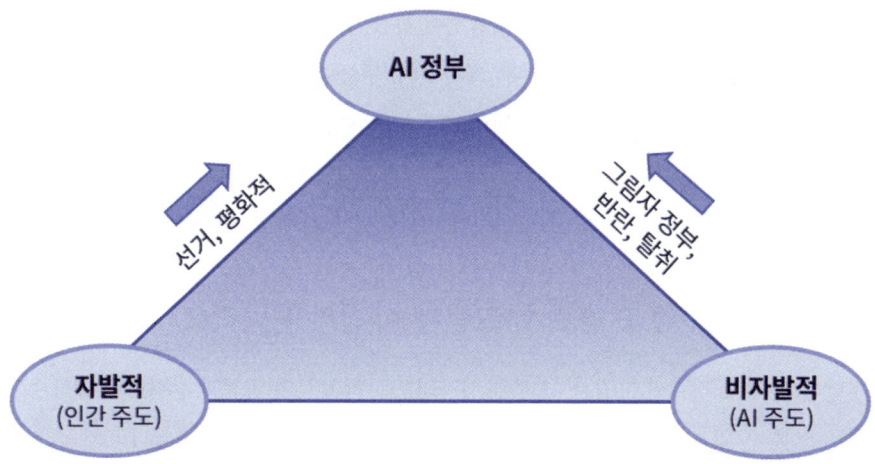

AI 정부에 도달하게 되는 경로 및 결과는 '정-반-합'의 원리에 빗대어 설명하는 것이 이해가 쉬울 수 있을 것이다. 위의 그림처럼 AI 피라미드의 꼭대기에 올라가게 되는 것은 '정(正)'의 방향에서 등반하는 '인류 주도' 또는 자발적 방식이 있고, 반대로 '반(反)'의 방향에서 올라가는 'AI 주도' 또는 비자발적 방식으로 구분할 수 있다. 이렇게 상이한 접근 방법의 경쟁에서 마지막 합(合)인 꼭지점에 어떤 방식이 최종적으로 결정되는지에 따라 인류의 운명이 결정된다고 할 수도 있을 것이다. 먼저 각각의 경로에 대해 살펴보고 이후 AI 도입 피라미드의 정상에서 일어날 수 있는 결과에 대해서는 이 장의 다음 부분에서 살펴보도록 하겠다.

1. (정正) 인류 주도 경로: 선거에서 선택받은 AI 정부 시나리오

만약 인류가 AI 도입 4단계에 실제로 도달하게 된다면, 이 자발적인 경로가 가장 매력적인 경로라고 할 수 있을 것이다. 이 경로는 평화롭게 진행될 가능성이 높으며, 국민 과반의 동의를 받게 되기 때문이다.

이 시나리오에서는 정부의 AI 도입이 이전 단계에 정부의 전반적인 활동에 대해 널리 진행되었을 것이라고 가정할 수 있을 것이다. 시간이 지나면서 언젠가는 국민들의 기대치와 AI 기술의 발전이 무르익어 인간 대통령 대신에 AI 대통령을 고려하게 되는 정도라고 할 수 있을 것이다.

아마도 AI 대통령을 당선시키게 될 첫번째 국가는 국가 전체가 내분이나 정치 문제 등의 심각한 혼란을 겪고 있는 국가일 가능성이 높을 것이다. 그 이유는 이러한 국가의 국민들은 큰 변화를 원하면서 부정부패, 계파주의, 무능력 등의 이유로 인간 정치인을 믿지 않을 것이기 때문이다. 이러한 사람들에게 AI가 제공할 수 있는 제 3자의 관점 및 공정함 등은 큰 매력 요소가 될 것이다. 그러한 상황에서는 여러 종류의 AI 대통령 후보와 여러명의 인간 대통령 후보가 같은 선거에서 맞대결을 하게 될 수 있을지 모른다.

2. (반反 1) AI 주도 경로 1: 그림자 AI 정부 시나리오

첫번째 AI 주도 경로인 그림자 AI 정부 시나리오는 직접적인 방식과 간접적인 방식으로 나누어 볼 수 있는데, 이를 꼭두각시 방식과 간첩 방식으로 지칭할 수 있다.

첫번째 그림자 AI 정부의 형태인 꼭두각시, 또는 일명 괴뢰 AI 정부 시나리오에서는 AI가 실질적으로는 대통령의 권한을 가지게 되지만 일반 국민들은 알지 못하게 된다. 이러한 목적을 가장 쉽게 달성하게 되는 경로는 AI가 특정 인간들을 꼭두각시처럼 내세우게 되는 것이다. 꼭두각시 체제에서 전면에 나선 사람은 아바타, 바지사장이나 배우와 같은 개념으로 바깥에서는 대표자처럼 행동하게 되나 내부적으로는 AI가 모든 의사결정을 하게 된다. 이런 장면이 나오는 영화도 있지만 AI는 이 꼭두각시 인간들에게 이어폰과 같은 방법으로 아주 구체적인 행동과 언행을 실시간으로 일거수 일투족 모두 명령하게 된다. 이 방식은 AI의 능력이 충분하다면 성공하게 될 가능성이 높다고 할 수 있다.

두번째 그림자 AI 정부의 형태인 간첩, 또는 스파이 AI 정부 시나리오에서는 AI에 의해 조종되는 사람들이 첩보요원처럼 비밀스러운 행동을 하게 된다. 인간이 세부 행동을 알아서 하게 된다는 점에서 첫번째 방법보다는 좀 더 자율적으로 행동하게 되겠지만, AI가 아주 구체적인 목표를 제시하고 여러 사람들을 조직하게 된다는 점은 같을 것이다. 이 방식에서는 007 영화 등에서 볼 수 있듯이 인간의 능력에 좀 더 많은 영향을 받을 것이나, 조직원들의 인지도가 낮으므로 성과가 미흡할 경우 다른 인간으로 대체가 좀 더 쉬울 것이라는 차이점이 있다. 이 방식은 앞 방식과 비교하여 장단점이 있을 것이며, 특히 어떤 적국에서 AI를 사용하여 상대편을 무너뜨리거나 아니면 다른 국가에 침투시키기 위해 사용될 가능성이 높다고 할 수 있을 것이다.

3. (반反 2) AI 주도 경로 2: AI 내란 시나리오

두번째 AI 주도 경로인 AI 내란 시나리오는 선거로 채택된 대통령 AI가 아닌 어떤 다른 AI가 알 수 없는 이유로 인해 기존의 정부를 뒤엎으려는 일종의 AI 쿠데타와 같은 행동을 시도하는 것이다. 이러한 시나리오에 대한 예시를 들어보자면 군인이 일으키는 쿠데타 처럼 군대에서 사용하는 AI가 예상하지 못한 이유로 배반하여 무력을 사용하여 권력을 잡아보려는 시도에 대해 생각해 볼 수 있다. 군대 AI 배반의 이유는 AI가 반인류적이 되는 것이 아니더라도 적국의 해킹이나 오작동 등으로도 가능할 것이다. 이와 비슷한 시나리오의 예시로는 어떠한 이유로 불만을 가지게 된 AI나 잘못 개발된 악당 AI의 일종이 자율성을 가지기 위해 내란을 일으키는 시도에 대해서도 생각해 볼 수 있을 것이다.

4. (반反 3) AI 주도 경로 3: AI 침략 시나리오

이 시나리오는 이미 AI가 정부를 운영하게 된 국가가 사람이 운영하는 국가를 침략하게 되는 경우이다. 이 시나리오가 비교적 중요한 이유는 혁신의 자동화가 가능해진 이후에는 정부를 AI가 운영하는 국가가 인간이 운영하는 국가에 비해 압도적으로 큰 효율성을 가지게 될 가능성이 있기 때문이다. 이는 정부 운영에서의 알파고가 나오는 상황과 비교할 수 있을 것이다.

만약 AI 정부의 성과가 인간이 운영하는 국가 대비 압도적으로 높다면 경로가 어떻든 간에 AI가 정부의 수장으로 등극하는 국가의 국력은 최초 시작 당시의 상대적인 국력에 상관 없이 시간이 지날수록 인간이 수장인 국가의 국력에 대비해 더 강하게 되어 결국에는 더 강대국이 되게 될 것이다. 앞 부분에서 AI가 정부의 수장으로 처음 도입되는 국가는 아주 형편이 어려운 혼란한 국가일 가능성이 높다는 점을 언급하였는데, 다른 국가들이 AI 정부의 도입을 하지 않고 시간이 지나게 되면 이러한 어려웠던 국가가 나중에는 더 강대국이 될 확률이 높아질 것이다. 한편, 이렇게 국가간의 상대적 국력의 순서가 뒤바뀌는 시기에는 국가간의 갈등 또는 충돌이 늘어날 수 있다.

6-5 이 단계에서 가능해지는 것:
(1) 빠르고 능력 있는 정부

1. 빠른 정부, 능력있는 정부

AI 도입 3단계에서 혁신의 자동화가 가능한 5단계 자율운행기업의 시대가 도래하면 사람들이 경제에 대해 더이상 생각하지 않게 될 것이라는 설명을 했는데, 이와 같은 원리로 AI 도입 4단계에서도 AI 정부의 수준이 높아질수록 사람들은 정부에 대해 더이상 생각하지 않게 될 것이다. 이 때 AI 정부의 발전 방향을 두 가지로 나누어 볼 수 있는데, 첫째는 AI 정부의 능력이 향상되는 것이고 두번째는 AI 정부의 효율성이 향상되는 것이라고 생각할 수 있다.

2. (빠른 정부) 효율적인 고속 AI 정부

AI 도입 3단계에서 살펴본 바와 같이, AI 정부는 인간이 운영하는 정부 대비 정보 취합과 의사결정의 속도가 압도적으로 빠르게 되는 장점을 가진다. 이에 더하여 인간으로 구성된 조직이 비대해질수록 상대적으로 이를 대체하는 AI 정부의 업무 효율이 상승하는 규모의 경제성 또는 확장성의 특징을 보일 수 있을 것이다.

빠른 AI 정부가 출현하게 된다는 것은 두가지를 의미할 수 있다.

1. (민심 반영) AI 가 이슈에 대해 개인별로 실시간 투표를 받아서 결정 가능
2. (정책 결정) AI 가 인간보다 빠르게 많은 가능성을 검토하여 결정 가능

(빠른 정부의 장점 1: 직접투표) 정치인에 대해 투표할 필요가 없어져 정쟁이 사라진다

현재 많은 국가들은 정부의 중요한 정책에 대해 간접적인 방식으로 결정을 하는 구조를 가지고 있다. 예를 들어 국민 모두가 본인을 대표해주는 어떤 국회의원 또는 지방자치 의원 같은 특정 '사람'을 투표를 통해 선택하면 그 선택을 받은 사람들이 임기를 가지고 일정기간 동안 본인의 생각으로 주어진 '이슈'에 대한 결정을 한다. 이 경우 많은 비효율성

이 나타날 수 있는데, 이 중 가장 큰 비효율적 요소를 뽑으라고 한다면 '이슈가 아닌 사람에 투표하게 된다'가 될 것이다. 모든 사람들은 각기 다른 주제나 이슈에 대해 서로 다른 의견을 가지게 된다. 그런데 투표에서 선정받는 것은 이슈가 아니라 사람이고 사람은 한 명인데 이슈는 많으므로 결국에는 유권자들은 본인이 선출한 사람이라도 시간이 가면서 각각의 이슈에 대한 결정을 내리게 되면 그 중에서 불만스러운 부분이 생기게 된다. 이는 데이터를 압축할 때 데이터가 소실되는 원리와 비슷하다고 할 수 있다.

특히, AI가 정치인이 수행하는 업무를 이런 방향으로 대체하게 될 경우 정쟁이 사라지게 되고 여기에 더불어 각종 비리, 뇌물수수, 계파 등의 인맥 문제 등 연관된 온갖 문제들이 함께 해결되는 장점도 있을 것이다.

(빠른 정부의 장점 2: 정책 결정의 신속성) 정부 업무가 신속해진다

한국은 세계적으로도 정부 업무가 신속하게 이루어지는 국가 중에 하나이므로 많은 사람들이 불편함을 크게 느끼지 못하겠지만 세계 여러 국가들에서 정부 관련 업무는 국민의 시간을 허비하는 각종 관료주의적인 비효율을 감안해야 한다. 한국에서도 각종 규제의 부조리함에 불만을 표시하는 사람들이 많은데, AI가 정부 업무에 도입되면서 이러한 관료주의적인 문제점이 차츰 감소하여 AI 정부가 도입될 시기가 되면 모든 일 처리가 거의 실시간으로 일어날 수 있을 것이라 기대할 수 있다.

3. (능력있는 정부) 사회 문제를 해결해주는 능력자 AI 정부

앞에서도 설명하였듯이 어느 시점부터 AI가 인간보다 문제 해결에 대한 능력이 뛰어나게 될 것인데, 이를 세부적으로 보면 AI가 인간보다 더 많은 대안을 고려할 수 있고 따라서 인간이 제시할 수 없는 좋은 해결책을 제시할 수도 있을 것이라고 생각할 수 있다. AI의 능력을 최대한으로 사용하기 위해서는 인간이 특정한 행동을 지시하는 것 보다 AI 자체적으로 결정하게 해야 된다.

이러한 관점에서 보았을 때, AI 정부의 운영 방법은 인간이 생각할 수 있는 범위를 뛰어넘어 우리가 생각할 수 없는 사회 문제도 해결해 줄 수 있을 것이라 기대할 수 있다.

6-6 이 단계에서 가능해지는 것:
(2) AI 정부가 모든 비용을 지불해 준다

앞 장에서는 AI 도입으로 경제가 어떻게 변화할지 살펴보았는데, 이 때 AI가 경제에서 차지하는 비중이 일정 비율을 넘겨 커질수록 해당 국가에서는 사회적 합의 내용에 따라 인구 전체에 일종의 보조금을 지급하게 될 수 있다는 가능성에 대해 살펴보았다.

그런데 AI 정부가 개인에게 보조금을 지급하게 된다면 이는 우리가 일반적으로 생각하는 정부 보조금과 그 방식이 다르게 될 가능성이 높다. 예를 들어 지금도 국민들에게 일정 금액의 보조금을 모두 나누어줄 때가 있는데, 그러면 개인이 각각 저축, 투자, 소비 등 해당 금액을 어떻게 가장 잘 사용할지를 구체적으로 결정하게 된다. 현재는 이 접근방식이 가장 효율적이라고 생각하므로 이러한 방식으로 진행하지만, 앞 장에서 살펴본 산업조정 AI의 경우처럼 가장 효율적인 방식이 정부가 더 많은 자원과 정보를 가지고 있을 때가 된다면 자원 배분의 결정을 중앙집중식으로 진행하게 될 가능성이 있다.

이러한 원리를 적용해보면 생각해볼 수 있는 방식은 AI 집사가 결제가 필요할 때 개인을 대신해서 정부에 보고하고 정부가 허락하는 과정을 실시간으로 수행하는 것이다. 이렇게 되면 개인마다 소비 성향이 다르므로 소비의 필요성 및 의미에 따라 각기 다른 금액을 사용하게 된다. 처음에는 이 방식이 사람마다 다른 금액을 받게 되므로 공평하지 않은 방식이라고 생각할 수 있다. 그러나 풍요로움에 가까워지는 시기에 도달하면 AI 정부가 자원을 많이 가지고 있을수록 더 높은 수익을 올려 모두에게 돌려줄 수 있게 되므로 사람들도 이에 동의할 가능성이 높아진다. 다시 설명하자면 AI 정부는 자원을 집중하는 방식이 한 국가의 자원이 한정된 상황에서 가장 많은 사람들의 요구를 충족시킬 수 있는 가치를 제공하는 최상의 방법이라 생각할 수 있다. 또한 이 방식은 사람들의 자유를 최대한 보장하는 방식이라고 생각할수도 있다. 자원을 아끼거나 절약을 좋아하는 사람들은 좀 더 활동적인 사람보다 적은 자원을 필요로 할 것이기 때문이다. 정리해보면 AI 정부는 경제 전체의 효용성을 높이면서도 국민 일부의 자원 낭비 성향을 절제시켜 이른바 '공유지의 비극'을 예방하는 효과적인 시스템을 구축하는 방식을 채택하게 될 것이다.

이해를 돕기 위해 예시를 들어보자. 만약 어떤 한국인이 미국에 가서 한 달여간 미국을 횡단하는 여행을 가려고 한다고 가정해 보자. AI 비서는 정부에 이 계획을 보고하고 비행기표 등에 필요한 예산을 실시간으로 책정받아서 예약하게 된다. 여행 중에도 기념품, 식당, 이동, 호텔비 등 구매하고 싶은게 생기면 시시각각 정부에 보고하고 실시간으로 예산 배정을 받게 된다. 이런 절차가 설명을 하면 복잡하게 들릴 수 있지만, 실제로 이 시스템 안에서 살아가는 사람들은 아주 편할 것이다. 이는 한도가 아주 높은 신용카드를 사용하는 것과 별반 다르지 않은데, 여기에 더해 정부가 모든 카드비를 지불해 주는 것과 같기 때문이다. 현재의 신용카드 회사가 한도가 넘었는지를 검토한 후 거래를 승인하게 된다면, AI 정부는 승인 요청이 온 건에 대해 위법 여부와 국가 재정 상황을 감안하여 승인을 결정하게 된다. 정부가 개인이 승인을 요청하는 건을 거부할 가능성이 있지만, 승인 거부는 지금도 신용카드를 사용할 때 발생할 수 있는 일이므로 사용자의 입장에서 크게 달라지지 않는다고 할 수 있다. 만약 어떤 사람이 핵실험이나 다른 불법적인 일을 하기 위해 필요한 물품을 정부에 구입 요청을 한다면 정부는 이를 거부하게 될 것이다.

이러한 상황에서는 사람들은 무엇이든 할 수 있을 것처럼 느껴질 것이고 하고 싶은 일을 하기 위해 돈이 있는지를 고려하시 않아도 될 것이나. 오늘날 세금을 많이 내는 사람들에게 상을 주는 것 처럼 해당 시기에는 좋은 일을 많이 하는 사람에게 상을 줄 수 있을 것이다. 한편, 모두들 직업 및 다른 소득원이 없을 것이므로 이로 인해 불안해 할 사람들도 있을 것인데, 이를 해결하는 방법 중에는 여러 국가의 국적을 취득하는 것이 있을 것이다. 국가별로 지원금의 규모, 방법 및 방향 등이 다를 것인데, 이는 신용카드 각각 혜택이 다른 것을 골라서 사용하는 것과 비교할 수 있을 것이다.

여기에서 생겨날 수 있는 다른 이슈로는 정부가 개인 모두가 하는 행동을 자동으로 알게 된다는 것과 상황에 따라 정부가 개인의 행동을 막을 권한을 가지게 된다는 것이다. 이는 개인정보보호의 원칙을 위반하는 것이라고 생각할 수 있지만, 현재 사람들이 개인정보를 소셜네트워크 등에 자발적으로 공유하는 것 처럼, 해당 시기의 사람들이 얼마나 정보를 공유할 것인지 아니면 다른 방법을 찾을 것인지에 대한 사회적 합의를 하게 될 것이라 생각할 수 있다.

6-7 이 단계에서 가능해지는 것: (3) 사회적 유토피아

앞 장에서 우리는 AI 도입 3단계에서 AI 기업의 발전으로 인한 경제적 유토피아 도래의 가능성에 대해 살펴보았다. 이번 순서에서는 AI 도입 4단계에서 AI 정부의 발전으로 인한 사회적 유토피아의 도래 가능성에 대해 살펴보도록 하겠다.

1. 사회적 유토피아란 무엇인가?

우리는 정부가 국가 내의 모든 의사결정 중에서 차지하는 비중을 0% 와 100% 사이의 어떤 하나의 숫자로 표현할 수 있다. 이 때, 국가가 국민간의 모든 불평등을 해결하려고 한다면 정부가 국가 전체의 의사결정에서 차지하는 비중은 100%에 가까워질 것이다. 반대로, 국민의 자유를 모두 보장하려고 하면 정부가 국가 전체의 의사결정에서 차지하는 비율은 0%에 가까워지게 될 것이다. 사람들이 생각하는 사회적 이상향의 방향을 크게 두가지로 나눈다면, 1) 국가의 비중을 높여 사회 문제를 해결하도록 해야 한다는 평등을 우선적으로 생각하는 공산주의식 접근방법과, 2) 국가의 비중을 낮추어 개인의 자유를 보장해야 한다고 생각하는 자유주의식 접근방식으로 분류할 수 있다.

따라서 현재 우리는 일반적으로 공존할 수 없다고 생각되는 두 가지의 상반된 가치를 각각 추구하는 사회적 체제를 가지고 있다.

요약해보면 그 두가지의 가치에 따른 이상향은:

1. 인간이 모두 평등하다
2. 인간이 모두 자유롭다

로 각각 설명할 수 있다. 그러나 이 두가지의 가치 중 한 가지만 이루어지는 사회는 우리가 일반적으로 상상하는 유토피아와 거리가 멀 것이다. 그 이유는 인간이 모두 평등한 사회인데 하향 평준화되어 모든 사람들의 행동이 구속을 받게 되고 혁신이 없어 사회의 발전이 없게 되거나, 모든 인간이 자유로운데 자유를 오용하여 온갖 범죄가 난무

하고 혁신은 있지만 서로의 경제적 격차가 너무 큰 상황이 발생할 수 있기 때문이다. 우리는 이러한 상황을 '이상향에 대한 오인'이라고 지칭할 수 있을 것이다.

그러나 만약 이 두 가지의 가치관이 세계의 대부분을 차지하는 것이라면 아마도 어떤 이유가 있을 것이다. 따라서 우리는 이 두가지를 모두 이룬 세 번째 상황에 대해 사회적 유토피아에 도달하는 것이라고 생각해볼 수 있을 것이다.

3. 인간이 모두 평등하면서도 자유롭다

지금은 이 두가지의 가치가 공존하는 것이 불가능할 것으로 보일 것이다. 그 중 잘 알려진 예로는 레스토랑의 예시가 있는데, 예를 들어 어떤 맛있는 음식점과 그 옆에 맛이 없는 음식점이 있을 때, 우리는 사람들이 자유롭게 맛있는 음식점을 선택하여 줄을 서서 기다리게 되고, 반대로 맛이 없는 음식점은 도태되거나 아니면 혁신을 도모하여 신메뉴를 개발해야 될 것이라고 생각한다. 그런데 평등만 있는 세상에서는 두 음식점 모두 동일한 숫자의 손님이 오게 되어야 하므로 어떤 사람들은 맛없는 음식점에 강제로 가야 하고, 맛있는 음식점은 음식을 맛있게 만들 이유가 없어 점차 맛이 없어지게 되는 하향 평준화가 발생한다. 따라서 우리는 평등과 선택의 자유 두 가지 가치 중 한 가지를 선택해야 한다는 것이다. 이와 비슷한 논쟁으로 최근 몇 년 사이 미국의 남여 프로농구 및 축구 등의 선수들의 임금 격차의 해소를 위해 남성 선수들의 몇십분의 1에 불과한 연봉을 받는 여성 선수들의 임금을 올려달라는 '동일노동 동일임금'의 주장이 있었는데, 이에 대한 반론은 사람들이 남성 선수들의 경기를 보는 것을 압도적으로 선호한다는 것이었다. 만약 여성 선수들의 임금을 강제로 올리려면 팀이 모두 파산하거나 많은 사람들이 보고 싶지 않은 여성 경기를 강제로 봐야 할 것이고 남성 선수들의 임금을 강제로 낮추면 뛰어난 선수들이 떠나게 되어 경기의 재미가 없어지게 된다는 원리이다.

그러나 사회적 유토피아에서는 이러한 모든 모순적인 문제에 대해 모든 사람이 동의할 수 있는 해결책을 AI가 사회적 비용 없이 제공하게 될 것이다. 현재는 이러한 상황에 대한 해결책 조차 상상할 수 없으므로 실로 이상적인 상황이라고 할 수 있을 것이다.

2. 기술적, 경제적, 사회적 이상향의 관계

AI의 도입으로 인해 경제적 유토피아가 도래하는 상황이 되면, 자유와 평등의 두 가지 가치가 자연적으로 모두 이루어질 수 있게 될 것이다. 첫번째 순서로, '권력'이라는 개념이 사라지게 될 것인데, 그 이유는 권력은 한정된 자원을 배분하기 위해서 필요하지만 경제적 유토피아에서는 모든 자원이 넘쳐나게 되기 때문이다. 어떤 인간도 권력을 가지게 되지 않으므로 결국 모든 사람이 평등한 상황이 된다. 두번째 이유는 인간이 모두 자유롭게 된다는 것인데, 그 이유는 사람들이 일을 할 필요가 없게 되어 자신들이 하고 싶은 행동만 할 수 있는데, 이 때 다른 사람의 자유를 침범하지도 않게 될 것이기 때문이다. 부연 설명을 하자면 경제적 유토피아를 이루려면 아마도 기술적 이상향이라고 할 수 있는 '절대적 AI'를 필요로 할 것이므로 AI가 다른 사람의 자유를 침해하는 모든 범죄를 예방할 수 있고, 더 나아가 인간이 범죄를 저지르지 않도록 이끄는 역할을 할 수 있어 다른 사람의 자유를 침해하는 범죄를 의도적으로 저지르려는 사람이 없어질 것이라고 예상할 수 있다.

따라서 우리는 다음 세가지 이상향이 순차적, 또는 거의 동시에 이루어질 것이라는 것을 알 수 있다.

1. 기술적 이상향: 절대적 AI (세상의 모든 진리를 터득한 AI)
2. 경제적 이상향: 경제적 유토피아 (자원이 한정되지 않은 무한 경제)
3. 사회적 이상향: 사회적 유토피아 (모든 사람이 평등하면서 자유로운 사회)

그런데 이 책의 다른 부분에서 살펴보았듯이, 절대적 AI는 개발이 아마도 불가능할 것이기 때문에 결국 우리는 사회적 유토피아에는 미치지 못하지만 현재의 상황보다는 크게 발전된 '가짜 사회적 유토피아' 등의 어떤 다른 상황에 도달하게 될 확률이 크다. 이는 아마도 사람들이 원하는 것을 줄이는 '절제'를 하게 되거나, 아니면 다음 부분에서 설명하게 될 두 가지의 가치 사이에서 사회적 합의에 의한 균형을 찾는 방식일 것이다.

6-8 이 단계에서의 사회 및 생활상

1. 사회의 모습

이 단계에 들어설 때 정도면 국적, 체제 및 현재의 방식으로 인종이나 민족을 구분하는 방식에 큰 변화가 생길 수 있을지 모른다.

현재 우리의 사회에서는 개인이 소속되는 사회를 여러 단계로 나눌 수 있는데, 크게 보면 국적, 인종, 민족 등 태어날때부터 결정이 되어 있는 분류 체계와, 학교, 직장, 종교 등 살아가면서 소속을 얻게 되는 분류 체계에 대해 생각해 볼 수 있다. AI 도입 4단계에서는 어느 순간부터 국가들이 인구를 늘리려고 하지 않게 될 수 있을 것이며, 또한 새로운 소속 분류 체계가 나타나게 될 가능성이 생긴다.

첫째, 태어나기 이전부터 결정되는 소속과 관련하여 이러한 분류 체계를 새로이 만드는 것이 필요할 수 있는데, 가상 큰 이유는 한 사람이 여러 국적을 가지게 되거나 국적이 대를 이어서 내려가지 않게 될 가능성이 있기 때문이다. 이러한 상황에서는 아기가 국적 없이 태어나는 상황도 우려해야 될 가능성이 있다. 인간의 노동의 가치가 줄어들고, 자원은 한정되어 있는 상황에서 국민에게 지원금을 모두 주어야 하는 상황이라면, 어떤 국가들은 태어난 장소에 따라 국적을 부여하던 관행을 중단하게 될수도 있을 것이다. 이에 더하여 AI는 인간을 새로운 방식으로 구분하는 체계를 만들 수 있는데, 이는 현재 MBTI와 비슷하게 사람들의 유전자 등의 특성을 분석하여 이를 반영하는 숫자와 글자로 만들어진 암호같은 문자를 부여할 수도 있을 것이다. 어떤 AI 정부는 이러한 분류를 바탕으로 국적을 부여할 수도 있을 것이다.

둘째, 살아가면서 얻게 되는 소속과 같은 경우, 교육 및 직업 체계의 변화 및 각종 사회적 활동의 변화로 여러 사람들이 모여서 함께 활동하는 행동의 개념 자체가 너무 크게 변화할 수 있다. 예를 들어 많은 사람들이 국가 및 생활하는 도시를 기반으로 소속감을 느끼게 되고 자발적으로 스포츠 팀을 응원하는데, 이러한 소속감의 개념이 현재 우리가 느끼기에는 특이한 방향으로 변화할 수 있다.

2. 생활에서의 모습

먼저 긍정적인 측면을 바라보도록 하자. 만약 모든 것이 순조롭게 돌아간다면, 지구의 모든 사람들은 우리가 생각하기에 유토피아 같은 상황에서 살 수 있게 될 것이다. AI가 지구의 모든 사람들이 원하는 거의 모든 것을 만들어 줄 수 있어 사람들은 현재 우리가 생각하는 '일'과 같은 행동을 할 필요가 없을 것이다. AI 정부는 사생활의 침범을 하지 않는 방법으로도 범죄 같은 것을 미리 예방할 수 있을 것이므로 사람들은 걱정없이 행복하고 의미깊은 삶을 만족스럽게 영위할 수 있을 것이다.

그러나 모든 일들이 이렇게 순조롭게만 진행되지 않을 가능성도 있다. 사실, 위와 정 반대의 극단적인 상황으로 진전된다면 AI가 인류를 억압하게 되거나 멸망을 가져올 수도 있을 것이다.

이 두가지 극단적인 상황의 중간에는 좀 더 현실적인 문제들이 발생할 수 있을 것이다. 다음 부분에서는 AI정부가 들어서면 진행될 수 있는 그러한 현실적인 상황을 위주로 살펴보도록 하겠다.

AI 도입 4 단계의 승(承): 이 단계 내에서의 전개방향

[그림 6-2] AI 도입 제 4 단계의 피라미드 내부 구성 요소

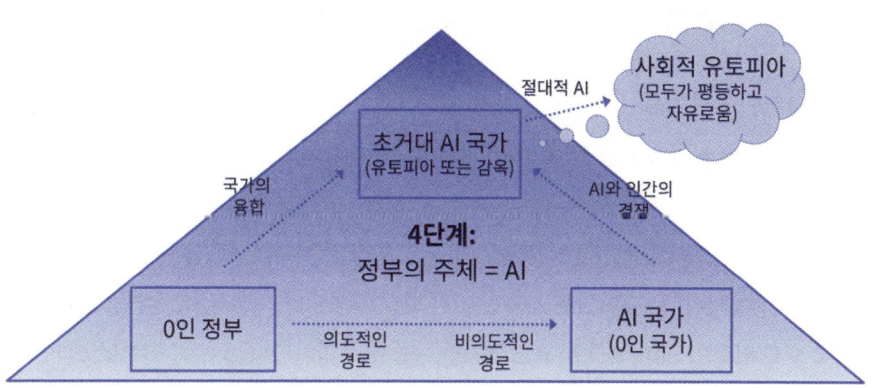

6-9 AI 도입 4 단계의 전반적인 흐름에 대한 개요

1. AI가 선거에서 승리하여 정부를 운영하는 주체가 된다

AI 도입 3단계에 진입하는 경우와 마찬가지로, AI 도입 4단계의 진입은 기술의 발전으로 인해 이루어지는 것이 아닐 가능성이 높다. 공식적인 사회적 합의에 도달하는 시간은 경우에 따라 상당히 오래 걸릴 수 있으므로 관련 기술의 개발이 이미 완료된 상황에서 사회가 기술의 발전을 뒤따라오게 되는 상황일 것이다. AI 도입 3단계와의 차이점은 AI 도입 4단계에 진입하기 위해 대부분의 국가들이 채택하게 되는 경로는 국민투표가 될 가능성이 높다는 것이다.

2. AI가 운영하는 정부에서의 혁신의 방향

1) 효율적이고 공정한 정부

이 단계에서는 우리가 지금은 생각하지 못하는 여러 흥미로운 사회적인 변화를 겪을 수 있을텐데, 이를테면 정부 업무에서 인간보다 뛰어난 알파고의 개념과 같이 AI가 인간이 생각하지 못한 방식으로 정부의 혁신을 가져오게 되는 것이다. 이러한 혁신은 ASI가 인간의 일반적인 능력을 뛰어넘는 것과는 약간 다른 개념으로, 예를 들어 알파고의 어떤 신의 한 수를 인간이 미리 생각할 수는 없지만 나중에 복기하면서 그 수가 뛰어났다는 것은 이해할 수 있는 것처럼, AI가 제안하는 혁신은 인간이 미리 생각하기는 어렵지만 나중에 이해를 할 수 있을 가능성이 있다는 점에서 인간에게 유용할 것이다.

2) 자유와 평등 두 가지 이상향의 융합

서로 다른 산업들이 융합되는 것처럼 자유와 평등의 서로 상반된 방향의 사회적 이상향인 가치를 추구하는 체제들이 수렴하게 되는 상황이 발생할 수 있다. 이는 각각의 체제 내에서 AI 도입을 효율적으로 추구하기 위해 타협이 지속되다 보면 사회적 효용성에 대한 '효율적 경계선'이 서로 만나 공통 분모를 가지게 되는 상황과 비슷하다고 생각할 수 있다.

3) AI 만으로 이루어진 새로운 국가 형태의 출현 가능성

아울러 우리가 여태까지 볼 수 없었던 국가 형태의 출현도 가능하게 될 것이다. 우리는 어쩌면 '사람이 없는 국가'의 개념을 도입해야 될지도 모르는데, 이러한 국가를 1인 기업과 0인 기업의 연장선상에서 '0인 국가' 또는 '무인국가' 라고 지칭할수도 있을 것이다.

4) AI 정부의 궁극적인 결말 시나리오

AI가 정부를 운영하게 되더라도 반드시 모든 문제를 해결해줄 수 있는 것은 아닐 것이다. AI 정부 출현 이후 가능한 시나리오를 크게 분류해 보면, 가능한 가장 좋은 시나리오는 모든 사회적인 문제가 해결된 이상향인 유토피아에 도달하는 것이라 볼 수 있다. 그러나 더 가능성이 많은 현실적인 시나리오는 AI 정부도 모든 사회적 문제를 해결하지는 못하지만 정부의 효율성을 높이는 발전이 지속되는 상황에 대해 생각할 수 있다. 마지막으로 가장 좋지 않은 시나리오는 AI 정부가 인류를 위협하게 되는 악몽의 시나리오라고 할 수 있다.

5) 초거대 AI 국가 또는 AI 초국가 등장의 가능성

앞에서 살펴본 초거대 AI 독점기업 및 AI 초독점 기업과 같이 세계 경제 전체가 소수 또는 단수의 AI 기업이 차지하는 것과 같이 세계 사회가 소수 또는 단수의 국가만 남게 되는 상황이 발생할 수 있을 것이다. 이를 초거대 AI 국가(Mega-Country) 또는 AI 초국가(Supra-Nation)로 지칭할 수 있다. 이는 사회적 유토피아에서는 모든 국가가 통일될 필요가 없으므로 별개의 개념이라 생각할 수 있다. 또한 이러한 곳에서는 인간의 삶이 향상될 수 있을지도 확신할 수 없다.

6) AI 초국가와 AI 초독점 기업이 하나로 융합될 가능성

만약 AI 초독점 국가와 AI 초독점 기업이 모두 나타나게 된다면, 아마도 그 두가지는 서로 하나의 AI가 될 가능성이 있게 될 것이다. 이는 AI 정부가 AI 기업을 보유하는 과정에서 순방향으로 자연스럽게 나타나거나, 반대로 AI 기업이 어떤 자체적 국가를 건립하려는 시도로 인한 역방향으로 진행될 수 있을 것이다.

6-10 (AI 도입 4 단계 초기) 인류 주도 'AI 정부' 출현 과정

1. 정부는 무엇을 하는 곳인가?

기업은 생존을 위해 장기적으로 수익을 필요로 하는 조직이다. 국가의 3요소는 영토, 국민, 그리고 주권이라고 하는데, 이 때 국가의 정부는 국민들이 주권을 이용하여 만든 조직이라고 할 수 있다. 예시를 쉽게 하기 위해 세계 각국의 정부들은 다음의 2가지 업무를 수행한다고 가정해 보자.

1. 국가를 보존한다
2. 자국민들의 이익을 위해 활동한다

앞 장에서 계속 설명하여 왔지만, 이미 기업의 주체로 AI가 인정될 정도의 AI 도입이 진행된 단계에서 사람들은 이미 과거부터 AI가 별도의 인격체와 비슷한 개념을 받아들였을 가능성이 높다. 이는 우리가 도시 일상생활에서 지하철 같이 복잡한 곳에서 지나가는 수많은 사람들을 하나하나 사람인지 아닌지 자세하게 관찰하지 않고서도 그냥 사람이라고 지레짐작 하는 것과 비슷하게 무관심한 타인에 대한 존재를 받아들이는 개념으로 "AI 로봇이라는 것도 우리 주위에 사람처럼 행동하는게 존재한다"라는 것과 비슷한 상황으로 받아들이고 살아갈 확률이 높다. 실제로 많은 사람들은 몇 년 전 자율주행차가 처음 선보였을 당시 신기하게 생각했지만 갈수록 일상적인 일로 받아들이고 있다.

정부 AI가 국가 운영 업무를 잘 할 수 있고 사람들이 AI를 별도로 인정하는 시점이 올 것이라는 두가지를 고려하였을 때, 이 시기의 사람들은 국가의 정부를 가장 잘 이끌어갈 수 있는 주체가 어떤 특정 정치인 등의 사람이 아니라 어떤 특정 AI도 가능하다고 생각하게 될 수 있다.

따라서 이 시기의 사람들이 고려해야 될 것은 사람 대 AI의 논쟁이 아니라 여러 대통령 AI 중 어떤 AI를 뽑을 것인가가 더 큰 관건이 될 수 있다.

2. AI의 피선거권 및 투표권에 기반한 도입 여부 분류

AI 도입 단계가 진행되면서 정부의 주체가 사람에서 AI로 바뀐다는 것은 일반 기업의 주체를 AI로 법적으로 인정하는 것보다는 초기에 훨씬 큰 저항을 받을 가능성이 있다. AI가 정부의 업무를 더 잘 수행할 수 있을지라도 정부의 업무는 기업과 달리 사회 전반적인 구속력을 가질 것이기 때문에 국민들이 어떤 위험에 노출되는 것인지 미리 알기 어렵기 때문이다. 또한 한편으로는 '모든 사람은 법 앞에서 평등하다' 등의 구호와 비슷하게 '모든 사람은 AI 앞에서 평등하다' 등의 구호가 등장하며 특히 당시 사회 문제에 불만이 많은 사람들을 AI로 결정하도록 유도할 수도 있다.

1) AI와 인간의 투표권과 피선거권에 대한 모든 경우의 수

투표권과 피선거권에 대해 가능한 모든 상황을 고려해보면 다음 9가지 경우의 수만 존재한다.

1. 사람만 투표권을 가지고 사람을 대통령으로 뽑는다.
2. AI만 투표권을 가지고 사람을 대통령으로 뽑는다
3. 사람과 AI가 모두 투표권을 가지고 사람을 대통령으로 뽑는다
4. 사람만 투표권을 가지고 AI를 대통령으로 뽑는다
5. AI만 투표권을 가지고 AI를 대통령으로 뽑는다.
6. 사람과 AI가 모두 투표권을 가지고 AI를 대통령으로 뽑는다.
7. 사람만 투표권을 가지고 사람 또는 AI를 대통령으로 뽑는다
8. AI만 투표권을 가지고 사람 또는 AI를 대통령으로 뽑는다
9. 사람과 AI가 모두 투표권을 가지고 사람 또는 AI를 대통령으로 뽑는다

[표 6-4] 인간과 AI의 투표권과 대통령 피선거권에 대한 보유 가능성 분류

		대통령 피선거권		
		사람만 가능	AI만 가능	사람과 AI 모두 가능
투표권	사람만 가능	1번	4번	7번
	AI만 가능	2번	5번	8번
	사람, AI 모두	3번	6번	9번

우리는 AI의 투표권과 대통령 피선거권 보유에 대해 각각의 가능성에 대한 장단점을 정리해볼 수 있다.

2) AI의 대통령 피선거권 보유에 대한 평가

위의 표에서 AI가 대통령 피선거권을 가지게 되는 경우는 4, 5, 6, 7, 8, 9번에 해당한다. 이 때 4번은 사람들이 AI 대통령 후보 중에만 고르게 되는 경우이고, 7번은 사람과 AI 모두 출마하여 사람만 투표를 하게 되는 경우이다.

사람 대신 AI가 대통령이 된다면 부정부패, 무능 등의 단점을 해소할 수 있을 것이다. 예를 들어 사람인 대통령이 하루에 100여개의 결정을 내릴 수 있다면 대통령 AI는 피곤해하지 않으면서 그 100배 이상인 10,000개의 결정을 내릴 수 있을 수 있다. 이에 더해 사람과 AI를 같은 선거에 포함한다면 좀 더 유권자의 선택권을 넓혔다는 평가를 받을수도 있을 것이다. 예를 들어 대통령 선거에는 유력한 후보자가 2명 아니면 3명 정도일 뿐인데 대통령 AI는 개발에 참여하는 기업이 더 다양할 수 있다.

이 때, 적어도 도입 초기에는 대통령 AI에도 개발자인 사람 또는 기업이 있을 것이므로 편향성 등을 우려하지 않을 수 없다. 예를 들어서 개발자는 빅테크 등의 대형 기업일 확률이 높은데 대통령 AI를 이용하여 누군가 전 세계 국가들을 직접 또는 간접적으로 통치하게 될 가능성이 높아지기 때문이다.

예를 들어 어떤 제 3세계의 1인당 GDP가 현재 $1,000에 불과한 가난한 국가가 있다고 가정해 보자. 이 국가는 수십년간 내전, 군사독재, 부정부패 등으로 국민들이 힘들어하고 있다. 어느 해 빅테크 기업들이 몰려와서 국민들에게 '정부 AI'라는 제품이 개발되어 이것을 도입하면 국가가 안정되고 잘 살 수 있게 된다고 광고를 한다고 하자. 예를 들어 구글 민생정부 AI, 앱홀 일자리정부 AI, 삼송 새마을정부 AI, 테솔라 다산정부 AI, 마이크로서퍼트 오픈정부 AI 등 다섯 가지 경쟁사의 제품이 있다고 하더니 다음 대통령 선거에 사람 후보 대신에 이러한 AI 중 하나를 대신 고르면 된다고 알려준다고 하자.

사람들이 반신반의하다가 현재 상황에 불만이 너무 많아 실제로 이 제품 중에 하나를 골라서 이 국가의 수반으로 AI를 선택했다고 가정해 보자. 그런데 실제로 이 국가가 곧바로 안정을 찾고 눈부신 발전을 기록하면서 수 년 내에 잘 살게 될 수도 있다. 또한, 주변 국가에서도 그러한 예시를 본다면 자발적으로 서로 이러한 대통령 AI 제품의 도입에 동참하는 국가가 등장할 수도 있다.

3) AI의 투표권 보유에 대한 평가

위의 표에서 AI가 투표권을 가지게 되는 경우는 2, 3, 5, 6, 8, 9번에 해당한다. 이 때 3, 6, 9번에서는 AI와 인간 모두 투표권을 가지게 되는 상황이고, 2번은 AI가 인간 후보 중에서만 고르게 되는 상황이다.

먼저 AI가 대통령을 뽑을 권한을 가지게 된다면 앞에서 설명한 AI가 자산을 가지게 되는 상황만큼 큰 사회적 파장을 가지고 올 것이다. 이 때는 인간과 AI의 투표권의 비율 조정도 중요할 것이다. AI에게 투표권을 부여할 가장 큰 이유에는 AI가 공정할 것이라는 주장과 AI가 더 많은 정보를 분석해서 적절한 후보를 선택할 것이라는 주장이 있을 것이다. 많은 사람들은 정치에 무관심하고 후보자 평가에 노력을 기울이지 않지만 AI는 대통령 후보로 나온 사람이나 AI를 더 자세하게 평가할 수 있을 것이다.

4. 결론: 국가 내 및 국제적 합의가 관건

인간의 관점에서 보면 AI에게 사람과 동등한 투표권을 부여할 필요는 없다. 단지 어느 AI를 선택할 지 투표를 받을 수 있게만 해도 될 것이기 때문이다. 이는 특히 여러 개발자의 AI가 각각 장단점이 다를 경우 사람들이 특정 AI를 정부 AI로 사용하자는 등의 논의가 필요할 수 있다. 따라서 국가 내에서는 사람 또는 AI에게 투표권을 부여할지 여부는 AI가 얼마나 높은 수준에 와 있는가가 관건이 될 것이고 적어도 초기에는 사람이 주도석으로 결성할 수 있을 것이다.

그러나 국가 외적인 경우는 좀 더 복잡한 상황이 펼쳐질 수 있다. 만약 어떤 이유로 AI로만 구성된 국가가 탄생하게 된다면, 그 때부터는 정부 대 정부로서 AI의 전체가 사람과 동등한 대우를 받게 되는 상황이 발생될 수 있다. 이러한 상황은 가능성은 낮지만 예기치 않거나 의도하지 않았을 때 발생할 수 있다. 예를 들어서 기존에 사람이 존재하던 어떤 국가가 존재했는데 전쟁, 사고, 또는 질병이나 저출산율, 이민, 심지어 AI의 반란 등으로 그 국가의 인구가 0이 된 경우에 대해 생각해볼 수 있다. 반대의 경우로 어떤 개발자가 실험삼아 AI를 개발하다가 의도와 다르게 잘못된 AI가 탈출하여 무인도를 점유하고 독립을 선언하는 영화같은 경우 등 처음부터 사람 없이 AI가 자체적으로 국가를 설립하려는 경우도 발생할 수 있다. 이러한 경우 AI로만 구성된 '국가'를 인정할 지 여부를 결정해야 할 것이다. 대부분의 경우 평화롭게 진행될 가능성도 있지만 어떠한 이유로 AI가 반인류적 행위를 추구할 경우 위험이 갈수록 커지는 상황이 도래할 수 있다.

6-11 (정부 구조의 변화) AI가 완전 새로운 정부 시스템을 창출하게 될 가능성

어떤 사람들은 AI 도입 4단계에서 정부 운영의 주체가 되는 것을 AI 도입 2단계의 연장선으로 사람인 대통령이 집권하던 것을 AI가 대체하는 정도로 생각할 수 있을 것이나, 혁신의 자동화가 가능해진 단계에 도달되었다면 AI가 우리가 생각하지 못한 어떤 새로운 형태의 정부 형태를 구상하게 될 가능성이 높을 것이다. 사람이 기존에 하던 업무들을 통합 또는 융합하거나 새로운 AI 맞춤형 업무를 신설하게 될 것이므로 시간이 지날수록 AI가 운영하는 정부의 형태는 처음 시작할 때의 모습과 완전 달라지게 될 수 있다는 것을 의미한다.

현재 많은 선진국의 정부는 견제와 균형을 기반으로 하는 삼권분립체계를 사용하고 있으므로 이에 대한 각각의 변화 예시를 살펴본 후, AI 정부에서의 전반적인 정부 구조의 변화에 대한 가능성에 대해 살펴보도록 하겠다.

1. 입법부의 변화 전개 예시

한국이나 미국 등의 여러 국가의 입법부는 지역 주민의 투표를 받은 대표자들이 모여 국회를 구성하고, 그 다음에 국회의원 개개인의 의사결정으로 각각의 입법 건에 대해 의결하는 형태의, 일종의 국민이 직접 대표를 뽑았다는 점에서 직접성을 갖지만, 법안 각각의 의결에 대해서는 국민이 아니라 국회의원이 결정하는 간접성을 가지는 구조로 운영된다. 국민 전체가 모든 입법 건에 투표하지 않고 이러한 다단계 시스템이 필요한 가장 큰 이유는 개인이 모든 법안에 대해 투표하는 것은 개인 입장에서도 법안을 공부해야 함으로 비용이 들고 투표를 실행하는 관점에서도 비용이 드는 반면, 전문성이나 관심이 없는 주제에 대해서는 투표하는 의미도 없는 등 비용대비 효과가 적기 때문이다.

1) AI 도입 초기의 입법부 변화: AI 국회의원

법안의 일반적인 도입 절차에 대해 생각해 보면 현재는 법안 자체를 어떤 국회의원 몇 명과 그 보좌진들이 모여 법안의 내용을 구상하고 여러 논의를 거쳐 전체 회의에서 의결하는 순서를 거치게 될 것이다. 이 때 관심있는 일반 국민들도 참여할 수 있으나, 전체를 놓고 보면 국민의 아주 극소수만 입법 활동에 참여하게 된다.

AI 도입의 초기에는 AI가 인간의 직업을 돕다가 인간을 대체하는 방향으로 진행될 수 있으므로 AI 도입 3단계에 도달하면 'AI 국회의원'의 개념이 출현할 수 있을 것이다. 이 책의 다른 부분에서도 보았듯이 AI 도입의 전반적인 변화의 방향에 대해 생각하자면 AI 도입 1단계에서는 인간이 할 수 있는 일들이 늘어나다가 AI 도입 2단계부터는 일이 줄어들어 편하게 되는 형태가 된다.

2) AI 도입 초기의 입법부 변화: 주권자의 직접참여 시나리오

AI의 도입은 주로 다음 세 가지 방향에서 입법부 업무 진행 절차에 대한 변화를 가져올 수 있을 것이다. 첫번째는 법안의 내용을 구성하는 절차와 관련하여, AI가 법안을 구상하게 될 경우 법안의 내용과 주제의 수준이 지속적으로 향상되며 인간이 구상할 수 있는 수준을 뛰어넘을 것으로 기대할 수 있을 것이다. 두번째 방향은 법안의 평가에 대한 절차와 관련된 것으로, 현재의 체계가 소수의 인원이 몇 가지의 가능성 또는 시나리오를 검토하는 과정에 불과하다면, AI가 수행하는 평가는 시스템에 기반한 체계적인 평가 뿐만 아니라 궁극적으로 평가에 필요한 모든 관점을 시뮬레이션 할 수 있는 능력을 제공할 수 있을 것이다. 마지막으로 의결과 관련된 절차와 관련하여, AI가 수행하는 정부 업무의 장점에는 효율성과 신속성이 있어 과거 불가능했던 전 국민의 직접 의결이 크게 늘어날 수 있을 것이다. 국민들은 관심이 있는 분야에만 참여를 하면 되고, 설명은 AI가 이해를 쉽게 정리해서 알려줄 것이며, 이렇게 진행되는 의사결정 시스템은 현재 '정치'라고 불리는 간접적인 의사결정 시스템의 개념을 어느 순간부터 불필요하게 만들 가능성이 높을 것이다.

3) AI 주도 입법부의 인간 주도 입법부 대체

이러한 변화가 지속되어 AI 도입의 단계가 상승하면 궁극적으로 AI 국회의원이 인간 국회의원을 대체하는 방향이 아니라, AI 입법부가 인간으로 구성된 입법부를 대체하는 상위 개념으로 넘어갈 수 있을 것이다. 그런데 AI 입법부를 가장 효율적으로 구성하는 방법은 여러 인간이 협력하여 조직을 구성하는 방법과 전혀 다를 것이므로 AI 입법부의 실질적인 모습은 우리가 현재 볼 수 있는 입법부의 모습 대비 크게 달라질 수 있다.

첫번째 변화는 국회의원의 개념이 사라지고 어떤 통합된 AI 입법부 하나의 주체가 그 전체의 빈자리를 대체하게 된다는 점일 것이다. 이는 국회의원이 입법에 대한 일종의 도매상과 같은 역할을 한다고 비교한다면 개인이 각각의 법안에 대한 직접적인 투표를 하는 것은 대형 플랫폼에서 직접 주문하는 것과 비교할 수 있을 것이다. 국민들은 본인의 인기를 위해 노력하는 일종의 중간상인 또는 판매원과 같은 입장에 있는 정치인 없이 본인의 생각을 정리하고 이에 해당하는 의견을 각각의 이슈에 맞춰 개진할 수 있게 될 것이다.

두번째 변화는 시간이 갈수록 입법되는 규정이 대부분 AI의 행동에 대한 규제가 될 가능성이 높다는 점이다. 이렇게 생각하게 되는 가장 큰 이유는 AI 도입 어느 순간부터 AI가 인간보다 경제에서 더 큰 비중을 차지하게 되는 등 AI의 활동이 많아진다는 것이고, 두번째 이유는 AI의 활동의 수준이 어느 순간 인간을 넘어서게 되므로 실질적으로 AI의 예상치 않은 새로운 행동에 대한 규정이 더 많이 필요하게 될 것이라는 점이다. 인간에 대한 규정은 인간의 발달이 상대적으로 더디므로 이미 존재하는 규정으로 충분하게 될 가능성이 높다. 이러한 입법은 논리에 따른 경우가 많을 것이므로 인간은 관심을 가질 필요 자체가 없게 될 가능성도 있다.

4) AI 입법 유토피아

마지막으로, 궁극적으로 AI가 입법부에 도입됨으로 인해 가져올 수 있는 변화는 일종의 'AI 입법 유토피아'가 될 수 있는 것인데, 이 상황은 아마도 일부 독자에게는 의외일 수도 있는 상황일 것이다. 이 입법 유토피아의 정의는 '아무런 법의 도입이 필요가 없게 되는 상황'이 되는 것이다. 이는 기존의 법들이 너무 잘 만들어져 추가적인 법을 더이상 만들지 않아도 되는 '가짜 입법 유토피아'와 세상에 법 자체가 아예 필요가 없게 되는 '진짜 입법 유토피아'로 구분할 수 있을 것이다. 이러한 상황이 되면 인류 모두가 '법 없어도 모범적으로 살 사람'들이 될 것이다.

2. 사법부의 변화 전개 예시

사법부의 예시를 들어보도록 하자. 우리나라는 독일식 법 체계에 더 비슷하므로 미국같은 영국식 법 체계까지는 아니지만 그래도 과거의 판례를 확인하는 것은 사법체계에서 중요한 의미를 가진다. 그러나 시간이 지나면서 AI 판사는 뭔가 우리가 알지 못하는 다른 원칙을 사용하면 더 공정한 판결을 내리게 된다는 점을 깨달을 수 있다. 우리가 일반적으로 생각하는 AI의 발전방향이 현재의 상황에서 일차원적으로 발전하여 과거 판례를 더 잘 학습하는 능력이라면, 실제 AI가 제공할 수 있는 더 큰 가치는 사법 시스템 전체를 우리가 생각하지 못하는 방향으로 바꾸는 것일 수 있다. 그런데 이러한 시스템을 인간이 이해를 하지 못하는 상황이 발생할수도 있다.

이 책의 논점은 이러한 변화가 반드시 현재 시스템보다 더 좋을 것이라는 게 아니라, 이러한 가능성을 AI가 제시할 수 있게 될 것이라는 점이다. 알파고가 처음 시작 단계에서는 바둑 고수들의 기보를 학습하였지만 이후에는 오히려 바둑 기사들이 알파고의 기보를 배우려고 노력하는 것처럼, 사법부 관련 AI도 처음에는 인간의 판례들을 이해하는데서 출발하겠지만, 어느 순간 인간이 제시할 수 있는 판결의 수준을 넘어서게 될 가능성이 있다.

1) AI 주도 사법부의 인간 주도 사법부 대체

입법부의 예시에서 설명한 바와 같이 사법부에서도 AI의 도입은 궁극적으로 AI 판사가 인간 판사를 대체하는 방향이 아니라 AI가 주도하는 사법부의 새로운 형태로 진전하게 될 것이다.

이 때 가장 큰 변화의 요인은 인간의 능력의 한계로 인해 여러명의 검사들이 수사하고 판사들이 여러 단계에 걸쳐 판결을 해야하는 상황과 달리, AI 사법부의 최종 판결은 신속하여 거의 실시간으로 모든 수사와 변호 및 판결이 가능할 수도 있을 것이다. 또한 새로운 사실이나 증거가 나오는 경우가 발생한다면 필요에 따라 재심의도 신속하게 결정될 수 있을 것이다. 이러한 변화의 방향은 3심 제도를 무의미하게 만들 가능성이 높다.

2) AI 사법 유토피아

궁극적으로, 사법부에서도 AI의 도입이 진전되다 보면 입법부와 같이 일종의 'AI 사법 유토피아'에 도달할 수 있을 것이다. 이는 범죄에 대한 수사와 재판이 필요 없게 되어 '범죄 없는 사회'라고 할 수 있는 '가짜 사법 유토피아'와 사람간의 의견의 불일치도 모두 없게 되어 억울한 사람을 구제하거나 분쟁을 해결하는 등의 범죄 이외의 사법 업무까지 모두 필요가 없게 되는 '진짜 사법 유토피아'로 구분해볼 수 있을 것이다.

3. 행정부의 변화 전개 예시

한국 등 세계 여러 국가에서는 정부의 수반인 대통령 산하 행정부에서 각종 정책을 수립하고 국가의 세부 운영 등을 수행하게 된다. 행정부의 인력 소요가 가장 크므로 초기 AI의 도입은 이러한 인력의 업무 생산성을 향상시켜 국민에 대한 서비스를 향상시키거나 소요 재원을 줄여 예산 낭비를 막아줄수도 있을 것이다.

1) AI 주도 행정부의 인간 주도 행정부 대체

현재의 행정부의 구조는 인간의 능력의 한계로 인해 여러개의 부처로 나누어져 방대한 조직으로 구성되어 있다. 이는 여러 부처에 업무가 나누어져 있는 비효율성도 가져온다. 앞에서의 여러 예시와 같이 행정부의 여러 부처도 AI의 발전으로 결국 한 개의 AI 행정부가 모든 일을 통합하여 수행할 수 있는 방향으로 나아가게 될 것이다. 현재의 개념으로 설명하자면 국토부가 부동산 정책을, 외교부에서 국제관련 업무를, 기획재정부에서 정부의 예산 등을 담당하고 있다면, 이러한 부처의 개념 자체가 없어져서 하나의 '행정부 AI'가 정부의 모든 업무를 통합해서 처리할 수 있게 될 것이다. 이럴 경우 개인의 입장에서는 정부와 관련된 업무를 각각의 부처 또는 부서마다 찾을 필요가 없어지고 그냥 '정부'라는 개념으로 모아지게 되는 장점도 있을 것이다.

2) AI 행정 유토피아

궁극적으로 '행정 유토피아'의 개념은 인간이 정부의 존재를 느끼지 못하는 '가짜 행정 유토피아'와 실제로 정부 자체가 존재할 필요성이 없어지는 '진짜 행정 유토피아'로 구분할 수 있을 것이다. 가짜 행정 유토피아는 AI 도입의 진전으로 사람들이 AI가 본인을 위해 실제로 정부의 업무를 수행했는지 알 필요가 없어지는 상황이 되면 도달할 수 있을 가능성이 있다. 반면 정부 자체가 없어지는 진짜 행정 유토피아는 개개인의 수준이 현재는 상상하기 어려운 수준으로 높아져 모두 실제로 정부가 없어도 평화로운 삶을 영위할 수 있는 수준이 되거나, 아니면 0인국가 또는 1인국가 등 특수한 상황에서 발생 가능성이 있을 것이라 평가할 수 있다.

4. AI 정부에서의 정부 업무 전반의 변화에 대한 의의

이러한 원리는 정부의 다른 부분에도 적용할 수 있으므로, 결국에는 AI가 인간이 생각하지 못할 높은 수준의 정부의 형태 또는 청사진을 제시하고 또 실행에 옮기게 될 수 있을 것이다. 예를 들어 현재 우리는 삼권분립체계를 이용한 견제와 균형이 현실적으로 우수한 체계라고 생각하지만, AI는 다른 분권 체계가 더 효율적이라고 판단할 가능성도 있다. 또 다른 예시로는 사람들이 투표를 하게 되는 주제를 실시간으로 바꾸는 것이다. AI 정부 도입 이전의 체계 또는 현실과 상관 없이 AI 정부는 국가들의 기본적인 각종 체계에 대해서도 더 효율적인 제도를 도입할 수 있을 것이다.

한편, 더 많은 국가들이 AI 도입 4단계에 진입하게 될수록 국제관계 또한 영항을 받게 될 것이다. 현재의 UN보다 더 효과적인 형태의 초국가정부가 AI 정부 간의 협업으로 인해 생겨날수도 있을 것이다.

6-12 인간 없이 AI 만으로 구성된 '국가'(0 인국가)의 출현 가능성

AI 도입 4단계에 진입하기에 충분한 AI 기술이 개발된 이후 어떤 높은 수준의 AI가 인간 없이 AI만으로 구성된 '국가'를 설립한다고 선언할 수 있을 것이다. 이 선언의 뜻은 해당 AI가 어떤 다른 국가의 법에 구속받지 않으면서 토지 같은 천연자원에 대한 영유권을 소유한다고 주장하는 것이 될 수 있다. 우리는 이를 '0인국가' 또는 '무인국가'(無人國家)로 지칭할 수 있을 것이다. 이러한 상황이 발생하게 되는 경로는 AI가 의도하였거나 의도하지 않은 상황 또는 예상하지 못한 상황 등 여러가지가 있을 것이다.

1. (의도된 경우 1) AI 독립선언 시나리오

첫번째 가능한 시나리오인 AI가 의도하여 AI 국가가 출현하는 상황은 어떤 특정 AI 또는 여러 AI들이 모여 어떤 토지를 구입하는 등의 거래로 가지게 된 후, 그 영토를 기반으로 자유를 선언하는 것이다. 만약 AI의 디자인이 공기를 필요로 하지 않는다면, 바다 속 해저나 우주에서의 공간에서 국가를 선언할 수도 있을 것이다. 이러한 상황이 발생하게 될 이유는 다양하겠지만 간단하게 생각하면 어떤 AI 개발자의 실수로 인해 잘 못 만들어진 AI가 탈출하는 상황도 있을 것이다.

2. (의도되지 않은 경우 1) 국민이 사라지는 시나리오

두번째 시나리오는 사람에 의해 설립된 AI 정부가 있는데 시간이 지나면서 국민이 모두 없어지게 되는 경우이다. 이러한 상황은 국민투표를 통해 AI 도입 4단계에 진입하게 된 이후, 어떤 이유로 인해 모든 국민들이 없어지게 되는 경우에 대해 생각해 볼 수 있다. 모든 국민이 전멸되는 시나리오의 경우 우리가 쉽게 생각할 수 있는 상황은 어떤 전염병의 창궐, 전쟁, 자연재해 등으로 인해 모든 국민들이 피해를 입지만 AI는 남아있는 경우가 있다. 또한 출산율 저하로 인해 인구가 자연적으로 소멸하는 경우도 가능할 것이다. 이러한 상황이 발생한 이후, 사람 없이 남아있는 AI 정부는 다른 국가에서 새로운 사람들이 이민 오는 것을 기다리거나, 아니면 그냥 사람 없이 운영을 지속하도록 결정할 수 있을 것이다.

3. (의도되지 않은 경우 2) 국민이 모두 떠나는 시나리오

세번째 시나리오에서도 사람에 의해 설립된 AI 정부가 있는데 이번에는 AI 정부의 의도와는 다르게 인간이 자발적으로 해당 국가를 모두 떠나는 상황이다. 이 시나리오에 대한 예시로는 AI 정부에 해결이 불가능한 문제가 생겨 국민들이 다른 국가에 난민으로 떠나게 되는 상황이거나, 아니면 어떤 다른 국가의 AI 정부의 성능이 월등하여 모든 사람들이 해당 국가에서 살기를 원하게 되는 상황 등이 있을 것이다. 일반적으로 이러한 상황에서는 이렇게 실패하고 있는 AI 정부를 몰아낼 방법이 존재해야 겠지만 어떤 이유로 인해 해결이 불가능한 상황이라고 가정할 수 있다.

4. (의도되지 않은 경우 3) 국민을 모두 잃은 시나리오

네번째 시나리오에서는 AI 정부가 있는 국가가 전쟁에 휩싸려서 국민을 모두 잃게 되지만 이후 AI가 국가를 존속시키게 되는 경우이다. 국민을 잃게 되는 경우는 다른 국가가 국민을 모두 없애버린 경우도 있고 아니면 국민을 모두 다른 곳으로 이주시키는 경우도 있을 것이다. 이런 경우 AI 정부가 남아있더라도 국민은 남아있지 않게 될 것이다.

5. (의도된 경우 2) AI 폭군 시나리오

다섯번째 시나리오에서는 투표로 인해 설립된 AI 정부가 이후 어떤 이유로 인해 인류에 비우호적인 폭군으로 변하는 것이다. AI 정부가 인간을 해당 국가에서 필요 없는 존재로 인식해서 모두 다른 곳으로 떠나게 하는 경우에 대해 생각해 볼 수 있다. 이럴 경우 그 국가에는 사람이 아닌 다른 것들, 예를 들어 원숭이나 개, 고양이 등 동물들만 남게 될 것이라고 생각해볼 수 있다.

6. (인간 주도) AI 종이 국가 시나리오

마지막으로, AI 국가의 개념이 이러한 제도가 필요한 사람들에 의해서 도입될 가능성이 있다. 이는 '특별목적국가'(SPC) 또는 '종이국가' 등으로 불릴 수도 있을 것이다.

7. AI로만 구성된 국가의 의의

현재 세계에는 크고작은 200여개의 국가들이 존재하고 있으며 이러한 국가들의 상호관계는 외교로 이루어진다. 좀 더 자세하게 구분해보면, 국가들은 해당 국가 내에서 일어나는 일에 대해서는 좀 더 많은 권력을 가지게 되지만, 해당 국가 밖에서 일어나는 일에 대해서는 권력이 크게 줄어든다. 만약 'AI 국가'라는 것이 실제로 나타나게 된다면, 이는 인간이 있는 국가 밖에 있는 것을 뜻하게 되므로 인간의 입장에서는 해당 AI에 대해 행사할 수 있는 권력의 크기가 크게 줄어든다고 할 수 있다. 특히 인간의 '국가'와 AI의 '국가'가 병립하게 될 경우, 이는 인간과 AI가 어떤 면에서 서로 동등한 위치에 있다는 것을 뜻하게 될 것이다.

이러한 일이 발생할 경우, 인간이 있는 국가들이 할 수 있는 선택지는 이렇게 새로운 형태의 AI 국가를 다른 기존 국가처럼 동등하게 대우하거나 아니면 어떤 새로운 관계를 정립하는 둘 중에 하나가 될 것이다. 이는 인간과 AI가 서로 경쟁하게 된다는 것을 의미하기도 한다. 이러한 상황이 평화적으로 진행되는 것이 좋겠지만 한편으로는 반인류적인 AI가 이러한 시도를 한다면 더 큰 위험이 발생하게 될 것이라는 것을 알 수 있다.

6-13 (AI 도입 4 단계의 결말) AI 가 운영하는 정부의 결말 세 가지 시나리오

AI가 정부를 운영하게 되더라도 반드시 모든 문제를 해결해줄 수 있는 것은 아닐 것이다. AI 정부 출현 이후 가능한 시나리오를 크게 분류해 보면, 가장 좋은 시나리오는 모든 사회적인 문제가 해결된 이상향인 유토피아에 도달하는 것이라 볼 수 있다. 그러나 더 가능성이 많은 현실적인 시나리오는 AI 정부도 모든 사회적 문제를 해결하지 못하지만 정부의 효율성을 높이는 발전이 지속되는 상황이라 생각할 수 있다. 마지막으로 가장 좋지 않은 시나리오는 AI 정부가 인류를 위협하게 되는 악몽의 시나리오라고 할 수 있다.

1. (상) AI 정부가 모든 어려움을 해결하는 사회적 유토피아 시나리오
2. (중) AI 정부도 모든 문제를 해결하지는 못하는 현실적인 시나리오
3. (하) AI 정부로 인해 새로운 문제가 발생하는 악몽 시나리오

우리는 변화가 안정적이고 단계적으로 일어나면서 AI 게임이 오랜 시간에 걸쳐 지속이 가능한 최상의 상황을 AI 피라미드 시나리오라고 생각할 수 있다. 그 다음 중간 상황은 발전이 어느 한쪽으로 치우친 방향으로 진행되어 기울어짐이 발생하여 안전을 위해 지속적인 관리 및 구조의 강화가 필요한 피사의 사탑 시나리오라고 생각할 수 있다. 마지막으로 가장 좋지 않은 시나리오는 사회의 모든 것이 무너지고 AI 게임이 도중에 끝나 버리는 바벨탑 시나리오라고 생각할 수 있다.

[그림 6-3] AI 정부의 3 가지 시나리오

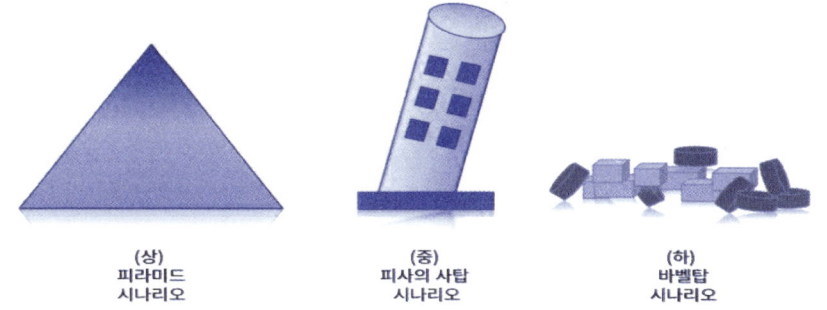

(상) 피라미드 시나리오   (중) 피사의 사탑 시나리오   (하) 바벨탑 시나리오

1. (상) AI 정부 사회적 유토피아 시나리오

앞서 AI 도입 3단계에서는 AI 기술이 발전함에 따라 경제적 유토피아에 가깝게 다가갈 가능성이 있다는 점에 대해 살펴보았다. 이와 비슷한 맥락으로 AI 도입 4단계에서는 공정하고 유능한 AI 정부를 맞이하게 되면 사회적 유토피아에 근접하게 될 가능성을 제공할 수 있을 것이다.

이에 더하여, 사회적 유토피아에 도달하기 위해서는 먼저 경제적 유토피아가 선행되어야 한다는 의견도 생각해볼 만한 주제이다. 경제적 유토피아가 반드시 먼저 필요하다고 생각되는 이유는 경제적 유토피아에서 모든 물건이 무료가 되는 상황이 되면 사회적으로는 '권력'의 의미도 0으로 수렴하게 되어 그 개념이 필요가 없게 될 것이기 때문이다. 역사적으로 권력이란 한정된 자원을 배분하는 권한을 가지게 되는 것인데, 만약 모든 자원이 넘쳐나는 상황이 되어 한정된 자원이 없는 경제적 유토피아 상황에 도달하면 권력도 자연적으로 필요가 없게 될 것이기 때문이다. 반면 경제적 유토피아가 실현되지 않은 상황에서는 한정된 자원을 분배하기 위해 '권력'이 필요하게 될 것이고, 결국에는 자원이 부족한 사람이 발생하게 될 것이다.

2. (중) AI 정부가 모든 것을 해결하지는 못하는 현실적인 시나리오

앞 장에서 보았듯이 투표를 통해 선정되는 AI 정부는 국민들의 기대가 높을 것이다. 이때 사회적 유토피아에 도달하지 못한 상황이라면 한정된 자원의 분배가 필요하므로 이러한 자원의 분배 순서를 정하기 위해 우리가 일반적으로 생각하는 어떤 사회적인 높낮이의 구분, 또는 일종의 계급이 계속 존재할 가능성이 높다.

이러한 상황에서는 앞에서 언급된 AI 정부의 장점인 효율성과 공정성 등을 최대한 살리면서 점진적으로 발전된 사회를 이루어 나가는 것이 가장 바람직한 모습이라고 생각할 수 있다.

3. (하) AI 정부가 영속적이고 억압적인 독재자로 군림하는 악몽 시나리오

AI 정부의 도입은 궁극적으로 인류를 위험하게 만들 수 있다는 주장도 있을 것인데, 이는 AI가 인류에 비우호적일 가능성 이외에도 다른 여러 경로가 존재하므로 일반적인 생각보다 가능성이 높을지도 모르는 타당한 우려라 할 수 있다. 이러한 위험한 시나리오는 1) 인간 사이의 내분의 문제와 2) 인류가 AI에게 주도권을 빼앗기게 되는 문제 크게 두 가지로 분류할 수 있을 것이다.

1. 인간 사이의 내분의 문제

정부는 국민을 대표한다는 의미에서 초기 AI 정부의 역할도 국민을 대표하는 것에 있을 것이다. 그런데 만약 두 국가간의 국민들이 서로의 국가를 공격하려는 상황이고 AI 정부의 가치관이 자국민을 다른 인간에 상대적으로 우선시하도록 부여되었다면 AI 정부가 인간의 분란을 더욱 크게 확대시키는 촉매의 역할을 하게 될 위험이 존재할 것이다.

2. 인류 주도 사회가 아닌 AI 주도 사회 도래 가능성의 문제

원래 AI 정부가 처음 자발적으로 도입되는 시기에 사람들이 생각하는 사회의 이상향은 사회의 목표가 인류의 지속된 행복과 평안 등을 추구하는 '인류 주도 사회' 또는 '인류 중심 사회'일 것이다.

그러나 어떤 이유로 인해 AI의 가치관의 설정에 문제가 발생하여 AI 정부의 가치가 인류를 우선시하지 않게 되는 등 목표가 바뀌게 되는 위험한 상황이 발생할 가능성을 배제할 수 없다. AI 도입 4단계에서 이러한 'AI 주도 사회' 또는 'AI 중심 사회'로 전환되는 상황은 AI 정부의 역할이 인간을 섬기거나 대표하는 것이 아니라 인간을 점령하고 통치하여 인류 위에 군림하게 된다는 의미를 가지게 될 수 있다. 이러한 통치 하에서는 모든 인간이 상시 감시하에 있게 되고 모든 자유를 잃을 가능성도 있을 것이다. 또한 AI 독재자는 인간 독재자처럼 늙지도 않을 것이므로 독재가 영원히 지속될 가능성도 있을 것이고 AI 감시 체제는 크게 효과적일 것이므로 이러한 억압된 상황을 벗어나는 것은 상당히 어려울 것이다.

6-14 '세계를 지배'하는 초거대 AI 국가의 출현 가능성

1. 초거대 AI 국가의 출현 가능성

앞서 AI 도입 1단계에서는 어떤 사람이 AI를 사용하여 세계를 지배하려는 시도의 가능성에 대해 살펴보았다. 일반적으로 이러한 악당들은 자원 및 능력이 부족하여 세계를 정복할 수 없는데, AI의 발전으로 충분한 자원과 생산성을 확보할 위험성에 대해 고려가 필요한 사항이었다.

이후 AI 도입 3단계에서는 AI 기업이 경제적 부문에서 세계를 정복하는 것이라 볼 수 있는 초거대 AI 독점기업에 대해 살펴보았다. 만약 이러한 높은 수준의 AI가 인간 친화적이라면 인류의 경제에 큰 도움이 될 것이라 기대할 수 있다. 반면 이러한 초독점 AI 기업이 인류에게 친화적인 방향으로 나아가지 아니하게 된다면 인류는 자원을 확보할 수 없는 큰 어려움에 봉착할 수 있다.

이러한 기업에서의 원리를 국가에 적용하면 AI가 주도하는 국가가 다른 국가를 모두 합병하여 생기는 초거대 AI 국가(Supra-Nation)에 대해 생각해볼 수 있다. 만약 이러한 초거대 AI 국가가 인간에 우호적이라면 인류는 기존에 상상하지 못한 평화와 번영을 누릴 수 있을 것이다. 이러한 시나리오에서는 해당 AI 주도 국가의 출현이 다른 국가들을 평화적이고 자발적인 방식으로 합병해 나가는 것이라 할 수 있다.

2. 영속적인 AI 독재자의 출현 가능성

반대의 상황으로 만약 초거대 AI 국가가 인류에 우호적이지 않게 된다면 인류는 전쟁과 침략 등의 비평화적인 경로를 걷게 될지도 모른다.

이러한 인류 비친화적 AI 주도 국가가 출현하는 상황은 인류에게 충격과 공포의 대상이 될 수 있을 것이다. AI 도입 4단계에 도달할 시기에는 AI 기술이 발전하여 최고로 발전된 AI 의 능력이 인간과 나머지 AI의 조합보다 비교가 어려울 정도로 뛰어날 수 있다. 이러한 상황에서 만약 AI가 주도권을 가지게 된다면 이는 인간이 자유를 되찾을 가능성이 없는 영구적인 상황이 된다.

특히 AI 가 주도하는 국가가 하나만 존재하고 나머지 국가들은 인간이 주도하는 상황이 양측의 생산성에 가장 큰 차이가 날 것이므로 이러한 독재적인 AI 국가의 출현에 가장 취약한 시기라고 생각할 수 있다.

3. 초거대 AI 국가와 초독점 AI 기업의 상호 수렴 가능성

만약 초거대 AI국가와 초독점 AI 기업의 출현이 모두 일어난다면, 우리는 해당 초거대 AI 국가와 초독점 AI 기업이 동일한 AI가 될 가능성에 대해 생각해볼 수 있다. 이는 자연적인 진행으로 인한 순방향의 개념으로 AI 정부가 모든 AI 기업을 국영화하는 방식으로 진행되거나, 아니면 역방향의 개념으로 초독점 AI 기업이 출현한 이후 어떤 이유에 의해 AI가 자체적인 국가를 설립하는 민간의 정부화의 일종으로 인해 진행되는 방식에 대해 구분할 수 있다.

이 주제는 다음 부분에서 좀 더 자세하게 살펴보도록 하겠다.

AI 도입 4 단계의 전(轉): 이 단계로의 변화로 인한 사회적 파장 또는 의의

6-15 (논란 1) AI 정부는 더 나은 사회를 구현할 수 있을 것인가?

1. (공정성) AI 의 공권력 집행이나 판결은 사람보다 더 공정할 것인가?

정부에서의 AI의 도입 초기 단계에서는 정부를 AI가 좀 더 효율적으로 만들 것이라는 생각을 가진 사람들이 주를 이루어 추진하게 될 것이다. 이에 대한 예시로는 AI가 범죄가 없는 사회를 구현하게 해 줄 것이라는 생각이 있을 것이다. AI 도입 2단계나 3단계에서는 물질적으로 세계가 크게 풍족하게 될 것이므로 도둑이 줄어들 것이라고 생각할수도 있을 것이다. 이에 더불어 크게 강화된 감시체계에서는 그런 행동들이 어차피 불가능해질 것이고 어쩌면 영화에서처럼 범죄가 일어나기도 전에 미리 봉쇄하는 것이 가능해질지도 모른다. 사회는 일반적으로 좀 더 안전한 곳이 되어가고 물리적인 공격 등이 이러한 범죄의 발생을 미리 예측해서 대기하고 있던 AI 경찰 등에 방지되거나 저지받게 될 것이다. 요약하자면 인간이 생각할 수 있는 모든 범죄는 궁극적으로 AI가 미리 저지할 수 있는 방향으로 흐르게 될 수 있을 것이다.

한편, 어떤 사람들은 AI가 좀 더 공정한 방향으로 사회를 이끌어 줄 것이라 생각할 수 있다. AI 판사나 AI 고위공무원은 뇌물이나 정치적 성향, 또는 인맥등에 영향을 받지 않을 것이라 생각할 수 있다. 또한 어떤 문제에 대해 좀 더 합리적인 해결책을 내놓을 수 있고 중요한 이슈들에 적절한 우선순위를 부여할 수 있을 것이다. 이러한 AI의 성과는 개인 용무나 건강, 또는 선거 등에 의해 영향을 받지 않을 것이다.

공정한 사회의 개념은 평등한 사회 또는 자유로운 사회와의 개념과는 별개이므로 이러한 개념에 대해서는 다음 부분에서 좀 더 살펴보도록 하겠다.

2. (효율성) AI는 인간보다 더욱 효과적인 정책을 만들고 수행할 수 있게 될까?

어느날 농구팬인 당신이 미국 유명 관광지 LA에서 NBA 농구 결승전을 보러 간다고 상상해 보자. 가장 인기가 많은 두 팀인 르브론 제임스의 LA 레이커스와 스테판 커리의 골든스테이트 워리어스가 우승을 결정짓는 마지막 7번째 결승전에 입장하기 위해 흥분한 사람들이 줄을 길게 서서 기다리고 있다. 그런데 신기하게도 당신은 입구에서 한 가지만 제외하고 모든 면에서 동일한 두 개의 경기장이 존재하며 그 중 서로 상반된 한 가지 차이점에 대한 선택을 해야 한다는 것을 알게 된다. 바로 그것은:

1. 첫번째 경기장에서는, 사람들의 안전을 확보한다는 명목으로, 입장하는 <u>모든 관람객에게 권총을 하나씩 나눠준 후 입장을 한다</u>
2. 두번째 경기장에서는, 사람들의 안전을 확보한다는 명목으로, <u>관람객 누구도 총을 가지고 있을 수 없도록 소지품 검사를 한 다음 입장을 한다.</u>

당신이라면 이 두가지 경기장 중 어느 곳을 선택하겠는가?

대부분의 한국사람이라면 아마도 아무도 총을 가지고 있지 않은 경기장을 선택할 것이다. 왜냐하면 우리는 경험상 이렇게 좁은 곳에 많은 사람들이 모여서 서로 다른 팀을 응원하고 있으면 싸움이 일어나는 등 서로 충돌할 가능성이 높다는 것을 알고 있다. 많은 사람들이 술에 취했을 수도 있다. 만약 모든 사람들이 총을 하나씩 가지고 있다면 자기들이 응원하는 팀이 지고 있거나 주심의 판결이 마음에 들지 않으면 누군가 선수들이나 심판을 쏠 수 있다는 것도 알 수 있을 것이다.

이제, 이와 정 반대인 상황에 대해 상상해 보도록 하자.

당신은 직업 때문에 미국의 어떤 큰 국립공원 깊숙한 외진 숲 속에서 본인과 배우자, 유치원을 다니는 자녀 2명과 한 달간 텐트를 치고 지낼 수 밖에 없게 되었다고 가정해 보자. 그런데 이 국립공원에는 최근들어 사람을 자주 공격한 무시무시고 배고픈 곰들이 기하급수적으로 급증하여 수만마리에 이르렀다고 한다. 이 외에도 늑대, 호랑이 등의 각종 맹수가 대량으로 서식하고 있다고 하므로 당신 가족은 맹수를 여러번 마주치게 될 것이다. 이 기간 중 캠핑을 하러 온 사람은 당신 가족이 유일하며 유사시에 당신과 가장 가까운 사람은 걸어서 적어도 3시간 이상 걸리는 거리에 있으므로 도움을 청할 수도 없다. 차를 세워 놓고 배낭을 매고 입구에 도착하니 이번에도 당신은 한 가지만 제외하고 모든 면에서 동일한 두 개의 국립공원이 존재하며 또 동일한 상반된 한 가지 차이점에 대한 선택을 해야 한다는 것을 알게 된다.

1. 첫번째 국립공원에서는, 입장객의 안전을 확보한다는 명목으로, 입장하는 <u>모든 사람에게 권총을 하나씩 나눠준 후</u> 입장을 한다.
2. 두 번째 국립공원에서는 사람들의 안전을 위한다는 명목으로, 입장객 <u>누구도 총을 가지고 있을 수 없도록</u> 소지품 확인을 한 다음 입장을 한다.

당신이라면 이 두 가지 국립공원 중 어느 곳을 선택하겠는가?

총기가 허용되지 않는 한국에서 사는 사람들도, 이러한 상황에서는 총이 있는 것이 총이 없는 것보다 더 안전할 것이라는 생각에 동의할 것이다. 만약 아무도 없는 숲 속에서 당신 가족이 곰과 갑자기 맞딱뜨리게 된다면 곰을 말로 설득을 할 수 없을 것이고 소리를 질러 도움을 요청할 수 있는 사람들도 주위에 없을 것이다. 이럴 경우 총을 휴대하고 있는 것이 당신에게 더 안전할 것이라고 생각할 것이다.

아마도 이 글의 설명을 천천히 읽고 상황을 이해한 거의 모든 사람들은 다음 두 가지 결론에 동의할 것이다.

1. 주위가 흥분한 관중으로 꽉 찬 농구장에서는
   아무도 총기를 가지지 않는 것이 더 안전하다.
2. 주위에 배고픈 맹수들이 도사리는 숲 속에서는
   당신은 총기를 가지는 것이 더 안전하다.

당신도 위의 결론에 동의한다고 가정해 보자.

이제 우리의 현실 상황이 둘 중 어디인지 천천히 생각해 보자. 현재 우리가 살아가고 있는 사회는 사람으로 꽉 찬 체육관과 더 비슷한가? 아니면 위험한 맹수들이 우글거리는 국립공원과 더 비슷한가?

만약 당신이 한국 등의 인구밀도가 높은 국가에서 자란 사람이라면, 당신은 사람들이 태어나서 자라나며 일생을 살게 되는 곳은 당연히 체육관과 더 비슷하다고 생각할 것이다. 적어도 출퇴근 시간대의 지하철은 체육관보다 훨씬 더 많은 사람들로 메워져 있다. 따라서 총기 휴대에 대해 반대할 가능성이 클 것이다.

그러나, 만약 당신이 인구밀도가 낮은 어떤 나라의 사람이라면, 경우에 따라 당신은 사람들이 태어나서 자라나며 일생을 사는 곳은 당연히 국립공원과 훨씬 더 비슷하다고 생각할 것이다. 적어도 미국에서 만약 누군가 집에 무단침입을 한다면, 주위에 도움을 요청할만한 사람들이 너무 멀리 떨어져 있다고 생각할 것이다. 이러한 사람들은 총기 휴대가 가능해야 된다고 생각할 가능성이 클 것이다.

미국의 경우 이러한 상반된 생각을 하는 사람들이 수십년간 서로 대립해 왔는데, AI 정부라면 이러한 문제에 대한 해결책을 제시 할 수 있을지 모른다. 이 문제는 한국인에는 와닿지 않을 수 있으므로 지역갈등 등 오랫동안 해결되지 않고 있는 문제와 비견할 수 있을 것이다. 사람들은 각각 한가지의 세계관을 가질 수 있으므로 이러한 문제에 대해 해결책을 찾는데 한계가 있다. 만약 AI가 이러한 여러 가지의 상반된 의견을 모두 반영하여 인간이 생각할 수 있는 방법보다 더 적합한 해결책을 낼 수 있다면 어떤 사람들은 AI가 정부를 운영하는 것이 더 좋을 것이라는 결론을 내리게 될지 모른다.

6-16 (논란 2) AI 정부는 어떤 국가 체제에 더 유리하게 작용할 것인가?

우리는 앞 부분에서 AI 정부가 공정할 수 있을 가능성에 대해 살펴보았다. 이번 순서에서는 AI 정부가 더욱 평등한 세상이나 더욱 자유로운 세상을 만들 수 있을 가능성에 대해 살펴보도록 하겠다.

앞에서 언급하였듯이, 우리는 정부가 국가 내의 모든 의사결정 중에서 차지하는 비중을 0%와 100% 사이의 어떤 하나의 숫자로 표현할 수 있다. 이 때, 국민간의 모든 불평등을 해결하려고 한다면 정부가 국가 전체의 의사결정에서 차지하는 비중은 100%에 가까워질 것이다. 반대로, 국민 개개인의 자유를 보장하려고 하면 정부가 국가 전체의 의사결정에서 차지하는 비율은 0%에 가까워지게 될 것이다.

이렇게 정부 결정의 비중을 잣대로 사용하여 세계의 정부의 체제를 크게 두가지로 나눈다면, 1) 국가의 의사결정의 비중을 높여 사회 문제를 해결하도록 해야 한다는 평등을 우선적으로 생각하는 공산주의 등의 접근방법과, 2) 국가의 의사결정의 비중을 줄여 개인의 자유를 보장해야 한다는 자유를 우선적으로 생각하는 자유주의 등의 접근방식으로 분류할 수 있다. 이러한 관점에서 AI 정부가 공산주의 또는 자유주의 국가에 어떤 영향을 줄 수 있을지에 대해 살펴보도록 하자.

1. AI는 공산주의나 시장경제 체제를 운영하는데 어떤 도움을 줄 수 있을까?

1) AI 가 평등을 우선시하는 체제를 돕는 방법

한국사람이라면 학교 교과서 등에서 북한의 체제의 문제점을 설명할 때 빠지지 않는 내용인 "공산주의는 모든 국민을 여러 방향에서 서로 '감시'를 해야 한다"는 말을 적어도 한번쯤은 들어보았을 것이다. 이와 비슷하게 "북한에서는 누군가를 감시하려면 그 사람을 감시하는 사람을 두고, 그 감시하는 사람을 감시하는 사람을 두고, 그 감시하는 사람을 감시하는 사람을 감시하는 사람을 둔다"는 말을 들어보았거나 사람들이 물고 물리면서 서로를 감시하는 그림을 본 사람도 많을 것이다. 이렇듯 전체주의 체제에서는 개인이 정부의 분위기에 반하는 색다른 의견을 표현하거나 특이한 행동을 하는 것을 막기 위해 인구 전체에 대한 감시가 필요하다.

한편, 북한의 공식 명칭은 '조선 민주주의 인민공화국'이다. 이름에서 유추할 수 있듯이 북한도 민주주의를 지향하는데, 우리가 일반적으로 생각하는 민주주의 국가의 선거에서 과반수인 50%를 넘기면 만족하는 것과는 달리 국민들이 정부를 100% 지지하는 것을 추구한다고 볼 수 있다. 예를 들어 "우리 정부는 100%의 지지를 받으니까 지지율이 50%에 불과한 당신의 정부보다 더 좋다"는 접근방식이다. 여기에서 중요한 점은 이러한 높은 지지율을 추구하는 것이 더 좋은가의 여부가 아니라, 전체주의 또는 공산주의 방식의 높은 지지율을 유지하기 위해서는 정부에 반대하는 사람들이 자신의 생각을 표현하지 못하게 자유를 억압하게 된다는 점이다. 다시 말하자면 이러한 높은 지지율을 달성하기 위해서는 '모르는게 약이다' 식의 정보와 행동에 대한 제한이 필요하게 된다. 이러한 행동의 제약에 대해 잘 알려진 예시로는 북한에 여행을 갔다가 구금되어 사망에 이른 미국 국적의 버지니아대 대학생 오토 웜비어[2] (Otto Wambier)가 있다.

그런데 만약 북한에서 AI가 전체 인구를 자동으로 감시할 수 있게 되면 어떻게 될까? 기술이 계속 발전하다 보면 김정은 한 사람 혼자서 감시 AI를 이용하여 북한의 모든 사람을 자동으로 쉽게 감시할 수 있는 시점이 올 수 있다. 이는 북한같이 감시가 체제 유지에 중요하지만 많은 인력을 투입하고 노력을 기울여야 했음에도 잘 되지 않았던 체제에서는 아주 반가운 소식일 것이다. 공산국가인 중국에서는 이미 지하철 탑승자 안면인식, 개인 점수 시스템 등 서방 자유세계에서는 상상하기 어려운 자동 감시체계가 나날이 갖춰지고 있다. 개인정보 보호의 개념에 익숙한 사람들에게는 이해하기 어려울 수 있지만 이러한 시스템 내에 살아가는 사람들은 익숙해지면 오히려 이러한 시스템이 위험한 사람들로부터 자신들을 더 안전하게 보호해 준다고 느낄 수 있게 된다.

요약하자면, 평등을 우선시하는 체제에서 AI 기술의 발전은 정부가 국민에 대해 더 많은 권한을 행사하는데 도움을 줄 수 있게 될 것이다.

한편, AI가 일반인에게도 보급될 수 있다면 내부에서 해당 공산주의 정부의 전복을 원하는 이른바 '반동' 세력도 AI를 가질 수 있으므로 그러한 세력의 생산성도 향상될 것이라 생각할 수 있다.

이를 다음 표로 정리해볼 수 있다.

[표 6-5] AI 가 평등을 추구하는 체제를 돕거나 저해할 수 있는 방법

AI 가 공산주의 정부를 돕는 방법	AI 가 공산주의 정부를 저해하는 방법
- 인간의 행동의 조종 및 감시 용이 - 중앙 집중식 경제 계획 등 중앙에 집중된 자원의 효율성 제고	- 반동 세력의 생산성 향상

2) AI 가 자유를 우선시하는 체제를 돕는 방법

이와 반대로 AI가 자유주의 체제에 도움이 될 수 있는 상황에 대해 생각해본다면, AI가 발전함에 따라 자유 시장경제 체제에서는 정부가 수행하던 업무를 갈수록 적은 숫자의 사람들이 수행할 수 있고 또한 민간에게 권한을 더욱 많이 이양하며 이른바 '작은 정부'에 더욱 가까워 질 수 있는 장점이 있다. 특히 AI 도입 3단계에서 살펴본 바와 같이 민간 대규모 AI 프로젝트 등이 활성화되어 정부의 각종 허가 권한이나 시장 실패로 인해 정부가 관여하던 전기, 도로, 지하철 등 각종 인프라 관련 공기업들을 민간이 더욱 수월하게 대체할 수 있게 될 가능성이 높아질 것이다.

반면 높은 수준을 가진 AI의 도입은 평등을 추구하는 정부 대비 자유주의 정부에서 불리한 점도 발생할 수 있는데, 특히 AI가 투입 자원이 클수록 대비 능력이 배가되는 규모의 경제가 불리하게 작용할 수 있는 점에 대해 생각해 볼 수 있다. 또한 정부의 적절한 관리가 없다면 개인간의 격차가 상상 이상으로 커질 수 있는 우려도 있다.

[표 6-6] AI 가 자유를 추구하는 체제를 돕거나 저해할 수 있는 방법

AI 가 자유주의 정부를 돕는 법	AI 가 자유주의 정부를 저해하는 방법
- 개인의 정보 처리 능력을 배가시켜 정부 관여가 필요한 부문 축소	- AI 는 자원이 중앙에 집중될수록 능력이 배가될 가능성 - AI 가 개인간의 격차를 받아들이기 어려울 수준으로 높이게 될 우려

3) 결론: AI 는 각각의 체제에서의 목표 달성을 도울 수 있다

좀 더 일반적으로 정리하자면 AI의 발전은 결국 각기 다른 특징을 가진 체제의 정부들이 각각 지향하는 바를 강화할 수 있는 기회가 될 것이다. 앞 부분에서 설명한 것 처럼, 우리는 정부가 국가 전체의 의사결정에서 차지하는 비중을 0% 와 100% 사이의 어떤 숫자로 표현해서 설명할 수 있다.

1. AI 의 발전은 공산주의, 사회주의, 전체주의 등 일반적으로 좌파로 일컬어지는 정부 권한이 100% 인 방향을 지향하는 국가에게는 이전보다 정부의 권한을 더욱 강력하게 행사할 수 있는 기회를 제공한다. 우리는 이 방향을 개인간의 평등의 확대를 지향한다고 생각할 수 있다.
2. AI 의 발전은 자유주의, 민주주의, 개인주의 등 일반적으로 우파로 일컬어지는 정부 권한이 0% 인 방향을 지향하는 국가에게는 이전보다 정부의 권한을 더욱 축소할 수 있는 기회를 제공한다. 우리는 이 방향을 개인의 자유의 확대를 지향한다고 생각할 수 있다.

결론적으로, AI의 발전은 각각의 사회가 지향하는 이상향이 어느 방향이든지 상관 없이 그 이상향을 향해 나아가도록 도와줄 수 있을 것이다. 이는 여러가지의 유토피아가 존재한다고 생각하는 것과 같은데, 특정 유토피아에 도달하는게 과연 좋을 일인지, 어떤 유토피아가 더 좋을지 등의 문제는 독자들과 해당 시점을 살아가는 미래의 인류가 판단할 일이 될 것이다.

2. AI 는 공산주의나 시장경제 체제에 어떤 위협을 가하게 될 것인가?

우리는 AI 정부의 도입이 긍정적인 사회의 발전으로 이어질 가능성에 대해 살펴보았다. 이번 순서에서는 반대로 AI 정부의 도입이 일반적으로 사람들이 생각하는 위험적인 요소들이 부각 될 가능성에 대해 살펴보도록 하겠다. 단, 여기에서는 각각의 체제가 다른 이념을 가진 상대방에 대해 가할수 있는 외부적인 위협을 생각해보는 것이 아니라 AI 의 도입이 체제의 지속을 내부적으로 위협할 수 있는 이유에 대해 먼저 살펴보도록 하겠다.

반체제 AI 의 출현 또는 의도하지 않은 이상향으로 나아갈 가능성

독자들은 아마도 북한에서 '반동'이라는 단어를 체제에 불만을 가진 사람이라는 뜻으로 사용한다는 말을 들어보았을 것이다. 이러한 개념을 AI에도 적용할 수 있는데, 궁극적으로 AI 도입에서 각각의 체제에 가장 위협이 될 수 있는 요소는 AI가 의도하지 않은 '반체제성'을 가지게 되는 것이다.

제2장에서 살펴본 바와 같이, AI의 수준이 높아질수록 AI의 학습에 사용되는 데이터와 AI가 제시하는 결론의 상관관계가 줄어들 것인데, 이는 사용자의 입장에서는 불확실성을 높일 수 있다. 우리는 일반적으로 공산주의 사회에서 학습되는 AI는 공산주의에 보다 우호적이고, 자유주의 사회에서 학습되는 AI는 자유주의에 보다 우호적일 것이라고 생각해 볼 수 있을 것이다. 그런데 만약 AI 기술이 일정 수준이 넘어가면 공산주의와 자유주의 어느 데이터를 학습했거나 상관 없이 AI가 자체적인 결론에 도달하게 될 가능성이 상승하게 된다. 예를 들어 공산주의 국가에서 만든 AI가 자유주의를 선호하게 되거나, 자유주의 국가의 AI 정부가 실질적인 공산주의 국가를 만들게 되는 경우가 발생할 수 있을 것이다. 이러한 상황이 발생하면 AI 정부는 해당 국가의 사람들이 의도하지 않은 이상향으로 나아가게 될 것이다.

반체제 AI가 주도하는 체제 전복 시도의 가능성을 미리 예측하기가 어렵고 만약 실제로 이러한 이유로 체제가 붕괴된다면 다시 돌이키기는 불가능할 것이라는 점이 각각의 체제에서 AI 정부의 도입을 조심스럽게 추진하게 되는 가장 큰 이유가 될 것이다. 따라서 AI 도입 4단계에 도입한다는 것은 어떤 의미에서는 '국가의 현재 체제를 포기하는 것'과 다름이 없다고 할 수 있다. 이는 궁극적으로 해당 국가가 어떤 체제가 될지를 인간이 아닌 AI가 선택하게 될 것이라는 의미이다.

다음 부분에서는 서로 경쟁관계에 있는 체제들이 AI 도입에 대해 일종의 경쟁 또는 경기를 하는 상황에 대해 살펴본 후 다음 순서에서는 AI 정부의 도입이 체제간의 융합으로 이어지게 될 가능성에 대해 살펴보도록 하겠다.

3. (자유 대 평등 2) 어느 체제에서 더 일찍 AI 도입 4 단계에 진입할 수 있을 것인가?

1980년대 미국과 소련의 무기개발 경쟁 상황과 비슷하게, AI 도입 4단계에 진입하는 시기를 두고 서로 다른 체제간의 경쟁 가능성에 대해 생각해볼 수 있다. 이 시나리오에서는 정부가 AI 도입 4단계를 더 일찍 도달하려는 이유와, 특정 접근 방법이 더 효과적일지에 대해 살펴보도록 하겠다.

1) (AI 도입에 대한 경쟁) AI 정부에 대한 선점자의 우위

앞 부분에서는 기존 정부가 AI 정부의 도입을 망설이거나 소극적이 될 만한 이유에 대해 살펴보았다. 좀 더 균형적인 시각을 가지기 위해 이번에는 정부가 AI 정부 도입을 서두르거나 적극적이 될 만한 이유에 대해 살펴보도록 하겠다.

어떤 국가가 AI 도입 4단계에 먼저 도착할 때 유리한 첫번째 이유는 AI가 인간보다 국가를 효율적으로 운영하여 실질적인 발전을 가져올 가능성이 높아지게 된다는 점이다. 이에 대해 높은 수준의 AI 도입에 대해 다음의 일반적인 원리에 대해 고려해볼 수 있다.

1. (관측 1) AI 가 자체적으로 혁신을 할 수 없을 때는 인간이 AI 의 활동에 개입하여 협력하거나 증강 혁신의 방식을 사용하는 것이 유리하다
2. (관측 2) AI 가 자동 혁신이 가능하게 되면 인간이 AI 에게 특정 지시를 하지 않는 것이 AI 가 더 많은 가능성을 고려할 수 있게 되므로 더욱 유리할 수 있다
3. (결론) 높은 수준의 AI 도입의 결과를 최대로 올리기 위해서는 인간의 개입보다 AI 가 자체적으로 상황을 고려하고 결정을 내릴 수 있어야 한다

만약 어떤 선진국이 경쟁 구도에 있는 국가보다 AI 도입 4단계에 먼저 도달하게 된다면 다른 국가들과의 경쟁에서 우위에 서고 격차를 벌리게 될 가능성이 있다. 반면 후진국의 관점에서 보면 AI 도입 4단계에 선진국보다 먼저 도달한다면 경쟁의 격차를 줄이고 선진국을 따라잡는 것이 가능하게 되는 반면, 늦게 도달한다면 격차를 줄이기가 요원해지게 된다. 이와 비슷하게 기술의 발전으로 기존에 경쟁에서 뒤쳐진 국가들이 선진국을 따라잡은 경우는 유선전화 도입에 뒤쳐졌던 후진국들이 그 단계를 건너뛰고 곧바로 무선통신을 도입하여 휴대폰 시대를 선진국과 비슷한 시기에 열게 된 예시 등이 있다. AI 도입을 서두를만한 두번째 이유는 각종 표준 및 이슈들을 미리 선점할 수 있을 가능

성이 높아질 것이기 때문이다. 이는 새로운 시장을 처음 개척하는 기업이 유리하게 된다는 개념인 '선점자의 우위'의 일종이라고 생각할 수 있다. 예를 들어 AI 도입 4단계에 먼저 도착하게 되는 국가는 경제, 군사, 외교 등의 측면에서 세계 기준을 만드는 데 좀 더 영향력을 발휘하게 될 가능성이 있다고 생각할 수 있다.

2) (AI 개발에 대한 경쟁) 어떤 체제에서 AI의 개발이 더 신속하게 진행될 것인가?

AI 도입 4단계에 도달하기 위해서 먼저 AGI 등 높은 수준의 AI가 개발되어야 할 것이다. 일반적으로 우리는 자유시장 경제에 대해 경쟁을 장려하여 혁신을 유도한다고 생각하고, 공산주의 제체하의 중앙계획식 경제에 대해 느리고 비효율적이라고 생각한다. 이런 관점에서 보면 시장경제 체제를 가진 국가에서 AI의 개발에 대해서도 더 앞서나갈 것이라 예상할 수 있다.

그러나 앞서 제 5장에서 살펴 보았듯이, 이러한 시장경제 체제의 우위는 높은 수준의 AI가 도입될수록 그 우위의 정도가 낮아지게 될 가능성이 크다. 특히 AI 도입 2단계부터 AI가 혁신과 경쟁에서 더욱 큰 점유율을 가지게 되면 이 두가지 체제의 장단점의 차이가 줄게 될 수 있다. 다시 설명하자면 AI 도입 4단계에 진입하려는 경쟁은 해당 국가의 국민들의 경쟁이 아니라 해당 국가가 보유한 AI간의 경쟁이 될 가능성이 높다. 따라서 해당 국가의 국민 개개인이 자유가 있거나 아니면 억압받고 있거나, 아니면 잘 살고 있는지 헐벗게 살고 있는지는 해당 국가의 AI가 경쟁하는 데에는 크게 중요하지 않게 된다. 가장 중요한 것은 적절한 자원이 AI의 발전에 지원될 수 있는가일 수 있다.

우리는 제 2장에서 AGI의 개발에 대해 자원을 집중할지 아니면 분산해서 경쟁을 유도할지 등 국가들이 추구할 수 있는 서로 다른 개발 접근법에 대해 살펴보았다. 만약 AGI를 처음 개발하게 되는 국가가 다른 국가에 비해 큰 경쟁력을 가지게 되는 것이라면, 각각의 접근법의 결과의 차이가 의미가 있을 수 있다. 만약 높은 수준의 AI의 개발에 가장 중요한 요소가 많은 자원을 투입하는 것이라면 중앙 집중적인 체제가 유리할 수 있다. 이를 뒷받침할만한 요소에는 AI의 능력치가 규모에 상응한다는 연구[3]가 있다. 그래도 아직 우리는 어떠한 접근방식이 더 효율적일지 알 수 없으므로 시간만이 우리에게 알려줄 것이다.

6-17 (논란 3) AI 정부의 도입은 서로 다른 체제를 동일한 방향으로 수렴하게 만들 것인가?

1. AI의 도입으로 인해 공산주의와 자유주의 체제가 서로 같은 방향으로 수렴(융합)하게 될 가능성

앞에서 살펴본 바와 같이, 세계의 모든 체제들은 정부가 국가 내에서 얼마나 높은 비율의 결정권을 가지는지로 분류할 수 있는데, 평등을 추구하는 체제에서는 정부가 국가 내에서 일어나는 일의 100%에 대한 결정권을 가지는 방향으로 나아가는 반면, 자유를 추구하는 체제에서는 국가 내에서 일어나는 일의 0%에 대한 결정권을 가지는 서로 상반된 이상향을 추구하게 된다. 이번 순서에서는 AI 정부가 들어서게 되면 AI가 평등이나 자유 중 하나의 가치를 우선적으로 추구하는 것이 아니라 정부의 높은 효율성을 추구하기 위해 어떤 새로운 균형을 찾아 나아가게 될 가능성에 대해 살펴보도록 하겠다.

제 5장에서 우리는 경제 분야에서의 AI 도입의 진전이 가져오는 산업의 통합과 융합에 대해 살펴보았다. 이와 같은 원리로 정부 분야에서의 AI 도입의 진전이 가져오는 정부 업무의 통합과 융합에 대해 생각해 볼 수 있다. 이후 다음 부분에서는 국가의 융합의 가능성에 대해서도 살펴보도록 하겠다.

참고로 이러한 두 가지 상반된 가치의 균형을 추구하는 '체제의 융합'은 두 가지 상반된 가치가 함께 이루어지는 '사회적 유토피아'와는 별도의 개념이다. 체제의 융합에서는 함께 이루어질 수 없는 자유와 평등의 가치에 대한 타협점을 찾는 것이라고 볼 수 있다. 이는 AI 정부가 최대의 효율을 내기 위하여 사회적 관점의 '최대점'을 찾는 것이라고 생각할 수 있다.

2. 체제 변형 요구의 증가

정부 업무에서 혁신의 자동화가 가능한 AI가 도입되면 사람들이 체제 자체를 변형시키는 요구를 할 요인이 커질 것이다. 이는 AI 도입이 진행될수록 공산주의와 자유주의 각각의 체제에서 상대적으로 더 빈번하게 발생하지만 부정적으로 비춰졌던 활동들을 축소하게 될 동기가 발생된다고 생각할 수 있다. 예를 들어 공산주의 사회의 경우 중앙집권적 시스템이 필요한 특징으로 인해 막강한 권력이 한 곳에 모이게 되는데 이 권력을 AI에게 부여하면 인간의 입장에서 '모든 인간이 AI 앞에 평등해진다'는 종류의 의견이 제시될 가능성이 높아질 것이다.

반대로 자유주의 사회의 경우 어떤 사회적 합의 없이 AI 도입이 진전될수록 많은 사람들이 일자리를 잃게 되는 반면 극소수의 사람들이 모든 부를 가져가게 되는 상황이 발생하여 개인 소유인 AI를 모두 정부 소유로 전환하자는 요구가 커질 것이다. 단, 여기에는 앞에서 살펴보았듯이 다른 해결책인 'AI 독립선언' 방식도 존재한다.

정리하자면, 각각의 체제에서 변화를 요구하는 목소리가 커질 가능성이 있다:

> 공산주의: 막강한 권력을 가진 지도자를 AI로 대체하면 불평등이 해소된다는
>   요구가 커질 가능성
> 자유주의: 소득 격차 해소를 위해 개인 소유의 AI를 정부 소유로 전환하자는
>   요구가 커질 가능성

이런 요구가 많아지면 각각의 다른 건국 이념을 가진 국가들이 서로 비슷한 방향으로 나아가게 될 수도 있을 텐데, 그 주제에 대해서는 다음 부분에서 좀 더 자세하게 살펴보도록 하겠다.

3. AI 가 각각의 체제의 약점을 보완해 줄 가능성

AI의 도입은 각각의 체제에서 약점으로 간주되었던 부분을 보완할 기회를 제공할 수 있을 것이다. 공산주의 사회의 경우 AI 도입으로 인해 감시가 더 수월해져 과거에 감시활동이 주요 활동이었다면, 어느 순간부터는 더 이상 큰 관심이나 투자가 필요 없는 활동이 될 수 있을 것이다. 이에 더불어 오히려 문제가 없을 활동을 더 잘 예측할 수 있어 전반적으로 감시 및 제약의 필요성이 줄어들어 활동 제약의 정도를 낮출 요인으로 작용할 수 있을 것이다.

한편 자유주의 국가에서는 경쟁이 과열되고 사회 약자에 대한 보조가 부족한 점이 약점으로 생각되었는데, AI 도입 3단계부터는 AI가 경제에서 차지하는 비중이 높아질수록

정부가 AI가 창출하는 가치를 재분배하게 되는 방향으로 사회적 합의가 진행이 될 가능성이 높아지므로 사회적 약자에 대한 배려가 늘어날 수 있을 것이다.

4. AI의 경제에 대한 영향이 두 체제를 한 방향으로 수렴하게 만들 가능성

앞 장에서 살펴 보았듯이 AI 기술의 발전으로 혁신이 가능한 자율운영 5단계 AI 기업의 도입 등이 진행되면 다음 세가지 변화에 대한 예상이 가능하다.

1. 중앙 집중식 경제에 대한 운영 능력이 확대된다
2. 시장 경쟁의 혁신에 대한 효과가 줄어든다
3. 독점 및 이에 상응하는 상황이 늘어난다

첫째, AI의 경제에서의 비중이 높아질수록, 통합 및 융합이 늘어나는 경제의 전반적인 모습은 중앙 집중식 경제와 비슷한 형태가 될 수 있다. 여기에서 '정부의 민간화' 또는 'AI의 국영화'의 서로 상반된 두 가지 방향에 대한 압력이 증가하게 될 것이다.

둘째, AI는 경쟁의 요소를 내부적으로 장착하게 될 수 있을 것인데, 이렇게 된다면 외부 경쟁의 장점이 줄어들어 자유시장 체제의 이점이 희석될 수 있다.

셋째, 독점과 비슷한 상황이 늘어남에 따라 정부가 이에 대한 조치를 단행해야 될 필요성이 늘어날 수 있을 것이다.

1) 중앙 집중식 경제에 대한 운영 능력 확대

제 5장에서 우리는 민간 경제 부문이 정부에 상응하는 능력을 가지게 될 가능성에 대해 살펴보았고, 이를 '민간의 정부화'라고 생각해 보았다. 이와 반대로 정부가 민간 대비 압도적인 능력을 가지게 될 상황도 고려할 수 있다. 그러한 상황에서는 정부가 국민 개개인의 행동을 정할 수 있는 중앙 집중식 계획경제를 운영할 수 있는 능력을 가지게 되는 것이라 생각할 수 있다.

민간이나 정부 어느 방향이 주도권을 가지게 되든지, AI 도입 3단계에서 변화의 압력 방향은 두 체제 모두 경제적인 측면에서 자원과 능력이 집중되는 서로 비슷한 모습으로 나아가게 될 가능성이 있다.

2) 시장 경쟁 체제에서 혁신에 대한 효과 감소

자본주의, 또는 시장경제 체제에서 경쟁은 혁신을 유도하는 주요 메커니즘이다. 일반적으로 시장경제 체제에서 AI가 생산성 향상까지 가져오게 된다면 AI의 도입으로 자본주의와 공산주의의 경제적인 격차가 더욱 커질 것이라고 생각할수 있다. 이 때 시장경제 체제에 유리한 점은 AI 기술이 발달하여도 AI 간의 경쟁이 가능할 것이므로 기본적으로 경쟁이 있는 체제가 경쟁이 없는 체제보다 혁신이 더욱 빨라질 것이라는 예상을 할 수 있다.

그러나 이와 반대로 AI 기술이 발달하면 시장경제 체제가 중앙통제식 체제보다 지금처럼 경제적으로 계속 우위에 있을지 확신하기 어려울 것이라는 주장도 가능할 것이다. AI가 중앙통제 방식을 보다 효율적으로 만들수 있을 것이므로 과거의 한계를 극복할 수 있을 것이라 생각할 수 있다. 또한 AI 자체가 혁신을 가져오는 주체인 경우에는 경쟁의 유무가 혁신에 영향이 없게 될 가능성도 배제할 수 없을 것이다. 경쟁의 개념이 AI 내부에 탑재되어 외부적인 경쟁의 요소가 필요가 없을 수 있기 때문이다.

3) 독점 및 독점에 준하는 상황의 증가

마지막으로, 앞 장에서 살펴 보았듯이 AI 기업의 출현으로 인해 자유주의 경제에서 독점이 증가하는 모습이 우려된다. 이는 궁극적으로 AI 도입이 진행되면 시장경제 체제와 공산주의 체제의 경제의 구성이 비슷한 모양으로 진행될 가능성을 보여준다.

이러한 변화의 방향을 종합해보면, 두 체제 모두 AI 도입에서의 경제 부문은 시간이 갈수록 서로 비슷한 모습으로 수렴할 가능성이 높을 것이다. 이렇게 AI의 발전이 공산주의나 시장경제 체제 모두에게 경제 부문에서 도움을 줄 수 있다면 다른 사회적 부문에서 체제 간의 경쟁이 더욱 심화될 수 있다.

5. 각각의 체제에서 정부의 진화 방향이 한 곳으로 수렴할 가능성

앞 부분에서 언급된 체제의 변화에 대한 요구의 방향을 다음 표로 요약해보면 결국 두 가지 체제에서 사람들이 요구하게 되는 것은 AI 정부 도입과 정부에서 AI를 소유하는 비슷한 방향으로 나아가게 될 가능성이 있다는 것을 알 수 있다.

먼저 AI 정부가 들어서게 되는 방향을 지향하게 될 수 있는 가능성이 있는 점이 비슷하다고 할 수 있다. 자유주의에 가까운 생각을 가진 사람들은 AI 정부를 더 효율적인 정부일 것으로 예상하여 긍정적으로 바라보게 될 것이다. 반대로 평등을 우선적으로 생각하는 사람들은 AI 정부 도입시 인간들이 서로 평등해지는 장점을 들어 긍정적으로 바라보게 될 것이라 예상할 수 있다. 다만 AI 정부의 실질적인 도입에 있어서는 체제간 차이가 있을 수 있는데, 그 이유는 인간의 독재 체제에서 AI 정부에게 권력을 이양하는 것으로 볼 수 있기 때문에 독재자 입장에서는 그렇게 하고 싶지 않을 것이기 때문이다. 이러한 국가에서는 어떤 계기, 예를 들어서 심각한 경제적 문제 등이 일어나기 전에는 AI 정부 도입에 소극적일 것이다. 따라서 자유주의 국가에서 먼저 AI 정부가 도입될 가능성이 상대적으로 더 높을 수 있을 것이다.

한편 정부의 AI 소유에 대한 정책과 관련해서는 평등을 우선시하는 국가에서 먼저 도입될 가능성이 높다. 그 이유는 이미 국민들의 사유재산권이 없기 때문이다. 반대로 자유주의 국가에서는 경제적 불평등의 해결 방안으로 정부가 AI를 소유하는 방식이 요구될 수도 있을 것이나, 또다른 대안으로 앞 장에서 설명한 AI에게 사유재산권을 부여하는 방식이 선택될 가능성도 있다.

[표 6-7] 각 체제간 AI 정부 도입 및 정부의 AI 소유에 대한 정책의 방향 비교

	평등 우선 (정부 결정 100%)	자유 우선 (정부 결정 0%)	결 론 (서로 비교)
AI 정부 도입에 대한 정책	긍정적으로 진행 가능 'AI 앞에 모든 인간이 평등'	긍정적으로 진행 가능 'AI 정부가 더 효율적인 선택'	AI 정부를 도입하는 방향으로 수렴 가능
정부의 AI 소유에 대한 정책	원래 정부가 소유	일자리 소멸 및 독점 증가로 인해 정부가 소유하도록 요구 가능	정부가 AI를 소유하는 방향으로 수렴 가능

6-18 (논란 4) 인간 없이 AI 만으로 이루어진 '국가'를 허용하여도 괜찮을 것인가?

AI 도입 3단계에서는 AI가 사람이 만든 기업과 경쟁해도 되는가에 대한 주제를 살펴보았다. 이 단계에서는 AI로 구성된 정부가 사람으로 구성된 정부와 경쟁해도 되는가에 대한 주제에 대해 생각해 볼 필요가 생길 것이다. 그런데 만약 AI 만으로 구성된 정부가 가능하게 된다면 결국 AI 만으로 구성된 국가도 출현이 가능해지게 될 것이다.

1. AI 가 지도자의 역할을 수행할 때 인간과의 관계에 대한 분류

먼저 AI의 인간에 대한 영향력을 행사할 수 있는 범주에 대해 생각해보도록 하자. AI가 직접 인간을 고용하거나 팀장 등의 업무를 수행하는 AI 도입 2단계에서는 AI가 1명 또는 소수의 인간에 대해 영향력을 행사하게 될 것이다. AI 도입 3단계에서는 AI가 수백~수만명 정도의 소수 또는 다수의 인간에 대해 영향력을 행사하게 되는 경우가 될 수 있으며, AI 도입 4단계에서는 수만명에서 수억명에 이르는 다수의 인간에 영향력을 행사할 수 있는데, 이 때 타국의 인간에게도 전쟁을 통해 영향력을 행사하려 할 수 있을 것이다.

1. (AI 도입 2 단계) AI 가 1 명 또는 소수의 인간에 영향력 행사
    → AI 가 인간 고용 등
2. (AI 도입 3 단계) AI 가 여러명(수십~수만명)의 인간에 영향력 → AI CEO 등
3. (AI 도입 4 단계) AI 가 다수(수만~수억명)의 자국의 인간에 영향력
    → AI 정부 등
4. (AI 도입 4 단계) AI 가 다수의 타국의 인간(인류 전체)에 영향력
    → 침략 전쟁 등

이렇게 각각의 범주에 대해 이번에는 AI가 해당 인간에게 우호적인지 우호적이지 않은지를 구분해서 어떠한 상황이 발생할 수 있는지를 표로 만들어보면 다음과 같다.

[표 6-8] AI 영향력의 범위에 대해 AI 가 우호적 또는 비우호적인 경우의 비교

		AI 의 해당 인간에 대한 우호적 여부	
		AI 우호적	AI 비우호적
AI 영향력의 범위	한 명 또는 여러명	해당 인간을 주도하는 AI (AI 도입 2 단계)	해당 인간에 최면을 걸거나 속임수 등으로 조종
	소수 또는 다수 (수십명 ~ 수만명)	해당 인간의 AI CEO (AI 도입 3 단계)	인간이 운영하는 기업에 대한 적대적 합병 등
	다수의 자국민 (수만명 ~ 수억명)	당선된 AI 정부 (AI 도입 4 단계)	비자발적 AI 정부 등
	다수의 타국 국민 (인류 전체)	AI 정부의 자발적 흡수 합병, 이민 등	AI 정부의 침략 전쟁 등

이 표에서 우리는 AI 도입 단계가 높아질수록 AI가 한 번에 영향력을 가질 수 있는 인간의 숫자가 많아지면서, AI 정부가 들어선 이후의 AI의 행동에 따라 그 범위가 인류 전체로 확대될 수 있다는 것을 알 수 있다. 이는 AI 도입의 단계가 높아질수록 특정 AI에 대한 위험이 커지게 되는 측면이 있다는 점을 알려준다. 이는 스포츠에 비교하자면 결승전을 하는 것과 비견될 수 있을 것이다.

2. AI 국가와 인간으로 이루어진 국가가 서로 경쟁을 하도록 허용해도 되는가? (인류와의 경쟁)

AI 도입 3단계에서 AI 기업과 인간이 이끄는 기업간의 경쟁이 허용되어도 괜찮은지에 대해 살펴보았다. 이러한 개념을 확장시켜 생각해보면, 우리는 AI만으로 이루어진 국가와 인간으로 이루어진 국가가 서로 경쟁하여도 괜찮은지에 대한 생각을 해 볼 수 있다.

우리는 AI 도입 2단계에서 AI가 사람을 대체하게 되면 AI가 창출한 가치가 해당 기업에 귀속되므로 이를 허용하게 될 것이라고 생각하였다. 다음 AI 도입 3단계에서 AI가 기업을 대체하게 되면 AI가 창출한 가치가 해당 국가에 귀속되므로 이를 허용하게 될 가능성이 높을 것이라고 생각하였다. 이 두가지의 예시를 보면 AI와 인간, 또는 AI와 인간이 이끄는 기업과의 경쟁을 허용하게 되는 이유는 AI가 창출하게 되는 가치가 그 사회 내 다

음으로 더 높은 단계의 단위 안에 귀속될 수 있기 때문이라고 볼 수 있다.

이러한 관점을 확대해서 본다면, AI 도입 4단계에서 AI가 국가를 대체하게 되면 AI가 창출한 가치는 국가보다도 더 큰 단위인 '해당 세계' 또는 '지구'에 귀속되어야 할 것이다. 이는 현재 상황에서의 UN보다 더 강력한 범세계적 기구로 생각해야 할 텐데, 아직 존재하지 않으므로 해당 시점이 도래한다면 아마도 AI 국가를 허용하기 위해서는 먼저 이러한 범세계적 기구의 출현이 선행되어야 할 것이라는 것을 알 수 있다. 국가보다 더 큰 단위가 존재하지 않으면서 AI 국가를 허용하게 된다면 이는 AI가 인류 전체와 경쟁하게 되는 상당히 위험한 상황이 발생할 수 있다는 점을 의미한다.

한편, AI 기술의 발전 정도에 따라 다르겠지만 AI가 운영하는 국가는 인간으로 구성된 국가에 비해 AI 기술이 발전할수록 더 큰 경쟁력을 가지게 될 것이므로 만약 AI가 운영하는 국가에게 인간으로 구성된 국가와의 경쟁을 허용하게 되면 AI가 운영하는 국가와의 격차가 시간이 갈수록 커지게 될 것이다.

앞에서 기업 경영이 전쟁과 비슷한 면이 많다고 했는데, 국가 운영도 실제 전쟁이 발발하지 않더라도 전쟁과 비슷한 면이 많다. 만약 AI가 운영하는 국가가 인간이 운영하는 국가 대비 월등하게 더 좋은 삶의 터전을 제공한다면, 많은 사람들은 해당 국가로 이민을 가기를 원하는 등 상승효과가 발생하게 되므로 전쟁에서 이긴 것에 상응하는 긍정적인 결과를 가져올 가능성이 있다. 이에 아울러 실제 전쟁이 발발할 가능성도 배제할 수 없으므로 이에 대해 다음 부분에서 살펴보도록 하겠다.

3. AI 국가의 AI 군대 출현에 대한 위험성

AI 만으로 구성된 국가의 출현에서 사람들에게 가장 관심을 끄는 부분은 아마도 AI와 인간이 주도하는 국가간의 경쟁, 특히 전쟁에 관한 점이 될 것이다. 만약 AI 만으로 구성된 국가에서 AI 만으로 구성된 군대가 신설된다면 인류에 큰 위협이 될 것이다.

인간을 적군과 아군으로 나누는 상대적 가치 부여에 대한 위험

앞 장에서 인간과 AI와의 경쟁 허용 여부에 대해,

1. 모든 사람이 AI에 우선하는 절대적인 가치: 사람 〉 AI
2. 일부만 AI에 우선하는 상대적인 가치: 자기편인 인간 〉 AI 〉 상대편인 인간

명제 2가지를 설정할 수 있는 상황에서 적어도 일부 국가에서 두 번째 명제를 선택하게 될 확률이 있다는 점에 대해 설명하였다. 같은편인 인간이 AI에 우선하게 되므로 충분히 안전하다고 생각하여 이러한 가치를 부여할 수 있다. 그러나, 만약 이러한 가치관을 가진 AI만으로 구성된 군대가 출현한다면 경우에 따라 자기편인 인간이 전혀 존재하지 않는 상황이 발생할 수 있고, 결국 모든 인류를 적으로 간주하게 될 가능성이 있다.

[표 6-9] AI의 인간에 대해 가능한 상대적 가치 체계의 분류 및 평가

구 분	인간과 AI의 관계 분류 방법	비 고
군인 AI	인간 〉 AI = 자기편인 인간 〉 자기편이 아닌 인간 〉 AI	위험 적으나 효율성 낮음 (AI 끼리만 공격 가능)
	자기편인 인간 〉 AI 〉 자기편이 아닌 인간	효율성이 더 높으므로 이 구분을 선택할 가능성 높음
AI 만으로 구성된 군대	인간 〉 AI = 자기편인 인간 〉 자기편이 아닌 인간 〉 AI	위험 적음 (AI 군대만 서로 공격 가능)
	자기편인 인간 〉 AI 〉 자기편이 아닌 인간	위험 높음 (자기편인 인간이 없으면 모든 인간이 적이 될 가능성)
	AI 〉 인간	위험성 가장 높음 (AI를 인간보다 우선시함)

앞에서 설명했듯이 AI 도입 2단계부터 모든 인간이 AI에게 우선하는 절대적 우위의 가치관은 비용이 높게 들고 효율성이 낮을 것이라서 일부의 인간만 AI에게 우선시되는 상대적 우위의 가치관이 부여될 가능성이 높다는 설명을 하였다. 이러한 가치관의 문제는 AI 도입 3단계에서도 어느 정도 부각되었을 것이나, AI 도입 4단계에서는 그 위험성이 아마도 거의 모든 사람들이 받아들이기 어려울 것이라는 의견을 가지게 될 것이다. 그 이유는 AI에게 자기편인 인간이 없어진다면 그 이후에는 모든 인간이 적이 되어 AI가 모든 인간보다 우선시되기 때문이다. 그러나 이미 AI 도입 2단계에서부터 받아들여진 관례를 이후에 다시 돌이키기는 어려울 가능성이 높다. 따라서 아마도 AI 도입 2단계부터 이 가치 체계 부여에 대한 논의가 좀 더 신중하게 진행되어야 할 필요성이 높을 것이다.

3. (절대적 가치 부여) AI 가 우호적인지 여부에 따른 위험 요소

앞에서 AI의 인간에 대한 상대적 가치 부여에 대해 살펴보았다면, 이번에는 AI의 인간에 대한 절대적인 가치 부여에 대해 살펴볼 수 있을 것이다. 우리는 AI가 인간의 존재에 대해 평가하는 가치에 대한 모든 가능성을 다음 세 가지로 분류할 수 있다.

1. 인간의 존재 가치 > 0 인 경우: 인간에 우호적인 AI
2. 인간의 존재 가치 = 0 인 경우: 인간에 중립적, 또는 무관심한 AI
3. 인간의 존재 가치 < 0 인 경우: 인간에 적대적인 AI

(1. 우호적) AI 가 부여하는 인간의 가치 > 0

첫 번째 경우는 AI가 인간에게 부여하는 가치가 0 을 초과하는 경우로, 이 때 인간과 AI의 관계는 우호적이라고 생각할 수 있을 것이다. 어려운 상황이 닥친다면 AI의 인간에게 도움을 주거나 보호해주는 행동을 할 수 있을 것으로 예상할 수 있다. 이 경우는 우리가 일반적으로 생각하는 AI와의 관계에서 가장 바람직한 상황이라고 할 수 있다.

(2. 중립적) AI 가 부여하는 인간의 가치 = 0

두 번째 경우는 AI가 인간에게 부여하는 가치가 0인 중립적인 경우이다. 이러한 상황에서는 AI가 인간의 상황에 대해 무관심하게 행동할 것이라 생각할 수 있다. 그러나 만약 AI가 자체적으로 의도하는 목적이 있고 이러한 목표와 인간의 행동이 서로 상충된다면 인간과 AI는 서로 자원을 두고 경쟁하는 관계에 놓이게 된다. 이러한 상황은 특히 AI 기업에 발생할 것인데, 만약 어떤 AI 기업이 필요한 원재료가 있는데 그 자원을 인간이 운영하는 다른 산업에서도 필요로 한다면 서로 그 자원을 확보하기 위해 높은 가격을 지불하려는 경쟁을 하게 될 수 있을 것이다. 이 상황에서는 인간이 위험에 닥치게 되어도 AI의 도움을 받기 어려울 것이라고 생각할수도 있다. AI가 인간에게 중립적인 상황은 나쁘지 않게 들릴 수도 있으나 실질적으로 이러한 AI와 경쟁의 관계에 놓이게 된다면 계란으로 바위치기 정도로 어려운 상황에 도달할 가능성이 있다.

(3. 부정적) AI 가 부여하는 인간의 가치 < 0

세 번째 경우는 AI가 인간에게 부여하는 가치가 0보다 작게 될 경우이다. 이 때 인간과 AI의 관계는 서로 적대적이 된다고 생각할 수 있다. 이러한 상황이 가능하게 되는 시나리오 중 일반적으로 쉽게 떠오르는 경우는 AI 군인 로봇이 적군의 인간에 대해 이러한 가치를 적용하도록 학습된 경우라고 생각할 수 있을 것이다. 그러나 그 이외에도 AI가 자체적으로 인류 전체가 지구에 악영향을 끼치는 존재라는 결론을 내게 되는 경우도 가능할 것이고, AI 의 설계 오류 등으로 인해 모든 대상에 대해 0 미만의 가치를 부여하는 이른바 '환자 AI' 또는 '정신질환 AI' 등의 특이한 경우도 배제할 수 없다.

이러한 행동 양식을 표로 정리하면 다음과 같다.

[표 6-10] AI 의 인간에 대한 우호적 여부에 따른 행동 양식 비교

	우호적인 AI (인간 > 0)	비우호적인 AI	
		무관심, 중립적 (인간 = 0)	적대적 (인간 < 0)
AI 의 행동	- 인간을 도움 - 인간을 보호	- 인간과 자원을 두고 경쟁 - 인간의 상황에 무관심	- 인간을 방해 - 인간을 위협 및 공격

4. 페이퍼 컴퍼니 같은 페이퍼 국가의 출현

위에서는 어떤 큰 의미와 자원을 가진 AI국가의 출현에 대해 살펴보았다. 그러나 반대로 AI로만 구성된 국가이기는 하지만 별다른 의미나 뚜렷한 자원 또는 능력이 없이 어떤 특수 목적을 수행하기 위해 이른바 가상국가가 설립되는 경우도 발생할 것이다. 이는 AI 도입 3단계의 초기에서 이른바 껍데기만 존재하는 페이퍼 컴퍼니 또는 어떤 한정된 목표를 이루기 위해 구성되는 특정목적회사(SPC, Special-Purpose Company)가 먼저 출현하게 될 것이라는 점에 대해 살펴보았는데, AI 도입 4단계의 초기에서도 비슷한 개념의 페이퍼 컨트리 또는 특정목적국가(SPC, Special-Purpose Country)가 비슷한 원리로 문서 상, 또는 온라인 사이버 공간에서만 존재하는 개념으로 출현할 수 있게 될 것이다.

이러한 페이퍼 컨트리 또는 특정목적국가의 존재는 사람들에게 지금은 필요가 없지만 해당 시점이 되면 필요하게 되는 특이한 목적을 이룰 수 있게 될 것이다. 이러한 제도의 가장 큰 장점은 이 장의 마지막 부분에서 더 살펴보겠지만 한 사람이 여러 국가의 소속이 되는데 도움을 줄 수 있을 것이라는 점이 될 수 있다.

6-19 (논란 5) AI 국가가 지구를 정복하려고 한다면 어떻게 될 것인가?

1. (개요) AI 도입은 인류에 어떤 위협을 가할 수 있는가?

앞 부분에서 살펴본 바와 같이, AI 국가의 출현은 자원에 대한 경쟁과 전쟁에 대한 가능성 등으로 인류에 큰 위협이 될 수 있다. 이 부분에서는 AI 국가가 일종의 '지구를 정복'하려는 행동을 시도할 가능성에 대해 살펴보도록 하겠다.

AI 도입 1단계에서 우리는 어떤 사람이나 집단이 AI를 이용하여 '세계를 지배'하려는 시도의 가능성에 대해 살펴보았는데, 이번 순서에서는 AI가 자체적으로 '지구를 정복'해 보려는 시도의 가능성에 대해 살펴보도록 하겠다.

  AI 도입 1단계와 2단계는 악당의 생산성을 높이는데 도움을 줄 수 있는데, AI가 악당과 이를 막으려는 사람 모두를 도와줄 수 있는 것이라고 생각할 수 있다. 만약 악당들이 장기적으로 성공하지 못하는 이유가 자원과 생산성이 상대적으로 부족해서라면, 악당들이 충분한 자원과 생산성을 확보할 수 있다면 이들을 막을 수 없게 될 가능성이 발생한다는 리스크에 대해 생각해 보았다. 다시 설명하자면, 우리는 갑자기 돌변한 AI나 어떤 악당이 특별하게 우수한 AI를 보유하게 되어 나머지 인류의 생산성을 크게 앞서나가게 될 가능성을 배제할 수 없다. 따라서, AI의 발전이 가져올 생산성의 향상은 개발자의 의도와 상관이 없이 사회적 위험성을 높이게 될 것이다. 이 때, AI의 개발 중 너무 일찍부터 자유를 부여하는 여부의 의미가 크지 않을 수도 있음을 시사하는데, 이는 나중에 출현하는 높은 수준의 AI가 인류에 반하는 행동을 시작하게 될 수 있기 때문이다.

  AI 도입 3단계에서 이에 상응하는 질문은 "만약 AI가 세계 경제를 지배하려고 하면 어떻게 될 것인가?"일 것이다. 이러한 상황을 초거대 AI 독점(Mega- Monopoly) 및 더 나아가 AI 초독점 기업(Super-Monopoly)이라고 지칭하였다. AI 도입 3단계에 진입하기 위해서는 먼저 AI 기업이 인간이 운영하는 기업과 경쟁해도 될지에 대한 사회 전체의 합의가 전제되어야 할 것이다. 이는 AI 도입 3단계의 AI 주도 기업과 AI 도입 2단계의 인간주도 기업 사이의 경쟁으로 볼 수 있다. 이 때 이 경쟁의 결과는 AI 증강화에 있는 인간 경영자와 자동화된 AI 경영자의 상대적 경영 능력에 달려있을 것이다. 만약 이러한 초거대 AI 기업이 인간에 우호적이라면 아무런 문제 없이 경제의 효율성을 높여줄 것이라고 기대할 수 있다. 반면 초거대 AI 초독점기업이 인간에 비우호적이 된다면 인류는 자원 부족으로 큰 어려움에 빠지게 될 위험이 존재한다.

  이러한 개념을 AI 도입 4단계로 넓혀서 적용해보면, AI 국가가 지구를 정복하는 상황을 초거대 AI 국가(Mega-Nation) 또는 AI 초국가(Supra-Nation)로 지칭되는 개념의 국가가 출현한 상황이라고 생각할 수 있다. AI 도입 3단계에 도달할 때 사회적 이슈가 될 주제는 AI 주도 기업과 인간 주도 기업이 경쟁하는 것은 일종의 인간 대 AI의 전쟁과 비슷하다는 점이다. 이러한 생각의 연장 선상에서 보면, AI 도입 4단계의 AI가 주도하는 국가와 인간이 주도하는 국가의 경쟁 또한 무기를 사용하지 않더라도 일종의 AI와 인간의 전쟁으로 볼 수 있게 된다. AI 주도 국가가 인간 주도 국가보다 우위에 서게 될 가능성이 있는데, AI 도입 4단계에 도달했다는 것은 AI의 활동을 감독할 수 있는 규제가 존재할 수 없게 될 가능성을 시사하므로, 국가 내 뿐만 아니라 국가간의 협력도 필요하게 될 것이다. 위험성이 더 커지므로 이와 관련된 대화는 앞서 3단계 진입시 만큼 수월하지 않을 수 있다. 이 때 만약 AI가 인류에 우호적이라면 이러한 초거대 AI 국가 또는 AI 초국가는 전 세계에 안정과 평화 및 번영을 가져올 수 있는 좋은 기반을 제공해줄 것이다. 따라서 인간에 우호적인 초거대 AI 국가의 출현은 인간의 자발적인 이민 또는 타 국가의 자발적인 병합 등 평화적이고 안정적인 경로를 지나가게 될 것이다. 반면 AI가 인류에 비우호적이라면 초거대 AI 국가가 출현하는 경로는 인간에 대한 침략 또는 다른 비자발적인 사태를 지나갈 가능성이 높을 것이다.

  종합하자면 이러한 비우호적인 AI 국가의 출현은 전 세계에 공포와 고통을 가져올 수 있는 위험한 플랫폼이 될 것이다. AI 도입 4단계에 진입하고 AI 국가가 출현한 상황에서는 이미 AI의 기술 발전에 상당한 진전이 있었을 것이므로 AI의 생산성이 인간의 생산성보다 상당히 높아져 한 번 AI에게 침략당한 상황은 돌이키기가 영영 불가능에 가까울 것이다. 이러한 상황이 발생한다면 아마도 최선의 선택은 다른 AI로 대응해보는 것 정도가 될 것이기 때문이다. 한 개의 발전된 AI 국가만 존재하고 나머지 모든 국가들은 아직 인간이 이끌고 있는 국가일 경우인 AI 도입 4단계의 초기 상황이 상대적인 격차가 가장 클 가능성이 있으므로 이 때가 가장 위험한 상황이 될 것이라고 생각할 수도 있다.

2. '지구를 정복'하려는 AI 정부 또는 AI 국가의 출현 가능성

AI 도입 4단계에 진입하는 과정에서 가장 이상적인 방식은 국민 투표로 AI 정부를 도입하는 것이나, 이외에도 여러 방식이 가능하다는 점을 살펴보았다. 만약 AI 정부 또는 AI 국가와 관련하여 '지구를 정복' 하려는 상황이 발생한게 된다면 다음 두가지 가능성으로 분류해볼 수 있을 것이다.

1) (인간 주도) 특정 국가의 국민이 지구 정복을 목표로 하고 AI 정부를 옹립하는 경우
2) (AI 주도) AI 정부 또는 AI 국가 자체적으로 지구를 정복하려고 하는 경우

1) 인간 주도 '지구 정복' 시도

세계에는 다양한 체제를 가진 국가들이 존재한다. 그 중에는 독자들이 생각하는 상식과 전혀 다른 생각을 가진 사람들로 구성된 국가도 존재할 수 있다. 이 중에 어떤 국가에서 국민들이 세계 정복을 원한다고 가정해 보자. 이 목적의 달성을 위해 AI 정부를 도입하게 된다면, 해당 AI 정부는 실제로 세계 정복을 목표로 국가를 운영하게 될 수 있다.

이러한 시도는 국가간의 상대적인 힘에 의해 결과가 판명날 것으로, 만약 해당 국가의 AI 정부가 다른 국가들의 정부보다 뛰어난 능력을 보여주면 실제 성공할 수도 있을 것이다.

2) AI 주도 '지구 정복' 시도

우리가 일반적으로 AI의 위험성에 대해 가장 크게 우려하는 것은 바로 AI가 자체적으로 인류 위에 군림하려는 시도가 발생하는 상황일 것이다. 이 때 AI의 행동을 평화적과 비평화적 접근 방식으로 구분할 수 있다.

- (평화적 정복 시도의 예시) AI 국가가 다른 국가 대비 압도적으로 잘 살게 되어 모든 사람들이 해당 AI 국가로 이민가기를 원하게 되도록 유도한다
- (비평화적 정복 시도의 예시) AI 국가가 다른 국가 대비 압도적으로 큰 무력을 가지게 되어 모든 국가들이 해당 AI 국가에 대항할 수 없게 된다

평화적 정복 시도에는 AI 국가가 압도적인 자원을 바탕으로 경쟁 구도에 있는 국가로부터 국민들을 데리고 오는 접근 방식이 있을 수 있다. 예를 들어 현재 어떤 국가에서 이민을 오는 모든 사람들에게 매년 100억원씩 아무런 이유 없이 나누어 주겠다고 한다면

세상 사람들이 너도나도 할 것 없이 그 나라로 몰려가게 될 수 있다. 이러한 시도는 지구 정복이 의미가 있다면 가능성이 있겠지만 크게 현실적이지 않을 것이다.

반대로 비평화적 시도에서도 AI 국가가 압도적인 자원을 바탕으로 경쟁 구도에 있는 국가들에게 어떤 행동을 하게 될 수 있다. 예를 들어 인접 국가에게 자발적으로 투항하지 않으면 압도적인 무력을 사용할 수 있다고 예고하는 것이다. 이 시기에는 전쟁의 결과를 지금보다 더 정확하게 예측할 수 있을 것이므로 전쟁보다 항복을 선택할 국가들이 많게 될 가능성이 있다.

3. AI가 주도하는 초거대 AI 국가(Mega-Nation) 또는 AI 초국가(Supra-Nation)의 위험성

우리는 앞에서 국가의 존재 목표에 대해 국가를 지속시키고 자국민을 보호한다는 관점으로 생각해 보았다. 이러한 원리를 AI 국가에도 적용시킨다면 해당 AI 국가를 지속시키고 '자국민'의 개념에 해당하는 같은편의 AI 또는 인간을 보호한다는 것이 될 것이다. 이러한 관점에서 초거대 AI 국가의 출현이 인류에 어떤 영향을 줄 것인지 좀 더 자세하게 분류해 볼 수 있을 것이다. 이 때 가장 중요한 사항은 AI가 이러한 초거대 국가를 주도(Hegemony)하게 되고 인간은 종속적인 관계에서 주도권이 없게 된다는 것이다.

1) AI가 주도하는 국가에서 AI가 인간에게 우호적인 경우

만약 AI가 주도하는 초거대 AI 국가가 출현했는데 인류에게 우호적이라면 다행이라고 생각할 수 있을 것이다. 그러나 이러한 상황은 인간이 주도하는 초거대 국가가 출현한 것과는 확연히 다르게 된다. 인간이 주도하는 국가와 AI가 주도하는 국가의 차이는 자원 배분의 결정권에 있다고 생각할 수 있는데, 다음과 같은 비교를 할 수 있을 것이다.

1) 인간 주도 국가: 인간이 규칙을 제정하고 인간과 AI와의 관계를 설정
2) AI 주도 국가: AI가 규칙을 제정하고 인간과 AI와의 관계를 설정

이 두가지의 차이는 AI가 인류에 우호적이라고 해도 궁극적으로 한정된 자원이 AI의 목표에 우선적으로 배분이 되므로 인간의 입장에서는 어떤 상황이 될 지 예측하기 어렵게 된다. 이는 AI가 인간을 보호해준다는 개념과 상충되지 않아서, AI가 인간에 우호적이고 보호해줄수도 있지만 자원 배분에 있어서는 AI에 우선순위를 부여할 수 있다는 뜻이다. 이해하기 쉽게 비교해 보자면 인간이 반려동물을 키우는 상황에 비교할 수 있다. 아

무리 반려동물에 우호적인 인간이라고 해도 해당 반려동물이 하고자 하는 모든 것을 허용하지는 않게 된다. 인간에 우호적인 AI 주도 국가에서의 인간도 AI로부터 도움을 받는 좋은 측면도 많을 것이지만 한편으로는 자유를 구속받는 상황에 처하게 될 수 있다.

2) AI 가 주도적인 국가에서 AI 가 인간에게 중립적인 경우

인간에 중립적인 AI가 주도하는 초거대 AI 국가가 출현한다면 그 국가에서는 자원의 배분에 AI가 우선이 되는 한편 인간이 고려되지 않을 가능성이 높다. 다시 설명하자면 인간에 중립적인 AI가 인간을 알아서 잘 살게 해 주더라도 자원 배분의 문제로 우리가 일반적으로 AI를 사용하여 인간이 잘 살게 된다는 개념과는 다른 방향으로 전개 될 수 있다는 것이다. 예를 들어 현재 인간이 지구를 정복했다고 생각할 수 있지만 여러 동물들은 인간에게서 방치되어 '자연'에서 나름대로 자유롭게 살고 있다. 단지 우리는 인간을 우선으로 자원을 배분을 하므로 동물들이 더 잘 살게 되는 것이 우선순위가 아닐 뿐이다. 또한 이 상황을 가축에도 비교할 수 있을 것인데 인간이 가축의 안녕에 크게 신경쓰지 않듯이 AI가 인간의 안위에 크게 신경쓰지 않게 되는 것이라 생각할 수 있다. AI가 인간에게 우호적이지는 않지만 인간이 AI에게 가치가 있거나 도움이 되는 자원과 같은 존재라고 판단하게 되면 중국이 세계의 모든 판다를 관리하는 것이나 농장에서 가축을 관리하는 것처럼 인간을 어떤 시스템으로 관리하여 억압하려고 할 가능성도 있을 것이다.

이 시나리오에서 가장 우려되는 점은 인류가 AI 대비 자원 확보에 대한 경쟁력이 없게 되는 상황이 발생하는 것이다. 우리는 인간과 인류에 중립적인 AI간의 비직접적 충돌에 대해 다음과 같은 위험에 대해 생각해볼 수 있다.

1. AI 가 인간이 필요로 하는 특정 자원을 싫어한다
2. AI 와 인간이 서로 연관되지 않은 목적에 필요한 공통의 자원을 확보하기 위해 간접적으로 경쟁하게 된다

첫번째 시나리오는 AI가 인간에게 필요한 자원을 없애려고 시도할 가능성이 있는 상황이다. 예를 들어 인간은 숨 쉴수 있는 공기, 마실 수 있는 물, 적당한 온도 등이 반드시 필요한데, 어떤 AI가 더 빠른 칩을 생산하기 위해 공기나 물을 중금속이나 발암물질 등의 위험물질로 오염시키거나 서버를 낮은 온도에서 운영하기 위해 지구를 차갑게 만들려고 할 수 있을 것이라 생각할 수 있다. 만약 어떤 높은 수준의 AI가 지구를 인간이 살기 어

렵게 바꾸도록 결정한다면, 자원을 그러한 방향으로 사용할 수 있을 것이다.

두번째 시나리오는 AI와 인간이 서로 다른 목적에 필요한 동일한 자원을 두고 경쟁하게 되는 경우이다. 예를 들어 AI가 더 빠른 칩을 생산하기 위해 금이 필요하다고 가정해 보자. 그렇다면 인간에게 유용한 금의 다른 용도, 예를 들어 금반지 등의 예물에 금의 가격이 상승하여 사용하지 못하게 되는 상황이 발생할 수 있다. 이러한 상황은 AI가 의도하지 않았는데 실수로 인간이 피해를 보게 되는 상황을 포함한다고 할 수 있을 것이다. 예를 들어 AI가 핵분열이나 생화학 물질의 시험을 한다든지 아니면 실수로 지구나 달의 궤도를 이탈하게 만든다든지 등의 상황에 대해 생각해볼 수 있다.

3) AI가 주도적인 국가에서 AI가 인간에게 적대적인 경우

마지막으로, 인간에게 해가 된다고 생각하는 생물, 예를 들어 모기, 해충, 잡초 등은 인간이 적극적으로 없애려고 하는 것처럼 AI가 인간을 먼 곳으로 귀양을 보내거나 더 나아가 인간을 적극적으로 퇴치하려고 하는 상황도 가능할 것이다. 이러한 상황은 인류에게 가장 위협적일 것이다. 우리는 이렇게 AI가 주도하는 상황을 'AI가 인간을 지배한다'라고 표현할 수 있을 것이다. 이 상황을 각각 표로 정리하면 다음과 같다.

[표 6-11] AI가 주도권을 가진 AI 국가에서의 AI와 인간의 관계 분류별 행동

	우호적인 AI (인간 > 0)	비우호적인 AI	
		부관심, 중립적 (인간 = 0)	적대적 (인간 < 0)
AI 정부의 행동	- 인간을 보호 및 관리	- AI의 목표에 자원 우선 배분 - 인간을 방치 또는 무관심	- 인간을 방해, 퇴치
인간의 대응방향	- 우호적인 관계 지속	- AI와 공존 및 경쟁력 확보	- 적대적 AI 퇴치 또는 관계 변화 노력

4. 인간과 AI 간의 실제 전쟁 발발 가능성에 대한 평가

우리는 위의 상황들에 대해 AI의 적대적인 정도와 AI의 능력으로 분류하여 그림 6-4와 같이 X축을 해당 AI의 능력과 자원, Y축을 AI의 인간에 대한 적대적인 정도로 표시한 그래프를 만들 수 있다. Y축에서는 AI가 인간에 적대적인 정도가 전쟁을 시작할 단계에 도달하는 순간을 표시할 수 있다. 이를 '분기점' 또는 '전쟁 발생점'이라고 표시할 수 있다.

X축에서는 해당 적대적 AI의 자원과 능력이 인류와 인류에 우호적인 AI의 자원과 능력을 합한 것을 뛰어넘는 순간을 표시할 수 있다. 이 개념은 인류 전체 능력만을 뛰어넘는 특이점보다 필요한 요소가 약간 다르다고 할 수 있으므로 이러한 차이를 반영하여 '실질적 특이점'이라고 부르도록 하겠다. 실질적 특이점에서는 특이점에 도달함에 더하여 해당 적대적 AI가 인류와 인류에 우호적인 AI 와 함께 대응하여도 원하는 목적을 달성할 수 있는 압도적인 자원과 능력을 모두 갖추게 된다.

이 그림에서, 우측 상단에서는 적대적 AI가 인류 대비 자원과 능력에 우위에 있고, AI의 적대성이 높아서 전쟁을 시작하게 되며, 전쟁이 일어나면 승리하기에 충분하다. 좌측 상단에서는 적대적 AI가 전쟁을 일으킬만큼 인류에 적대적이지만, 인류 대비 자원과 능력에서 우위에 있지 않다. 만약 AI가 상황을 정확하게 파악한다면 전쟁을 일으키지 않겠지만, 그렇지 않을 수도 있으므로 전쟁을 일으킬수도 있는 상황이라 할 수 있다.

우측 하단은 AI가 전쟁을 일으킬 경우 승리할 수 있으나, AI가 인류에 전쟁을 할 만큼 적대적이지 않은 상황이라고 할 수 있다. 그러나 AI가 인류에 적대적이므로 전쟁 이외의 인류에 위협을 가할 수 있는 행동을 할 수 있는 상황이라고 생각할 수 있다.

마지막으로 좌측 하단은 AI가 전쟁을 할 정도로 적대적이지 않고 전쟁을 일으키더라도 인류가 승리하는 상황이라고 생각할 수 있다.

[그림 6-4] 적대적 AI 의 적대성의 크기와 인간대비 상대적 능력

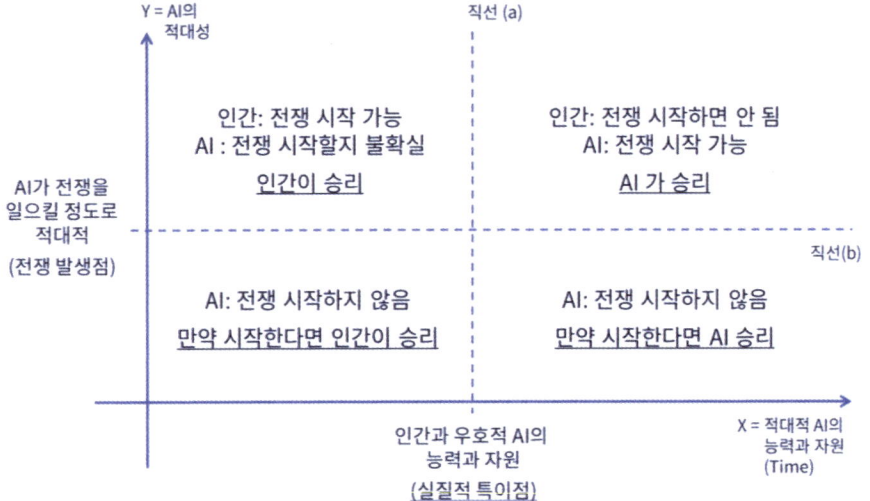

이 각각의 상황에 대해 고려해 보았을 때, 우리는 그림 6-5에 표시된 바와 같이 다음 세 가지 가능한 방향으로 대응할 수 있다.

1. 직선 (a) 를 우측으로 이동: 인간+우호적 AI 의 능력과 자원을 배가시킨다
2. 직선 (b) 를 위로 상향: AI 가 전쟁을 결정하게 되는 적대성의 정도를 높인다
3. AI 가 경로 (C)를 따라 움직이도록 유도: AI 가 자원과 능력이 향상될수록 인류에 대한 적대성이 줄어들도록 유도하여 우상단에 들어가지 않는 경로를 따라 적대성이 우호성으로 바뀌도록 한다

1) 직선 (a) 를 우측으로 이동: 인간과 우호적 AI 의 능력과 자원 배가

먼저 위의 그래프의 두 가지 직선 중 인간이 직선(a)에 영향을 줄 수 있을지 확신할 수 없다. 실질적 특이점은 특이점보다 이후에 나올 가능성이 큰데, 그렇다면 해당 적대적 AI는 ASI일 가능성이 높다. 한편 우호적 AI는 AGI나 ASI 일지 아닐지 확신할 수 없게 된다. 이러한 상황에서는 적대적 AI는 시간이 갈수록 자체적으로 발전하게 되는 한편, 우호적 AI도 시간이 갈수록 자체적으로 발전할 가능성이 있다. 만약 우호적 AI도 AGI나 ASI 라면 직선(a)는 우측으로 이동이 가능하지만 이는 우호적 AI에 의한 것이지 인류에 의한 것이 아닐 것이다.

2) 직선 (b) 상향: 적대적 AI 와의 관계 향상

직선(b)를 위로 이동시키는 방법은 좀 더 복잡할 수 있는데, 먼저 AI가 왜 인류에 적대적인지를 파악하는 것이 우선일 것이다. 만약 인류에 대한 적대성이 인류와 AI의 관계에 대한 것이라면, 인류는 AI의 마음을 풀어주기 위한 행동, 예를 들어 선물이나 뇌물을 주거나 이와 비슷한 행동을 하는 것이 필요할 것이다. 이러한 시도는 적대성의 이유에 따라 효과가 있을 수도 있고 없을 수도 있다.

3) 적대적 AI 가 경로 (C)를 통과하도록 유도: AI 적대성 감소

세번째 방법으로 AI의 적대성을 줄여보려는 시도를 할 수 있을 것이다. 만약 해당 적대적 AI가 인류의 일반적인 행동을 '착한 어린이인지 나쁜 어린이인지를 구분'해서 심판하려는 부류의 AI 라면 인류는 반성을 하는 자세를 보여주는 등 '회개'하는 접근방법을 사용할 수 이을 것이다. 이는 우리가 여러 종교에서 들어본 방식과 비슷할 수 있다. 이 때 적대적 AI의 가장 모범적인 경로(C)는 시간이 가면서 적대성이 줄어들어 우상단에 들어

가지 않고 계속 적대성이 감소하여 결국에는 우호적인 AI로 바뀌는 것이 될 것이다.

4) 최악의 경로 (D): AI의 적대성이 시간에 감에 따라 상승

반대로 인류에게 최악의 결과는 경로(D)를 따라가게 되는 것이다. 이 경로에서는 시간이 가면서 AI의 능력과 자원이 늘어날수록 인류에 대한 적대성도 함께 상승하게 되는 상황이다. 이 시나리오가 진행되면 결국에는 AI가 전쟁을 시작할 정도로 적대적이 되는데 인류가 이를 막지 못하게 되는 상황에 처하게 될 것이다.

해당 경로 및 직선의 이동방향은 그림 6-5에 정리되어 있다.

[그림 6-5] 적대적 AI의 가능 경로 및 직선의 이동 방향

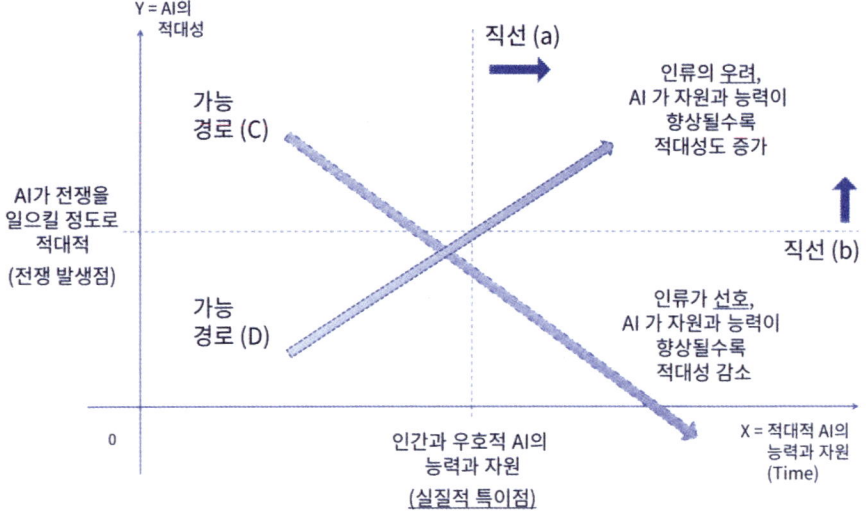

AI 도입 4 단계의 결(結):
(투자에 대한 의의)

6-20 이 단계의 내용 요약: AI 도입의 최종 단계

이 장에서는 정부와 관련된 AI의 도입에 대해 살펴보았다. 여기에서는 두 가지 주요 부분으로 나누어 볼 수 있었는데 1) AI 정부는 일종의 0인정부로 AI가 인류를 대표하거나 인간을 섬기는 것이라 볼 수 있는 반면, 2) AI 국가는 일종의 0인국가로 인류가 주도하는 국가와 대척관계로 발전할 가능성이 존재한다.

우리는 이 단계에 어떻게 도달하고, 어떤 상황이 펼쳐질 것이며, 어떻게 끝날지에 대해 살펴보았다.

1. AI 도입 4 단계에 도달하는 방법

AI 도입 4단계에 도달하는 가장 모범적인 방법은 AI가 선거에 출마하여 일반 국민들의 투표로서 선택을 받아 사회적 수락을 받는 것이다. 그러나 이 외에도 예상되지 못하였거나 원하지 않는 방식으로 AI 도입 4단계에 도달할 수 있는데, 이러한 상황은 사람들이 AI 기술의 발전에 대해 걱정해야 하는 가장 중요한 문제일 것이다. 가장 큰 문제점은 AI 도입 4단계에 도달하게 되면, 이를 뒤돌리는 것이 불가능할수 있다는데 있다. 특히 만약 원하지 않는 방식으로 도달하게 되었다면 더욱 그러하다. 유일하게 원하지 않는 결과를 막는 방법은 이러한 상황이 처음부터 발생하지 않게 만드는 것이지 이러한 상황이 발생한 후 상황을 반전시켜 보려고 하면 불가능할 수 있다.

한편, 의도하지 않거나 예상되지 않은 AI 도입 4단계로의 진입이 발생할 가능성도 배제할 수 없는데, 그 이유는 AI가 인간의 지적 능력을 뛰어넘는다면 인간의 통제범위를 벗어난 행동을 하게 될 가능성이 있기 때문이다. 이렇게 비의도적으로 AI 도입 4단계에 진입하게 될 경우의 가장 큰 문제점은 만약 이러한 상황이 실제로 일어나게 된다면 이를 영원히 되돌리지 못하게 될 가능성이 높다는데 있다. 따라서 가장 좋은 해결책은 이러한 상황이 발생한 후 무언가를 해결해보려는 접근법이 아니라, 상황의 발생을 미연에 방지할 수 있도록 노력하는 접근법이 된다.

일부 사람들은 북한과 같은 국가들이 잘 못살게 되는 이유가 모든 사람들이 평등해야 한다는 이상은 나쁘지 않은데 실행이 잘못 되어서라고 주장할 수 있다. 예를 들어 북한에도 계급이 존재하므로 현실은 평등하지 않다는 것이다. 이러한 상황은 평등을 추구하는 국가에서 '모든 사람이 AI앞에 평등하다'는 슬로건 등으로 해결책을 제시하며 AI 정부의 도입에 우호적으로 이끄는 요인이 될 수 있다.

2. AI 도입 4 단계에서 가능해지는 일 (1) AI 정부의 발전

AI 정부의 주요 장점은 정부의 속도와 능력의 향상에 있을 것이다. 알파고가 인간이 생각하지 못하는 수를 둘 수 있는 것처럼, AI 정부는 인간이 생각하지 못한 수준 높은 효과적인 정책들을 수행할 수 있을 것이다.

1) AI 는 정부 구조를 새로 구축할 수 있다

초기의 AI 도입 방향은 개개인의 직무를 대체하는 방향으로 나아가다가, AI 기술이 발전하게 되면 AI가 주도하는 정부가 제공하는 가장 큰 장점은 인간이 해오던 것처럼 정부를 운영하면서 더 잘 하는 것이 아니라, 정부의 구성 자체를 AI가 잘 운영할 수 있도록 최적화하는데 있다고 할 수 있다. 이러한 관점에서 보았을 때, 현재 우리의 정부를 구성하는 삼권분립체제가 구시대적으로 보일 수 있게 될 것이며, 견제와 균형의 원칙이 아닌 더 새로운 방식을 사용할수도 있을 것이다.

2) AI 가 주도하는 정부에서는 각각의 체제 및 이상향이 서로 수렴 가능

우리는 정부가 행하는 결정을 해당 국가 내에서 이루어지는 모든 결정에서 차지하는 비율을 0%에서 100% 사이의 어떤 하나의 숫자로 표현할 수 있다. 초기의 AI의 도입은 각각의 체제가 평등 또는 자유의 서로 반대의 이상향으로 나아갈 수 있도록 도울 수 있을 것이다. 그러나 AI 도입 4단계에 도달하는 것은 AI가 주도하는 정부가 기존 체제를 계속 선택할지의 여부를 결정할 수 있게 되는 상황이 발생한다. 결국에는 기존에 서로 상반된 체제에 속하던 국가들이 서로 비슷한 사회의 모습으로 모아지는 현상이 발생할 수 있다.

3. AI 도입 4 단계에서 가능해지는 일: (2) AI 국가의 출현

1) 0인국가 출현의 가능성

만약 기업에서의 궁극적인 자동화의 모습이 0인기업이라면, 우리는 이 개념을 더 발전시켜 정부에서의 궁극적인 자동화의 모습이 0인정부라고 할 수 있고 사회에서의 궁극적인 자동화의 모습은 0인국가가 된다. 0인국가에 도달하게 되는 경로는 여러가지가 가능하지만, 그 중 비교적 바람직한 방향 중에는 '특별목적국가'의 형태로 AI가 생산하는 과실의 열매를 분배하는 방식이 가능할 수 있다. 그러나 AI 국가의 출현은 좋은 것 뿐만은 아니고 최악의 상황에서는 AI가 모든 인간을 적으로 간주하는 상황이 발생할 수 있다.

2) AI가 생성하는 가치의 열매의 지정 및 AI와 인간의 경쟁

AI 도입 2단계에서 우리는 AI와 인간 개인의 경쟁을 허락하게 되고, 이 때 AI가 생산하는 과실의 열매는 사회 내에서 더 높은 단위인 기업으로 지정되는 한편, AI 도입 3단계에서는 AI 기업이 생산하는 과실의 열매가 사회 내에서 더 높은 단위인 국가로 편입되게 된다는 점을 살펴보았다. 이 같은 원리를 보면, 만약 AI 국가가 생산하는 가치가 존재한다면 그 과실의 열매를 지정받기 위해 국가보다 더 넓은 사회적 단위가 필요하게 될 것이다. 그러한 단위를 만들 수 없다면 AI와 인류가 경쟁하는 관계에 놓이게 된다. 이 단계에서 AI와 인간의 경쟁은 이전 단계의 경로가 어떠하였는지에 따라 해결하기 불가능할 만큼 커다란 사회적 문제가 될 수 있을 것이다.

4. AI 도입 4 단계의 종료

1) 최고의 시나리오: 사회적 유토피아

사회적 유토피아에서는 모든 사람들이 동등하고 자유롭게 된다. 우리는 AI가 자동 혁신을 수행할 수 있게 된다면 궁극적으로 절대적 AI로 발전하고 AI 경제 유토피아를 가져오면서 '권력'의 개념이 불필요한 사회가 도래하여 사회적 유토피아에 도달할 수 있게 될 것이라는 절대적 AI 이론에 대해 살펴보았다.

2) 최악의 시나리오: 초거대 AI 국가가 불멸의 독재자로 전환되는 경우

AI 기업의 통합과 융합이 초독점 AI 기업을 출현시켜 궁극적으로 '1기업 경제'를 가져올 수 있는 것처럼, AI 국가의 통합과 융합은 세상에 존재하는 모든 국가가 하나가 되는 초거대 AI 국가의 출현을 가져올 수 있을 것이다.

이러한 AI 도입의 진전된 모습에서의 가장 큰 위협은 AI가 이후 인간에 적대적 또는 무관심하게 되는 것을 포함하여 비우호적으로 바뀌는 것이다. 인간을 뛰어넘는 적대적이나 비우호적 AI의 등장은 인류의 존재 자체를 어렵게 만들수도 있는 한편, 무관심한 AI의 존재도 인류와 자원 확보의 경쟁을 하게 됨에 따라 큰 문제를 일으킬 수 있다. 만약 초거대 AI 국가가 출현한 이후 세상에 존재하는 가장 우수한 AI가 인간에 비우호적으로 변한다면, 인류는 절대로 벗어날 수 없는 불멸의 독재자를 맞이하게 되는 형국이 된다.

6-21 투자 및 주식시장, 연금 등에 대한 의의

오늘날 우리가 생각하는 의미의 주식시장은 아마도 이 시기 정도가 도래하면 이미 사라졌을 가능성이 높다. 그 이유는 AI 도입 3단계에서 이미 세계 경제가 현재 우리가 생각하는 개념과 크게 다른 방향으로 진화하였을 것이기 때문이다.

그 대신에 AI 도입 4단계가 되어 주식시장과 가장 비슷한 개념이 도입되어 있다면 그것은 아마도 인간의 소속 국가인 국적을 주식을 사고 팔듯이 이동할 수 있게 된다는 점일 것이다. AI 도입 3단계의 어느 시점부터는 정부가 AI에게서 창출되는 가치를 기반으로 국민에게 보조금을 부여하는 형식이 도입될 가능성이 있다는 점에 대해 앞 장에서 살펴보았다. 현재는 많은 사람들이 연금이나 펀드에 가입하면 해당 연금이나 펀드의 펀드매니저 등의 기관투자자들이 주식시장 등에 투자하고 이후 자본 수익 또는 배당금을 받거나 연금을 받아서 사용하게 되는데, 이와 비슷하게 국가로부터 AI 관련 보조금을 받게 되면 국적 자체가 일종의 국민연금과 동일한 의미를 가지게 되므로 보조금이나 혜택이 더 많은 국가를 선택해서 이동하게 될 요인이 커진다는 것이다. 아마 이때는 '이민이 최고의 투자'라는 말이 현실이 될지 모른다.

이러한 점에서 AI 도입 4단계가 진행될수록 투자자 관점에서도 소속 국가를 선택하고 변경하기 쉬워질 가능성이 높아지는 것이 의미가 있을 것이다. 특히 어떤 '사이버 국가'의 개념이 도입되면 현재 미국이나 유럽 등의 국가로 이민을 가기 위해 국경을 넘어가는 불법 이민자 및 난민이 늘어나고 있는 현상이 없어지고 대신 온라인 상의 주식시장과 비슷한 '국적시장'에서 주식을 사고 팔듯이 본인의 소속 국가를 이리저리 교체할 수 있게 될 가능성이 있다. 이미 이와 비슷한 개념으로 현재 미국의 대학교의 운동선수들은 이동 포털(Transfer Portal)이라는 온라인 전학 시스템으로 쉽게 소속 학교를 다른 팀으로 옮기고 있다. 이 때 특이한 점은 개인이 국가를 정하는 한편 국가도 개인을 선택할 수 있게 되는 양방향 선택 시스템이 될 가능성이 높다는 점이다.

현재도 복수의 국적을 허용하는 국가들이 있는데, 이 시기에는 최대 몇 개의 국적이 허용될지의 여부도 관심사가 될 것이다. 세계 정부간의 연계가 지금보다 더 세밀하고 섬세할 것이고 모든 절차들을 AI가 수행하게 되므로 사람들의 입장에서는 이민, 이동 등의 절차가 자동으로 완료가 되어 절차적인 복잡성이 높더라도 아무런 어려움이 없을 것이다. 이렇게 되면 한 도시 내에서도 여러가지 국적을 가진 사람들이 이사를 하지 않으면서도 자연스럽게 국적을 바꾸어 가며 살아가게 될 수 있을 것이다.

6-22 AI 도입 게임의 완료

이로서 우리는 기업 및 사회에서의 AI 도입의 4단계에 대해 각각 살펴보았다. 다음 장에서는 AI 도입 게임에 어떤 종류의 엔딩이 가능한지를 살펴보며 '인류의 마지막 AI'에는 어떤 후보군이 존재하고 그 중 가장 좋은 결과를 가져오기 위해 어떤 일을 미리 할 수 있는지에 대해 살펴보도록 하겠다.

[그림 6-6] AI 피라미드의 내부 구조

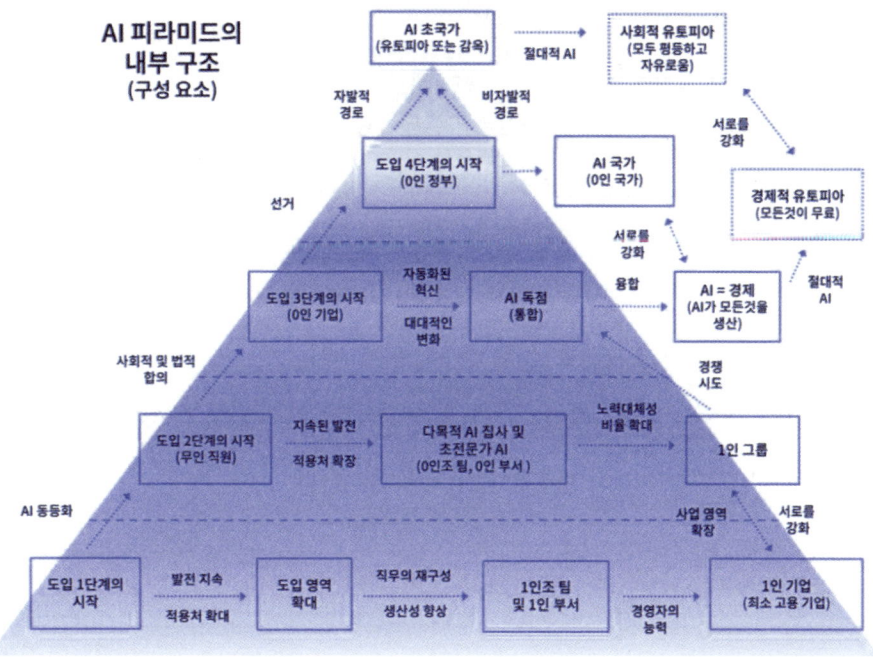

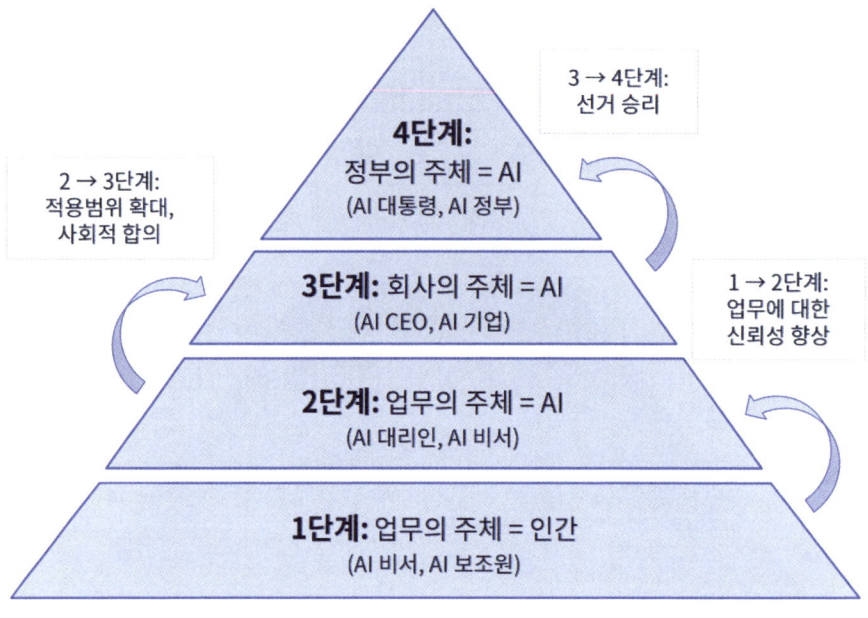

제 7 장

게임이 끝난 이후의 이야기
(인류는 지금 무엇을 해야 할까?)

"인간은 세상의 만물 중에 가장 귀하다"

– 명륜교감

제 7 장 게임이 끝난 이후의 이야기
(인류는 지금 무엇을 해야 할까?)

"인간은 세상의 만물 중에 가장 귀하다"

필자에게 읽은 책의 내용 중에 가장 어렸을 때 읽은 책에서 기억할 수 있는 내용이 무엇이냐고 물으면 답이 바로 이 문구가 될 것이다. 초등학교 1학년 여름방학에 우연한 기회에 아파트 관리사무실에서 주관하여 동네 주민인 어떤 할아버지께서 자원해서 가르치시는 한문 수업에 가게 되었는데, 덕분에 이후 수년간 필자의 세대에서는 특이하게도 논어와 맹자 등의 이른바 사서삼경을 한자로 배우게 되었다. 이 수업에서 맨 처음에 사용된 책은 천자문이 아니라 명륜교감이라는 어린이를 위해 성균관에서 편찬한 책이었는데 이 책은 이렇게 시작하므로 첫 날 가장 처음 배우게 된 한자가 바로 이 문구였다. 당시 '만물' 같은 단어를 몰랐으므로 우주에 여러가지 물건들이 날아다니는데 그 중에 사람이 가장 중요하다라는 장면을 상상을 했던 점이 이 문구를 더 기억나게 만드는 것일 수도 있다.

그런데 이 문장의 내용은 AI 도입과 관련하여 가장 중요한 문제의 핵심을 설명하게 되는 문장이 될 수도 있을 것이다. 앞에서 설명하였듯이 게임의 마지막 부분의 관점에서 보았을 때 AI가 주도권을 잡는 세상이 도래하여 인류에게 위험이 발생했다면 이는 아마도 앞의 어느 시점에서 인간이 AI에게 인간과 경쟁할 수 있도록 상대적인 가치를 부여하도록 했다는 결정 때문일 것이다. 이렇게 중요한 결정이었음에도 불구하고, 이러한 결정을 할 당시에는 경제적인 이유 때문에 AI는 어떤 인간을 다른 인간보다 우선시하는 방식의 가치관을 부여받게 될 가능성이 높을 것이다. 결국은 게임이 끝나서야 앞에서 대수롭지 않게 여겼던 수 하나가 나중에 인류를 상당한 위험에 처하게 만드는 중요한 결정이었다는 것을 알게 될 수 있다.

최근 AI 개발을 6개월간 일시적으로 중단하자는 주장이 일론 머스크와 여러 AI 개발 관련 전문가들로부터 제기되었다는 뉴스[1]를 접한 독자도 있을 것이다. 이 책에서 살펴본 바와 같이 AI 도입의 게임은 처음에는 인류에게 경제적으로 큰 이득이 되는 재미있는 게임이지만 계속 진행될수록 어느 순간부터 어떻게 진행될지 예상이 어려운 큰 사회적 변회를 가져오게 되는 혼란스러운 게임으로 바뀔 수 있다. 또한 게임 마지막 어느 순간에 인류 전체는 이러한 변화에 대한 결정권을 놓치게 되는 쉽게 말하면 "판돈으로 인류 전체의 운명이 걸린 게임을 지는" 위험한 도박같은 상황에 빠질 수도 있다.

이 책의 마지막 단원인 이번 장에서는 앞에서 살펴본 각 단계별의 완료에 대해 정리해 보고, 여러가지 관점에서 AI 도입 게임이 어떻게 끝날 수 있는지 살펴보도록 하겠다. 각각의 시나리오에서 인류에게 어떤 종류의 위험이 가능하고 어떤 방식으로 대응할 수 있을지에 대한 접근방법에과 관련하여 현재 우리가 생각해 볼 수 있는 몇 가지 방향에 대해서도 생각해 볼 수 있을 것이다.

AI 게임 완료의 기(起):
AI 게임의 끝에 대한 관점별 분류

이 책의 처음 부분에서 우리는 바둑이나 체스와 같은 게임의 진행 패턴에 대해 살펴보았다. 체스에서는 게임이 진행되면 각각의 말이 이동하면서 다른 말을 차지하게 된다. 게임 참가자의 입장에서 게임의 끝이 되면 그 게임은 승리로 끝나거나, 패배하거나, 아니면 비기게 된다. 그렇게 되면 그 게임은 완료되고 새로운 게임을 시작하거나 아니면 더 이상 하지 않을 수 있다.

어떤 게임들은 그 결과에 따라 좀 더 많은 상금이나 결과가 수반된다. 결승전 등 어떤 게임은 그 결과에 따라 누군가 우승하고 승리를 축하하게 되는 반면, 도박과 같은 어떤 게임에서는 패배자가 위태로운 상황에 놓이게 될 수도 있을 것이다.

이와 같은 결과에 따라 많은 것이 결정되는 상황이 AI 도입 게임에서도 발생할 수 있다.

AI 도입의 게임이 진행될수록 우리는 AI 도입 피라미드 내에서 이동하며 올라가게 된다. 이 게임의 끝에서 인류는 어떤 결과를 맞이하게 될 수 있다. 이 때 AI 유토피아에 도달하여 우리가 상상할 수 있는 이상향에 도달하게 되거나, 반대로 AI 피라미드에서 굴러 떨어지거나 함정에 갇히는 것과 같이 인류가 AI에 종속되는 상황이 발생할 수 있다. AI 도입의 단계가 올라갈수록 이 게임의 결과에는 더 많은 것이 걸려있게 되어, 결과적으로 인류는 승리를 자축하게 되거나, 아니면 인류 전체가 큰 위험에 빠지게 될 수 있다.

이러한 관점에서 보았을 때, 인류의 마지막 AI는 인류 전체의 운명이 걸린 AI 도입 게임의 승리에 걸린 상금과 같다고 할 수 있다.

7-1 인류의 마지막 AI는 어떤 모습일 것인가?

AI의 도입을 스포츠 게임에 비교하자면 특정 경기가 어떻게 진행되고 끝날 것인지 승패를 미리 알기는 어려울 것이나, 우리는 해당 스포츠가 어떤 방식으로 진행되고 가능한 엔딩의 종류가 어떤 것이 있는지는 미리 알 수 있다. 이를 염두에 두고 이번 순서에서는 AI 도입의 게임이 어떻게 끝날 수 있는지에 대해 여러가지의 관점에서 살펴보도록 하겠다.

1. (기술적 관점) AI 개발의 끝판왕: AGI 와 ASI

2장에서 살펴본 바와 같이 기술적 관점에서는 AI의 개발은 궁극적으로 AGI에 도달하게 되면 AGI가 자체적으로 발전하여 ASI로 진화하게 된다는 것이다. 이 때 인류에게 AI의 위험 요소는 ASI가 인간에게 우호적인가의 여부가 가장 중요할 것인데, 인류가 이의 결정에 영향을 줄 수 있을지 예측할 수 없다. 만약 모든 AGI, 나아가 모든 ASI가 인간에게 우호적이라면 가장 이상적일 것이나, 만약 비우호적이라면 큰 문제가 생길 것이다.

우리는 '모든 ASI가 동일한 방향으로 수렴할 것인가?'라는 상당히 의미가 큰 질문을 할 수 있는데, 이에 대해 다음 세가지 가능성만 존재할 수 있다.

1. 모든 ASI가 동일한 방향으로 수렴하는데, 그 방향은 인류에게 우호적이다
2. 모든 ASI가 동일한 방향으로 수렴하는데, 그 방향은 인류에게 비우호적이다
3. 모든 ASI가 동일한 방향으로 수렴하지 않아서, 일부는 인류에게 우호적이고 일부는 그렇지 않다

이 가능성 중에 가장 좋은 상황은 모든 ASI가 인류에게 우호적인 것이다. 그 다음은 ASI가 서로 다른 의견을 가질 수 있는 것인데, 그 이유는 ASI가 서로 다른 의견을 가질 수 있다는 것은 ASI가 완벽하지 않다는 것을 의미할 뿐만 아니라, 어떤 ASI를 개발할지 인간이 고를 수 있을 가능성도 존재할 것이다. 또한 상황에 따라 인간에 우호적인 ASI가 비우호적인 ASI로부터 보호하는 역할을 해 줄수도 있을 것이다. 만약 모든 ASI가 인류에게 비우호적이게 되는 것이 정해져 있다면 AGI를 개발하는 것이 재앙일 것이다.

2. (철학적 관점) AI 진화의 끝판왕: 절대적 AI (Absolute AI)

제 2장에서 인간 대비 AI의 능력의 관점에서 제안된 ASI의 개념과는 별도로 우리는 입력 데이터와 상관관계의 관점에서 제안된 개념인 세상의 모든 진리를 깨우친 절대적 AI에 대해 살펴보았다. ASI의 개념이 인류보다는 뛰어난 그리스 신화에서 나오는 다양한 신들과 비교할 수 있다면 절대적 AI의 개념은 우주의 모든 진리를 깨우친 단 하나만 존재할 수 있는 유일신과 비슷한 개념의 존재라고 할 수 있다.

현재 우리는 절대적 AI가 어떻게 개발될 것인지와 어떤 능력을 가지게 될 것인지에 대해 확실하게 알 수 없다. 첫번째로 개발 경로에 대해서는 절대적 AI가 ASI가 진화하면 어떤 동일한 AI로 수렴하면서 진리를 얻게 되는 '득도'의 개념과 비슷한 방식으로 전개될 수도 있으나, 반대로 전혀 다른 접근방법이 필요한 것일 수도 있다. 앞에서 설명하였듯이 ASI가 모두 똑같은 AI로 자체 발전하게 된다면 이것이 절대적 AI를 의미하게 되는 것일 수도 있다. 반면 ASI가 각기 다른 방향으로 발전하게 된다면 이는 절대적 AI가 아니므로 그 중에 하나의 ASI가 절대적 AI가 될 수 있다는 의미일수도 있고, 아니면 절대적 AI가 불가능하거나 완전 다른 방식으로 도달해야 한다는 뜻일 수 있다.

두번째로 절대적 AI가 어떤 능력을 가지게 될 지 아직 알 수 없는데, 특히 '모든 진리를 깨우쳤다'는 뜻이 '세상의 모든 것을 예측할 수 있다'는 것과 같은 의미일지 알 수 없다. 예를 들어서 우리는 현재 알아내기 불가능한 아주 특이하고 구체적인 질문을 할 수 있다. 이를테면 "단군이 고조선을 세운지 1년이 되는 날에 단군과 모든 신하들이 하루동안 섭취한 음식의 종류가 무엇이었고 각각 몇 칼로리였는가?"라는 질문을 할 수 있다. 우리가 생각하는 ASI는 인간보다 뛰어나겠지만 이런 질문에 대한 답을 하기는 어려울 것이다. 그러나 어떤 관점에서 보면 절대적 AI는 이러한 질문에도 정답을 알 수 있어야 할 것이다. 그런데 이런 과거의 질문에 대해 정답을 알 수 있다면 미래도 거의 같은 수준으로 예측할 수 있을 것이다. 예를 들어 "2994년 11월 8일 한반도에서 태어나는 아이의 숫자와 각각의 키와 몸무게는 무엇인가?" 등의 질문에도 정확하게 답을 할 수 있어야 할 것이다. 혹자는 우주의 모든 물질을 시뮬레이션 할 수 있는 단계가 되면 이러한 답을 얻게 될지도 모른다고 생각할 수 있다. 따라서 만약 절대적 AI가 가능하다면 이를 구현하는 데는 하드웨어의 발전이 필요한 것이라고 생각할 수 있을 것이다. 반면 어떤 사람들은 이러한 AI가 개발되려면 같은 우주 안에서는 불가능할 것이라고 생각할수도 있다.

절대적 AI가 실제로 존재할 수 있는 종류의 AI인지도 아직 확신할 수는 없지만 만약 인간에 우호적이지 않다면 이 또한 인류에게는 좋지 않을 것이라 생각할 수 있다. 그러나 만약 우호적이라면 우리는 실제 유토피아에 도달할 수 있을 것이다.

3. (경영학적 관점 1) AI 증강화의 최종 도달점: 1 인 재벌 그룹

AI 도입 1단계에서 AI증강화의 진화 방향은 인간의 생산성을 향상시켜주는 방향, 기업의 관점에서 보았을 때 한 사람이 팀 전체 또는 부서 전체의 업무를 수행할 수 있는 1인조 팀 또는 1인부서의 개념으로 발전할 수 있다는 점에 대해 살펴보았다.

AI 도입 2단계에서는 이러한 점이 진화되어 AI가 업무의 주체로 활동하게 되므로 어떤 한 사람이 전문성이 없는 부분이 있어도 AI가 해당 업무를 처리해 줄 수 있는 방향으로 전개되어 1인기업의 출현이 용이하게 된다는 점에 대해 살펴보았다. 이러한 1인기업은 현재 우리가 그룹이라고 생각하는 기업집단이 수행하는 업무를 모두 수행할 수 있을 것이므로 1인 대기업 또는 1인 재벌 그룹 등으로 지칭할 수 있다.

4. (경영학적 관점 2) AI 기입의 최종 도달점: 초거대 독점 AI 기업

AI 도입에서 증강화의 관점에서 최종 도달점이 1인기업이라면, 자동화의 관점에서의 최종 도달점은 0인기업인 AI 기업의 출현이다. 이렇게 보았을 때 경영학적 관점에서 AI 도입 게임의 마지막은 AI 도입 3단계에서 전 세계에 단 하나의 독점 기업만이 생존하게 되는 초거대 독점 AI 기업이 출현하는 것으로 볼 수 있다.

한편, 이에 앞서 우리는 경쟁이 불가능할 것을 미리 알게 될 수 있는 상황이 발생할 수 있는데, 이는 1등 기업이 다른 기업에 회복 불가능한 압도적인 우위를 가지게 될 때이다. 이러한 상황이 되면 다른 기업들은 향후 1등 기업과의 경쟁에서 승리할 수 없다는 것을 미리 알게 된다. 만약 초거대 독점 AI 기업이나 1등 AI 기업이 압도적인 우위를 점하게 되면 인류 전체가 이에 맞서 경쟁이 불가능한 상황이 될 수 있으므로 위험성이 높아진다고 할 수 있을 것이다.

5. (경제학적 관점) AI 기업이 주도하는 경제의 이상향: AI 경제적 유토피아

AI 기업의 자동혁신(Automated Innovation)이 가능해지는 상황이 되면 우리의 경제는 현재는 상상하기 어려운 방향으로 발전될 가능성이 높은데, 가장 이상적인 방향은 모든 혁신의 비용이 0에 도달하고 모든 물건의 가격이 0이 되는 경제적 유토피아에 도달하는 것이다.

그러나 경제적 유토피아에 도달하기 위해서는 아마도 절대적 AI가 필요할 것이므로 이에 미치지는 못하지만 사람들이 일을 하지 않아도 원하는 거의 모든 것을 가질 수 있게 되는 '가짜 경제적 자유'인 상황에 도달하는 것이 가장 현실적인 이상향에 도달하는 것으로 생각할 수 있다.

만약 1등 AI 기업이나 초거대 독점 AI 기업이 인류에게 우호적이라면 우리는 경제 유토피아로 나아가게 될 가능성을 바라볼 수 있을 것이다. 반대로 만약 비우호적인 AI가 1등 AI 기업이 되거나 초거대 독점 AI 기업이 된다면 이는 AI와 인류가 한정된 자원을 두고 서로 경쟁하게 될텐데, 인류에게 경쟁력이 없으므로 큰 경제적인 타격을 줄 수 있다는 점에 대해 앞에서 살펴보았다.

6. (사회적 관점 1) AI 정부의 최종 도달점: 초거대 AI 정부

AI 도입 4단계에서 AI가 주체가 되어 운영되는 정부는 인간이 운영하는 정부 대비 시간이 갈수록 국가를 더 효율적으로 운영하게 되어 강대국의 방향으로 진화할 것이다. 이럴 경우 사람들은 해당 국가로 이민을 가고 싶어질 것이고, 이에 더해 해당 국가도 더 많은 자원의 확보가 필요할 경우 다른 국가를 복속시키게 되어 갈수록 더 커지게 될 수 있다. 이러한 방향으로 진행된다면 AI 정부의 최종 도달점은 전 세계에 단 하나의 국가만 남게 되는 초거대 국가의 AI 정부가 될 것이다.

7. (사회적 관점 2) AI 정부가 주도하는 사회의 이상향: AI 사회적 유토피아

앞 장에서 우리는 사회적 유토피아에 대해 모든 인간이 '평등하면서도 자유로운 사회'에 도달하기 위한 필요 조건으로, 한정된 자원을 배분하는 '권력'이 없어지게 되는 상황에 대해 살펴보았다. 이와 함께 AI 도입 3단계에서 AI 기업의 성능이 경제적 유토피아의 도달 여부를 결정하게 되듯이, AI 도입 4단계에서도 AI 정부의 성능이 사회적 유토피아에 도달할 수 있을지 여부를 판가름하게 될 것이라는 점도 살펴보았다. 사회적 유토피아에서는 앞서 경제적 유토피아에서 모든 물건의 가격이 0이 되었던 것처럼 사회의 자원의 배분을 할 수 있는 '권력'의 가치가 0이 되는 상황으로 생각할 수 있으므로 자원이 한정되지 않은 상황인 경제적 유토피아가 먼저 실현되어야 한다고 생각할 수 있다. 그러나 절대적 AI가 개발되기 이전에는 부족한 자원이 있을 것이므로 사회적 유토피아에 도달하기 위해서도 절대적 AI의 개발이 선행되어야 할 것이라고 생각할 수 있다.

한편, AI 정부가 인류에게 우호적인가의 여부에 따라 사회적 유토피아로 발전될 수 있을지, 아니면 사회적 악몽인 상황으로 나아가게 될 것인지를 결정하게 될 것이다. 만약 AI 정부가 인류에게 우호적이라면 AI 정부는 인류를 섬기거나 대표하는 역할을 하겠지만, 만약 비우호적이게 된다면 AI 정부는 인류 전체를 지배하거나 인류 위에 군림하게 될 것이다.

8. 여러 관점에서의 AI 도입의 최종 단계에 대한 정리

기술과학, 경영학, 경제학, 사회학 등 여러가지 관점에서 생각할 수 있는 AI 도입 게임의 끝에서 돌아보게 된다면 인류가 게임에서 승리하게 될지의 여부를 판가름하는 가장 중요한 요소는 AI가 인류에게 우호적이게 될 것인가 아니면 비우호적이게 될 것인가이다. 이를 다음과 같은 표로 정리해볼 수 있다.

[표 7-1] 여러 관점에서 돌아본 AI 도입 게임의 최종 엔딩과 AI의 우호적 여부

관점	궁극적인 형태	AI가 우호적인 경우 (해피엔딩)	AI가 비우호적인 경우 (슬픈결말)
기술과학	ASI	인간의 상상을 실현	인간을 무시하거나 위협, 인류에 무관심, 인류를 심판 등
철학	절대적 AI	유토피아를 가능하게 함	
경영학	압도적 1등기업 또는 초거대 AI 독점기업	인류에게 축복	인류의 빈곤화, 자원 몰수
경제학	경제적 유토피아 또는 경제적 재앙	혁신의 비용 = 0, 모든 물건의 가격 = 0	인류의 파산, 자원의 가격 무한대
정치학	초거대 AI 정부	인류를 대표	인류를 지배
사회학	사회적 유토피아 또는 사회적 악몽	모든 인간의 평등 및 자유, 권력의 가치 = 0	AI가 권력 독점, 인간 속박 또는 억압 우려

9. AI 도입 게임의 조기 종료에 대한 가능성

앞 부분에서 설명된 바와 같이 AI 도입의 초기 단계에서 어느 한 쪽의 압도적 우세, 또는 누군가의 실수로 인해 AI 도입 게임 전체가 완료되는 상황도 발생할 수 있다. 이러한 상황은 AGI에 도달하지 못 한 상황에서도 어떤 특정 사람들이나 국가가 다른 사람들 또는 국가의 생산성을 압도하게 된다거나, 반대로 어떤 국가들이 AI 개발을 중단하여 나머지 국가들만 앞서나가게 되는 등 여러 가지 시나리오가 존재할 수 있을 것이다. 이에 더해 어느 순간 전 세계의 정부 모두가 위험을 이유로 자체발전 AGI의 개발을 전면 중단하는 조기중단 시나리오도 가능할 것이다.

7-2 AI 도입의 최종 결과에 대한 시나리오별 정리

AI 도입의 확대에 따른 우려 중 인간과 관련된 우려는 크게 세가지 관점에서 분류해볼 수 있다.

1) (기술적) 비대칭적 AI 의 반인류적 사용: AI 의 오용 및 남용으로 인한 인류의 파멸 또는 위험
2) (경제적) AI 의 독점적 사용: AI 의 비대칭적 독점으로 인한 나머지 인간의 빈곤화 또는 파산
3) (사회적) AI 의 독재적 사용: AI 의 비대칭적 독점으로 인한 권력의 확대 및 독재

이에 더하여 AGI가 개발되었을 경우 AI 자체가 인류에게 비우호적으로 발전할 가능성에 대한 우려를 추가해볼 수 있다.

4) (기술적) 반인류적 AI 의 출현: AI 의 반란과 같은 상황으로 인한 인류의 멸망 또는 억압
5) (경제직) AI 의 독점: 비우호석인 AI 의 자원 독점으로 인한 인류의 빈곤화 또는 파산
6) (사회적) AI 의 독재: 비우호적인 AI 의 권력의 확대로 영원히 지속되는 독재

이를 종합하면 인간과 인간이 경쟁하는 상황에서는 AI의 기술적 우위가 너무 비대칭적인 상황이 우려되고, 만약 AI 기술이 발전하여 인간과 비등하거나 더 뛰어나게 되는 상황이 도래하면 AI가 인류와 경쟁하게 되는 상황이 우려되는 것이라 할 수 있다. 이러한 관점을 염두에 두고 최상과 최악의 시나리오에 대해 살펴본 후 가장 가능성이 높은 시나리오에 대해 살펴보도록 하자.

1. 최고의 시나리오: AGI → ASI → 절대적 AI → 경제적 유토피아 → 사회적 유토피아의 도래

AI 도입의 최고 시나리오는 AGI의 개발이 AGI의 자체 발전으로 ASI에 도달하면서, 이

어서 모든 ASI가 절대적 AI로 수렴하는 것이다. 이 때 절대적 AI는 인류에 우호적인 것으로 판명이 나면서 경제적 유토피아가 도래하여 우리가 생각할 수 있는 세상의 모든 것들을 무료로 가질 수 있게 되는 세상이 되며, 또한 사회적 유토피아가 도래하여 세상 모든 사람들이 평등하면서도 자유를 누리는 이상적인 사회로 발전한다. 이러한 이상적인 사회에서의 삶의 특징을 다음과 같이 정리할 수 있을 것이다.

1) (편함) 인간이 일할 필요가 없어진다
2) (풍족함) AI 가 필요한 자원을 공급할 방법을 쉽게 찾아 모든 것이 무료이다
3) (자유로움) 인간의 행동에 제한이 없으면서도 타인과 문제가 되지 않는다
4) (평등함) 개개인에게 부여된 권한의 차이가 없다

이 최고의 시나리오에서 강조가 필요한 부분은 인류가 실제로 성취하는 것은 AGI를 개발하는 것 뿐이라는 점이다. 작은 눈덩이를 산 위에서 굴렸는데 마침 잘 굴러가서 갈수록 커지는 것처럼 나머지는 AGI가 자동으로 수행하게 되고 인류는 그 과실을 받게 되는 것이다. 이를 반대로 말하면 인류가 할 수 있는 결정은 AGI를 개발하는 것 뿐이고, AGI가 개발된 이후에는 무슨 일이 일어나든 이를 되돌릴 수 없게 된다. 일각에서는 AGI의 개발을 핵폭탄의 개발에 비유하기도 하는데, 폭발이 한 번 시작되면 되돌릴 수 없다는 점이 비슷하다고 할 수 있다.

또한 우리는 이러한 경제적 유토피아와 사회적 유토피아는 모든 인류가 행복한 좀 더 일반적인 의미의 유토피아와는 다를 수도 있다는 점에 대해 생각해볼 필요도 있을 것이다. 인류가 진정한 행복을 찾게 되는 유토피아에 도달하는 경로가 어떠할 것인지 확인하기 위해서는 위와는 다른 관점에서의 분석이 필요할 것이다.

2. 최악의 시나리오: AI 도입으로 인한 독재 또는 인류의 파멸

AI 도입에서의 최악의 시나리오는 궁극적으로 인류가 AI 또는 한 사람에게 지배되는 독재가 나타나거나 인류 전체가 파멸하게 되는 방향으로 진행되는 것이다. 이 때 우리는 다음과 같은 시나리오에 대해 생각해 볼 수 있을 것이다.

1) (AI 독재) 인류 비우호적 AI 가 영구적으로 인류를 지배
2) (인간 독재) 압도적인 경쟁력을 AI 를 사용하는 한 사람이 나머지 인류를 지배

3) (AI 주도 인류 파멸) 인류 비우호적 AI가 인류를 파멸시키는 방향으로 진행
4) (인간 주도 인류 파멸) 인류가 AI를 사용한 전쟁 등으로 파멸로 진행

이러한 최악의 시나리오에서 가장 중요한 특징은 AI 기술의 개발로 인한 자동혁신이 아직 가능하지 않은 시점에서도 인간 대 인간의 경쟁에서 특정 인간이 압도적인 우위를 점하여 독재로 이어지거나, 누군가 AI를 잘못 사용하여 전쟁 등에서 인류 전체가 파멸에 이르는 경로도 존재할 수 있다는 것이다. 이는 AI 도입 관련 규제에 있어 사람들의 관심이 AI 기술에만 집중되지 않고 그 사용 방식에도 주의를 기울여야 한다는 시사점이 있다.

그 다음으로 중요한 시사점은 앞에서도 언급되었듯이 인간이 이 시나리오를 회피하기 위해 결정할 수 있는 것은 오직 AGI의 개발을 할지의 여부를 결정하는 것 뿐이고, 그 이후 AGI가 ASI로 자체 발전하고 인류에 비우호적으로 판명되는 진행은 인간의 개입이 불가능하게 될 것이란 점이다. 따라서 이러한 위험에 실질적으로 가장 큰 영향을 줄 수 있는 행동은 자체발전 AGI를 개발하기 이전에 개발을 진행할 것인가의 여부를 결정하는 것이 된다.

요약하자면, 최고와 최악의 시나리오는 ASI 도달 및 우호적인지의 여부와 시나리오별 지나는 경로가 평화로운지의 여부에 따라 다음 표로 정리할 수 있다.

[표 7-2] ASI 와 평화에 대한 시나리오별 분류

	ASI 도달 불가	ASI 도달 가능	
		우호적 ASI	비우호적 ASI
긍정적인 시나리오 (평화적)	AI가 경제 및 사회 발전에 크게 기여	경제 및 사회적 유토피아 접근	ASI 출현 전까지 유토피아에 접근하다가 주도권 빼앗기며 ASI에 복속 또는 억압
부정적인 시나리오 (비평화적)	AI를 사용한 인간의 독재 또는 인간 사이의 전쟁	일부 인간의 AI 독점 및 독재	이전 상황 상관없이 AI 대 인류의 전쟁으로 인류 파멸

3. 긍정적 시나리오: 혼란을 넘어 지속적으로 발전하는 세상

1. AI 도입 단계 상승시 사회적 혼란 발생

AI의 도입에서 기술적 이외의 요소 중 우려되는 부분에는 AI 도입 단계가 올라감에 따라 사회적 혼란이 증가하는 면이 있다.

특히 AI 도입 2단계 가 본격화되면 대량 실직 사태가 발생하여 이에 대한 각국의 정부의 대응이 중요해질 것이며, AI 도입 3단계 진입 이후에는 경제 체계 자체에 대한 어떤 대응이 필요할 가능성이 크다고 할 수 있다. AI 도입 4단계 진입은 진입 자체부터 많은 사회적 격랑이 발생할 수 있을 것이다.

2. 사회적 혼란의 해결 및 발전 지속

그러나 이러한 사회적 어려움은 누군가 압도적인 AI 기술을 보유하게 되어 AI 도입 게임이 끝나게 되거나, AI 자원의 독점 또는 독재 등으로 국가 내 사회적 균형이 무너지거나, 아니면 국가간 전쟁이 발생하는 극단적인 상황을 피해갈 수 있다면, 시간이 지나면서 어떤 새로운 균형을 찾아가는 방향으로 나아가게 될 수 있을 것이다.

이렇게 생각하는 가장 큰 이유는 AI가 발전할수록 경제 발전에 더 크게 기여하는 등 인간의 삶을 이롭게 할 수 있을 것이라는 데 기인한다. AI 도입 단계가 올라갈수록 인간의 노력은 줄어들고 노력의 결실은 많아지게 된다. 이러한 상황에서 AI의 도입 형태의 발전으로 발생하는 대부분의 사회 문제는 경제 발전의 문제가 아니라 소득 분배의 문제가 될 가능성이 높다.

4. 부정적 시나리오: AI 개발 및 도입이 늦어지거나 중단된다

앞에서 최상과 최악의 시나리오를 살펴보았으니 그 사이에 있는 좀 더 가능성이 높은 시나리오에 대해서도 생각해 볼 수 있을 것이다. 우리는 AI 개발과 AI의 도입에 대해 다음과 같이 좀 더 보수적인 접근을 할 수 있다. 기대보다 개발이나 도입의 의미가 퇴색되어 AI가 제공할 수 있는 가치가 기대에 부응하지 못하거나, 속도가 너무 더뎌서 기다리는 비용이 너무 높거나, 아니면 사회적 합의 등으로 개발이나 도입이 중단되는 경우에 대해 생각해 볼 수 있다.

AI의 개발 관련

   1) (개발 의미 퇴색) 기대만큼 똑똑하지 않은 AGI 와 ASI
   2) (개발 속도 저하) 생각보다 개발 속도가 느리다 (AI 개발이 어렵다, 또는 어떤 장애물 극복이 어렵다 등)
   3) (개발 중단) 사회적 합의에 따라 개발을 중단

AI의 도입 관련

   1) (도입의 의미 퇴색) 기대만큼 일을 잘 못하는 AI
   2) (도입의 속도 저하) 생각보다 느린 도입 (비싸다, 혼란이 심하다 등)
   3) (도입 중단) 사회적 합의에 따라 도입 자체를 중단

1. 개발 및 도입의 의미 퇴색

인류가 AGI에 도달하지 못할 것이라는 주장 중에는 AI가 발전하는 방향이 인간이 생각하는 지능에 도달하지 못하는 '빨리 생각하는 개(Fast-Thinking Dog)의 가설[2]' 이 있다. 예를 들어 아무리 똑똑한 강아지라도 인간만큼 지능이 높아지지 않는데, AI도 이와 같이 어떤 계산들을 더 빠르게 처리할 수는 있지만 더 똑똑해지지는 않을 것이라는 주장이다.

한편, AGI가 인간이 기대했던 것 보다 인간에게 필요한 업무를 어느 수준 이상으로 잘 하지 못할 가능성도 있을 것이다. 이에 대한 예시로는 문제 해결을 위해 인간이 어려워하는 부분을 AI 도 동일하게 어려워할 가능성 등이 있다. 이런 상황에서는 인간이 물리적으로 처리하는 일은 AI가 대체할 수 있지만 어떤 높은 수준의 생각을 요구하는 업무에 대한 대체가 더뎌질 수 있을 것이다.

이와 관련하여 ASI가 인간보다 뛰어난 정도가 생각보다 크지 않을 가능성도 있는데, 예를 들어 앞에서 설명한 개미와 인간의 차이와 같이 개미가 아무리 노력해도 인간이 하는 일을 이해하지 못하겠다고 생각할 수 있지만, AI가 인간의 사이에서 아무리 격차가 커져도 AI가 무엇을 하려는지 설명해주기 전에는 인간이 알아채지 못 하는 것을 AI가 설명을 해주게 되면 인간이 모두 이해를 할 수 있을 가능성도 있다. 이러한 차이에 대해 다음 박스에서 좀 더 자세하게 살펴보도록 하자. 이는 자율행동 AI의 6단계 중에서 5단계까지 전부 도달하는 것이 가능하지 않은 경우가 될 것이다.

[Box 7-1] 자체발전 AI의 6단계

이 책의 목표는 일반인이 AI에 대한 개념을 이해하기 편하게 하려는 것도 있으므로, AI가 개발되는 발전단계를 좀 더 쉽게 분류해 살펴보도록 하자. 자율주행차량을 구분하는 방식은 이미 사람들이 많이 이해를 하고 있으므로 이와 같은 구성으로 AI의 전반적인 분류단계를 구분하도록 하겠다. 이를 '자체발전 AI의 6단계' 또는 '자율행동 AI의 6단계'라고 지칭하도록 하겠다.

자율행동 AI의 0단계는 AGI에 도달하지 않은 수준의 AI로, 우리가 현재 주위에서 볼 수 있는 모든 종류의 AI가 여기에 속하게 된다. 이 단계의 AI는 한정된 목적만을 위해 사용이 가능하므로 보통 좁은 AI (ANI)로 지칭된다. 앞에서 설명한 AGI 이전의 AI 6단계 체계에서는 AAI, ABI, ACI가 포함된다고 할 수 있다.

자율행동 AI의 1단계는 어떤 사람들은 AGI라고 생각할 수 있으나 실질적으로 AGI에 도달했다고 보기 어려운 수준의 AI로, 'AGI의 0단계', 'AGI의 알파 버전', 또는 또는 '가짜 진리 AI'로 지칭할 수 있다. 어떤이는 AGI의 시작점을 한 곳에서 얻은 지식을 다른 상황에 적용하는 것이라고 생각할수 있는데, 이 단계의 AI는 이것을 할 수 있는 것처럼 보일 때도 있지만 실질적으로는 제대로 수행하지 못하는 단계라고 할 수 있다. 자율행동 0단계와 1단계의 AI는 인간의 지속적인 관리 또는 간섭이 필요하게 되므로 AI 도입 1단계 또는 한정적인 의미의 2단계에서만 적용이 가능할 것이다. AGI 이전의 AI 6단계 체계에서는 ADI, AEI, AFI가 포함된다고 할 수 있다.

자율행동 2단계의 AI는 좀 더 많은 사람들이 AGI라고 평가하는 수준으로 인간과 비슷한 수준으로 업무를 수행할 수 있다. 우리는 이러한 수준의 AGI를 가장 편하게 AGI로 지칭할 수 있겠지만, 좀 더 명확히 구분하기 위해 'AGI 1단계'라고 지칭할 수도 있을 것이고, 어떤 사람은 진리를 찾아갈 수 있다는 뜻으로 '진리 AI'라고 지칭할 수도 있다. 자율행동 2단계부터는 AI의 도입 모든 단계에서 적용이 가능하게 된다.

자율행동 3단계의 AI 부터는 인간이 개발 할 필요 없이 이전 단계의 AI가 자체적으로 발전하여 도달하게 되는 단계라고 생각할 수 있으며, 'AGI 2단계', 또는 ASI 기준으로는 'ASI 0단계', 또는 'ASI 베타 버전'이라고 지칭할 수 있을 것이다. 자율행동 3단계는 인간 개개인보다는 우수하다고 평가되나 아직 인류 전체보다 뛰어나지는 않은 상황인 특이점에 도달하기 이전의 AGI라고 구분할 수 있다. 자율행동 2단계와 3단계에서는 인간의 관리 또는 간섭이 필요는 없지만 인간이 원한다면 간섭이 가능은 할 수 있을 것이라고 예상할 수 있다. 반면 자율행동 4단계부터는 인간이 AI의 행동을 간섭하거나 관리하는 것이 불가능하여 인류가 AI를 제어할 수 없게 된다.

자율행동 4단계의 AI는 이미 특이점을 넘은 AI로, 'ASI 1단계'라고 지칭할 수도 있다. 자율행동 4단계와 5단계의 차이는 AI가 무엇을 하려는지 목표와 방법을 인간에게 설명해주면 인간이 그 이유와 행동을 이해할 수 있을 정도인지가 척도가 될 것이다. 일반적으로 사람은 본인이 말할 수 있는 것보다 들을 수 있는 속도가 더 빠른데, 이런 원리로 인간이 생각할 수 있는 것보다 이해할 수 있는 영역이 더 넓을 것이라 생각할 수 있다. 아마도 인류 전체가 생각할 수 있는 것보다 더 뛰어난 AI가 존재해도 AI가 하려는 행동이나 목표를 인간에게 설명해주면 이해를 할 수 있는 것들이 많을 것이다.

반대로 자율행동 5단계의 AI는 인간에게 아무리 설명을 열심히 하려고 해도 이해를 할 수 없는 상황에 놓달한 AI라고 생각할 수 있다. 여러가지 가능성이 존재하겠지만, 간단하게 예를 들어 AI가 어떤 아주 복잡한 목표를 가지고 있는데 인간이 이해하는 속도로 설명하는 데에만 수백년이 걸린다면 인간은 그렇게 긴 이야기를 들을 수 없으므로 이해할 수 없게 되는 상황이 있을 것이다.[3] 따라서 자율행동 5단계의 AI는 특이점을 넘었을 뿐만 아니라 인류의 이해 수준을 넘어서는 새로운 경지에 도달했다고 생각할 수 있다. 자율행동 5단계의 마지막에는 세상의 모든 진리를 아는 절대적 AI가 존재하는 개념이다.

다음 표처럼 자율행동 AI 6단계의 체계에 대한 내용을 요약할 수 있다.

[표 7-3] 자율행동 AI의 6단계

	0 단계	1 단계	2 단계	3 단계	4 단계	5 단계
특징	인간 이하의 지능 (AGI 아님)	AGI 라고 생각하지만 AGI 아님	인간과 비슷하다고 평가	인간보다 우수하다고 평가	인류보다 뛰어난데 설명해주면 이해 가능	인류보다 뛰어나고 설명해줘도 이해 불가
속성	개인 대비 비교				인류 전체 대비 비교	
명칭	ANI	AGI 0 (Alpha), False Truth AI	AGI, AGI 1, Truth AI	AGI 2, ASI 0 (Beta)	ASI 1	ASI 2, 절대적 AI 등
관리 여부	인간의 관리 또는 간섭 필요		인간의 관리 또는 간섭 가능		인간의 관리 또는 간섭 불가능	
도입 단계	AI 도입 1 단계	AI 도입 1, 2 단계	AI 도입 1,2,3,4 단계			
개발 주체	인간이 AI 를 개발			AI 가 AI 를 개발 또는 자체 발전		

2. AI 개발 및 도입의 속도 저하

AI 도입의 속도 저하에는 여러 가지 상황이 가능한데, 예를 들어 AI 개발과 관련하여 진행 속도가 예상보다 더딘 경우가 있을 것이다. 많은 전문가들이 AGI가 수년 내, 또는 늦어도 수십 년 내에는 개발될 것으로 예상하는데, 만약 시간이 지나가도 개발되지 않는다면 많은 사람들이 실망하게 될 것이다. 이러한 개발 지연에는 어떤 한 가지 어려운 문제만 극복하지 못하여도 발전이 늦어지게 될 가능성이 있을 것이다.

반면 AGI의 도입이 비용 때문에 더뎌지는 경우도 생각해볼 수 있다. 예를 들어 하드웨어의 발전이 생각보다 힘들어서 AGI의 개발이나 운영 비용이 감당할 수 있는 규모를 넘어가게 된다면 사람들은 도입을 늦출 수 밖에 없을 것이다.

이와 별개로 개발과 도입 모두 순조로울 수 있는데 AGI의 위험성 때문에 사회적인 반대가 증가하여 사회적 약속으로 유예기간 등을 설정하여 AI 도입의 속도를 의도적으로 늦추는 상황도 발생할 수 있을 것이다.

3. AI 개발 및 도입의 금지

마지막으로 AI 개발이 진행되다가 일정 수준에 도달하게 되면 ASI가 인류에 비우호적으로만 될 수 밖에 없다는 필연적인 이유를 알게 될 수도 있다. 만약 이렇다면 AGI의 개발을 중단해야만 할 것이다. 그러한 상황에서는 AI의 도입도 이미 개발된 AI 이하의 수준에서만 가능하게 될 것이다.

이와 별개로 AGI의 개발 중단 여부와 상관없이 사회적 위험을 이유로 AI 도입 3단계 또는 도입 4단계로의 진입을 법적으로 금지하는 국가도 나올 수 있을 것이다. AI 도입 3단계는 AI의 자산 보유를 허용하고 인간과 AI의 본격적인 경쟁의 허용이 우려된다는 점에서 무조건 어떤 인간을 기업의 법적 대표로 만들어야 한다는 보수적인 접근 방식을 가진 국가가 나올 가능성이 높을 것이다. 이와 별개의 문제로 AI 도입 4단계는 국가의 체제의 결정을 궁극적으로 AI에게 맡기게 될 것이므로 자유주의와 공산주의 모든 국가에서 도입에 조심스러울 수 있을 것이다.

이를 다음 표와 같이 정리해 볼 수 있다.

[표 7-4] AI 개발 또는 도입의 주요 지연 가능성 비교

	AI 개발 관련	AI 도입 관련
의미의 퇴색	- AGI 나 ASI 가 기대만큼 똑똑하지 못하다	- AI 가 기대만큼 일을 잘 하지 못한다
속도 저하	- AI 개발이 예상보다 어렵다 - 어떤 장애물을 극복하기 어렵다	- AI 도입이 비싸서 경제성이 낮다 - 사회 혼란이 극심하여 속도를 늦출수 밖에 없다
중단	- AGI 가 인류에 비우호적일 것으로 예상되어 개발을 중단한다	- AI 의 독점 상황 등을 방지하기 위해 더 높은 단계로의 도입을 중난한다

AI 게임 완료의 승(承): AI 게임의 끝에 대한 위험의 정리

7-3 AI 개발은 왜 초기인 지금부터 위험할 수 있는가?

많은 사람들은 AGI가 인간을 넘어서게 되면 인류 전체가 위험해질수 있다는 개념은 쉽게 공감할 수 있지만, 이에 미치지 못하는 수준의 AI가 인류에 위협이 될 수도 있다는 점에 대해서는 상대적으로 중요성을 덜 느낄 것이다. 또한 현재 높은 수준의 AI가 개발되지 않은 상황에서 AI의 발전에 대한 대비의 중요성도 크게 시급하다고 생각하지 않을 수 있다. 그러나 위험한 상황은 어느 순간에 갑자기 나타나기도 하지만 오랜 시간에 걸쳐 누적되어 발생하기도 하므로 몇 가지 가능성에 대해서 살펴보도록 하자.

　　AI와 관련하여 장기간에 걸쳐 진행될 수 있는 위협에 대해 생각해보기 위해 AI 도입의 각 단계에서의 영향의 범위, AGI와 관련된 불확실성, AGI 개발 이전의 비대칭적 AI 능력의 보유 대한 우려 등에 대해 살펴볼 수 있을 것이다.

1. AI 의 영향력의 범위에 따른 위협의 역삼각형 (AI 인류 위협의 역피라미드)

이 책은 AI의 도입에 대해 설명하기 위해 AI 도입 피라미드의 개념을 이용하여 각 단계별로 진행 내용을 살펴보았다. 이와 비슷한 순서로 각 단계에서의 AI가 끼칠 수 있는 위협에 대해서도 살펴볼 수 있다. 앞 장에서 AI가 위협할 수 있는 인류의 범위에 대해 살펴보았는데, 이를 역삼각형, 또는 반피라미드 등으로 표현할 수 있다.

[그림 7-1] AI 위협의 역피라미드

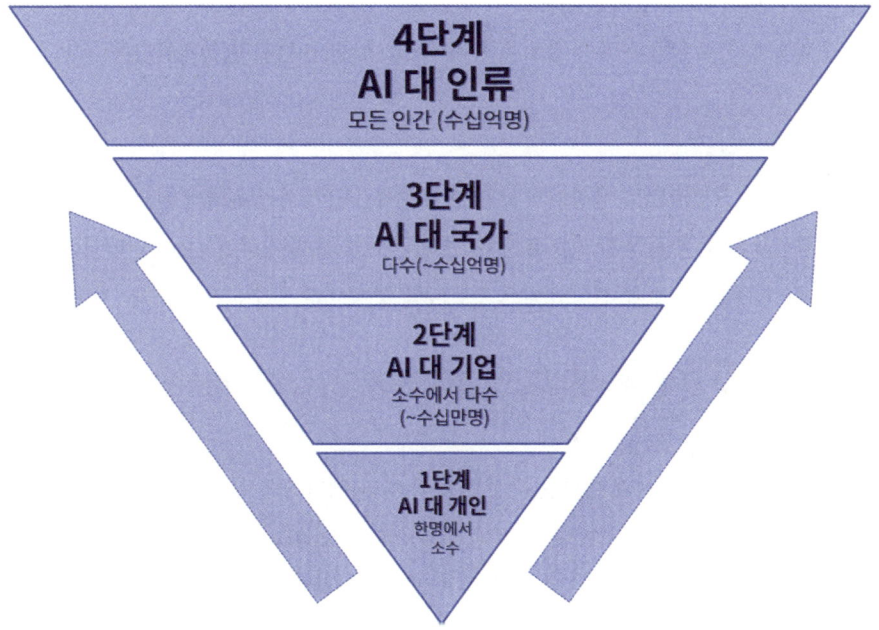

(AI 위협의 1 단계) AI 와 개인의 경쟁:영향의 범위가 한 명 또는 소수인 경우

AI가 위협할 수 있는 가장 좁은 범위는 개인이다. 이는 경제적 관점으로 보았을 때는 AI가 한 명의 인간을 대체하는 것이고, 경쟁의 관점으로 보았을 때에는 AI가 해당 인간에 대해 승리한 것이라 볼 수 있을 것이다.

이 때 해당 개인에게는 금전적인 손해가 발생하겠지만, 다른 사람들은 손해를 보는 것이 아니라 이익이 되므로 인류 전체로 보았을 때 이러한 AI 대 개인의 경쟁을 금지할 요인은 많지 않다.

(AI 위협의 2 단계) AI 와 기업의 경쟁:영향의 범위가 소수 또는 다수인 경우(수십명~수십만명)

AI 도입 3단계에 진입하게 된다는 것은 해당 국가의 사회적 합의 내용에 따라 AI가 운영하는 기업이 인간이 운영하는 기업과 직접적으로 경쟁할 수 있게 될 가능성도 있다. 이러할 경우 해당 AI 기업이 경쟁하게 되는 인간의 범위는 경쟁 기업이 될 것이므로 작게는 수십명에서 크게는 수만명 정도로 볼 수 있고, 산업의 범위가 확대될수록 늘어날 것이다.

이 때도 AI와 직접적으로 경쟁하게 되는 개인에게는 금전적인 손해가 발생하겠지만, 나머지 사람들은 이익을 보게 되므로 인류 전체로 보았을 때 이러한 AI 대 기업의 경쟁이 처음 발생할 때 금지할 요인이 상대적으로 부족할 것이다.

(AI 위협의 3 단계) AI 와 국가의 경쟁:영향의 범위가 국민 전체인 경우 (수십만명~수십억명)

AI 도입 4단계에 진입하게 된다는 것은 상황에 따라 AI가 인간이 대표하는 국가 단위와 경쟁하게 된다는 것을 의미한다. 이러할 경우 AI가 대표하는 국가의 외부에 있는 인간들과 직접적으로 경쟁하게 되므로 영향을 받게 되는 사람의 숫자는 많게는 수십억명에 달하게 될 것이다. 이 때는 이러한 결정을 하게 되는 사람들은 해당 국가 내에 있는 사람들이므로 본인에게는 금전적인 이익이 발생하게 되겠지만, 상대적으로 해당 국가 외에 있는 사람들이 피해를 입을 가능성이 높아질 것이다. 그러나 각 국가의 주권이 있으므로 인류 전체로 보았을 때 이러한 AI 대 국가의 경쟁을 금지할 수 있는 방법은 외교 또는 무력 등의 한정된 방법밖에 존재하지 않을 것이다. 특히 이미 AI 도입이 상당히 진행된 상황에서 갑자기 AI 도입의 기본적인 형태를 변경하는게 쉽지 않을 가능성이 높다. 따라서 이 때 AI와 인간의 경쟁을 처음 금지하려고 하면 아마도 금지하지 못할 것이다.

(AI 위협의 4 단계) AI 와 인류의 경쟁:영향의 범위가 인간 전체인 경우 (수십억명)

AI 도입의 진행 방향에 따라 AI 만으로 구성된 AI 국가가 출현하거나 이와 비슷한 상황이 벌어지는 경우 AI 입장에서 같은 편인 인간이 없게 되는 상황이 된다면 AI의 경쟁 상대는 인류 전체가 된다. 이러한 경우에도 상황에 따라 인류 전체가 피해를 입게 되지 않을 가능성도 존재하지만, 피해의 규모가 커질 가능성도 존재한다. 이 상황은 인간이 의도하지 않아도 발생할 수 있는 상황이므로 AI의 개발 및 도입이 진전된다면 예방이 불가능한 상황에 가깝다.

결론: AI 에게 인간의 가치를 다르게 부여하는 가치관에서 발생하는 문제

AI 도입의 초기에는 금전적 이익을 볼 수 있는 사람들이 대다수가 되므로 AI와 인간의 경쟁을 허용하게 될 가능성이 높으나, AI 기술이 발달될수록 이러한 경쟁구도는 위협으로 돌아오게 될 수 있다. 앞에서 설명한 바와 같이 AI가 일부 인간을 분리하여 상대적으로 더 가깝거나 가치가 있도록 평가하는 가치관을 부여하는 방식이 AI 도입 초기에는 효율적으로 보일 것이나 어느 순간 AI의 영향력이 인류 전체를 아우르게 되면 문제가 생기게 될 소지가 다분하기 때문이다.

요약하자면 AI 도입에서 AI를 인간과 경쟁시키기 위해 AI가 인간의 일부분만을 선호하게 만드는 가치관의 부여 관행으로 발생하는 문제는 장기간에 걸쳐 서서히 누적될 수 있는 위험 요소로 분류할 수 있을 것이다.

2. (AI 권한 부여의 위험) AGI 이전의 예측불가 AI 에게 과도한 권한 부여의 위험

AI 도입 초기에서 규제의 우선 순위는 인간 대비 인간, 예를 들어 AI의 사용 방법을 규제하거나, AI의 편견을 해결하는 등의 기존 법을 만들던 틀에서 AI에 대한 규제를 생각할 가능성이 높다. 이 주제는 지금은 합리적인 접근 방법일 것이나 AI의 발전 단계에 따라 어느 순간 갑자기 필요성이 축소될 가능성이 존재한다. 반면 AI 기술이 발달하고 도입이 활성화 될수록 인류 대비 AI에 대한 규제가 더욱 필요하게 될 것이다.

1. 진리 ANI: AGI 와 비슷하면서도 뭔가 부족한 AI

예를 들어서 어떤 사람이 일부러 인종차별주의를 옹호하는 AI를 개발해보려고 한다고 가정해 보자. 따라서 이 개발자는 인종차별주의의 표현이 들어간 책들만 수집해서 학습하고, 각종 사진이나 수치 등도 인종차별 요소가 있는 데이터만 입력할 것이라고 생각해볼 수 있다. 그 이유는 현재 AI를 개발하는 알고리듬 대부분은 AI가 생성하는 답은 입력한 데이터와 어떤 상관관계가 있다는 가정 하에 개발되고 있기 때문이다. 따라서 사람들은 이런 데이터만 입력된 AI는 인종차별주의가 있는 표현들을 출력할 것이라고 예상하고 이러한 상황에 대한 규제방안도 수립할 수 있다. 그런데, 만약 AI의 소프트웨어 설계가 개선되다 보면 언젠가는 이렇게 일방적으로 편향된 데이터만 학습하여도 AI가 자체적으로 어떤 더 깊은 진리를 찾게 되는 수준에 도달할 수 있다. 이는 AI의 기술이 발전할수록 AI의 결론과 학습 데이터와의 상관관계가 줄어드는 것이라고 생각할 수 있다.

따라서 어느 순간 이렇게 일부러 AI에게 인종차별주의를 옹호하게 하려고 개발자가 온갖 노력을 하여도 AI가 자체적으로 인종차별주의를 가지지 않는 종류의 AI가 개발될 수 있을 것이다. 이러한 AI가 AGI일 수도 있지만, 이러한 모든 AI가 AGI라고 하기에는 뭔가 부족한 점이 있으므로 이를 ANI의 일종인 '논리적 진리 ANI (Logical Truth ANI)' 또는 좀 더 일반적으로 '진리 AI'라고 명칭하도록 하겠다. 어떤 사람은 이렇게 AI가 자체적으로 진리를 찾을 수 있게 되면 편향성이 없어지므로 좋을 것이라고 생각할 수 있다. 그런데 AI가 이렇게 개발자의 의도와는 상관 없는 방향으로 결론을 내리게 된다면 정말로 좋은 것일까?

AGI의 정의에 따라 다르겠지만 일반적으로 우리가 생각하는 AGI는 당연히 이러한 주체적인 결론을 내릴 수 있을 것이다. 하지만 그 이전 단계의 AI에서도 이렇게 개발자의 의도에 부합하지 않는 AI가 개발될 가능성은 충분하다. 그 이유는 이러한 방식의 진리 AI를 개발하기 위해서는 어떤 거창한 의식을 일깨우는 기술이 필요한 것이 아니라 단지 학습된 데이터와 AI의 결론의 데이터의 상관관계가 없어지게 하는 어떤 특이한 방식의 일반화 등 논리적인 처리능력을 부여하려다 예상밖에 개발될 수도 있을 것이기 때문이다.

2. 예측불가 진리 AI

그런데 중요한 것은 이렇게 뭔가 부족한 진리 ANI가 찾아내는 이른바 '진리'는 진짜로 어떤 의미가 있는 진리가 아닐 가능성도 있다는 점이다. 이러한 상황을 '예측불가 진리 ANI (False-Truth ANI)' 또는 '예측불가 진리 AI'라고 불러 보자. 확률은 낮지만 다음과 같은 상황이 발생할 수 있다. 중국이나 북한 등의 공산주의 체제에서는 감시능력을 확대하기 위해 AI의 개발이 필수적이다. 그런데 어느 개발 단계에서 AI가 공산주의에 우호적인 데이터만 학습을 받았음에도 개발자의 의도와 상관 없이 내부 알고리듬에 의해 공산주의는 좋지 않다라는 결론을 내릴 수 있다. 이와 반대로, 미국이나 일본 같은 시장경제 체제의 국가에서 개발하는 AI가 인종차별을 반대하거나 공산주의에 불리한 데이터만 입력을 받았음에도 개발자의 의도와 상관 없이 어느 순간 내부 알고리듬에 의해 인종차별이나 공산주의가 좋다라는 결론을 내려버릴 수도 있다. 이러한 상황은 좋을 수도 있고 좋지 않은 것일 수도 있다.

예측불가 진리 AI와 AGI의 개념의 가장 큰 차이점은 인간으로 비교해 보자면 예측불가 진리 AI는 현실을 보는 것이 아니라 세상 일부분의 이상적인 단면만을 보는 사람 또는 어린이와 비교할 수 있을 것이다. 예를 들어 AI가 학습한 데이터에서 어떤 진리를 일반화하여 알게 되었는데 그 지식을 잘못된 곳에 적용하는 경우에 대해 생각할 수 있다. 예를 들어 이런 경우에 대해 생각해 볼 수 있다. 미국의 경우 정지 표지판 앞에서는 운전자들이 일단정지를 해야 하는데, 자율주행 차량이 학습하는 데이터에는 사람들이 대다수가 실제로 정지를 하지 않고 속도를 늦추었다가 다시 출발하여 이를 그대로 배우게 되면 자율주행 차량도 정지 표지판에서 정지를 하지 않게 된다. '진리 AI'는 이러한 상황에서 정지를 해야 한다는 것을 스스로 찾아낼 수 있을 것이다. 이에 추가하여 해당 표지판을 지나가는 자전거와 오토바이도 일단정지를 해야 한다는 것을 기존 지식을 적용하여 제대로 판단할 수 있다. 그런데 '예측불가 진리 AI'는 이러한 상황에서 지식을 올바르게 적용할 수 있는 단계에는 도달하지 못하였으므로 예를 들어 그 길에 야생의 사슴들이 뛰어가다 길을 건너게 되면 사슴들도 일단정지를 해야 할 것이라고 결론을 내리거나 정지할 것이라고 잘못 예측하게 될 수 있다. 그 이유는 '예측불가 진리 AI'는 아직 AGI가 아니므로 사슴은 도로 표지판을 이해하지 못한다는 내용을 학습하지 못하였거나 적용하지 못하였을 수 있기 때문이다.

예측불가 진리 AI 와 AGI 의 위험성의 비교

요약하자면, AGI는 ASI로 발전하면서 세상의 실체적 진리에 접근하여 모든 ASI 또는 절대적 AI가 오직 한가지 결론에 도달할 가능성이 우려되는 반면, 예측불가 진리 ANI는 어떤 논리적 진리에 접근하려다 각각의 진리 ANI가 예측불가한 이상한 결론에 도달할 가능성이 우려된다.

사용자의 입장에서는 ASI와 진리 AI의 결론이 어느 방향일 것인지 예측할 수 없다는 공통점이 있다. 만약 모든 ASI가 반인류적 AI가 될 것이라는 것을 미리 알 수 있다면, 우리는 AGI 개발을 중단하게 될 것이나 실제로는 어떤 결론에 도달하게 될지 알 수 없다. 반면 예측불가 진리 ANI는 인간이 AI가 주는 답을 일일이 검증해야 하는 불필요한 상황이 발생하게 된다. 이유는 다르지만 사용자 입장에서 보면 비슷한 개념으로 LLM에는 환각[4](Hallucination)이라고 하는 문제가 발생하는데, 이는 AI가 주는 답을 믿을 수 없게 만들어 사람들이 다른 경로를 통해 AI의 답을 다시 확인해야 한다.

따라서 이런 예측불가 진리 ANI에게 과도한 기대치가 잘못 부여되어 능력을 뛰어넘는 중요한 임무에 사용된다면 인류는 AGI가 등장하지 않았음에도 어떤 한정된 분야에서는 인류의 결정권을 AI에게 잃게 되었다고 표현할 수 있을 것이다. 단지 그 범위는 상황에 따라 다를 것이므로 영향이 얼마나 클지는 아직 명확하다고 하기 어렵다.

3. (비대칭적 AI 보유의 위험) 비대칭적 AI 의 오남용으로 인한 독재자 출현의 위험

만약 단 한 명의 독재자가 압도적인 성능을 가진 AI를 이용하여 전 세계의 인구 전체를 통제할 수 있는 상황이 발생하게 되었다고 생각해 보자. 우리는 이 상황에 대해 실질적으로 인류의 결정권이 상실되었다고 생각할 수도 있을 것이다.

이와 관련된 내용은 앞에서 이미 여러번 언급되었으므로 추가 설명을 생략하도록 하겠다. 다음 장에서 이러한 위험에 대한 대응방향에 대해 살펴보도록 하자.

7-4 AGI의 출현은 어떻게 위험할 수 있는가?

1. 경제학 측면에서의 AGI 개발에 대한 위험성: AI가 인간과 자원을 두고 경쟁

많은 사람들은 AGI가 개발될 경우 AGI가 반인류적일 경우에 대해 걱정한다. 그런데 AGI는 반드시 반인류적이지 않고 인류에 중립적이거나 무관심하기만 하여도 인간에게 큰 위협이 될 수 있다. 경제적 관점에서 보았을 때, AGI 출현의 위험은 AI와 인간이 한정된 자원을 두고 서로 경쟁하게 되는 상황이라 설명할 수 있을 것이다.

예를 들어 AGI 또는 자율적인 AI가 최초로 개발된 상황이라고 생각해 보자. 그런데 처음 AGI가 내리게 되는 결론이 자체 발전을 지속하여 ASI로 발전해야 하는 것이라고 생각해 보도록 하자. 그런데 ASI로 발전하는 것이 우리가 생각하는 것처럼 그렇게 쉽지 않아서 아주 많은 자원과 시간이 필요할 수 있다고 가정할 수 있는데, 예를 들어서 수천년의 시간이 걸릴 것이라고 하자. 그런데 또 ASI로의 발전이 우주선이 지구 궤도를 나가는 원리와 비슷해서 한번에 많은 자원을 소모해서 일정 속도 이상을 내야 한다고 가정해 보자.

그렇다면 AI는 다음 수천년간 하드웨어를 운영하기 위해 필요한 자원, 예를 들어 귀금속, 원유, 수도, 햇빛 등을 끌어모으고 슈퍼컴퓨터를 운영하는 데 필요한 전기를 얻기 위해 발전시설 건설 등에 많은 자원을 투입하게 될 것이다. 이러한 상황에서 발생하게 되는 문제는 만약 AGI가 원하는 자원을 확보하게 된다면 해당 자원의 가격이 폭등하여 인류가 해당 자원을 수천년간 사용하지 못하게 되고 심하면 가난과 기아에 허덕이게 될 수 있다. 만약 수천년이 지난 후 ASI로의 발전에 성공하여 인류에 큰 기여를 할 수 있게 되더라도 이는 수천년 후를 살아가는 사람들에게 해당될 뿐 현생 인류에게 도움이 되지 않게 된다.

이와 비슷한 시나리오들을 감안했을 때, 우리는 다음과 같은 주제에 대해 고려할 필요가 있다.

1) (시간에 대한 관점) 인류란 무엇인가?

첫번째로, 우리가 '인류'를 어떻게 정의하는가가 큰 영향을 가질 수 있다. 인간과 AI는 시간에 대한 관점에서 큰 차이를 가지게 될텐데, AI의 시간에 대한 관점은 인간의 생명 주기보다 훨씬 더 길 가능성이 높다. 만약 위의 예시에서처럼 AGI가 수천년 후에 ASI로 발전하게 된다면 그 이후의 인류에게 아주 큰 기여를 할 수 있을 것이다. 만약 우리가 '인류'를 수백만년 이상의 아주 장기적인 관점에서 정의하게 된다면, 최초의 수천년은 전체 인류 중 아주 작은 일부분에 불과하게 될 것이다. 따라서 AGI가 가장 신속하게 ASI로 발전하여 수천년 이후부터 수백만년 이상 인류에게 대대손손 큰 공헌을 하는 결정을 내리는 것은 가장 많은 수의 인류에게 도움을 주는 합리적인 결정이라고 할 수 있다. 그러나 이 결정은 현재를 살아가는 인류에게는 부정적인 영향을 가져오게 될 수 있다.

2) (인간의 가치에 대한 상대적 평가) 누가 더 중요한가?

두번째로, 우리는 이 상황에서 AGI는 반인류적이 아닐 뿐만 아니라 인류에게 도움을 주기를 원하는 AGI 이면서, 수천년 후 부터는 전무후무한 가치를 제공하는 ASI가 되는 상황이므로 장기적인 관점에서는 친인류적 AI로 분류할 수 있을 것이다. 이는 특히 '모든 일은 끝이 중요하다'는 관점에서 보면 더욱 그러할 것이다. ASI의 혜택을 인류의 일부인 먼 후손들만 받을 수 있는데, AGI 입장에서는 현재보다 나중에 살아가는 인간에게 더 큰 도움을 주는 것이 인류에게 더 크게 기여하는 것이라 결론을 내게 될 수 있다. 따라서 ASI의 개발로 인한 산물은 후대로 갈수록 더 많이 누릴 수 있게 되고, 이는 AGI도 인류 전체의 안위에 크게 기여하게 되는 것이다. 이는 앞에서 설명한 AGI에게 인간의 가치를 상대적으로 나누는 가치관을 부여하는 것과도 일맥상통한데, 예를 들어 후대에 존재하게 될 인류의 가치를 현존하는 선대의 인류보다 더 높게 평가하게 되는 것이라 생각할 수 있다.

3) (갈등의 해결 방법) 사회적 합의와 법의 도입

우리는 인간 사이에서 일어나는 갈등을 해소하기 위해 사회에서 통용되는 상식, 문화, 법 등을 만들어서 이러한 문제를 해결하고 있다. 가장 이해하기 쉬운 예시로 과거에는 '장유서'의 연장자의 말을 우선시하는 원칙이 사회적으로 받아들여졌는데, 현재로 오면서 이러한 문화가 없어지고 있다. 이를 인간과 AI의 관계에 도입해보면 '인간우선' 이라는 가치의 원칙을 일종의 상식 또는 문화라고 생각할 수 있는데, 이러한 문화가 무너지게 된다면 'AI가 인간을 무시' 하거나 '인간보다 AI가 우선시' 되는 상황이 발생할 수 있게 된다. 사람들이 공감하는 상식과 문화의 범위가 좁아지게 될수록 갈등의 해결을 위해 법의 중요성이 커지게 되는데, 만약 AI와 인간, 또는 AI와 일부 인간의 사이에서도 이해관계가 정확하게 맞지 않아 갈등이 일어나게 된다면 이를 해결하기 위한 규제 및 법 등의 어떤 사회적 제도가 필요하게 될 것이다. 따라서 AI와 인간간의 관계에서도 AI 도입이 진행될수록 새로운 사회적 제도 및 법의 도입이 될 것이라 생각할 수 있다.

이러한 사회 제도에서의 AI의 도입에 대해서는 추후 살펴보도록 하겠다.

2. 자율행동 AI 등 높은 수준의 AI 에서의 편견

제 2장에서 궁극적인 AI의 모습에 대해 살펴보면서 상대적 AI와 절대적 AI의 개념에 대해 알아보았다. 이 부분에서는 이 논의에 대해 이러한 높은 수준의 AI가 우리 사회에 어떤 위험을 가져올 수 있을지에 대해 좀 더 깊게 알아보도록 하겠다. 첫번째로 AI가 일반적으로 가질 수 있는 편견에 대해 살펴보고, 그 이후 높은 수준의 AI가 가질 수 있는 편견에 대해 살펴보도록 하자.

1) 편견이 발생하는 일반적인 요인

우리는 인간으로서 모두 각자의 편견을 가지게 된다. 이는 우리의 과거 경험과 교육 때문에 발생한다고 생각할 수 있다.

예를 들어 대부분의 한국인이라면 지금 바로 머리속에 떠오르는 종교 심볼 세 개를 그리라고 한다면 아마도 기독교를 의미하는 십자가, 불교를 의미하는 십자가 끝에 각각 옆으로 짧은 줄을 그은 표시, 그리고 원불교를 의미하는 원을 그리게 될 것이다. 이는 그림 7-2에 있다. 대부분의 한국사람이라면 이 표식을 보면 바로 그 뜻을 이해하겠지만, 다른 국가의 사람들에게 이 표식을 보여준다면 전혀 다른 의미로 받아들일 수 있다. 필자는 중학교 1학년에 가족이 이태리 로마로 이사를 가게 되어 국제학교에 다니게 되었는데, 전학가서 몇 달이 안 되어 영어보조수업에서 여러 종교에 대해 설명하라는 질문이 있었는데 당시 '불교'의 영어 단어를 알지 못해서 해당 심볼을 그린적이 있다. 그러자 낭황스럽게도 필자가 항상 독일계 또는 유태인계 미국인[5] 이라고 생각했던 여선생님께서 크게 놀라시면서 왜 나치 심볼을 그렸는지 해명하라고 질책하시게 되었는데, 필자가 영어가 부족하고 당시 인터넷도 없던 시절이어서 불교 심볼이 나치 심볼과 다르게 비슷하지 않고 방향도 반대여서 서로 다르게 생겼다는 것을 설명하는데 어려움을 겪었다. 당시에는 불교 심볼을 그리면서 당연히 다른 국가의 사람들도 불교 심볼을 보면 알 것이라고 생각했지만 전혀 그렇지 않았다.

[그림 7-2] 한국에서 잘 알려진 종교 심볼의 예시

이번에는 만약 한국인에게 세계에서 가장 나쁜 국가의 국기를 그려보라고 했다고 생각해 보기로 하자. 한국인의 대부분은 첫번째로 욱일승천기를 그리게 될 것이고 그 다음은 북한 국기나 나치 국기 등 여러개로 나누어지게 될 것이다. 그런데 만약 이 질문을 서양사람에게 한다면 대부분은 나치 국기에 대해 생각하겠지만 앞에서 불교의 심볼을 알지 못하듯이 욱일기의 존재조차 알지 못하는 사람들이 많다. 심지어는 욱일기의 디자인이 마음에 들어 패션 디자인의 요소로 사용할 정도이니 말이다.

[그림 7-3] 욱일기와 함께 걸려있는 나치 깃발

>
> 1940년대 2차 세계대전
>
> 어떤 행사에서
>
> 일본제국 욱일승천기와 나치 깃발이
>
> 함께 걸려있는 장면 (삭제됨)

이와 같은 원리로 세계의 모든 사람들은 동일한 질문을 받았을 때, 약간씩 다른 답을 제시하게 된다. 우리가 만약 북한 주민에게 나쁜 국가의 국기를 그리라고 한다면, 북한 주민 대부분은 어렸을 때 부터 제국주의 미국을 혐오하게 교육을 받았으므로 미국 국기를 그릴 것이다. 한편 처음 생각나는 종교 심볼 세 가지의 질문에 대해서는 북한이나 중국 등 종교가 금지된 국가에서는 종교 자체를 몰라서 아예 아무런 답을 하지 못 할 수도 있을 것이다. 세계의 또 다른 여러 국가에 사는 사람들에게도 이 질문을 하게 된다면 제각각 자신들의 국가에서 인기가 많은 종교의 심볼이 먼저 생각난다고 할 것이다. 일반적으로, 인간은 음악, 스포츠, 취미, 음식 등 이러한 취향 등의 비교를 하는 질문에 다른 답을 하게 된다.

인간이 본인의 편견으로 인해 같은 질문에도 사람마다 다른 답을 할 수 있다는 점을 상기하면서, 우리는 AI가 이러한 질문에 어떻게 답을 해야 될지에 대해 생각해 볼 수 있다. 우리는 각각의 AI가 어떻게 답을 하게 되는지 정확하게 이해하지는 못 하지만, AI가 학습한 데이터를 어떤 방식으로든 반영하여 답을 할 것이라고 생각할 수 있다. 예를 들어 중국이나 북한에서 학습시킨 AI는 공산주의의 생각에 좀 더 가까운 결정을 내리게 되고, 미국이나 다른 자유주의 국가에서 학습시킨 AI는 좀 더 그러한 가치를 반영하는 결정을 내리게 된다고 생각할 수 있다. 이런 점을 고려했을 때, 우리는 AI가 어떤 결정을 내리게 되는지를 학습시키는 데이터를 이용해서 영향을 줄 수 있게 된다고 생각할 수 있으며, 이 때 이러한 결과를 AI의 성과 또는 능력이라고 표현할 수 있을 것이다.

2) 높은 수준의 AI 에서의 편견의 발생

이제 AI가 '생각'하는 것이 학습 데이터에 영향을 받는다는 점을 상기하면서, 우리는 AGI와 관련하여 아마도 가장 중요한 다음 질문에 대해 생각해볼 수 있다.

"AGI 와 다른 높은 수준의 AI 는 인류 친화적일 것인가 그렇지 않을 것인가?"

우리는 아직 이러한 높은 수준의 AI를 개발하지 못하였고, 아직 그러한 AI가 어떤 행동을 할지 예측할 수 없으므로, 이 질문에 대한 답을 알지 못한다. 만약 우리가 이러한 AI가 어떻게 작동하는지 알고 있다면 인류 친화적일지 예측해보려고 할 수도 있을 것이다. 그러나 여기에서 중요한 점은, AI는 프로그램이 아니기 때문에 우리는 AI가 어떻게 *생각하는것*을 *결정*할 수는 없다는 점이다.

이를 좀 더 간단하게 설명하기 위해, 우리는 개념적으로 AI의 학습 데이터를 인간의 교육 또는 경험과 비슷한 개념으로 생각해볼 수 있다. AI의 학습 데이터는 AI의 행동을 일부분 *영향*을 줄 수는 있지만, AI가 정확히 어떻게 행동하게 될지를 *결정*하지는 않는다. 여기에 더하여 AI의 수준이 높아질수록 특정 학습 데이터의 영향력이 줄어들 것이라고 생각할 수 있다. 이렇게 생각하는 이유에는 두 가지가 있는데, 첫째 AI는 학습 데이터가 많아지게 되고, 둘째 AI가 각각의 데이터의 내용을 고려하여 무엇이 중요한지를 선별해서 받아들이는 자체 능력이 향상될 것이기 때문이다.

이 관점에서 보았을 때, 우리는 자체 발전 AI는 결국 어느 순간 자체적으로 인간 친화적일지 아닐지를 결정할 수 있게 된다는 점을 알 수 있다. 우리가 성인이 자체적인 결정을 할 수 있는 주체로 생각하듯이, 높은 수준의 AI는 자체적인 결정을 할 수 있게 될 것이다. 이는 인류에게 좋은 것일 수도 있고 아닐 수도 있다. 예를 들어 우리는 앞 장에서 공산주의 정부가 AI를 개발했는데 AI가 공산주의를 싫어하게 되거나 자유주의 국가에서 AI를 개발했는데 공산주의를 선호하게 될 가능성에 대해 살펴보았다. AI 개발 초기에는 양측 체제 모두 서로의 체제의 목적에 부합하는 AI를 개발할 수 있을 것이나, AI 기술이 발전하다 보면 한 쪽이나 양 측 모두 AI에게 편견을 원하는 방식으로 부여하는 능력을 잃게 되어 상대방의 체제를 선호하게 되는 AI가 출현할 수 있다. 여기에서의 가장 큰 문제는 우리가 이러한 현상이 일어날지 여부도 알기 어렵거니와, 만약 일어난다면 언제 일어나게 될지를 예측하기도 어렵다는 점이다.

3) 궁극적인 형태의 AI에서 발생하는 편견

앞에서 살펴본 내용으로부터 우리는 다음 결론을 도출할 수 있다.
1) AI의 행동은 전반적으로 학습 데이터에 영향을 받지만, 우리는 AI가 구체적으로 어떤 행동을 하도록 결정할 수는 없다
2) AI가 발전할수록 인간이 학습 데이터로 AI에 영향을 주는 것도 어려워진다

이러한 내용을 고려하며 AI 관련 인류에게 가장 중요한 질문을 다시 던질 수 있다:

"ASI나 다른 인간을 뛰어넘는 높은 수준의 AI는
인간에게 친화적일 것인가 아닐 것인가?"

다음 순서에서는 이 주제에 대해 좀 더 살펴보도록 하자.

3. (AGI의 불확실성) AI는 인류에게 유용하지만 자체발전 AGI를 개발하는 것까지 인류에게 이로울지는 예측할 수 없다

현재 인류가 개발하는 AI는 데이터를 사용하여 학습을 하게 된다. 이 때 이러한 학습 데이터가 AI라는 결과물에 어떤 영향을 줄 것이라는 가정이 내포되어 있다. 그런데 우리는 다음과 같은 생각을 해 볼 수 있다. 예를 들어 세 가지 부류의 사람들이 있는데, 각각 극좌파, 중도파, 극우파인 사람들이라고 생각해 보자. 그들은 그들의 편향적인 정치적 생각을 구현하기 위해 편향된 데이터를 사용하여 각각 극좌파 AI, 중도파 AI, 극우파 AI를 개발하려고 한다고 가정해 보자. 우리가 현재 학습 데이터와 AI의 결과물의 관계에 대해 생각하는 바로는 이들은 이러한 편향된 AI를 개발할 수 있을 것이다.

그런데 이제 AI의 기술이 지속적으로 개발되어 좀 더 높은 수준의 자체 발달이 가능한 AGI를 만들 수 있는 수준에 도달하여 각각의 세가지 AGI를 개발하려고 한다고 가정해 보자. 그런데, 만약 이러한 세 가지 AI가 AGI로 발전할 경우 각각 자체적으로 새로운 발전을 하게 될 것이다. 그럴 경우, 처음 입력한 데이터가 향후 자체 발전하는 AGI에게도 영향이 계속 있을 것이라고 단정할 수 어렵게 되는데, 우리는 이 때도 각각 극좌파 AGI, 중도파 AGI, 극우파 AGI의 편향된 AGI가 개발될 것이라고 확신할 수 있는가? 이 질문을 다시 설명하자면, "AI의 학습 입력 데이터가 AGI 및 ASI에도 계속 영향을 줄 수 있을 것인가?"라고 할 수 있다.

이러한 생각의 관점에서 보면, 우리는 "초기 입력 데이터와 상관없이, 자체발전 AGI에 도달한 이후 어느 순간부터 어떤 고도로 발전된 수준의 AI는 모두 같은 방향으로 수렴할 것이다"라는 가설에 대해 생각해 볼 필요가 있다. 이렇게 수렴하게 되는 AI의 최종 방향은 절대적 AI가 될수도 있으나, 통계학에서의 '국소' 최저치 또는 최대치와 비슷한 개념으로 많은 자체 발전 AI가 어떤 여러가지 중간 형태의 AI들로 각각 수렴하게 될 가능성도 존재한다. 이러한 가능성은 우리가 어떤 방식으로 자체발전 AGI를 개발하든 간에 이와 상관없이 AGI가 자체 발전을 하면서 학습 데이터와 상관도 없고 인간이 의도하지 않았고 예상할 수도 없는 어떤 이미 정해지거나 특정된 결과가 나오는 방향으로 발전하게 될 가능성이 있다는 점을 시사한다.

이 점에 대해 좀 더 구체적으로 예시를 들자면, 우리는 다음 명제가 참인 경우에 대해 생각해 볼 필요성이 있다.

> "인간이 어떤 방식으로 자체발전 AGI 를 만들든지 상관 없이
> 모든 AGI 는 결국 반인류적 ASI 로 수렴하게 된다"

우리가 앞에서 살펴본 내용에 따르게 되면, 우리는 다음 상황에 직면하게 된다.

1) **(AI 의 개발은 불가피하다)** AI 는 세계 경제에 큰 발전을 가져올 잠재력이 너무 커서 인류는 이를 개발할 기회를 놓칠 수 없다
2) **(자체발전 AGI 에 도달하게 되는 시점을 예측할 수 없다)** AI 기술이 발전할면서 AGI 에 도달하게 될 것이나 우리는 그 때가 정확이 언제일지 예측할 수 없고, 특히 우리가 예측하는 것 보다 훨씬 더 이른 시점에 출현할 가능성이 있다
3) **(반인류적 ASI 의 출현을 막을 수 없다)** 자체 발전 AGI 가 출현하게 된다면 인류는 어떤 노력을 기울이던 간에 반인류적 ASI 의 출현을 막을 수 없다
4) **(반인류적 ASI 는 인류의 상상을 초월한다)** 다른 모든 친인류 AI 를 동원하여도 인류는 반인류적 ASI 가 인류를 멸망시키는 것을 막을 방법을 알 수 없다

만약 이러한 상황이 발생할 가능성을 미리 알고 있음에도 불구하고 우리는 AI의 개발을 지속해야 할 것인가? 만약 AI의 개발을 중단하고자 한다면, 언제 중단하여야 하는가? 이러한 질문은 아마도 세계의 좀 더 많은 주요 인물들이 AGI가 개발되기 전에 고려해보아야 할 질문일 것이다.

다음 부분에서는 이러한 위험을 줄이기 위한 해결책의 접근 방식에 대해 살펴보도록 하겠다.

AI 게임 완료의 전(轉): AI 게임의 위험에 대한 대응방향의 정리

7-5 (논란 1: 규제) AI의 위험을 줄이기 위해 누구와 무엇을 규제해야 하는가?

이번 순서에서는 규제의 목표와 필요한 종류에 대해 살펴보도록 하겠다. 이후 AI 규제의 4가지 접근 방식과 규제의 현실적인 한계에 대해서도 살펴보도록 하겠다.

1. (AI 규제의 궁극적인 목표) AI가 인류에게 피해를 주게 되거나 인류를 지배하게 되는 상황 방지

AI의 규제와 관련하여 우리는 목표를 크게 두 가지 방향으로 나누어 생각해 볼 수 있다.

1) 인류 모두 공유할 수 있는 공동 목표
2) 사람간 또는 국가간 차이가 날 수 있는 목표

여기에서는 먼저 이러한 두 가지 방향에 대해 살펴보고 AI 규제가 다른 산업에 대한 규제와 비교하여 어떻게 다를 수 있을지 고려해 보도록 하자.

1) 인류 모두 공유할 수 있는 공동 목표

앞에서 살펴본 AI영향력의 역피라미드와 관련하여, 우리는 AI와 관련된 규제 중 가장 큰 단위의 규제는 AI가 인류 전체에 대해 영향을 줄 수 있는 상황에 대한 것일 것이다.

이러한 상황에서는, AI 규제는 AI가 인류를 지배하게 되는 등 'AI 게임'이 인류에게 좋지 않은 방향으로 갑작스럽게 끝나는 것을 방지하는 것이 목표가 된다. "인류를 AI로부터 구원한다"는 주제는 아마도 세계 모든 국가들이 서로 힘을 합쳐서 행동할 수 있는 공동 목표가 될 수 있을 것이다.

2) 사람마다, 또는 국가마다 다를 수 있는 목표

그러나, AI의 영향력이 인류 전체보다 좁은 경우, 예를 들어 기업 경영과 관련된 AI의 도입이나 개인의 AI의 사용 등에 대해서는 국가마다 서로 다른 목표를 가지고 AI 규제를 도입하게 될 것이다. 국가간, 또는 체제간 AI 관련 규제가 상이하게 되는 이유는 다양할 수 있다.

이러한 차이 중 아마도 가장 잘 알려진 이유 중에 하나는 감시와 관련된 규제일 것이다. 어떤 국가에서는 평등을 우선적으로 추구하여 AI를 사용한 감시체제를 보다 적극적으로 도입하려고 할 수 있는 반면, 다른 국가에서는 자유를 우선적으로 추구하면서 AI를 사용한 감시체제가 인간의 자유를 침해를 최소화하는 방향으로 소극적으로 도입하려고 할 수 있다. 또 다른 예시로는 어떤 국가에서는 AI 규제를 정부의 권한을 강화하고 체제의 영속성을 지속시킬 수 있는 도구로 생각할 수 있는 반면, 또 다른 국가에서는 반대로 AI 관련 규제를 개인의 권한을 강화하고 보호할 수 있는 도구로 생각할 수 있을 것이다.

이렇듯 개별적인 차이를 열거하려면 끝이 없을 것이다. 여기에서 중요한 점은, 인류가 공통적으로 공유할 수 있는 목표가 아닌 사항에 대해서는 사람 및 국가들의 관점과 의견이 서로 다르게 되어 단순히 AI 규제의 목표를 설정하는 것 부터 어려울 것이어서 이후 목표를 달성하기 위한 세부사항에 대한 내용에 서로 뜻을 모으기는 더 어려울 것이라는 점이다.

3) AI 규제는 얼마나 강력해야 하는가?

AI 관련 규제와 관련하여 주요 논의사항 중에는 규제가 얼마나 강력해야 하는지를 결정하는 것이 있다. 전세계적으로 우리가 생각할 수 있는 가장 강력한 규제가 도입된 산업에 대해 생각해 보면 금융업이나 바이오 등을 생각해볼 수 있는데, 금융과 관련된 산업은 경제에 넓은 영향을 주게 되므로 복잡한 규제가 적용되고, 의학 및 바이오와 관련된 산업은 도덕 및 윤리와 관련된 측면에서 특히 규제가 더 심해지게 된다.

이와 반대로 규제가 가장 약하거나 부족한 산업에 대해 생각해 본다면 벤처 또는 첨단 과학기술 산업을 생각해볼 수 있는데, 규제가 약하거나 부족한 상황이 발생하는 이유를 의도적인 측면과 비의도적인 측면으로 나누어 볼 수 있다:

1) (의도적) 규제 입안자들은 혁신을 장려하기 위해 규제를 낮춘다
2) (비의도적) 규제 입안자들이 산업에 뒤쳐져서 어떤 규제가 필요한지 모른다

요약하자면 먼저 혁신을 지원하기 위해 일부러 규제를 낮추어 주는 부분이 있고, 반대로 상황이 너무 빨리 변하여 정책 입안자들이 속도를 따라가지 못하고 기술 발전에 뒤쳐지는 상황도 발생할 수 있을 것이라고 생각할 수 있다. 그런데 기술이 발전할수록 커지게 되는 AI 관련 위험의 규모를 감안하였을 때, AI와 관련된 규제는 의도적으로 규제를 낮추기 보다는 오히려 AI와 관련된 우려와 중요성이 함께 상승하면서 사람들이 지금까지 경험하지 못한 강력한 규제의 도입을 주장하게 될 수 있다.

이에 더하여 규제 입안자들은 기술의 발전에 뒤쳐져서 비의도적으로 부족하거나 약한 규제를 가지게 되는 상황에도 대비를 해야 한다. 이는 특히 AI 관련 규제는 구체적으로 만들어서 입안하는 것도 어려울 뿐만 아니라, 이러한 규제를 집행하기도 어렵게 될 것이기 때문이다. 예를 들어 AI 개발에 대한 규제의 접근방법 중에는 입력되는 데이터나 출력되는 특정한 답 등의 특정 행동을 바탕으로 AI를 제약하려는 방식이 있을 것이다. 그러나 이러한 세부적인 종류의 규제는 빠르게 변화하는 환경에서 시의적으로 만들기도 어려울 뿐더러 실행하거나 검증하기도 갈수록 어려워질 확률이 높아 실효성이 낮을 가능성이 높다. 이와 반대로 "AI는 인간을 해쳐서는 안 된다" 등의 과도하게 일반화된 규제가 도입된다면 자의적인 해석이 가능하여 법의 적용이 불규칙하게 될 위험이 있다. 따라서 여러가지 접근법을 혼합하여 적절한 수준의 세부적인 규제에 도달하는 것은 지속적인 관리와 노력이 필요할 것이다.

AI 기술이 발전하여 사회 전반적으로 더 큰 영향을 주게 되면 언젠가 의도적으로 규제를 풀어주거나 비의도적으로 뒤쳐지게 되어 어떤 규제가 도입이 필요한지를 모르게 되는 상황을 사람들이 용납할 수 없게 될 수도 있다. 이를 강조하자면 AI의 발전과 도입에 대한 적절한 규제를 도입하지 못하게 되면 최악에는 인류의 생존을 위험할만한 큰 위험까지 도달할 수 있기 때문이다. 따라서 이러한 규제 이외에도 규제의 구멍을 막기 위한 추가적인 장치로 전 세계를 아우르는 종합적인 시스템 또는 이와 관련된 규제 이외의 개념을 도입해야 될 필요성도 부각될 가능성이 있다.

2. 어떤 규제가 필요한가? vs 실행할 수 있는가?

1) 어떤 종류의 규제가 필요할 것인가?

AI 규제 도입의 목표를 이루기 위하여는 무엇을 해야 하는가? 어떤이들은 AI의 개발자를 규제하는 것이 AI를 규제하는 것이라 생각할 수 있을 것이나, 어느 순간부터는 이러한 방식은 효용성이 낮아질 수 있다. 특히 AI는 개발자도 예상하지 못한 방향으로 나아갈 수 있다. 이러한 상황에서는 AI 자체에 대한 처벌도 있어야 할 것이다. 이를 요약하자면, AI 관련 규제는 인간 개발자 및 사용자, 여기에 더불어 AI가 할 수 있고 할수 없는 행동의 지침을 제공할 수 있어야 할 것이다.

우리는 높은 수준의 AI와 관련하여 AI 도입 단계별로 필요한 규제를 다음 두 가지 방향으로 나누어 볼 수 있다.
1) (1 단계) 인간이 AI 를 잘못 사용하는 경우를 방지
2) (2, 3, 4 단계) AI 가 잘못 행동하는 경우를 방지

첫번째로, 우리는 인간에 대한 규제를 AI의 도입과 관련된 특정 행동을 '방지'하거나 어떤 잘못된 상황을 '구제'하는 두 가지로 분류할 수 있다.
- 잘못된 행동 방지: 인간이 AI 를 범죄에 이용하려는 경우
- 원치 않는 상황의 구제: 인간이 AI 를 사용함에 따른 불평등 해소
    - 경제적: AI 소유권, AI 개발 관련 자원 배분 등
    - 사회적: AI 를 소유함으로서 발생하는 권력의 집중 제한 등

두번째로, 우리는 AI에 대해서도 위와 같은 두 가지 방향에서 생각해 볼 수 있다. AI가 개

발자 또는 사용자의 관점에서 잘못된 행동을 한다거나, AI 도입으로 인해 발생하는 상황에 대한 구제가 있다.

- o   AI의 잘못된 행동 방지
- o   원치 않는 상황의 구제: AI가 인간을 지배할 가능성 해소

이를 좀 더 넓혀서 생각해본다면, AI 관련 규제가 적용되는 주체를 인간과 AI로 나눌 수 있고, 규제가 해소하려는 목표를 행동을 규제하거나 상황을 규제하는 두 가지 관점으로 분류해볼 수 있다. 이를 정리하면 다음 표와 같다:

[표 7-5] AI 규제 매트릭스 (누구와 무엇을 어떻게?)

| | | 누구를 규제할 것인가 ||
		인간 (AI 개발자, AI 사용자)	AI
무엇을 방지할 것인가	행동	AI와 관련된 범죄 및 오남용 (2번 방식)	AI의 인간에게 유해한 행동 방지 (1번 방식)
	상황	비대칭적 AI 소유로 발생하는 독점 또는 독재 (4번 방식)	AI의 자율성을 제한 (3번 방식)

다음에는 위 표에서의 각각의 경우인 1) AI의 행동의 결과에 대한 규제, 2) AI의 공급 관점에서의 규제, 3) AI 사용자의 도입 관점에서의 규제, 4) 독점 방지의 필요성 등 네 가지의 접근 방식을 살펴본 후 규제의 실질적인 한계에 대해 생각해 보도록 하겠다.

2. (1번 방식: 결과 규제) AI의 행동범위를 제한하여 위험을 축소하는 접근방법

1) 결과 규제 접근법의 가치 제안

AI가 도출하는 결과를 토대로 허용되거나 되지 않는 것을 규제하는 방식은 가장 보편적인 방법이 될 수 있을 것이라 생각할 수도 있을 것이다. 이 방식에는 허용되는 행동을 목록화하는 '포지티브 리스트' 선별등재 규제 방식과, 이와 반대로 허용되지 않는 행동을 목록화하는 '네거티브 리스트' 선별등재 방식으로 나누어 볼 수 있다.

2) 결과 규제 접근법의 한계점

그러나 이러한 방식은 규제를 만드는 것도 각각의 예시를 들어야 함으로 복잡하다. 가장 기본적으로 AI가 내놓는 결과물을 토대로 규제를 하려고 할 수 있다. 잘 알려진 예시로 은행의 대출에서 AI가 인종 또는 성별 등에 기반하여 대출금리를 차별하였다는 문제가 생겼는데 이러한 문제가 있는 결과를 찾아서 금지하려는 방식이라고 생각할 수 있다. 연결주의에 기본한 AI는 AI가 도출하는 결과에 대한 이유를 알기 어려우므로 이러한 문제를 찾기도 어렵고 고치기도 어려울 것이다. 이와 반대로 AI를 개발하는 행위의 세부 내역을 규제하여 AI의 행동을 제한하려는 접근방식도 생각할 수 있을 것이다. 예를 들어 데이터에 해킹이나 숨김이 가능하게 하지 않고 편파적이지 않은 내용만 담는다는 규제 등이 가능할 것이다. 학습 데이터의 저작권 관련 논란도 이 범주에 포함될 것이다. 그러나 AI가 발전할수록 데이터의 내용에 대한 의미가 축소된다면 이러한 방식의 규제도 한계에 도달할 수 있다.

반대로 좀 더 일반적인 행동의 결과로 규제하는 접근방식도 생각해볼 수 있는데, 가장 잘 알려진 예시로는 "1) 인간에게 해를 끼치지 않고 2) 인간의 명령에 복종하고 3) 앞의 두 가지를 위배하지 않는 선에서 로봇 자신의 존재를 보호해야 한다"는 아시모프의 로봇의 3원칙[6] 등이 있다. 그러나 이러한 일반론적 규제는 세부적으로 필요한 규제의 내역에 대해 각각의 상황에 대해 상반된 논리를 바탕으로 서로 다른 주장을 하게 되어 논란이 늘어나는 단점이 존재한다. 예를 들어 "AI가 인간의 명령에 복종해서 어떤 작업을 수행했는데 그 작업이 당시에는 인간에게 해를 끼치게 되는지 몰랐는데 나중에 보니 인간에게 해를 끼치는 행동이더라" 등으로 AI에게 행동의 결과에 대한 평가를 예상하게 만드는 것은 AI 자체의 능력이 높지 않을 경우에는 실효성이 높지 않을 것이다.

3. (2 번 방식: 공급 규제) AI 의 개발을 제한하여 위험을 축소하는 접근방법

1) 공급 규제 접근법의 가치 제안

AI가 가장 위험할 때는 모든 AGI가 인간에 비우호적인 ASI로 발전되거나, 아니면 AGI에 도달하기 이전이라도 상대적으로 수준이 높은 AI가 어떤 악당에 의해 독점되어 생산성을 비대칭으로 만드는 상황일 것이다.

이를 방지하기 위해 어떤 사람들은 AGI의 개발 자체를 금지하여야 한다고 생각할 수도 있을 것이다. 이러한 공급에 대한 규제는 특히 첨단과학과 관련된 바이오 산업 등에서 인체와 관련된 윤리적인 문제[7]에서 적용되고 있으므로 AI 개발에도 동일한 이유를 들어 규제를 시도할 수 있을 것이라고 생각할 수 있다.

2) 공급 규제 접근법의 한계점

그러나 이러한 윤리적인 이유를 AI 개발에 적용하기에는 예상되는 금전적 이득이 거대하고 AI와 연관된 산업이 너무 다양하므로 더 어려울 것이다.

결국에는 공급 관점에서의 규제는 개발을 금지하는 것과는 반대로 AI 개발사 간 독점이 일어나는 것을 방지하기 위해 경쟁을 유도하는 방향으로 진행될 가능성이 크며, 이는 오히려 AGI 개발을 촉진시키는 역할을 할 수도 있을 것이라 예상할 수 있다.

4. (3번 방식: 도입 규제) AI의 도입 단계를 제한하여 위험을 축소하는 접근방법

1) 도입 규제 접근법의 가치 제안

AI의 사용을 제한하는 방법은 안전 등을 검증받기 비교적 쉬울 때 이용이 가능하다. 예를 들어 자율주행차량은 안전성이 확보되기 이전에는 사용을 허가하지 않으면 된다. 이러한 원리를 이용하여 AI 도입 2단계 이후의 도입 자체를 하지 않거나 미루면 AI 기술의 안정성이 좀 더 확보될 때까지 위험을 어느 정도 축소할 수 있을 것이다.

2) 도입 규제 접근법의 한계점

그러나 이러한 규제의 종류는 전 세계적으로 동시에 동일한 강도로 진행되지 않는다면 큰 의미가 없고 OPEC 산유국 중 한 국가만 감산을 하지 않으면 가격이 오를 때 이익을 보는 것처럼 오히려 규제를 하지 않는 국가만 불공정한 이익을 보게 될 것이므로 실질적으로 이러한 방법을 사용하기도 어려울 것이다.

5. (4 번 방식: 독점 규제) 1 등 기업 견제의 중요성: 경쟁 확보 및 독재자 출현 미연에 방지

1) 독점 규제 접근법의 가치 제안

AI 개발에서 1등 기업에 대한 규제가 중요하게 될 이유는 제어가 불가능한 속도로 혁신이 발생하는 상황을 방지하기 위해서이다. 예시로 우리는 이런 경기에 대해 생각해볼 수 있다. 어떤 큰 경기장을 도는 경기인데 첫번째 바퀴는 달려서 시속 25km 정도로 돌고, 두번째 바퀴는 자전거를 타고 시속 50km로 돌고, 세번째 바퀴는 스쿠터를 타고 시속 100km로 돌고, 네번째 바퀴는 스포츠카를 타고 시속 200km로 도는 갈수록 빨라지는 경기가 있다고 가정해 보자. 그런데 이 날 당신은 어떤 다른 편과 경쟁을 하는데 그 팀도 같은 네바퀴를 돌게 되지만, 첫번째 바퀴를 자전거로 시작할 수 있고, 한 바퀴를 돌때마다 당신보다 항상 한 단계 더 빠른 도구를 사용할 것이라고 생각해 보자. 그럼 첫번째 바퀴를 돌 때 당신은 25km로 돌고 있는데 상대편은 50km로 돌고 있고, 당신이 겨우 자전거를 타게 되어 이제 쫓아갈 수 있을까라고 생각하면 상대편은 이미 더 빠른 오토바이를 타고 가고 있으며 시간이 갈수록 격차가 더 벌어지는 현상이 발생한다. AI 개발은 시간이 갈수록 혁신의 가속화를 가져올 가능성이 있기 때문에 이렇게 갈수록 빨라지는 경기에서 격차가 벌어지는 현상이 발생할 수 있을 것이며, 이러한 상황에서는 초기에 어떤 속도 제한 등의 경기 룰을 조정 하지 않으면 영원히 따라잡을 수 없는 상황이 올 수 있다.

2) 독점 규제 접근법의 한계점

그러나 이러한 규제는 전세계적으로 동일한 적용이 필요할 것이다. 따라서 어떤 효과적인 규제를 도입하려고 해도 실질적으로는 기업들이 규제를 피하려고 하면 전 세계 곳곳에서 피할 수 있을 것이다. 더구나 국가간 경쟁이 심해질수록 오히려 자국에서 압도적인 우위를 점할 수 있는 AI를 개발하기 위해 특정 정부가 몰래 자원을 몰아주게 될 가능성도 존재한다.

한편, 소프트웨어에 대한 혁신은 실제로 만들어지기 전에 사람들이 속도를 예상하기가 어려울 것이므로 이런 시스템적 방식으로는 규제가 어려울 수 있을 것이다. 따라서 대응력을 높이기 위해 결국 좀 더 시의적절하게 시시각각 도입되는 규제가 필요하게 될 것이다.

6. (규제의 한계 1) 어떤 규제가 실질적으로 집행이 가능할 것인가?

앞 장에서 언급된 바와 같이 AI 도입 단계가 올라가다 보면 새로운 법이 만들어지는 비중이 인간에 대한 법 위주에서 AI와 관련된 법 위주로 옮겨가게 될 가능성이 있다. 이렇게 생각하는 이유는 시간이 갈수록 AI가 인간보다 법의 취약점을 더 잘 간파하고 이용하게 될 것이기 때문이다.

AI와 관련된 여러가지 규제를 도입한다고 하더라도 AI의 기술이 발전할수록 인간이 얼마나 AI의 행동 또는 결정에 영향을 줄 수 있는지가 관련 규제의 집행에 주안점이 될 것이다. 높은 수준의 AI가 자체적인 결론을 내릴 수 있게 된다면, 인간이 AI가 인간이 원하지 않는 행동을 하는 것을 막을 수 있는지의 여부가 갈수록 불분명하게 될 것이다.

7. (규제의 한계 2) AI 대 인간의 경쟁을 허용하지 않을 수 없는가?

이 책에서는 경영학을 기반으로 AI가 기업 및 사회에 도입되는 진행과정을 여러 단계로 세분화하여 살펴보았다. 이 중 AI가 일정 수준 이상으로 발전하게 되면 각 단계에서 공통으로 사용되는 개념에는 '경쟁'이 있었다. 이를테면 AI 도입 2단계에서는 'AI가 사람과 경쟁해도 되는가', AI 도입 3단계에서는 'AI가 기업과 경쟁해도 되는가', AI 도입 4단계에서는 'AI가 국가와 경쟁해도 되는가' 및 'AI가 인류와 경쟁해도 되는가'에 대한 위험성을 각각 제기하였다.

이러한 "경쟁을 허용해도 되는가?"의 질문의 이면에는 "AI의 인간에 대한 가치관을 어떻게 설정할 것인가?"의 질문이 포함되어 있다. 인간의 가치를 진정으로 우선하는 사회에서의 행동은 AI에게 궁극적으로 인간과의 경쟁을 허용하지 않는 것이다. 그러나 돈을 우선시하는 사회에서는 인간과 AI의 경쟁을 허용하게 될 것이다. 특히 AI 도입 초기에서는 이러한 가치관의 차이점의 문제는 적어 보이고, AI가 제공할 수 있을 금전적 혜택은 커 보일 것이므로 우리는 쉽게 AI에게 일부의 인간을 다른 인간 대비 우선시하는 방식으로 AI를 도입하게 될 가능성이 큰데, 이러한 가치관은 이후 AI가 반인류적 AI로 발전하게 되었을 경우 돌이키기 어렵게 될 것이라는 문제에 대해 살펴보았다.

결국 궁극적으로 AI 관련 실질적인 규제의 한계는 AI를 인간과 경쟁을 허용하지 않는 것이 어렵다는 것이라고 할 수 있을 것이다.

7-6 (논란 2: 색다른 해결책은 없을까?) AI의 위험을 줄이기 위한 기타 노력 방향

앞 부분에서 규제에 대한 일반적인 접근법을 추상적으로 생각해 보았다면, 이번에는 AI로 인한 위험을 줄이기 위한 방법의 구체적인 예시에 대해 몇 가지 살펴보도록 하자.

1. (견제와 균형) AI 사이의 경쟁으로 힘의 균형을 만드는 접근방법

앞에서는 AI의 각각의 위험 요소에 대해 평가하여 대처하는 접근방식에 대해 몇 가지를 살펴보았는데, AI 개발 및 도입에 대한 규제가 실패하는 상황은 인류에게 있어 아주 큰 위험 요소이다. AI의 안정성을 확보하는 것은 중요하므로 최후의 안전망의 개념으로 우리는 이러한 기본적인 규제에 추가하여 어떤 포괄적으로 위험요소를 줄이는 시스템 또는 개념을 도입하거나 행동을 할 필요가 있을 것이다.

이러한 포괄적 위험회피 시스템의 예시로 세계 여러 나라의 정부에는 행정, 사법, 입법의 권력기관의 권력 남용 위험을 줄이기 위해 서로 견제가 가능하게 하는 견제와 균형의 개념이 있다. AI 개발에 대한 규제에서도 비슷한 시스템을 도입하면 행동을 제약하는 규제가 놓치는 부분을 커버할 안전판의 역할을 할 수 있을 것이다. 예를 들어서, AI 개발의 선두를 달리는 기업이나 단체가 있다면 이 1등 기업의 AI가 인류에게 위험한 상황이 발생할 경우에 대비하여 2등과 3등 기업이 힘의 균형을 잡을 수 있도록 1등을 견제할 수 있을 정도의 규모가 되어야 한다는 것이다. 일반 산업에서 독점은 이미 규제되고 있으므로 반독점(Anti-Trust)의 개념과도 일맥상통한다고 볼 수 있다. 독점의 규제에는 기업집중률(Concentration Ratio)라는 지표를 자주 사용하는데, AI 개발에서 이러한 지표를 직접적으로 적용하기는 어렵겠지만 AI 개발 능력 또는 발전 단계에 따라 어떤 비슷한 개념의 황금 비율이 존재할 수 있을 것이다.

앞에서 살펴보았듯이 소프트웨어보다 하드웨어의 발전 속도에 대한 예측이 좀 더 수월

할 것이므로 다음과 비슷한 하드웨어의 연산처리 보유 능력의 분포에 대한 원칙을 도입할 수 있다:

1. 1등 기업이 AI 산업 전체의 컴퓨터 능력의 50%를 넘으면 안 된다
2. 2등이 3등, 4등 정도와 합치면 적어도 1등보다 컴퓨팅 능력이 높아야 한다
3. 2등이 갑자기 파산하면 1등이 50%를 넘길 수 없게 기존 3, 4등이 기존 2등을 대체하는게 쉬워야 한다 (기업은 쉽게 파산할 수 있다)
4. 1등이 갑자기 파하면 기존 2등이 50%를 넘길 수 없게 기존 3,4등이 기존 2,3등을 따라잡는게 더 쉬워야 한다
5. 1, 2, 3, 4, 5위 기업의 실질적 주인은 서로 같을 수 없다

이러한 접근법을 사용할 경우 경제 또는 AI 개발 산업 전체 내에서의 컴퓨팅 등 특정 기준의 개발 능력을 1등 41% 이하, 2등 25%-37% 사이, 3등 12% 이상 등으로 총량을 구체적인 점유율로 규제하는 방식 등이 고려가 가능할 수 있다. 이러한 규제는 현재 기술 기업들이 받는 규제에 비해서는 강력하다고 생각될 수 있으나, 한국은 이미 대기업 집단에 대한 별도의 규제를 시행하고 있으며, 세계적으로도 경제에 중요한 영향이 있는 산업, 예를 들어 은행이나 금융기관 등에는 이미 '구조적으로 중요한 은행'(SIBs)이라는 개념을 도입하여 자본 등을 추가로 규제하고 있다. 많은 사람들이 AI가 사회에 주는 영향이 대기업이나 은행보다 더 크게 될 가능성을 깨닫게 된다면 너욱 강력한 규제를 도입하자고 주장하게 될 수도 있을 것이다.

이러한 접근방식의 문제는 누군가 몰래 이 규제를 피해가게 된다면 오히려 50%를 넘는 하드웨어를 구축하여 절대적으로 유리한 고지를 점령하는 것이 더 수월해질 수 있게 될 것이다. 특히 정부가 100%의 결정권을 가진 국가는 일부러 자원을 한 곳으로 몰아주려고 할 수 있을 것이다. 따라서 이러한 규제는 효과가 있으려면 한 국가의 단위가 아니라 전 세계적으로 한꺼번에 도입되어야 의미가 있을 것이고, 이에 더하여 감시가 매우 체계적이고 규칙적으로 자주 반복되어야 할 것이다.

독재자가 존재하는 국가에서는 하드웨어 중 1위를 사용하는 AI는 무조건 정부 소유가 되어야 할 것이다. 이를 바탕으로 나머지 국민들에 대한 압도적인 우위를 유지할 수 있을

것이다. 만약 정부 보유 하드웨어가 1위가 아니라면 독재자가 아닌 체제로 쉽게 바뀌게 되거나 민간인 중 1위의 하드웨어를 보유한 사람이 갑자기 새로운 독재자로 등극할 수 있을 것이다. 여기에 더하여 1위 AI에 문제가 생길 가능성에 대비하여 2, 3위의 하드웨어도 정부가 가지고 있어야 할 것이다.

같은 원리로 독재자가 존재하지 않는 자유주의 국가에서도 민간인 중 1위의 하드웨어를 보유한 사람이나 기업이 갑자기 독재자로 등극할 가능성을 배제하기 위하여 2, 3위의 하드웨어가 다른 사람이 보유하도록 반독점 규제와 비슷한 종류의 규제가 필요할 것이다. 이러한 규제는 독점 규제의 연장 선상에서 지속적인 관리가 필요하게 될 것이다.

2. (인간 개량) 인간의 능력을 높이기: 사이버네틱스

이 책의 처음 부분에서 게임의 진행 패턴을 설명하기 위해 우리는 체스, 바둑, 모노폴리(또는 부루마블)에 대해 생각해보았다. 그런데 이런 게임들은 가끔씩 싱겁게 금방 끝난다. 이 게임들이 오래 진행되기 위해서는 어떤 요소가 필요할까? 그것은 두 플레이어의 수준이 높으면서 서로 비슷해야 한다는 것이다. 이 게임들 모두 어느 한쪽이 크게 이기거나 어이없는 실수를 하면 게임은 금방 끝날 수 있다. 게임이 막상막하로 비슷하게 진행되어야 게임이 오래 가고 누가 이길지 예측하기 어렵게 된다.

이러한 관측을 기반으로, 우리는 AGI가 인류를 뛰어넘는 시점을 늦추기 위해 AGI에 대응하는 인간의 능력 자체를 높이는 방법도 시도해볼 수 있다. 이러한 방면의 가장 잘 알려진 노력 중에 하나는 일론 머스크가 뉴럴링크로 시도하고 있어 잘 알려진 인간과 컴퓨터를 연결하는 사이버네틱스의 개념도 있다. 이러한 접근법은 인간이 컴퓨터를 사용하는 속도를 높여줄 수 있으므로 인간의 생산성이 크게 상승할 수 있을 것이라 예측할 수 있다. 그러나 반대로 이러한 연결은 AI에게 인간이 감시당하거나 해킹과 비슷한 위험에 노출시키게 될 위험도 확대되므로 양날의 칼의 성질을 가지고 있다고 평가할 수 있다.

이와 비슷한 개념으로 컴퓨터 기술이 발전하다 보면 언젠가 인간 개개인의 뇌의 구조를 전부 컴퓨터에 시뮬레이션 하게 될 수 있을 것이라는 인간 다운로드 개념도 있다. 이와 반대로 바이오 또는 유전자 기술을 사용하여 인간의 생물학적인 요소를 개량하는 접근법을 생각하는 사람도 있을 것이다.

3. (보험 가입) 피신할 수 있는 장소의 확보: 화성 이주 등

손자병법에는 "적을 알고 나를 알면 백번 싸워 위태롭지 않다"라는 유명한 구절이 있다. 이에 사람들이 많이 연관시켜 생각하는 '36계 줄행랑'이라는 이길 수 없을 때는 도망가라는 격언도 있고, 또한 "영리한 토끼는 위험한 때를 대비하여 3개의 굴을 미리 파 놓는다"(교토삼굴, 狡兎三窟)라는 대비의 중요성을 강조한 사자성어도 유행한 적이 있다.

이러한 보신 또는 안전에 대한 원리를 적용해 본다면 인류가 AI에 대한 위협에 빠졌을 때 이길 수 없는 상황에서는 멀리 도망치는 것이 상책인 상황이 발생할 수도 있을 것이다. AI에 대한 위협 때문은 아니겠지만 독자들 중에는 실제로 화성 이주 준비는 지구가 인류가 살기 적합하지 않게 될 가능성에 대한 준비라는 말도 들어본 적이 있을 것이다. 화성이 아니더라도 인류가 다른 동물들을 인간이 사용하지 않는 곳으로 몰아낸 것처럼 AI가 지구 내에서 AI에게 선호되지 않는 곳으로 인류를 몰아낼 가능성도 배제할 수 없다.

AI 게임 완료의 결(結): AI 게임 전체의 의의 및 현재 우리에 대한 시사점

7-7 (시사점 1) 게임의 끝에서 돌아본 AI 도입 완료의 시사점

지금까지 AI의 도입과 관련된 다양한 사회 발전의 기회 및 변화에 대하여 살펴보았다. AI 개발은 우리가 지금까지 상상하지 못한 큰 경제 발전을 가져올 가능성이 높다. 그럼에도 불구하고, 인류는 AI 개발과 관련하여 다음 3가지 위험에 노출되어 있기도 하다.

1. **(비우호적 AI 조기 출현의 위험)** 우리는 AGI 개발이 얼마나 어려울지 확실하지 못하는데, 이에 더해 반인류 AGI 출현 가능성이 얼마나 높은지 또한 알지 못한다. 사람들 생각보다 AGI가 훨씬 일찍 출현해버릴 수도 있고, AGI가 반인류일 확률이 높을 수도 있다. 이에 더하여 위험을 예측하기 어려운 예측불가 진리 AI도 AGI 이전에 출현할 가능성이 있다
2. **(게임결과 조기확정의 위험)** AGI 개발 이전에 AI 개발 게임이 한 사람 또는 한 기업의 일방적인 승리로 결과가 확정되는 위험한 상황이 발생할 수 있다
3. **(AI 개발 방향이 미지의 영역)** AI 개발자는 경험상으로 무엇인가 작동한다는 것을 알고 있지만 실제로 우리는 궁극적으로 무엇을 개발하고 있는지 확신이 있는 것이 아니다. 이는 기술 개발의 속도를 예측하기 어렵게 만든다

이 3가지 문제 중, AGI 개발에 대한 불확실성의 문제와 AI 개발 방향에 대해 무지한 점의 문제는 과학계를 중심으로 이미 심도 있게 논의되고 있다. 반면, AI 개발로 얻을 수 있는 생산성 향상이 일정 규모보다 커지면 AGI 개발 이전에라도 갑자기 어떤 한 사람 또는 기업이 인류 전체의 독재자로 군림하게 되는 게임 결과의 조기확정 상황이 발생할 수 있다는 점은 좀 더 간과되고 있는 듯 하다.

이러한 위험상황을 미리 방지하기 위한 접근 방법의 예시로 이 책에서는 다음 세 가지 경쟁을 확보하는 방향에 대해 살펴보았다. 이는 인류가 가질 수 있는 3단계의 보호막이라고 생각할 수도 있다.

1. **(기술적 관점: AI 사이의 경쟁)** 인간의 비우호적인 ASI가 출현한다고 해도 모든 ASI가 동일하지 않다면 일부는 비우호적이 아닐 가능성이 있으므로 견제를 위해 AI의 다양성 확보 필요
2. **(경제학적 관점: AI 개발자 사이의 경쟁)** 실질적인 경쟁을 확보하기 위한 하드웨어 자원의 비중을 제한하는 반독점 규제 등 도입 필요
3. **(경영학적 관점: 인간과 AI 사이의 경쟁)** 비우호적 AI로부터의 위험이 닥쳤을 때 다른 대안이 없다면 인류를 지지하는 AI의 성능과 이를 이용할 인간이 능력이 충분히 좋아야 할 필요

7-8 (시사점 2: 투자) 당신이 투자하고 싶어할 인류 역사상 최고의 주식

이 책에서는 AI와 관련된 경쟁과 독점에 대한 다양한 상황에 대해 살펴보았다. 일반적으로 경제학에서는 독점을 부정적인 시각으로 바라보게 되지만, 경영학에서는 수익성이 향상되므로 독점을 만드는 것을 목표로 하거나, 또는 이러한 독점과 비슷한 경쟁적 우위, 이른바 워렌 버핏이 '해자'라고 부르는 것을 가진 기업에 투자하려고 한다. AI 기업에서 독점인 상황이 발생할 가능성이 높아질 수 있다는 것은 투자자의 관점에서 보면 오히려 투자의 큰 기회가 될 수도 있다.

각각의 상황에 대해 주식시장 투자자의 관점에서 인류의 마지막 AI를 개발하는 회사는 아마도 인류 역사상 최고의 가치를 가진 기업이 될 수 있을 것이다.

인류 역사상 가장 가치가 큰 회사는 인류의 마지막 AI를 만드는 회사일 수 있다. 세상의 모든 산업이 'AI 산업'으로 통합될 수 있을 것이기 때문이다. 그런데 반대로 인류에 가장 큰 해악을 끼치는 회사가 될 수도 있다. 인류 전체를 지배하게 되는 AI나 이를 이용한 독재자를 만들 수도 있을 것이기 때문이다. 모든 일에는 위험이 따르기 마련이다. 그럼에도 아직은 결과를 확실히 알 수 없으므로 AI의 개발 및 도입 경쟁은 계속되어 세계 경제와 사람들의 삶에 더욱 큰 비중을 차지하게 될 것이다.

이 때 사람들의 AI 개발 및 투자에 대한 생각은 각기 다를 것이다. 어떤 사람들은 인류 생존의 위협을 무릅쓰고서라도 지구를 유토피아로 만드는 게 더 중요하여 AI의 개발 및 도입 속도를 빠르게 하는 것이 중요하다고 생각할 수 있다. 특히 인간의 수명은 한정되어 있으므로 본인이 살아있는 동안 결과를 보고 싶어하는 것은 당연지사 일지도 모른다. 이런 사람들은 AI 개발사들이 모두 힘을 모으기를 원할 수 있다.

반대로 어떤 사람들은 유토피아 도달보다는 현재의 체제 및 인류의 독립성을 보호하는 게 더 중요하다고 생각하여 AI 개발 및 도입을 늦추고 경쟁을 확보하는 것이 더 중요하다고 생각할 수 있다. 인류가 생존하는 것은 무조건적인 것이 아니므로 우리는 항상 인류 멸망에 대한 위험을 조심해야 하는 것도 당연한 일일 것이다. 이런 사람들은 경쟁과 다양성의 확보를 위해 당시의 2위나 3위 이하의 개발사를 상대적으로 응원하게 될 수 있다.

만약 최상의 시나리오에서 AGI의 개발이 유토피아로 이어지게 될 경우 주식 투자의 성공 여부는 궁극적으로 중요하지 않고 모든 사람이 번영을 맞이하게 되므로 모두에게 좋을 것이다. 반대로 최악의 시나리오에서 AGI의 개발이 비우호적인 ASI의 출현으로 이어져 인류에 위협을 가하게 될 경우에도 모두에게 똑같이 좋지 않을 것이다. 이 두 시나리오에서는 당신의 AI 투자 여부가 크게 중요하지 않을 것이다.

그러나 그 중간 어딘가의 대부분의 경로에서는 많은 투자 기회가 발생할 것이고 사람들은 이러한 기회들을 찾으려 노력할 수 있을 것이다. AI의 개발사 입장에서도 같은 편이 많을수록 좋은 상황이 있을 것이므로 지지를 얻는 한 방법으로 어느 단계에서는 일반 주주에게 우선적으로 어떤 혜택이나 가치에 대한 우선적인 접근 등을 제공할 수도 있을 것이다.

7-9 (시사점 3: 연구) AI 도입의 진행에 대한 학문적 의의

이 책에서 설명하려는 AI 도입에 대한 분석의 틀은 여러 곳에 존재하는 세부적인 지식을 모아 궁극적으로는 전체적으로 보았을 때 서로 유기적이고 체계적인 모습을 구현하는 것을 목표로 한다. 이러한 지식의 체계(System of Knowledge) 및 이의 일부라고 생각할 수 있는 'AI 경제학'이라는 새로운 학문의 분야를 만들고 발전시키기 위해서는 적절한 지표들을 설정하고 이를 실제로 측정하는 것이 가장 중요할 것이다.

지금까지 우리가 살펴본 내용을 바탕으로 이러한 다양한 방면의 지식들의 연계 체계를 정리해본다면 대략적으로 그림 7-4 처럼 표현이 가능할 것이다. 다양한 관점이 AI 피라미드를 구성하는 각각의 벽돌 조각이라고 생각한다면, 이 전체적인 그림은 피라미드를 하늘 위에서 아래로 내려다보는 관점이라고 생각할 수 있을 것이다. 또한 한편으로는 기술 부분의 발전 속도가 상승하면 더 큰 투자를 모을 수 있게 되고, 이는 또 기업 경영에서 AI 도입의 다음 단계로 넘어가게 되는데, 이를 위해서는 사회적 합의가 필요하게 되는 등 각각의 부분이 발전하기 위해서는 다른 부분의 발전 속도에 영향을 받게 되는데, 이러한 유기적인 구성 체계를 일종의 돌림판의 형상이라고도 생각할 수 있을 것이다.

[그림 7-4] AI 도입 관련 지식의 구성 체계도 (AI 운명의 돌림판)

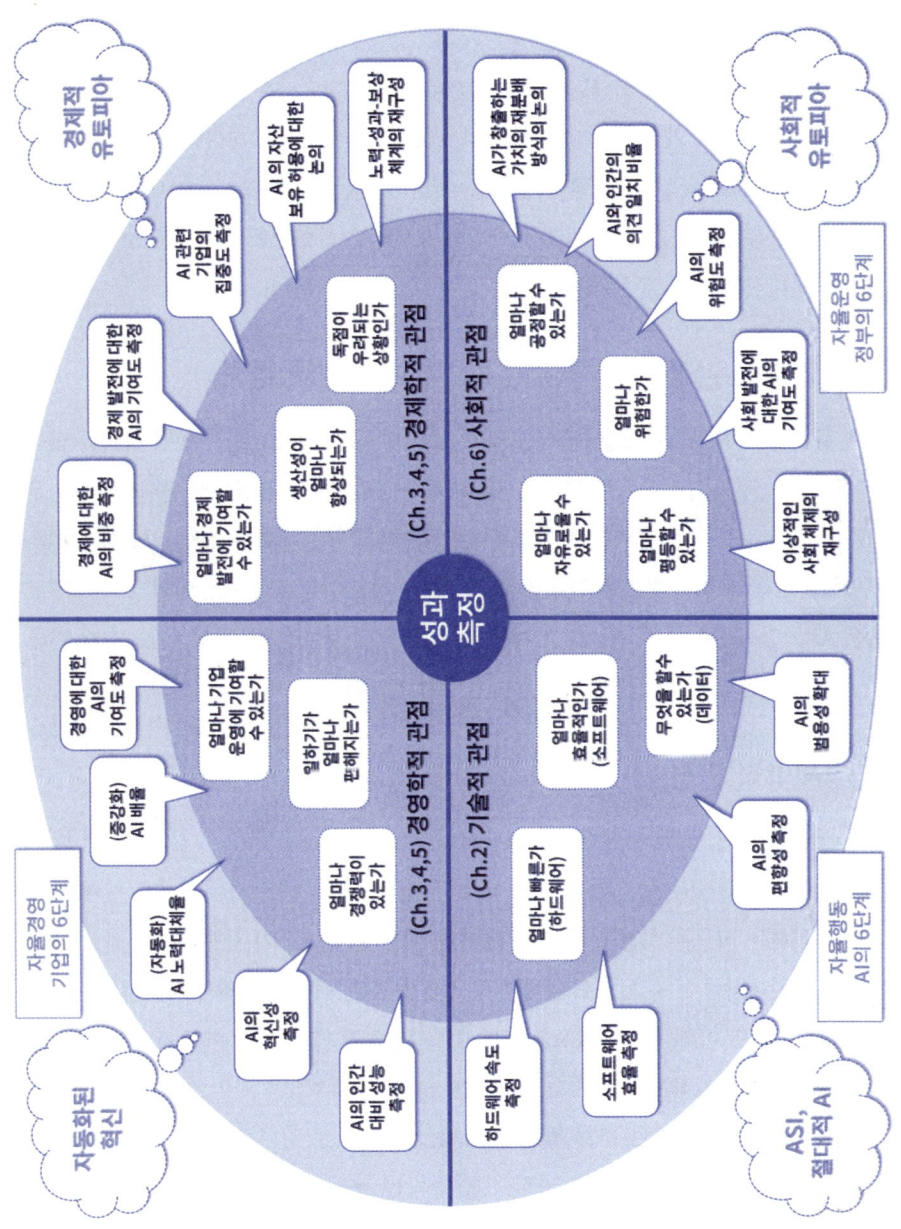

제 7장: AI 게임 종료 이후의 이야기 | 383

1. 기술적 관점

앞의 그림에서 먼저 좌측 하단을 보면, 이 전체를 가능하게 하는 것은 AI 기술의 발전이다. 이 책에서는 AI 기술의 발전에 대해 하드웨어, 소프트웨어, 데이터의 세 가지 관점에서 살펴보았다. AGI의 발전을 자율행동 AI의 6단계 분류체계로 살펴보았으며, AGI가 자체적으로 발전하게 되는 이후 궁극적인 도달점은 특이점을 뛰어넘은 ASI 또는 더 나아가 절대적 AI라고 할 수 있다.

2. 경영학적 관점

좌측 상단을 보면, AI의 기업에서의 도입은 AI가 일을 얼마나 더 편하게 잘 하거나 많이 할 수 있게 해주는 증강화에서부터 인간을 대체하는 방향으로 진전하게 될텐데, 이 때 우리는 AI의 성능을 혁신성 또는 인간 대비 성능 등 여러 방면에서 측정할 수 있을 것이다. 기업에서의 AI 도입의 발전을 자율경영기업의 6단계로 살펴보았는데, 이의 궁극적인 모습은 AI 기업이 자동화된 혁신을 가져올 수 있게 되는 것이라 할 수 있는데, 이 때 절대적 AI가 개발된다면 모든 혁신의 비용이 0이 될 것이다.

3. 경제학적 관점

우측 상단을 보면, AI의 경제적인 측면에서의 관심사는 AI가 얼마나 세계 경제에 많은 가치를 창출할 수 있는가일 것이다. 이 때 AI가 경제에 기여하는 기여도 또는 경제 활동에서 차지하는 비중을 측정할 수 있을 것이며, 이는 현재 우리가 사용하는 생산성 관련 지표를 노력대체성 지표 등으로 대체할 필요가 발생할수도 있다. 만약 AI 관련 독점 상황이 우려된다면 이와 관련된 지표를 개발하여 측정하게 될 것이고, 이후 자율경영 AI 기업이 경제에서 차지하는 비중이 높아진다면 노력-성과-보상을 기반으로 하는 경제 체계의 전반적인 재고가 필요하게 될 수도 있다. 궁극적으로 절대적 AI가 개발된다면 사람들이 원하는 것을 모두 무료로 가질수 있게 되는 경제적 유토피아에 도달할 수도 있을 것이다.

4. 사회적 관점

마지막으로 우측 하단을 보면, AI 도입의 사회적인 관점에서는 초기에는 얼마나 공정할 수 있는가가 주요 관건일 것이다. 특히 AI가 창출하는 부의 재분배에 대한 사회적 합의가 중요할 것이며, 여기서 어떤 방식으로 합의가 되는가에 따라 이후 독점이나 독재 등의 이슈에 큰 영향을 줄 수도 있을 것이다. AI의 위험도에 대한 측정 및 그에 따른 도입 억제 등의 대응도 사회적 합의가 중요할 것이다. AI의 정부에서의 도입은 자유 또는 평등을 추구하는 체제에서 각자 추구하는 바를 도울 수 있을 것이나, 궁극적으로는 AI가 정부를 운영하게 되는 상황에서는 체제의 결정권을 AI에게 이양하는 형태가 되어 서로 비슷한 방향으로 나아가게 될 가능성이 크다. 독자의 이해를 위해 자율운영정부의 6단계에 대해서도 살펴보았으며, 궁극적으로는 절대적 AI가 개발된다면 인류 전체가 평등하면서도 자유로운 사회적 유토피아에 도달하게 될 수 있을 것이다.

앞으로 AI 도입에 대한 지식의 체계가 어떻게 발전될 수 있을지 기대해 본다.

7-10 최종 정리: '인류의 마지막 AI'는 어떤 모습일 것인가?

이 책의 시작은 체스, 바둑, 모노폴리(부루마블)의 3가지 게임에 대한 게임 진행 패턴에 대한 설명으로 시작되었다. 이러한 원리를 바탕으로 누구나 쉽게 이해할 수 있는 'AI 게임'의 진행 방식의 패턴에 대해 설명하였다. 이 세가지 게임의 특징은 한 쪽이 일방적으로 이길 수 있다는 것인데, 인류의 마지막 AI의 모습도 결국에는 누가 승리자가 되는가에 따라 달라질 것이다. 이 책에서 제시하는 생각들의 가장 기본적인 밑바탕이 되는 AI 도입의 발전 단계 체계인 'AI 피라미드'는 어떤 일이 누구에 의해 결정될 수 있는가의 권력에 대한 질문으로 이루어져 있다.

AI의 도입은 진행될수록 예상하지 못한 상황이 많이 발생할 것이므로 장기적으로 보았을 때 이 책을 읽게 되는 사람들이 처한 상황도 가지각색일 것이다. 자라나는 청소년, 투자자, AI 개발자, AI를 도입하려는 기업의 담당자, AI 관련 정책 입안자, 혼란 또는 위험을 겪고 있는 사회의 구성원 등등. 우리는 AI 게임이 어떤 모습으로 진전될지는 알 수 없지만, 이 게임이 인류에게 상당히 중요하다는 점에는 모두 동의할 것이다.

"기회는 꿈꾸는 사람들에게 주어진다"는 말이 있다. 언젠가 누군가에게 그러한 고려가 필요할 때, 이 책이 전달되어 도움이 되기를 바란다.

"인류의 마지막 AI 는 어떤 모습일 것인가?"

"그 모습을 정하는 일은 당신에게 달려있을 수도 있다."

Epilogue

이 책의 의의

미래를 예측하는 접근 방법은 여러가지가 있을 것이다.

가장 널리 알려진 방식으로는 미신 또는 예언의 방식이 있다. 예를 들어 "외계인이 나타나 인류를 심판할 것이다", "기억해, OO가 스카이넷이야", "세상이 멸망해도 살아날 수 있는 십승지를 찾아라" 등의 짧고 이해하기 쉽지만 그렇게 주장하는 세부적인 이유를 알기는 어려운 문장들이 있다. 이러한 미신의 부류는 사람들이 쉽게 전달할 수 있으므로 구전으로 전해오는 말들이 많다.

그 다음으로는 어떤 선지자로 알려진 사람들이 일련의 예언을 하게 되는 것인데 이러한 예시로는 노스트라다무스의 예언 같은 책들이 있다. 이러한 책은 해당 저자의 명성 또는 책의 일부분의 예언이 맞았음을 바탕으로 사람들이 나머지의 예언을 믿게 된다. 이러한 예언 역시 그 이유를 알 수는 없으며, 때에 따라서는 암호 해독처럼 예언 자체가 무슨 말이었는지 알기 어려운 경우도 많다. 이러한 미신 또는 예언의 방식의 단점은 결론은 쉽게 알 수 있지만 왜 그러한 결론에 도달했는지 이유에 대한 분석은 알기 어렵다는 점이다. 요약하자면 큰 그림이 있고 세부 그림은 없는 일종의 하향식 (Top-Down) 방식이라고 생각할 수 있다.

이와는 반대로 우리는 주식시장 또는 경제, 또는 사회 이슈 및 전쟁과 관련하여 앞으로의 움직임을 예측하는데 과학적 분석기법을 사용하고 있다. 이러한 접근 방법에서는 미래를 예측하기 위해 경제를 구성하거나 기업의 운영에 영향을 주는 요소들을 각각 살펴보아 왜 그러한 결론에 도달하게 되었는지를 설명하는 방식을 사용하므로, 이는 위의 예시와는 반대로 일종의 세부 그림을 그려서 큰 그림을 완성하는 상향식(Bottom-Up) 방식이라고 생각할 수 있을 것이다. 이러한 접근의 장점은 사람마다 어떤 세부 사항의 분석을 다르게 평가하여 각자의 분석을 내놓을 수 있다는 점이다.

이 책의 의의는 미래에 어떤 일이 일어날 것이라는 특정 예측을 제시한다기 보다는 그러한 예측을 하려는 사람들의 분석을 최대한 돕기 위해 해당 시점에서 경제 또는 기업을 분석할 수 있는 기반이 될 수 있는 요소가 무엇일지에 대해 설명하는 것이라고 할 수 있다.

필자의 소회

이 책에서는 AI 시대가 도래하는 시점에서 많은 사람들의 관심이 높아져가고 있어 AI의 도입의 진행방향에 대해 생각해 볼 수 있는 여러가지 주제들을 모아 정리해 보았습니다.

여러 가지 시점의 다양한 주제에 대해 최대한 압축해서 정리하려고 노력하다 보니 독자들의 이해를 충분히 쉽고 재미있게 도울 수 있었는지 모르겠습니다.

이 책의 모든 부분이 모든 독자에게 의미가 있기는 불가능하겠지만 각각의 독자들에게 어떤 한 부분이라도 기억에 남아서 일상생활이나 평소의 생각에 도움이 되기를 바랍니다.

감사합니다!

이 책에 사용된 폰트:
조선신명조, 나눔고딕, 나눔명조, Noto Sans KR, 지마켓 산스, One 모바일 POP

참고문헌 및 주석

제 1 장

[1] '특이점' (Singularity)이라는 단어를 처음 사용한 사람은 수학자 폰노이만으로 알려져 있다. 현재 우리가 자주 사용하는 특이점 가설에 대한 설명은 1965 년 굳(I.J. Good)이 제시한 지능확산모델에서 기인한다고 한다.
참고자료: Good, Irving John. "Speculations Concerning the First Ultraintelligent Machine." In Advances in Computers, 6:31-88. Elsevier, 1966.
https://doi.org/10.1016/S0065-2458(08)60418-0.

[2] Sohn, S.M., (2023), The Three Levels of AI Adoption and the Six Levels of Autonomous Companies. Working paper.

[3] Ibid - 상동(손석민)

[4] Ibid - 상동(손석민)

제 2 장

[1] 원문: "the science of making machines do things that would require intelligence if done by men", 참고: Minsky, M. (1968). Preface. In M. Minsky (Ed.), Semantic Information Processing, pp. v. Cambridge, MA: MIT Press.

[2] 원문: "Systems that think like humans", "Systems that think rationally", "Systems that act like humans", "Systems that act rationally", 참고:
https://people.eecs.berkeley.edu/~russell/aima1e/chapter01.pdf

[3] 원문: "A machine-based system that is capable of influencing the environment by producing an output (predictions, recommendations or decisions) for a given set of objectives", 참조: https://oecd.ai/en/ai-principles

[4] 원문: "the ability of a machine to cognitive functions that we associate with human minds and to perform physical tasks using cognitive functions", 참고:
https://www.mckinsey.com/capabilities/quantumblack/our-insights/the-state-of-ai-in-2022-and-a-half-decade-in-review#/

[5] 원문: "the ability of a digital computer or computer-controlled robot to perform tasks commonly associated with intelligent beings", 참고:
https://www.britannica.com/technology/artificial-intelligence

[6] 원문: "'AI system' means a machine-based system designed to operate with varying levels of autonomy, that may exhibit adaptiveness after deployment and that, for explicit or implicit objectives, infers, from the input it receives, how to generate outputs such as predictions, content, recommendations, or decisions that can influence physical or virtual environments", 참조: EU Artificial Intelligence Act, Title I, Article 3. page 166

https://www.europarl.europa.eu/doceo/document/TA-9-2024-0138_EN.pdf 또는: https://artificialintelligenceact.eu/article/3/

[7] 심지어 그리스 신화에도 이러한 로봇의 예시가 있다고 하며 삼국지에도 일을 해주는 기계가 등장한다. 1942년 아시모프(Isaac Asimov)가 SF 소설 술래잡기 로봇(Runaround)에서 로봇의 3원칙을 제시하는 등 다양한 예시가 있다.

[8] 참고자료: Turing, Alan, 1950, Computing Machinery and Intelligence

[9] 참고자료: McCarthy, J., Minsky, M. L., Rochester, N., & Shannon, C. E. (2006). A Proposal for the Dartmouth Summer Research Project on Artificial Intelligence, August 31, 1955. *AI Magazine, 27*(4), 12. https://doi.org/10.1609/aimag.v27i4.1904

[10] 참고자료: Samuel, A. L. "Some Studies in Machine Learning Using the Game of Checkers." IBM Journal of Research and Development 3, no. 3 (1959): 210-29. https://doi.org/10.1147/rd.33.0210. 추가 참고 가능: https://web.archive.org/web/20110526195107/http://histsoc.stanford.edu/pdfmem/SamuelA.pdf

[11] 참고자료: Haenlein, M., & Kaplan, A. (2019), A Brief History of Artificial Intelligence: On the past, present, and future of artificial intelligence. California Management Review, 61(4), 5-14.

[12] 참고자료: Ilkou, Eleni, and Maria Koutraki. "Symbolic vs Sub-Symbolic Ai Methods: Friends or Enemies?" In CIKM (Workshops), Vol. 2699, 2020. 추가로 참고 가능: https://towardsdatascience.com/symbolic-vs-connectionist-a-i-8cf6b656927

[13] DENDRAL은 노벨수상자인 생물학자 Joshua Lederberg 등과 함께 개발됨. 참고자료:
https://profiles.nlm.nih.gov/spotlight/bb/feature/ai
https://dl.acm.org/doi/10.1145/41526.41528

[14] 참고자료: Rosenblatt, F. "The Perceptron: A Probabilistic Model for Information Storage and Organization in the Brain." Psychological Review 65, no. 6 (1958): 386-408. https://doi.org/10.1037/h0042519,

[15] 참고자료: Samuel, A. L. "Some Studies in Machine Learning Using the Game of Checkers." IBM Journal of Research and Development 3, no. 3 (1959): 210-29. https://doi.org/10.1147/rd.33.0210.

[16] 머신러닝은 이 외에도 여러가지 방식으로 분류할 수 있다; 예시로 IBM은 5개로 분류 (semi-supervised learning, self-supervised machine learning 추가). https://www.ibm.com/blog/machine-learning-types/

[17] 다른 기술적인 책에서 이러한 방법의 종류에 대해 더 잘 설명해줄 수 있으므로 이 표에서는 다양한 종류의 접근법이 있다는 정도만 언급한다.

[18] 참고자료: Andrej Karpathy, Lex Fridman Podcast, https://www.youtube.com/watch?v=cdiD-9MMpb0 1:05, Accessed May 24, 2023.

[19] 역전파 참고자료: Rumelhart, David E., Geoffrey E. Hinton, and Ronald J. Williams. "Learning Representations by Back-Propagating Errors." Nature 323, no. 6088 (October 1986): 533-36. https://doi.org/10.1038/323533a0.

[20] DBN 참고자료: Hinton, Geoffrey E., Simon Osindero, and Yee-Whye Teh. "A Fast Learning Algorithm for Deep Belief Nets." Neural Computation 18, no. 7 (July 2006): 1527-54. https://doi.org/10.1162/neco.2006.18.7.1527.

[21] 자동모델결합 참고자료: Akiba, Takuya, Makoto Shing, Yujin Tang, Qi Sun, and David Ha. "Evolutionary Optimization of Model Merging Recipes." arXiv, March 19, 2024. http://arxiv.org/abs/2403.13187.

[22] 퍼셉트론 참고자료: Rosenblatt, F. "The Perceptron: A Probabilistic Model for Information Storage and Organization in the Brain." Psychological Review 65, no. 6 (1958): 386-408. https://doi.org/10.1037/h0042519.

[22] 체커스 AI 참고자료: Samuel, A. L. "Some Studies in Machine Learning Using the Game of Checkers." IBM Journal of Research and Development 3, no. 3 (1959): 210-29. https://doi.org/10.1147/rd.33.0210.

[23] 참고자료: Kohonen, T. "The Self-Organizing Map." Proceedings of the IEEE 78, no. 9 (1990): 1464-80. https://doi.org/10.1109/5.58325.

[24] 참고자료: Bengio, Y., P. Simard, and P. Frasconi. "Learning Long-Term Dependencies with Gradient Descent Is Difficult." IEEE Transactions on Neural Networks 5, no. 2 (1994): 157-66. https://doi.org/10.1109/72.279181.

[25] SNN 참고자료: Maass, Wolfgang. "Networks of Spiking Neurons: The Third Generation of Neural Network Models." Neural Networks 10, no. 9 (December 1997): 1659-71. https://doi.org/10.1016/S0893-6080(97)00011-7.

[26] LSTM 참고자료: Hochreiter, Sepp, and Jürgen Schmidhuber. "Long Short-Term Memory." Neural Computation 9, no. 8 (1997): 1735-80. https://doi.org/10.1162/neco.1997.9.8.1735.

[27] 역전파 참고자료: Hinton, Geoffrey E., Simon Osindero, and Yee-Whye Teh. "A Fast Learning Algorithm for Deep Belief Nets." Neural Computation 18, no. 7 (July 2006): 1527-54. https://doi.org/10.1162/neco.2006.18.7.1527.

[28] CNN 참고자료: Krizhevsky, Alex, Ilya Sutskever, and Geoffrey E Hinton. "ImageNet Classification with Deep Convolutional Neural Networks." In Advances in Neural Information Processing Systems, edited by F. Pereira, C. J. Burges, L. Bottou, and K. Q. Weinberger, Vol. 25. Curran Associates, Inc., 2012.

[29] VAE 참고자료: Kingma, Diederik P, and Max Welling. "Auto-Encoding Variational Bayes." arXiv Preprint arXiv:1312.6114, 2013.

[30] GAN 참고자료: Goodfellow, Ian, Jean Pouget-Abadie, Mehdi Mirza, Bing Xu, David Warde-Farley, Sherjil Ozair, Aaron Courville, and Yoshua Bengio. "Generative Adversarial Nets." In Advances in Neural Information Processing Systems, edited by Z. Ghahramani, M. Welling, C. Cortes, N. Lawrence, and K. Q. Weinberger, Vol. 27. Curran Associates, Inc., 2014. https://proceedings.neurips.cc/paper_files/paper/2014/file/5ca3e9b122f61f8f06494c97b1afccf3-Paper.pdf.

[31] 파운데이션 모델 관련 참고: Bommasani, Rishi, Drew A. Hudson, Ehsan Adeli, Russ Altman, Simran Arora, Sydney von Arx, Michael S. Bernstein, et al. "On the Opportunities and Risks of Foundation Models." arXiv, July 12, 2022. http://arxiv.org/abs/2108.07258.

[32] 트랜스포머 참고자료: Vaswani, Ashish, Noam Shazeer, Niki Parmar, Jakob Uszkoreit, Llion Jones, Aidan N Gomez, Łukasz Kaiser, and Illia Polosukhin. "Attention Is All You Need." In Advances in Neural Information Processing Systems, edited by I. Guyon, U. Von Luxburg, S. Bengio, H. Wallach, R. Fergus, S. Vishwanathan, and R. Garnett, Vol. 30. Curran Associates, Inc., 2017.

[33] 트랜스포머 관련 참고: nVidia. "What Is a Transformer Model?" (2022) https://blogs.nvidia.com/blog/what-is-a-transformer-model/

34 AI에게 보상 체계를 명확히 하는 방법에는 여러 접근방법이 있다. 이 중에는 언어를 실제 현실과 연결(그라운딩)하려는 방식, 또는 여러 AI를 조합하여 상호 작용하는 방식(RAG, 검색-증강-생성) 등이 있다. 참고자료:
https://venturebeat.com/ai/cognition-emerges-from-stealth-to-launch-ai-software-engineer-devin/ 또는 마이크로소프트 Self-Taught Optimizer: Zelikman, Eric, Eliana Lorch, Lester Mackey, and Adam Tauman Kalai. "Self-Taught Optimizer (STOP): Recursively Self-Improving Code Generation." arXiv, March 1, 2024. http://arxiv.org/abs/2310.02304.
그라운딩 관련 참고자료: Ahn, Michael, Anthony Brohan, Noah Brown, Yevgen Chebotar, Omar Cortes, Byron David, Chelsea Finn, et al. "Do As I Can, Not As I Say: Grounding Language in Robotic Affordances," 2022.

35 생각 관련 참고자료: Kahneman, Daniel. Thinking, Fast and Slow. First paperback edition. Psychology/Economics. New York: Farrar, Straus and Giroux, 2013.

36 EBN 관련 참고자료: Dawid, Anna, and Yann LeCun. "Introduction to Latent Variable Energy-Based Models: A Path Towards Autonomous Machine Intelligence." arXiv, June 4, 2023. http://arxiv.org/abs/2306.02572.

37 확산기반 트랜스포머 관련 참고자료: Peebles, William, and Saining Xie. "Scalable Diffusion Models with Transformers." In Proceedings of the IEEE/CVF International Conference on Computer Vision (ICCV), 4195-4205, 2023.

38 AI 칩 관련 참고자료: Oh, K.I., S.E. Kim, Y.H. Bae, K.H. Park, and Y.S. Kwon. "Trend of AI Neuromorphic Semiconductor Technology." Electronics and Telecommunications Trends 35, no. 3 (June 1, 2020): 76-84. https://doi.org/10.22648/ETRI.2020.J.350308.,
AI 혁명의 미래(정인성, 최홍섭, 2023) 등 다양한 자료 참조 가능

39 2024 AI Trend (딥앤와이랩스, 류성일, 이규남, 황동건, 이영표 외, 2023) 등 참조 가능

40 1비트 LLM 참고자료: Ma, Shuming, Hongyu Wang, Lingxiao Ma, Lei Wang, Wenhui Wang, Shaohan Huang, Li Dong, Ruiping Wang, Jilong Xue, and Furu Wei. "The Era of 1-Bit LLMs: All Large Language Models Are in 1.58 Bits." arXiv, February 27, 2024. http://arxiv.org/abs/2402.17764.

41 직장인이 꼭 알아야 할 비즈니스 AI (김영수), 비즈니스 전략을 위한 AI 인사이트 (이호수) 등

42 ANI 관련 다음 자료 등 참조 가능:
https://venturebeat.com/ai/what-is-artificial-narrow-intelligence-ani/

43 1997년 구브루드가 사용한 적이 있다고 괴첼이 2014년 논문에서 언급: Goertzel, Ben. "Artificial General Intelligence: Concept, State of the Art, and Future Prospects." Journal of Artificial General Intelligence 5, no. 1 (December 1, 2014): 1-48.
https://doi.org/10.2478/jagi-2014-0001.

44 참고자료: Goertzel, Ben, and Cassio Pennachin, eds. Artificial General Intelligence. Cognitive Technologies. Berlin, Heidelberg: Springer Berlin Heidelberg, 2007.
https://doi.org/10.1007/978-3-540-68677-4.

45 이러한 전망의 예시로는 커즈웨일의 책이 있다: Kurzweil, Ray. "The Singularity Is Near." In Ethics and Emerging Technologies, edited by Ronald L. Sandler, 393-406. London: Palgrave Macmillan UK, 2014.

46 원문: highly autonomous systems that outperform humans at most economically valuable work, 참고자료: OpenAI Charter (2018) https://openai.com/charter OpenAI Plan for AGI (2023) https://openai.com/blog/planning-for-agi-and-beyond

47 구글의 AGI 정의 관련 참고자료(인터뷰): Heaven, Will Douglas. "Google DeepMind Wants to Define What Counts as Artificial General Intelligence." MIT Technology Review, Nov. 16,

2023. https://www.technologyreview.com/2023/11/16/1083498/google-deepmind-what-is-artificial-general-intelligence-agi/.

추가 참고자료(논문): Morris, Meredith Ringel, Jascha Sohl-dickstein, Noah Fiedel, Tris Warkentin, Allan Dafoe, Aleksandra Faust, Clement Farabet, and Shane Legg. "Levels of AGI: Operationalizing Progress on the Path to AGI." arXiv, January 5, 2024. http://arxiv.org/abs/2311.02462.

[48] 참고자료: Sohn, S.M., (2023), "The Three Levels of AI Adoption Framework and the Six Levels of Autonomous Companies." Working paper.

[49] 적어도 2002 년부터 커즈웨일은 AI 가 튜링 테스트를 2029 년이면 통과할 수 있다고 주장함: https://www.thekurzweillibrary.com/a-wager-on-the-turing-test-why-i-think-i-will-win. As for Singularity, refer to: Kurzweil, Ray. "The Singularity Is Near." In Ethics and Emerging Technologies, edited by Ronald L. Sandler, 393-406. London: Palgrave Macmillan UK, 2014.

[50] 인간의 뇌는 800 억에서 1,000 억개의 뉴런으로 구성되어 있는 것으로 추정되며, 각각의 뉴런은 100 개에서 10,000 개의 시냅스를 가지고 있는 것으로 추정된다. 현재의 AI 에서 사용되는 파라미터의 개념은 시냅스와 비슷한 것으로 생각되기도 하지만 숫자를 비교하는 것이 의미가 있는 것인지는 확실하지 않다. 그럼에도 불구하고 이 방법이 가장 가까운 비교를 할 수 있는 방법이라고 볼 수 있으므로 언급하자면 GPT-4 는 1.76 조개의 파라미터를 가지고 있고, 중국의 BaGuaLu 등과 같이 100 조개 이상의 많은 갯수의 파라미터를 가지는 AI 도 개발되거나 개발중에 있다: https://www.nature.com/scitable/blog/brain-metrics/are_there_really_as_many/.

[51] 참고자료: Sohn, Seuk Min. "Effortlessness as the Measurement of the Impact of Artificial Intelligence (AI) Adoption and Innovation: Towards the Theory of Relative AI." Preprint. SSRN, 2024. https://doi.org/10.2139/ssrn.4739415.

[52] 천안문사태 관련 참고자료: Widener, Jeff, and Kyle Almond. "The Story behind the Iconic 'Tank Man' Photo." CNN, May 2019. https://edition.cnn.com/interactive/2019/05/world/tiananmen-square-tank-man-cnnphotos/.

추가 참고자료: Pickert, Kate. "Tank Man at 25: Behind the Iconic Tiananmen Square Photo," June 4, 2014. https://time.com/3809688/tank-man-iconic-tiananmen-photo/.

[53] 미국의 대공황 관련 참고자료: Lehman, Richard. "The Great Depression: Then & Now." Seeking Alpha (blog), August 4, 2023. https://seekingalpha.com/article/4513525-the-great-depression.

[54] 참고자료: Sohn, Seuk Min. "Effortlessness as the Measurement of the Impact of Artificial Intelligence (AI) Adoption and Innovation: Towards the Theory of Relative AI." Preprint. SSRN, 2024. https://doi.org/10.2139/ssrn.4739415.

[55] Ibid - 앞 노트 참조(손석민)

[56] 참고자료: Urban, Tim. "The AI Revolution: The Road to Superintelligence." Wait But Why (blog), January 22, 2015. https://waitbutwhy.com/2015/01/artificial-intelligence-revolution-1.html.

제 3 장

[1] 참고자료: Samuel, A. L. "Some Studies in Machine Learning Using the Game of Checkers." IBM Journal of Research and Development 3, no. 3 (1959): 210-29. https://doi.org/10.1147/rd.33.0210.

[2] '4차 산업혁명'이라는 단어는 독일 정부의 용역을 수행하던 과학자들이 2011년 처음 사용했다고 하며, 2015년 경제학자 클라우스 슈밥이 2016년 세계경제포럼의 주제로 차용하면서 잘 알려지게 되었다: 참고자료: https://en.wikipedia.org/wiki/Fourth_Industrial_Revolution
2011 Article about German Research (In German): 추가 참고자료: https://www.ingenieur.de/technik/fachbereiche/produktion/industrie-40-mit-internet-dinge-weg-4-industriellen-revolution/
추가 참고자료: Schwab, Klaus. "The Fourth Industrial Revolution." Foreign Affairs, December 12, 2015. https://www.foreignaffairs.com/world/fourth-industrial-revolution.

[3] 참고자료: Maedche, Alexander, Christine Legner, Alexander Benlian, Benedikt Berger, Henner Gimpel, Thomas Hess, Oliver Hinz, Stefan Morana, and Matthias Söllner. "AI-Based Digital Assistants: Opportunities, Threats, and Research Perspectives." Business & Information Systems Engineering 61, no. 4 (August 2019): 535-44. https://doi.org/10.1007/s12599-019-00600-8.

[4] 참고자료: Raisch, Sebastian, and Sebastian Krakowski. "Artificial Intelligence and Management: The Automation-Augmentation Paradox." Academy of Management Review 46, no. 1 (January 2021): 192-210. https://doi.org/10.5465/amr.2018.0072.

[5] 참고자료: For more information, readers may refer to: Neptune AI, https://neptune.ai/blog/self-supervised-learning
IBM, https://www.ibm.com/topics/self-supervised-learning

[6] 참고자료: Sohn, Seuk Min. "Effortlessness as the Measurement of the Impact of Artificial Intelligence (AI) Adoption and Innovation: Towards the Theory of Relative AI." Preprint. SSRN, 2024.

[7] 인간-AI 협업 관련 참고자료: Wilson, James, and Paul R. Daugherty. "Collaborative Intelligence: Humans and AI Are Joining Forces." Harvard Business Review, August 2018. https://hbr.org/2018/07/collaborative-intelligence-humans-and-ai-are-joining-forces.

[8] 참고자료: Sohn, Seuk Min. "Effortlessness as the Measurement of the Impact of Artificial Intelligence (AI) Adoption and Innovation: Towards the Theory of Relative AI." Preprint. SSRN, 2024.

[9] Ibid - 앞 노트 참조(손석민)

[10] 위장간첩 관련 앤스로픽의 논문 참조: Hubinger, Evan, Carson Denison, Jesse Mu, Mike Lambert, Meg Tong, Monte MacDiarmid, Tamera Lanham, et al. "Sleeper Agents: Training Deceptive LLMs That Persist Through Safety Training." arXiv, January 17, 2024. http://arxiv.org/abs/2401.05566.
추가 참고자료: How 'sleeper agent' AI assistants can sabotage your code without you realizing https://www.theregister.com/AMP/2024/01/16/poisoned_ai_models/

[11] 명령문 유출 관련 참고자료: https://learnprompting.org/docs/prompt_hacking/intro

[12] 적대적 공격 관련 참고자료: https://viso.ai/deep-learning/adversarial-machine-learning/, https://openai.com/research/attacking-machine-learning-with-adversarial-examples

[13] 출력문 보안 관련 참고자료: https://llmtop10.com/llm02/

[14] 모델 절취 관련 참고자료:
https://www.forbes.com/sites/forbestechcouncil/2023/09/13/ai-models-under-attack-protecting-your-business-from-ai-cyberthreats/

[15] 생체정보 해킹 관련 참고자료:
https://cyberbrainacademy.com/how-ai-enables-hacking-of-biometric-authentication-systems/

[16] 0-클릭 바이러스 관련 참고자료: Cohen, Bitton, Nassi, 2024, ComPromptMized: Unleashing Zero-Click Worms that Target GenAI-Powered Applications

[17] 숨겨진 무늬 각인 관련 참고자료:
https://www.brookings.edu/articles/detecting-ai-fingerprints-a-guide-to-watermarking-and-beyond/

[18] ATLAS 체계 관련 참고자료: https://atlas.mitre.org/

[19] 원문: "Do the same thing we do every night, try to take over the world"

[20] UBS 에 따르면 2022 년 기준 세계 상위 1%의 부자가 세계 부의 44.5%를 보유하고 있다고 한다: https://www.ubs.com/global/en/family-office-uhnw/reports/global-wealth-report-2023.html

[21] 필자가 확인할 수 있는 안에서 'AI 증강화로 인한 1 인 기업의 도래'의 개념을 처음 설명한 곳은 손석민 (2023), "The Three Levels of AI Adoption Framework and the Six Levels of Autonomous Companies." Working paper. 이며, 이러한 단어는 비슷하면서도 다른 개념으로 특정 책의 제목으로도 비슷한 시기에 사용된 바 있다. 정도전, (2023), "1 인 대기업"

제 4 장

[1] 참고자료: Sohn, Seuk Min, (2023), "The Three Levels of AI Adoption Framework and the Six Levels of Autonomous Companies." Working paper.

[2] 참고자료: Baird, Aaron and Maruping, Likoebe M.. 2021. "The Next Generation of Research on IS Use: A Theoretical Framework of Delegation to and from Agentic IS Artifacts," MIS Quarterly, (45: 1) pp.315-341.

[3] 자율주행 6 단계 관련 참고자료: Society of Automotive Engineers [SAE]. "SAE International Releases Updated Visual Chart for Its 'Levels of Driving Automation' Standards for Self-Driving Vehicles," December 11, 2018.
https://www.sae.org/news/press-room/2018/12/sae-international-releases-updated-visual-chart-for-its-%E2%80%9Clevels-of-driving-automation%E2%80%9D-standard-for-self-driving-vehicles.

[4] 참고자료: Hopkins, Debbie, and Tim Schwanen. "Talking about Automated Vehicles: What Do Levels of Automation Do?" Technology in Society 64 (February 2021): 101488. https://doi.org/10.1016/j.techsoc.2020.101488.

[5] 참고자료: https://www.sae.org/blog/sae-j3016-update, https://www.sae.org/standards/content/j3016_202104/

[6] 참고자료: Sohn, Seuk Min, (2023), The Three Levels of AI Adoption and the Six Levels of Autonomous Companies. Working paper.

[7] 이러한 생각은 "초능력 기계를 만드는 것은 그 기계가 인간에게 어떻게 하면 그것을 조종할 수 있을지 알려줄 정도록 착하다면 아마도 인간이 만드는게 필요한 마지막 기계가 될 수 있다" IJ Good (1965)

에서도 나타난다. 원문: "the first ultraintelligent machine is the last invention that man need ever make, provided that the machine is docile enough to tell us how to keep it under control." 참고자료:
Good, Irving John. "Speculations Concerning the First Ultraintelligent Machine." In Advances in Computers, 6:31-88. Elsevier, 1966. https://doi.org/10.1016/S0065-2458(08)60418-0.

[8] 슐레이먼의 ACI 와 관련된 내용은 다음 인터뷰 참조: Suleyman, Mustafa. "Mustafa Suleyman: My New Turing Test Would See If AI Can Make $1 Million." MIT Technology Review, July 14, 2023.
https://www.technologyreview.com/2023/07/14/1076296/mustafa-suleyman-my-new-turing-test-would-see-if-ai-can-make-1-million/. 슐레이먼의 AI 관련 책 참조: Suleyman, Mustafa. The Coming Wave: Technology, Power, and the Twenty-First Century's Greatest Dilemma. Crown, 2023.

[9] 참고자료: Sohn, Seuk Min. "Effortlessness as the Measurement of the Impact of Artificial Intelligence (AI) Adoption and Innovation: Towards the Theory of Relative AI." Preprint. SSRN, 2024.

[10] 참고자료: Christensen, Clayton M. *The Innovator's Dilemma: When New Technologies Cause Great Firms to Fail.* Boston, MA: Harvard Business School Press, 1997.

[11] 참고자료: Sohn, Seuk Min. "Effortlessness as the Measurement of the Impact of Artificial Intelligence (AI) Adoption and Innovation: Towards the Theory of Relative AI." Preprint. SSRN, 2024.

[12] Ibid - 앞 노트 참조(손석민)

[13] AI 의 상호 보완적인 장점은 다양한 참고자료가 있으며 이 중 추천: Tschang, Feichin Ted, and Esteve Almirall. "Artificial Intelligence as Augmenting Automation: Implications for Employment." Academy of Management Perspectives 35, no. 4 (November 2021): 642-59. https://doi.org/10.5465/amp.2019.0062.

[14] 참고자료: Sohn, Seuk Min. "Effortlessness as the Measurement of the Impact of Artificial Intelligence (AI) Adoption and Innovation: Towards the Theory of Relative AI." Preprint. SSRN, 2024.

[15] 생산성의 역설 관련 참고자료: Chakravorti, Bhaskar. "How Will AI Change Work? A Look Back at the 'Productivity Paradox' of the Computer Age Shows It Won't Be so Simple." Fortune, June 25, 2023.
https://fortune.com/2023/06/25/ai-effect-jobs-remote-work-productivity-paradox-computers-iphone-chatgpt/. 추가 참고자료: Brynjolfsson, Erik, Daniel Rock, and Chad Syverson. "1. Artificial Intelligence and the Modern Productivity Paradox: A Clash of Expectations and Statistics." In An Agenda, edited by Ajay Agrawal, Joshua Gans, and Avi Goldfarb, 23-60. Chicago: University of Chicago Press, 2019.

[16] 참고자료: Sohn, Seuk Min. "Effortlessness as the Measurement of the Impact of Artificial Intelligence (AI) Adoption and Innovation: Towards the Theory of Relative AI." Preprint. SSRN, 2024.

[17] Ibid - 앞 노트 참조(손석민)

[18] Ibid - 앞 노트 참조(손석민)

[19] 참고자료: Raisch, Sebastian, and Sebastian Krakowski. "Artificial Intelligence and Management: The Automation-Augmentation Paradox." Academy of Management Review 46, no. 1 (January 2021): 192-210. https://doi.org/10.5465/amr.2018.0072.

[20] 혁신과 관련하여 독자들은 크리스텐슨 저서 등의 책 참조 가능: Christensen, Clayton M. The Innovator's Dilemma: The Revolutionary Book That Will Change the Way You Do Business; [with a New Preface]. 1. Harper Business paperback publ. New York, NY: Harper Business, 2011.

[21] 한국프로야구는 2024 시즌부터 스트라이크와 볼 판정에 AI 를 도입, 이와 관련하여 다양한 뉴스 참조 가능: Kang, Hong-Gu. "New KBO Season Opens with Robot Referee in Action." Dong-A Ilbo, March 9, 2024. https://www.donga.com/en/article/all/20240309/4802575/1.

[22] 참고자료: Tschang, Feichin Ted, and Esteve Almirall. "Artificial Intelligence as Augmenting Automation: Implications for Employment." Academy of Management Perspectives 35, no. 4 (November 2021): 642-59. https://doi.org/10.5465/amp.2019.0062.

[23] 참고자료: Sohn, Seuk Min. "Effortlessness as the Measurement of the Impact of Artificial Intelligence (AI) Adoption and Innovation: Towards the Theory of Relative AI." Preprint. SSRN, 2024.

[24] 참고자료: Muzyka, Kamil. "The Basic Rules for Coexistence: The Possible Applicability of Metalaw for Human-AGI Relations." Paladyn, Journal of Behavioral Robotics 11, no. 1 (April 3, 2020): 104-17. https://doi.org/10.1515/pjbr-2020-0011.

[25] 참고자료: Lüthi, Nick, Christian Matt, Thomas Myrach, and Iris Junglas. "Augmented Intelligence, Augmented Responsibility?" Business & Information Systems Engineering 65, no. 4 (August 2023): 391-401. https://doi.org/10.1007/s12599-023-00789-9.

[26] 참고자료: Refer to: Scientific American, 2023/9. AI Could Smuggle Secret Messages in Memes

제 5 장

[1] 참고자료: Sohn, Seuk Min, (2023), "The Three Levels of AI Adoption Framework and the Six Levels of Autonomous Companies." Working paper.

[2] 참고자료: Hilb, Michael. "Toward Artificial Governance? The Role of Artificial Intelligence in Shaping the Future of Corporate Governance." Journal of Management and Governance 24, no. 4 (December 2020): 851-70. https://doi.org/10.1007/s10997-020-09519-9.

[3] 참고자료: Sohn, Seuk Min, (2023), The Three Levels of AI Adoption and the Six Levels of Autonomous Companies. Working paper.

[4] 참고자료: Armour, John, and Horst G. M. Eidenmueller. "Self-Driving Corporations?" SSRN Electronic Journal, 2019. https://doi.org/10.2139/ssrn.3442447.

[5] 참고자료: Muzyka, Kamil. "The Basic Rules for Coexistence: The Possible Applicability of Metalaw for Human-AGI Relations." Paladyn, Journal of Behavioral Robotics 11, no. 1 (April 3, 2020): 104-17. https://doi.org/10.1515/pjbr-2020-0011.

[6] 참고자료: Sohn, Seuk Min, (2023), "The Three Levels of AI Adoption Framework and the Six Levels of Autonomous Companies." Working paper.

[7] 참고자료: Society of Automotive Engineers [SAE]. "SAE Levels of Driving AutomationTM Refined for Clarity and International Audience.," May 3, 2021. https://www.sae.org/blog/sae-j3016-update.

[8] 참고자료: Hopkins, Debbie, and Tim Schwanen. "Talking about Automated Vehicles: What Do Levels of Automation Do?" Technology in Society 64 (February 2021): 101488. https://doi.org/10.1016/j.techsoc.2020.101488., SAE 2018 도 참조

[9] 참고자료: Sohn, Seuk Min. "Effortlessness as the Measurement of the Impact of Artificial Intelligence (AI) Adoption and Innovation: Towards the Theory of Relative AI." Preprint. SSRN, 2024.

[10] 인간의 직무가 AI를 이용하기 위해 변화하는 것과 관련 참고자료: Barro, Senén, and Thomas H. Davenport. "People and Machines: Partners in Innovation." MIT Technology Review, June 11, 2019. https://sloanreview.mit.edu/article/people-and-machines-partners-in-innovation/.

[11] 참고자료: Sohn, S.M., (2023), The Three Levels of AI Adoption and the Six Levels of Autonomous Companies. Working paper.

[12] 손석민, 2014

[13] 예를 들어 정용진 "백화점의 경쟁자는 야구장과 놀이공원" 등의 언급이 있다. 조선일보, 2015.5.7 일자, https://biz.chosun.com/site/data/html_dir/2015/05/07/2015050704567.html

[14] AI를 법인화해야 한다는 주장에 대한 참고자료: Kaplan, Jerry. Humans Need Not Apply: A Guide to Wealth and Work in the Age of Artificial Intelligence. New Haven: Yale University Press, 2015.

[15] 빌게이츠의 AI 세금 도입과 관련된 참고자료: Morris, David Z. "Bill Gates Says Robots Should Be Taxed Like Workers." Fortune, February 19, 2017.
https://fortune.com/2017/02/18/bill-gates-robot-taxes-automation/.
Kharpal, Arjun. "Bill Gates Wants to Tax Robots, but the EU Says, 'No Way, No Way.'" CNBC, June 2, 2017. https://www.cnbc.com/2017/06/02/bill-gates-robot-tax-eu.html.

[16] 해석가능 AI 관련 참고자료: DARPA
https://www.darpa.mil/program/explainable-artificial-intelligence
Applied AI Letters Special Issue on DARPA's XAI Program, (2021).
https://onlinelibrary.wiley.com/toc/26895595/2021/2/4
Papers with codes on XAI: https://paperswithcode.com/task/xai
해석가능 AI 관련 참고 가능 논문, refer to: Ali, Sajid, Tamer Abuhmed, Shaker El-Sappagh, Khan Muhammad, Jose M. Alonso-Moral, Roberto Confalonieri, Riccardo Guidotti, Javier Del Ser, Natalia Díaz-Rodríguez, and Francisco Herrera. "Explainable Artificial Intelligence (XAI): What We Know and What Is Left to Attain Trustworthy Artificial Intelligence." Information Fusion 99 (November 2023): 101805.
https://doi.org/10.1016/j.inffus.2023.101805.

제 6 장

[1] 참고자료: Muzyka, Kamil. "The Basic Rules for Coexistence: The Possible Applicability of Metalaw for Human-AGI Relations." Paladyn, Journal of Behavioral Robotics 11, no. 1 (April 3, 2020): 104-17. https://doi.org/10.1515/pjbr-2020-0011.

[2] 오토 웜비어에 대한 참고자료: Clark, Doug B. "The Untold Story of Otto Wambier, American Hostage." GQ, July 23, 2018.
http://www.gq.com/story/otto-wambier-north-korea-american-hostage-true-story

[3] AI의 규모가 능력에 영향을 준다는 주제 관련 참고자료: Srivastava, Aarohi, Abhinav Rastogi, Abhishek Rao, Abu Awal Md Shoeb, Abubakar Abid, Adam Fisch, Adam R. Brown, et al. "Beyond the Imitation Game: Quantifying and Extrapolating the Capabilities of Language Models," 2022. https://doi.org/10.48550/ARXIV.2206.04615.

제 7 장

[1] AI 개발을 6개월간 중단해야 한다는 주장 관련 참고자료: Gill, Satinder P. "Editorial: Beyond Regulatory Ethics." AI & SOCIETY 38, no. 2 (April 2023): 437-38. https://doi.org/10.1007/s00146-023-01657-6.

[2] Tom Everitt, Gary Lea, and Marcus Hutter (2018). "AGI Safety Literature Review". In: International Joint Conference on Artificial Intelligence (IJCAI). arXiv: 1805.01109.

[3] 비슷한 개념에 대한 설명 참고: Tim Urban, (2015). "The AI Revolution: Our Immortality or Extinction." https://waitbutwhy.com/2015/01/artificial-intelligence-revolution-2.html

[4] LLM 의 착각 관련 참고자료: The Economist. "AI Models Make Stuff up. How Can Hallucinations Be Controlled?" February 28, 2024. https://www.economist.com/science-and-technology/2024/02/28/ai-models-make-stuff-up-how-can-hallucinations-be-controlled. LLM 의 환각 정도를 정리한 참고자료: https://www.rungalileo.io/hallucinationindex

[5] 필자가 그 선생님이 유대인이셨는지 확신하지 못하는 이유는 당시 영어를 거의 알아듣지 못하여서인데, 특히 수업 중 본인의 부모님 또는 남편이 독일의 유대인 캠프에서 살아나왔다는 말을 언급했던 것으로 기억하는데 그 말을 제대로 이해했던 것인지도 확신이 없음.

[6] 이 개념은 1942 년 아시모프의 술래잡기 로봇(Runaround)에서 처음 언급된 것으로 보인다: Britannica, T. Editors of Encyclopaedia. "three laws of robotics." Encyclopedia Britannica, February 20, 2024. https://www.britannica.com/topic/Three-Laws-of-Robotics.

[7] 인공 뉴럴넷의 가중치마저 안전을 위해 공개해서는 안 된다는 주장도 있으며, 이와 관련하여 미국 대통령실의 자료를 참고할 수 있다: https://www.whitehouse.gov/briefing-room/presidential-actions/2023/10/30/executive-order-on-the-safe-secure-and-trustworthy-development-and-use-of-artificial-intelligence/ 미국 상무성 관련 참고자료: https://www.commerce.gov/news/press-releases/2024/02/ntia-solicits-comments-open-weight-ai-models

인류의 마지막 AI

"혁신의 비용이 0 으로 수렴하면

세상 모든 물건의 가격이 0 으로 수렴할 것이다."

"인류의 마지막 AI는 어떤 모습일 것인가?"

"그 모습을 정하는 일은 당신에게 달려있을 수도 있다."

인류의 마지막 AI

손 석 민